No.1 건축사 **박성모**의

스케치업
브이레이
&포토샵

박성모, 박상규, YAO YUAN 지음

BM (주)도서출판 성안당

Foreign Copyright:
Joonwon Lee
Address: 3F, 127, Yanghwa-ro, Mapo-gu, Seoul, Republic of Korea
          3rd Floor
Telephone: 82-2-3142-4151, 82-10-4624-6629
E-mail: jwlee@cyber.co.kr

대한민국 No.1 건축사 박성모의

스케치업
브이레이&포토샵

2016.   4. 12.   1판 1쇄 발행
2018.   3. 15.   1판 2쇄 발행
2020.   4. 28.   1판 3쇄 발행
2021.   1. 26.   1판 4쇄 발행
2022.   9. 27.   1판 5쇄 발행

지은이 | 박성모, 박상규, Yao Yuan
펴낸이 | 이종춘
펴낸곳 | BM (주)도서출판 성안당
주소 | 04032 서울시 마포구 양화로 127 첨단빌딩 3층(출판기획 R&D 센터)
       10881 경기도 파주시 문발로 112 파주 출판 문화도시(제작 및 물류)
전화 | 02) 3142-0036
       031) 950-6300
팩스 | 031) 955-0510
등록 | 1973. 2. 1. 제406-2005-000046호
출판사 홈페이지 | www.cyber.co.kr
ISBN | 978-89-315-5667-4 (13000)
정가 | 38,000원

이 책을 만든 사람들
책임 | 최옥현
진행 | 조혜란
기획 · 진행 | 앤미디어
본문 · 표지 디자인 | 앤미디어
홍보 | 김계향, 이보람, 유미나, 이준영
국제부 | 이선민, 조혜란, 권수경
마케팅 | 구본철, 차정욱, 오영일, 나진호, 강호묵
마케팅 지원 | 장상범, 박지연
제작 | 김유석

www.cyber.co.kr
성안당 Web 사이트

■ 도서 A/S 안내

성안당에서 발행하는 모든 도서는 저자와 출판사, 그리고 독자가 함께 만들어 나갑니다.
좋은 책을 펴내기 위해 많은 노력을 기울이고 있습니다. 혹시라도 내용상의 오류나 오탈자 등이 발견되면 **"좋은 책은 나라의 보배"**로서 우리 모두가 함께 만들어 간다는 마음으로 연락주시기 바랍니다. 수정 보완하여 더 나은 책이 되도록 최선을 다하겠습니다.
성안당은 늘 독자 여러분들의 소중한 의견을 기다리고 있습니다. 좋은 의견을 보내주시는 분께는 성안당 쇼핑몰의 포인트(3,000포인트)를 적립해 드립니다.

잘못 만들어진 책이나 부록 등이 파손된 경우에는 교환해 드립니다.

건축 실무와 디자인 도구로서의 스케치업

'디자인'이라는 말은 언제 들어도 가슴 설렙니다. 디자인이 완성될 때까지 며칠 밤을 새우더라도 결과물을 출력하는 순간만큼 행복한 순간이 있을까 싶습니다. 수많은 디자인 분야 중에서도 건축 디자인은 곧 시간과의 싸움입니다. 프로젝트에 관한 수많은 생각과 대안을 검토한 다음 마감 시간 안에 최적의 프레젠테이션 디자인을 준비하기 위해 고성능의 최신 컴퓨터를 이용하여 작업 시간을 단축하거나 많은 인원과 함께 공동 작업으로 성과를 올리기도 합니다.

건축 실무에서 스케치업은 모델링 작업이 빠르고 쉬울 뿐만 아니라 기본 스타일만으로도 프레젠테이션 완성도를 높일 수 있어 자주 사용합니다. 스케치업 외에도 오토캐드, 포토샵, 일러스트레이터, 브이레이, 포디엄 등의 렌더링 도구를 적절하게 활용하면 시간 대비 최대의 효과를 얻을 수 있습니다.

스케치업 대표 카페 '스케치업을 넘어서'

2007년, 스케치업 온라인 커뮤니티인 '스케치업을 넘어서(Beyond Sketchup)' 카페를 개설하고 운영한 지 어느덧 10년째입니다. 그동안 수차례 네이버 대표 카페로 선정되었으며 '공부하는 카페'를 모토로 주제별 노하우를 공개하는 정기적인 카페 이벤트를 통해 회원들의 실력을 향상시켰습니다. 또한, 실력 있는 스텝들과의 오프라인 정모를 통해 친목을 도모하며 스케치업 활성화에 크게 이바지했습니다. 실무에서도 스케치업을 자유자재로 활용할 수 있도록 노하우와 지식을 공유하여 발전시키고자 노력하고 있습니다.

무한한 가능성의 스케치업과 3D 프린팅

3D 프린팅의 대중화로 인해 스케치업의 활용도는 더욱 광범위해져 비싼 출력비와 출력 방식 때문에 전문 모델에만 사용하던 건축 실무에서도 FDM 방식의 개인용 3D 프린터를 활용하여 작업이 가능해졌습니다. 건축 분야 종사자 외에도 만화가, 가구 디자이너 등 다양한 디자인 분야에서도 3D 프린터 사용자층이 확대되어 디자인에 날개를 달아줄 것입니다.

이 책이 완성되기까지 기획부터 꼬박 1년이라는 시간이 흘렀습니다. 그동안 많은 분의 조언과 도움으로 인해 오랜 시간 국내·외 프로젝트에서 쌓아온 건축 실무 테크닉을 독자들과 함께 나눌 수 있었습니다. 제게 처음으로 스케치업의 가능성을 보여준 김태현 선배가 없었다면 아마도 이 책은 완성될 수 없었을 것입니다. 또한, 바쁜 일정에도 불구하고 모델링과 렌더링 파트를 담당해준 제자 요원 군, 박상규 팀장과 앤미디어 담당자들에게 진심으로 감사의 말씀을 전합니다.

박성모

스케치업을 넘어 브이레이, 포토샵 등을 활용하여 건축 프레젠테이션 및 3D 프린팅 모델을 완성할 수 있습니다. 다양한 표현 기법을 참고하여 기본 기능 및 응용 테크닉을 통해서 자신만의 독특한 스타일로 발전시키세요.

효율적으로 완성한 건축 설계 프로젝트 사례

프로젝트 : 실제 건축 프로젝트의 모델링, 렌더링, 프레젠테이션 이미지를 바탕으로 스케치업 외의 다양한 프로그램을 어떻게 활용했는지 간략하게 설명합니다.

실무 프로젝트의 이해

완성 이미지 : 프로젝트 및 프로그램별 완성 이미지를 바탕으로 프로젝트를 살펴봅니다.

Lesson : 스케치업, 포토샵, 브이레이, 레이아웃, CURA 등 실무 건축 디자인 이론을 이해합니다.

예제 및 결과 파일 : 완성 이미지와 함께 실습에 필요한 소스인 예제 및 결과 파일을 확인합니다.

실력 업그레이드를 위한 프로그램 스킬

실습 : 실무 작업 과정을 바탕으로 예제를 분명하고 정확하게 따라합니다. 모델링, 렌더링, 리터칭, 디자인 패키징, 3D 프린팅 과정을 직접 따라 하면서 실무 테크닉을 익힙니다.

TIP : 좀 더 빠르고 효율적으로 작업할 수 있도록 유의해야 할 옵션, 관련 기능, 오류 해결 방법 등을 소개합니다.

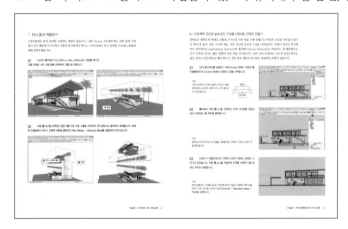

실무 작업 과정을 살펴보기 위한 퀵 튜토리얼

기본 기능 : 프로그램별 인터페이스, 자주 사용하는 기본 기능과 툴, 패널 등을 소개합니다.

표 : 메뉴 설명과 함께 단축키를 소개하여 작업 시간을 단축시킬 수 있도록 도와줍니다.

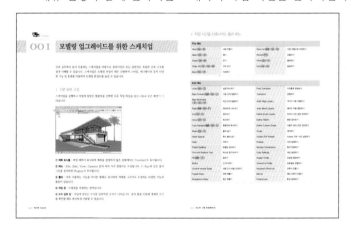

Contents

Part 01
실무 건축 디자인을 위한
스케치업 모델링 스킬

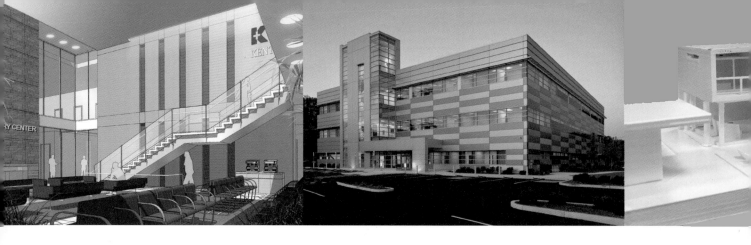

Part 02

클라이언트를 사로잡는
건축 프레젠테이션

Part 03
브이레이를 활용한
사실적인 렌더링

Part 04
모델링을 현실화하는
건축 3D 프린팅

Part 05
실무 작업 과정을 위한
필수 매뉴얼 38가지

예제 및 완성 파일 사용법

성안당 홈페이지(www.cyber.co.kr)에 접속하고 회원가입을 클릭하여 회원으로 가입합니다. 로그인하고 메인 화면에서 '자료실'을 클릭하세요. [자료실 바로가기▶] 버튼을 클릭하고 검색 창에 '스케치업'을 입력한 다음 〈검색〉 버튼을 클릭하면 [스케치업 브이레이&포토샵] 예제 및 완성 파일이 검색됩니다. [스케치업 브이레이&포토샵] 제목 부분을 클릭하면 나온 화면에서 [자료 다운로드 바로가기] 버튼을 클릭하여 예제 및 완성 파일을 다운로드한 다음 찾기 쉬운 위치에 압축을 해제하여 사용하세요.

Introduction

'스케치업을 넘어서' 카페 소개

스케치업 전문가 모임인 네이버 카페 스케치업을 넘어서(http://cafe.naver.com/beyond sketchup)는 스케치업을 활용한 필자의 건축 실무 노하우를 바탕으로 국내 스케치업의 활성화와 당시 제대로 소개되지 않았던 스케치업 렌더링 프로그램(포디엄, 브이레이 등)의 사용 방법을 알리고자 노력하고 카페에서 왕성한 활동을 하며 온라인으로 국내 사용자와 활발한 교류를 나누고 있습니다.

카페 메뉴 하단에서 서적에 관한 Q&A 게시판을 통해 궁금증을 해결할 수 있습니다.

Part 01

실무 건축 디자인을 위한
스케치업 모델링 스킬

스케치업의 다양한 기능을 익히고 Fly-through 애니메이션과 단면 툴을 이용한
애니메이션을 제작한 다음 레이아웃 활용 방법에 대해서도 살펴봅니다.

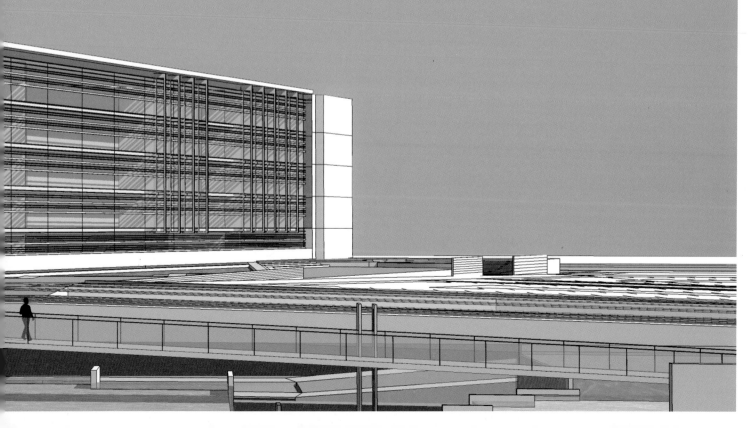

 DESIGN STEP

OO1 실무 건축 설계 프로세스

스케치업은 아이디어와 만날 때 비로소 완벽한 디자인 툴(Tool)이 된다!

2000년대 중반까지만 해도 미국 건축 실무에서는 디자이너 대부분이 3D Max나 Form Z를 이용하여 설계했습니다. 점차 스케치업의 밀기/끌기 기능과 더불어 직관적인 모델링 방식이나 기존 디자인 툴과는 다른 표현에 매력을 느끼면서 국내에서도 다양한 테크닉을 발전시켜 건축 실무 프로젝트에 활용하고 있습니다.

스케치업은 기존의 3D 툴과는 다르게 건축 실무에 꼭 필요한 표현 능력을 가지며 포토샵, 일러스트 레이터, 렌더링 프로그램 등과 결합하여 프레젠테이션 기법을 무한하게 발전시킬 수 있습니다. 건축 디자인 콘셉트를 설명하는 3D 다이어그램에 사용하거나, 기획 단계에서 실물 모형 대신 간단한 모델링으로 매스스터디를 대신할 수도 있으며, 스케치를 대신하여 클라이언트에게 컴퓨터 화면에서 건축의 콘셉트를 보여줄 수도 있습니다. 계획 단계에서는 디자인 아이디어를 좀 더 명확하게 구체화하여 건축 시스템 및 재질을 표현할 수 있으며 시공 도면 단계의 편의를 위한 설명 자료로 이용할 수도 있습니다.

일반적으로 건축 실무에서의 건축 설계 과정은 다음과 같으며 단계마다의 스케치업 활용 방법은 무궁무진합니다. 스케치업의 한계를 넘어서기 위해 그래픽 프로그램의 다양한 표현 기법들을 참고해서 기본 기능 및 응용 테크닉을 통해 자신만의 독특한 스타일로 발전시키기 바랍니다.

건축 실무 단계

1 기획 설계(Pre-Design Phase)

기획 설계 단계에서는 사업 아이디어를 가지고 있는 클라이언트와의 미팅을 통해 기본 법규 검토를 마친 상태에서 프로젝트 실현 여부가 우선시되며 구체적인 사업성 검토와 인허가 조사가 이루어집니다. 미팅 후에 건축가는 프로젝트 콘셉트와 건축적인 아이디어를 보여주기 위해 다이어그램, 실제 대지 위에 표현하는 매스스터디(Mass Study)와 대안 스터디, 그리고 스케치 형태의 투시도 등을 보여줍니다.

1 | 다이어그램(Diagram)

건축에서 다이어그램은 간단한 스케치로 건축가의 의도나 아이디어의 핵심을 보여주는 매우 중요한 소통 수단입니다. 스케치업과 포토샵 등의 그래픽 프로그램을 이용하여 다양한 형태의 다이어그램을 완성합니다.

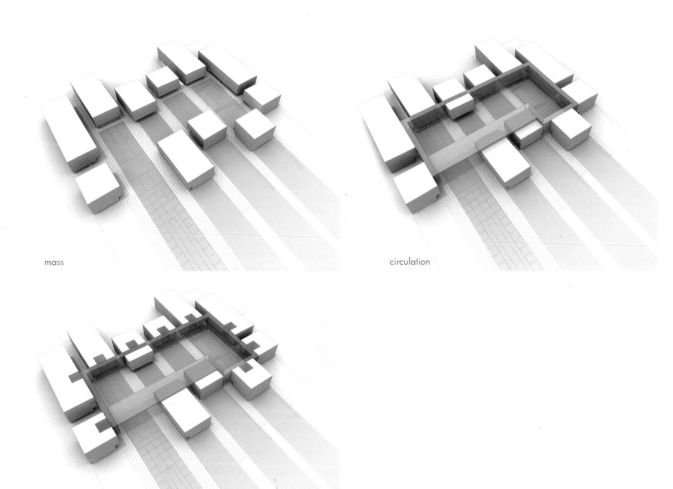

mass

circulation

core & node

Tool_스케치업＋포디엄＋포토샵
클라이언트의 이해를 돕기 위해 대학 캠퍼스에 새롭게 들어설 건물 사이 동선, 녹지와의 연결성, 각 건물 코어의 위치를 간단히 나타낸 도해

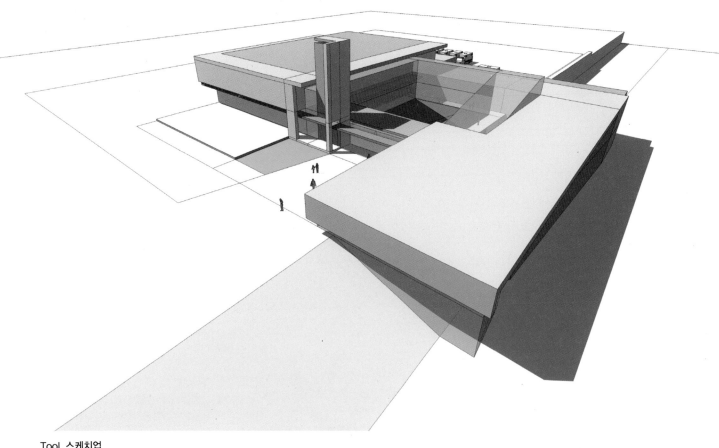

Tool_스케치업
프로젝트 형태와 프로그램을 구분하고 경사진 대지와의 관계를 표현한 매스스터디

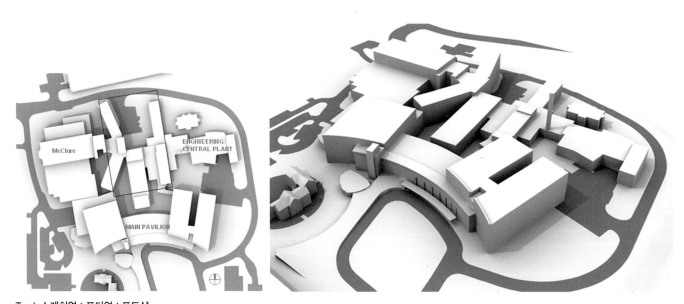

Tool_스케치업＋포디엄＋포토샵
오랜 역사의 병원 증축 프로젝트 현황을 스케치업 모델링 이후 포디엄으로 렌더링해서 주변 도로와 함께 표현

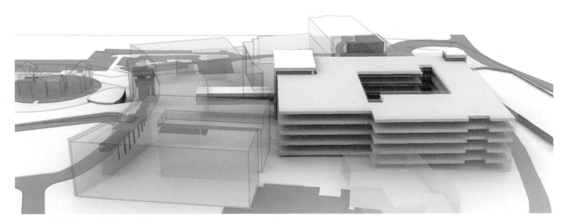

Tool_스케치업+포디엄+포토샵
기존 건물과 새로 짓는 건물의 연결을 효과적으로 보여주기 위해 투명하게 표현한 기존 건물

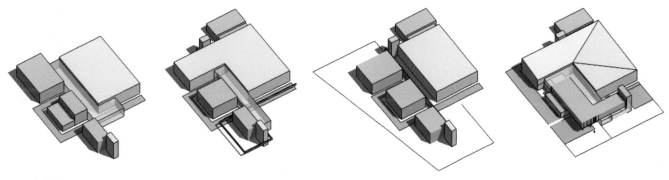

Tool_스케치업
기존 건물과 새로 짓는 건물의 연결에 대한 옵션 스터디이자 추후 확장까지 고려하여 스터디한 다이어그램

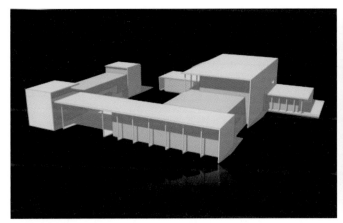
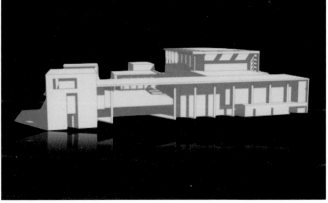

Tool_스케치업
콘셉트 디자인에서부터 완공까지 스케치업으로 디자인한 프로젝트. 매스와 건물들을 외부 공간으로 연결하여 나타낸 지붕 콘셉트

2 | 디자인 콘셉트(Concept)

디자인 콘셉트 작업은 시간과의 싸움입니다. 클라이언트는 새로운 프로젝트에 대한 기대로 인해 항상 짧은 시간에 많은 디자인 대안들을 보기 원합니다. 따라서 기대를 충족시키기 위해 스케치업을 이용한 프리젠테이션은 시간 대비 최고의 효과를 보여줍니다.

Tool_스케치업+포토샵
Part 2에서 소개하는 수채화 효과를 이용하여 특징적인 부분인 벽돌과 알루미늄 패널 재질을 대비시켜서 보여주는 건축 콘셉트

Tool_스케치업+포토샵
수채화 효과로 나타낸 기존 종합 병원의 진입부 증축 부분 콘셉트

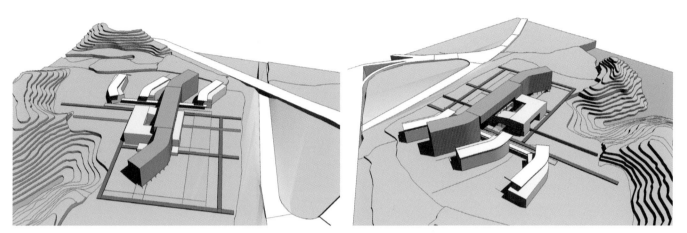

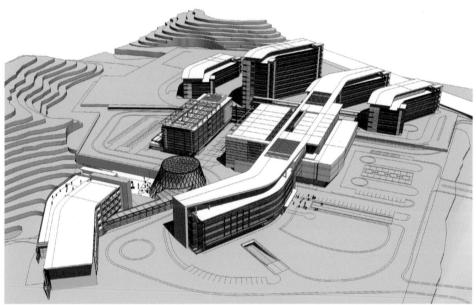

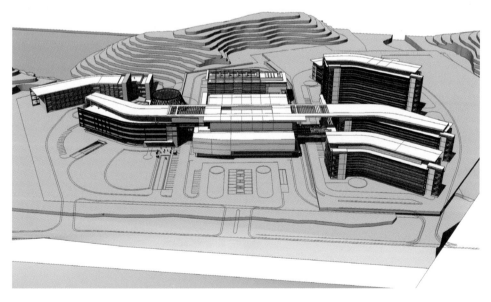

Tool_스케치업
초기 프로젝트의 배치 콘셉트를 나타낸 매스
스터디와 함께 프로젝트 미팅을 거쳐서 디자
인을 발전시킨 병원 캠퍼스 프로젝트

Tool_스케치업+포디엄+포토샵

기존 병원과 새로 짓는 클리닉 부분을 분리하여 스케치업의 스타일과 포디엄 렌더링을 진행한 다음 포토샵에서 합성한 표현

Tool_스케치업+포토샵

클라이언트와의 미팅을 위해 소규모 병원의 답답한 실내 로비 공간에 전면 유리를 사용하여 수채화 형식으로 표현한
부서 입구의 디자인 콘셉트

2 계획 설계(Schematic Design Phase)

계획 설계에서는 이전 단계에서 결정된 건축 콘셉트, 아이디어들이 배치도, 평면도, 주요 입단면도를 통해 발전되면서 프로젝트 규모가 결정됩니다. 건축가와의 미팅을 통해 프로젝트 디자인, 재료, 구조, 기본 설비 시스템 등을 결정하는 시기이며, 주요 실내 공간에 관한 콘셉트도 이 단계에서 결정됩니다.

1 | 배치도

배치도는 건물의 배치와 방향, 주변 도로 및 건물을 보여주며 각 건물의 현실적인 그림자로 인해 입체적으로 만들어집니다. 스케치업에서는 전 세계 지역과 계절, 시간에 따른 사실적인 그림자를 만들 수 있어 매우 편리합니다.

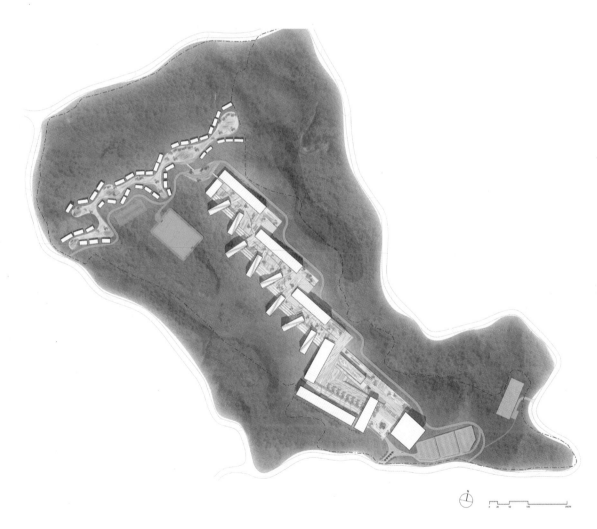

Tool_스케치업+포토샵
굴곡이 심한 구릉에 위치한 프로젝트를 스케치업으로 모델링한 다음 정확한 그림자 정보를 바탕으로 작성한 배치도

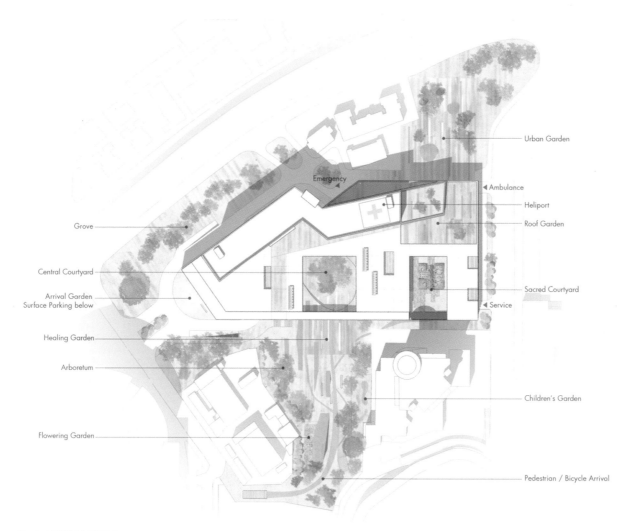

Urban Garden

Emergency

◀ Ambulance

Heliport

Roof Garden

Grove

Central Courtyard

Sacred Courtyard

Arrival Garden
Surface Parking below

◀ Service

Healing Garden

Arboretum

Children's Garden

Flowering Garden

Pedestrian / Bicycle Arrival

Tool_스케치업+포토샵
주변 건물과 더불어 스케치업에서 3D 나무를 추가한 배치도

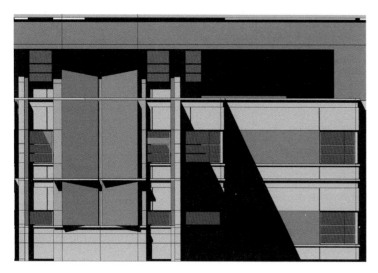

Tool_스케치업
스케치업에서 모델링하여 입면 디자인의 모듈화
콘셉트를 보여주고 과한 그림자를 적용해서 입체
감을 더한 병원 프로젝트

Tool_스케치업
스케치업에서 표현한 프로젝트의 파사드와 배면도

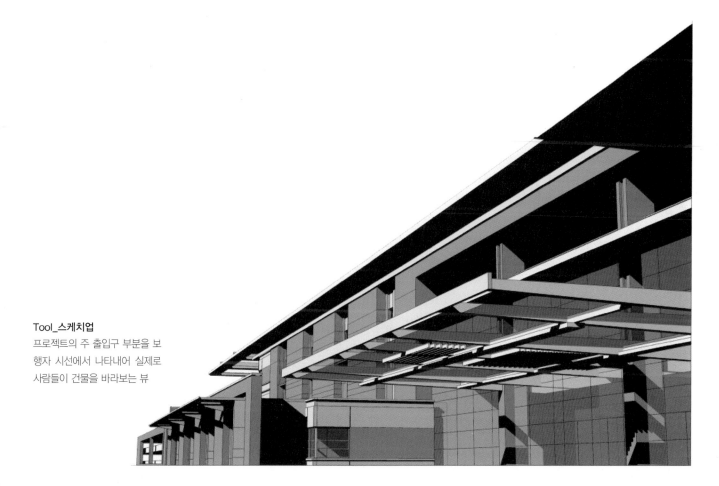

Tool_스케치업
프로젝트의 주 출입구 부분을 보
행자 시선에서 나타내어 실제로
사람들이 건물을 바라보는 뷰

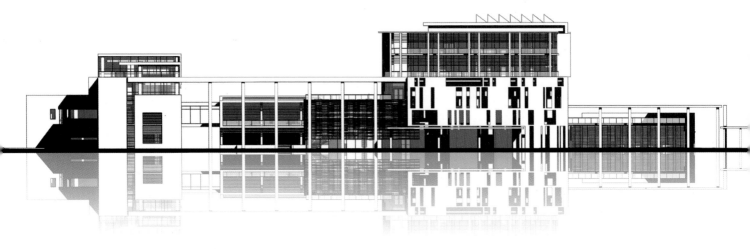

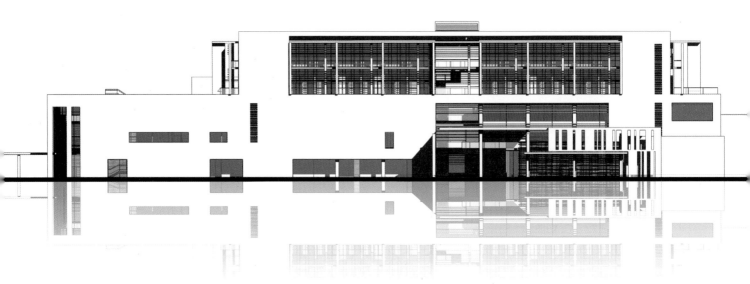

Tool_스케치업
기본 선과 그림자를 이용하여 입체감을 보여주는 동시에 재질 선택에 관한 여지를 남기며 벽체와 개구부를 나타낸 입면도

Tool_스케치업＋포토샵
석재 마감으로 결정되어 실제 마감을 적용해서 프로젝트 미팅을 진행한 프로젝트

Tool_스케치업＋포토샵
클라이언트와의 계획 설계 미팅에서 주로 사용하는 기법으로, 스케치업을 이용한 매스 작업 이후 포토샵에서 재질 느낌을 표현한 입면도

Tool_스케치업+포토샵
스케치업으로 간단하게 모델링한 다음 포토샵에서 그러데이션 효과를 적용한 프로젝트

2 | 단면도

단면도는 건물의 주요 내부 공간을 보여주는 이미지로, 계획 설계 단계에서는 채광, 환기를 주요 공간과 연계하여 보여줍니다.

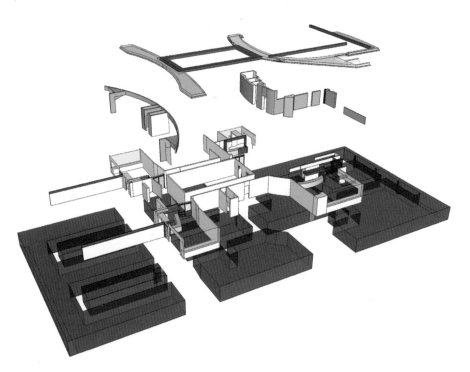

Tool_스케치업
클라이언트의 이해를 돕기 위해 병원 내 간호 부서의 공간 구성과 컬러 디자인을 해체한 이미지

Tool_스케치업+포토샵
자연 환기가 중요하여 단면도를 통해서 건물 전체를 보여준 인도 뭄바이 암센터 병원 프로젝트

Tool_스케치업+브이레이+포토샵
스케치업 모델링 후 브이레이 렌더링과 포토샵 리터칭을 이용하여 로비의 대 공간과 이중
외피를 통한 환기 방식을 보여주는 다이어그램. Part 5 튜토리얼 참고

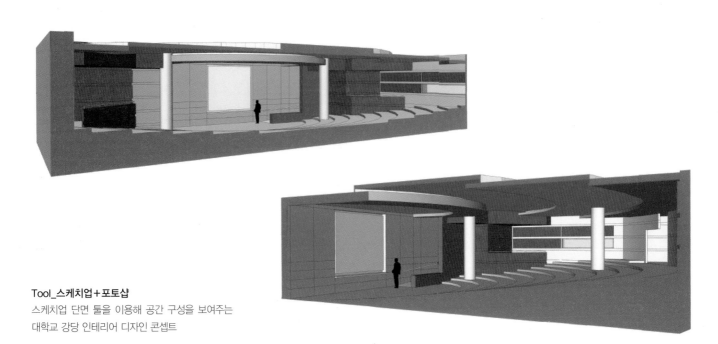

Tool_스케치업＋포토샵
스케치업 단면 툴을 이용해 공간 구성을 보여주는
대학교 강당 인테리어 디자인 콘셉트

Tool_스케치업＋포토샵
Part 2에서 소개하는 스케치업 반사 효과를 이용하여 로비 바닥의 재질을 표현했고
포토샵에서 그러데이션 효과 적용

Tool_스케치업＋포토샵
시간 대비 고품질 이미지를 얻기 위해 병원의 환자 대기실과 로비 공간의 초기 콘셉트를 기존 병원과 비슷한
방향으로 설정하고 스케치업으로 모델링한 다음 포토샵에서 적용한 그러데이션 효과. Part 5 튜토리얼 참고

Tool_스케치업＋브이레이＋포토샵
모던 디자인 콘셉트를 설정하고 브이레이를 이용하여 렌더링한 주택의 거실

Tool_스케치업+포토샵
스케치업으로 간단하게 시뮬레이션한
대규모 아파트 단지 발코니에서 바라
본 장면

Tool_스케치업+포디엄+포토샵
포디엄 렌더링과 스케치업의 숨은 선
모듈을 합성하여 표현한 복층의 위층
(Loft) 공간 콘셉트 디자인

3 | 투시도

스케치업은 건축 디자인의 수많은 단계에서 여러 가지 용도로 이용하는 매우 훌륭한 모델링 툴입니다. 간단한 매스 모델에 세부적인 표현 없이 선을 이용하여 흑백 이미지로 만들면 단시간에 효과적인 투시도를 작성할 수 있습니다.

Tool_스케치업
선과 그림자로만 표현한 병원
콘셉트 디자인

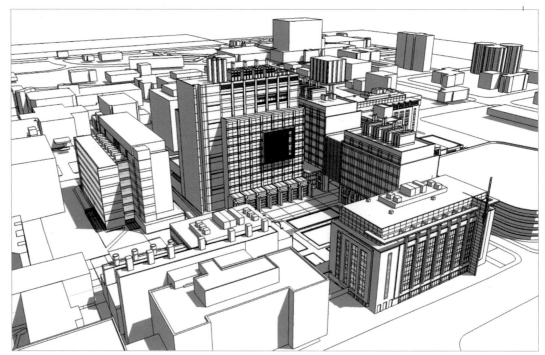

Tool_스케치업+오토캐드
스케치업에서 매스 모델링 후
캐드 입면의 선을 매스 위에
붙여 실제 모델링한 것처럼
나타낸 효과

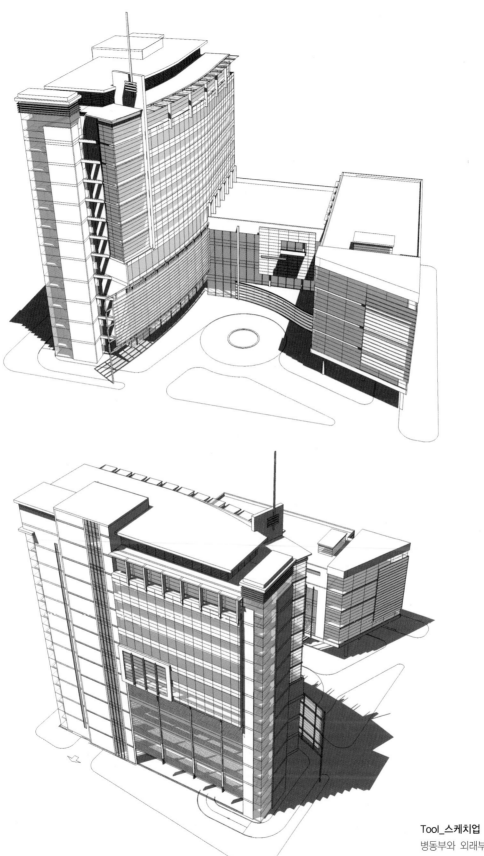

Tool_스케치업
병동부와 외래부가 나뉜 디자인이자 커튼
월까지 표현하여 모델링한 병원 프로젝트

4 | 건축 프레젠테이션

컴포넌트와 그룹을 적절히 활용하면 대규모 프로젝트도 세부적으로 모델링할 수 있으며, 다른 프로그램을 활용하지 않고 스케치업만으로도 훌륭한 건축 프레젠테이션을 완성할 수 있습니다.

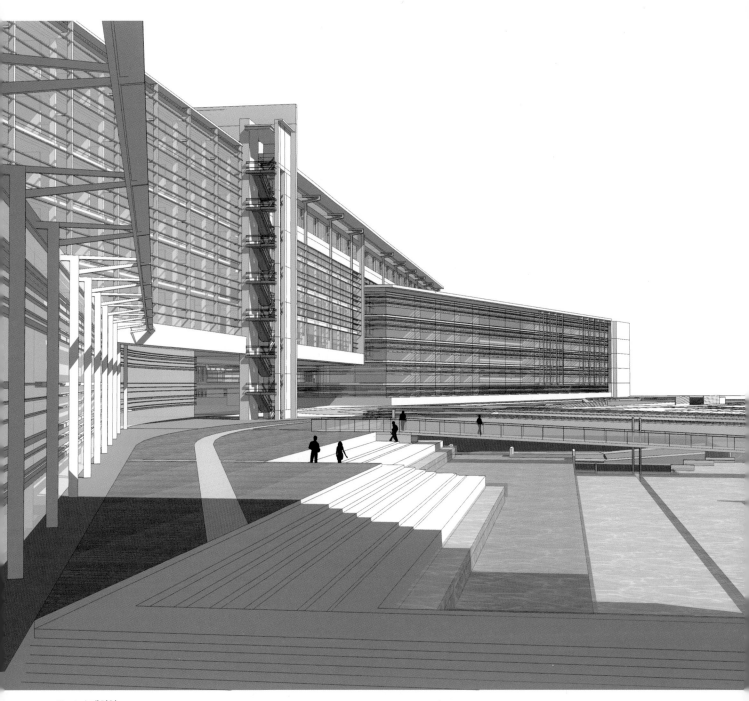

Tool_스케치업
스케치업에서 모델링을 세부적으로 진행하여 배치도, 입면도, 투시도를 완성한 대학 병원 캠퍼스의 일부

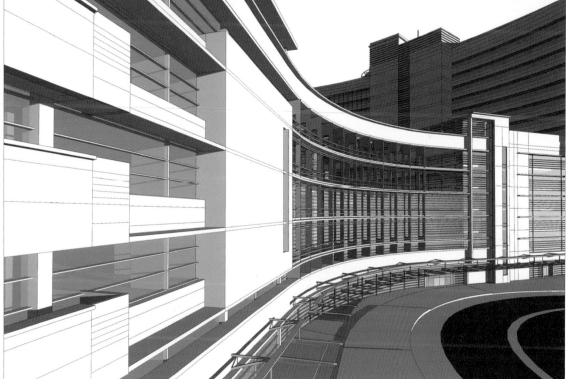

Tool_스케치업
건물 출입구처럼 흑백으로 표현하여 곡선 디자인을 강조한 병원 출입 광장 전면부

3 기본 설계(Design Development Phase)

기본 설계 단계에서는 계획 설계에서 만든 디자인을 구체화하고 시스템화하여 실제 시공을 염두에
두고 클라이언트를 설득합니다. 이 과정에서 예산 문제나 인허가 문제로 설계를 변경하거나 구조와
설비 계획이 함께 진행되어 가장 효율적인 프로젝트로 발전됩니다.

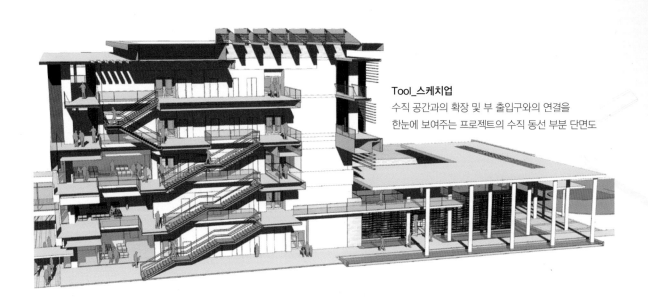

Tool_스케치업
수직 공간과의 확장 및 부 출입구와의 연결을
한눈에 보여주는 프로젝트의 수직 동선 부분 단면도

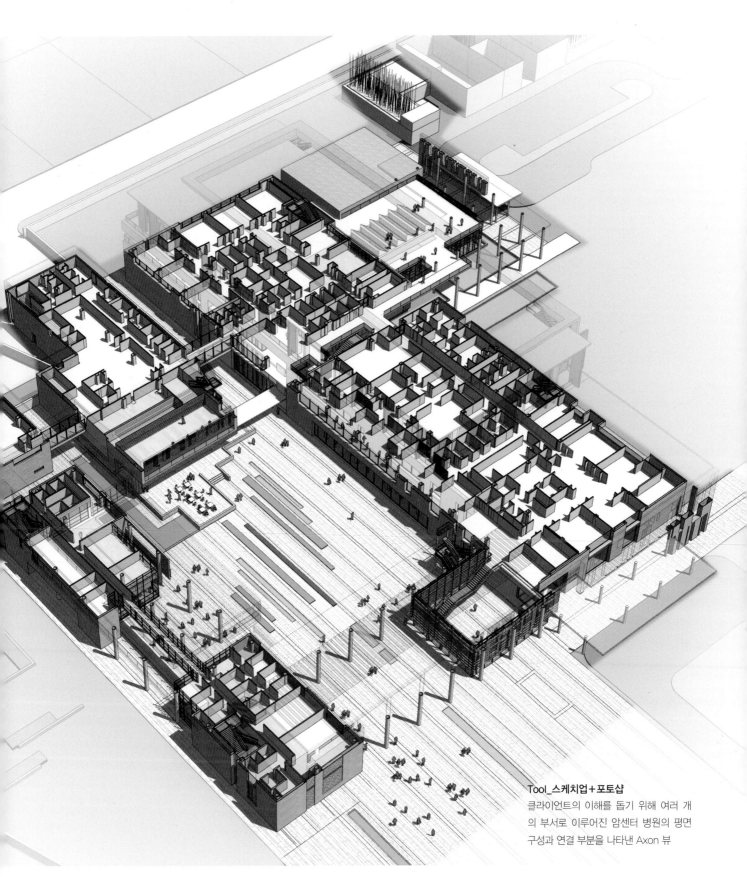

Tool_스케치업＋포토샵
클라이언트의 이해를 돕기 위해 여러 개의 부서로 이루어진 암센터 병원의 평면 구성과 연결 부분을 나타낸 Axon 뷰

1 | 디자인 옵션 제안

디자인 단계에서는 클라이언트에게 여러 가지 옵션을 제안해야 하며, 건축가는 그중에서도 최선을
제시해야 합니다.

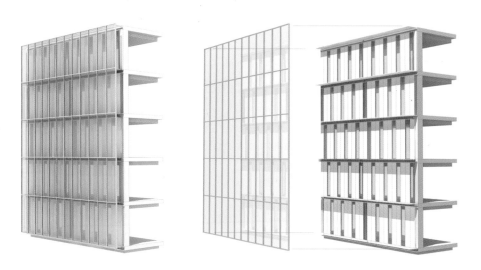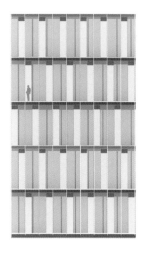

Tool_스케치업+브이레이+포토샵
외부 디자인 장점에 관한 이해를 높이고 커튼월과 알루미늄 패널로 이루어진 더블 스킨 시스템 구성에 관해 설명

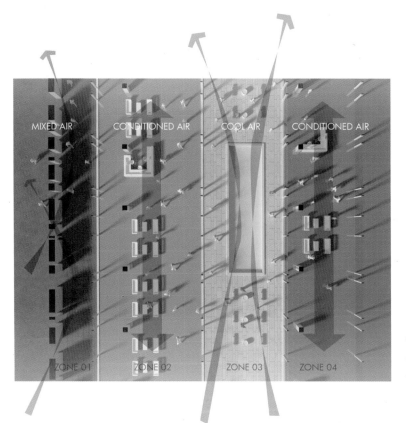

Tool_스케치업+브이레이+포토샵
공간의 특성을 보여주기 위해 외부와 내부가 만나는 평면
구성을 각기 다른 공조 시스템 구역(Zone)으로 구분

Tool_스케치업+포디엄+포토샵
로비의 계단 이미지를 간단한 재질과 함께 표현한 학교 프로젝트

Tool_스케치업+포디엄+포토샵
렌더링과 스케치업의 선을 합성해서 나타낸 병원의 환자 대기실

Tool_스케치업+브이레이+포토샵
브이레이를 이용하여 사실적으로 표현한 병원의 가족 대기실

Tool_스케치업＋브이레이＋포토샵
완공 이미지를 보여주기 위해 실제 메탈 패널 색상과
로이 유리(Low-E Glass) 패널을 이용한 렌더링
http://www.awperry.com/properties/south-shore-
portfolio/

완공 사진

4 실시 설계(Construction Document Phase)

실시 설계에서는 확정된 건축 디자인과 함께 구조, 설비, 조경 등 관련 분야와 시공 도면을 작성합니다. 또한 정확한 공사비를 산정하기 위해 시공 내용을 구체적으로 제시한 시방서를 작성해야 합니다. 이 단계에서는 실제 시공하려는 재질과 창호 시스템 등을 이용하여 건물 외부나 내부 공간 등의 렌더링을 작성해서 클라이언트에게 보여줍니다.

Tool_스케치업＋브이레이＋포토샵
클라이언트와의 미팅을 위해 회의실 공간에 실제 가구와 재질을 대입한 렌더링

1 | 매트리얼 스터디

디자인이 확정되면 실제 재질을 선택해야 합니다. 렌더링 툴을 이용하여 건물에 실제 재질을 적용해
서 어떤 느낌으로 표현될지 미리 테스트합니다.

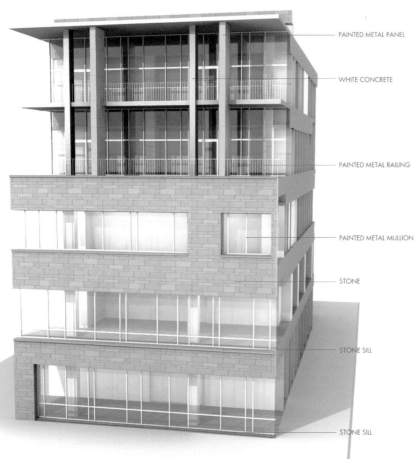

- PAINTED METAL PANEL
- WHITE CONCRETE
- PAINTED METAL RAILING
- PAINTED METAL MULLION
- STONE
- STONE SILL
- STONE SILL

Tool_스케치업+브이레이+포토샵
시공 전에 실제 재질과 창호 시스템으로
렌더링한 시뮬레이션

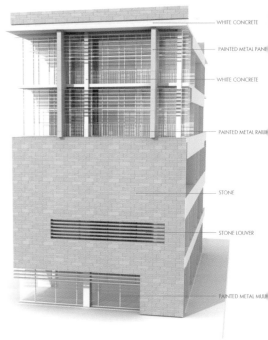

- WHITE CONCRETE
- PAINTED METAL PANEL
- WHITE CONCRETE
- PAINTED METAL RAILING
- STONE
- STONE LOUVER
- PAINTED METAL MULLION

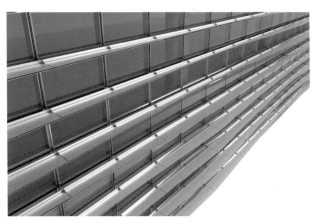

Tool_스케치업+브이레이+포토샵
커튼월 시스템을 실제 알루미늄 매트리얼로
렌더링한 시뮬레이션

2 | 투시도

투시도는 클라이언트에게 프로젝트를 가장 잘 보여주는 한 장의 이미지입니다. 다양한 표현을 통해
클라이언트의 마음을 사로잡을 수 있어야 합니다.

The Research building anchors the west portion of the site. Color will play a major role in the character of the hospital complex and will be found in glass, metal, paving and other building components. Glass is used as a central design theme throughout the project. Curtain wall and linier louvered glass systems are to be utilized as well as combinations of tinted, pattern and clear glass. Patterned glass will help reduce the solar gain in the interior of the building.

**Tool_스케치업+브이레이
+포토샵**
스케치업으로 디자인하고
전문적인 렌더링 과정과 포
토샵 보정 작업을 거쳐서
제출한 최종 이미지

**Tool_스케치업+브이레이
+포토샵**

 SKETCHUP

002 쉽고 빠른 모델링 툴, 스케치업

스케치업은 건축 및 기계 설계, 가구 디자인 등 사용자 목적과 취향에 맞는 템플릿을 만들고 저장하여 사용할 수 있습니다. 이 장에서는 건축 설계에 최적화된 템플릿을 자신만의 템플릿으로 저장하고 관련 자료를 불러와서 모델링 작업을 준비해 봅니다.

이 책에서는 지오바니 모레노 건축(Giovanni Moreno Arquitectos)에서 설계한 GM1 House (http://www.archdaily.com/463940/gm1-house-giovanni-moreno-arquitectos)를 바탕으로 작업해 보겠습니다.

|예제 및 결과 파일| Part01\Plan-1~Plan-3.jpg, Elevation-Back.jpg, Elevation-Front.jpg, Elevation-Left.jpg, Elevation-Right. jpg, Section-01~02.jpg, 2-5.skp

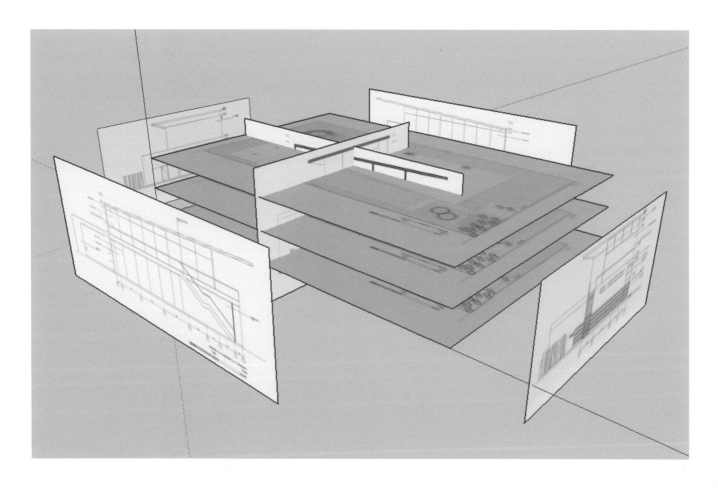

1 건축 모델링에 최적화된 템플릿 사용하기

스케치업에서 제공하는 건축 설계 템플릿을 선택하여 최적의 작업 환경을 설정합니다.

01　　스케치업을 실행하면 Welcome to SketchUp 대화상자
가 나타납니다.

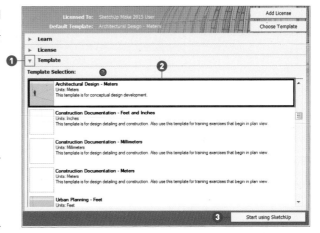

····**TIP**··

스케치업에는 무료 버전인 스케치업 메이크(Make)와 유료 버전인 스
케치업 프로(Pro)가 있습니다. 스케치업 프로도 30일 동안 무료로 사
용할 수 있는 시험 버전 서비스를 제공합니다. 이 책에서는 스케치업
2015 메이크, 영문 버전을 사용하였습니다.

···

02　　건축 모델링을 위해 Template 항목의 'Architectural
Design – Meters'를 선택한 다음 〈Start using SketchUp〉 버튼을
클릭합니다.

····**TIP**··

Template 항목이나 Welcome to SketchUp 대화상자 오른쪽 위의
〈Choose Template〉 버튼을 클릭하면 다양한 템플릿을 확인할 수 있
습니다.

···

03　　스케치업의 초기 화면이 나타나면 모델링 작업을 시작할
수 있습니다.

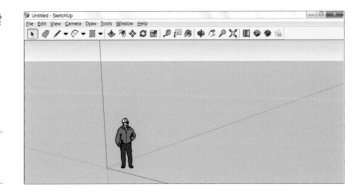

····**TIP**··

스케치업의 툴바는 **[View]** → **Toolbars**를 실행하여 Toolbars 대화
상자에서 언제든지 툴이나 크기 등을 조정할 수 있습니다.

···

2 작업 환경 설정하고 저장하기

[Window] → Model Info와 Preferences를 실행하고 옵션을 설정하면 작업에 알맞은 개성 있는 템플릿을 만들 수 있습니다. Model Info, Preferences 대화상자에서 자주 사용하는 기능들을 하나씩 살펴보겠습니다.

1 | 렌더링과 단위 설정하기 - Model Info

[Window] → Model Info를 실행하여 Model Info 대화상자를 나타냅니다. Rendering과 Units를 설정하여 모델링을 부드럽게 표현하거나 단위를 설정합니다.

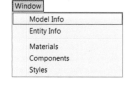

① **Rendering** : 기본적으로 'Use Anti-Aliased Textures'에 체크 표시되어 모델링이 더욱 부드럽게 표현되지만 컴퓨터 사양이 낮을 때는 체크 표시하지 않아 비활성화하는 것을 권장합니다.

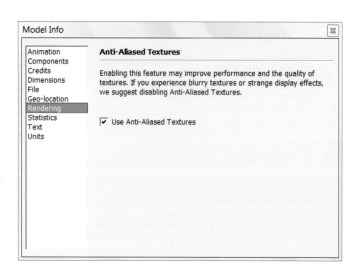

② **Units** : 모델링 단위를 설정합니다.

ⓐ Format : 프로젝트별로 'Architectural', 'Decimal', 'Engineering', 'Fractional'로 지정할 수 있습니다. 여기서는 'Decimal / m(Meter)'로 지정했습니다.

ⓑ Precision : 정밀도를 나타내며 '0.00m(소수점 둘째자리)'로 설정합니다. 건축 실무에서는 mm(밀리미터) 단위를 사용하여 CAD 건축 도면을 그리지만 이 책에서는 편리한 모델링 작업을 위해 m(미터) 단위로 선택하고 소수점 둘째자리까지 나타냅니다.

····TIP···
'Enable length snapping'에 체크 표시하면 프로그램이 설정된 간격으로 정확하게 인식해서 점을 지정(Snap)하므로 모델링 정확도가 높아집니다. 여기서는 1cm 단위 작업을 위해 정밀도를 '0.01m'로 설정합니다.
··

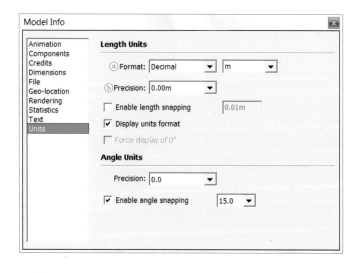

2 | 자동 저장 설정하기 - Preferences

[Window] → Preferences를 실행해 나타나는 System Preferences 대화상자에서는 모델링 시간을 단축하는 기능과 샌드박스 등의 Extension 기능이 있습니다.

① **General** : 스케치업 작업 중에 발생할 수 있는 오류에 대비하여 백업 파일과 자동 저장 기능을 설정하기 위해 Saving 항목의 'Create backup'과 'Auto-save'에 체크 표시합니다.

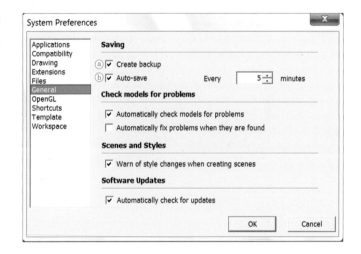

ⓐ Create backup : 백업 파일은 스케치업 파일(파일 이름.skp) 오류에 대비하여 '파일 이름.skb'로 저장됩니다. 파일 확장자를 skp로 바꾸거나 Open 대화상자에서 파일 형식을 'All Files (*.*)'로 지정하면 백업 파일을 불러올 수 있습니다.

ⓑ Auto-save : 기본적으로 자동 저장은 5분마다 설정됩니다. 모델 작업량이 많아지면 스케치업 파일 크기가 커져서 저장 시간도 길어지므로 실제 모델링 작업에 방해될 수도 있기 때문에 자동 저장 시간을 '30minutes' 정도로 적당하게 설정합니다.

3 | 템플릿 설정하기 - Styles

[Window] → Styles를 실행하여 나타나는 Styles 창에서는 원하는 선 스타일이나 배경 화면을 선택하여 개성 있는 템플릿을 만들 수 있습니다.

01　　선과 배경 화면 스타일을 설정하기 위해 **[Window]** → **Styles**를 실행하여 Styles 창을 나타냅니다.

02　　[Edit] 탭을 선택하고 'Edge Settings' 아이콘(⬚)을 클릭합니다. Edge 항목에서는 객체의 선 스타일을 조정할 수 있습니다.

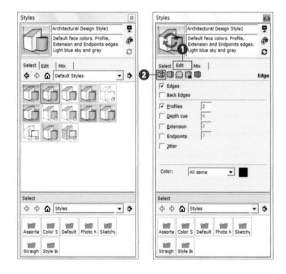

····TIP···

Styles 창에 대해서는 Part 2에서 더욱 자세하게 설명합니다.

···

03 'Background Settings' 아이콘(🔲)을 클릭하여 Back ground 항목에서 배경색과 하늘, 대지를 표현할 수 있습니다. Background의 색상 상자를 클릭하여 '흰색'으로 설정하고 'Sky' 와 'Ground'의 체크 표시를 해제하면 다음과 같이 배경 화면이 달라 집니다.

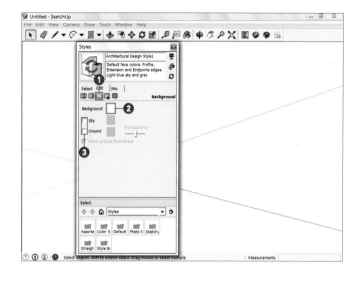

····TIP·······
원하는 대로 배경을 설정하여 모델링 작업을 진행할 수 있습니다.
···········

04 템플릿 설정을 마치면 [**File**] → **Save As Template**을 실행합니다.
Save As Template 대화상자에서 Name에 템플릿 이름을 입력하고 'Set as default template'에 체크 표시한 다음 〈Save〉 버튼을 클릭합니다. 이후에는 스케치업을 실행할 때마다 저장해둔 템플릿을 이용할 수 있습니다.

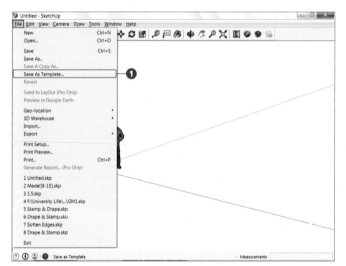

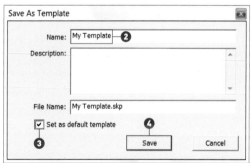

3 모델링 작업의 시작, 건축 도면 불러오기

건축 모델링을 위해서는 평면도, 단면도, 입면도 등의 기본적인 건축 도면(JPG, PNG 등)이 필요합니다. 모델링에 필요한 건축 도면들을 불러오고 알맞게 배치한 다음 크기를 변경하기 전에 먼저 모델링하려는 건축물의 1층 평면도를 불러옵니다.

01　평면도를 불러오기 위해 [**File**] → **Import**를 실행합니다.

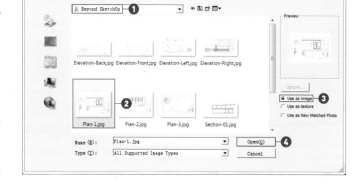

····TIP····
스케치업 버전에 따라서 불러올 수 있는 파일 형식이 다릅니다. 예를 들어, 스케치업 메이크(Make) 버전에서는 CAD(캐드) 파일인 '*.dwg' 를 불러올 수 없습니다.

02　Open 대화상자가 나타나면 도면 자료 폴더(Part01)에서 건축 도면 자료(Plan-1.jpg)를 선택하고 'Use as image'를 선택한 다음 〈Open〉 버튼을 클릭합니다.

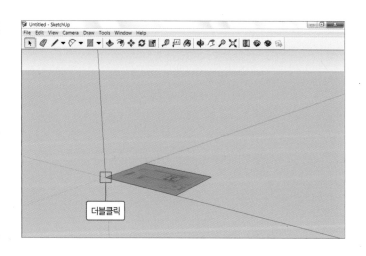

····TIP····
'Use as texture'는 재질을 편집할 때 사용하는 기능으로, 모델링 객체 면에 직접 적용할 수 있습니다.

03　작업 창의 원하는 위치에서 더블클릭하면 1층 평면도가 원래 크기대로 불러들여집니다.

····TIP····
불러들인 이미지를 클릭하면 클릭한 지점에 따라 이미지 크기를 조절할 수 있으며 다시 한 번 클릭하면 이미지 크기가 고정됩니다.
원점을 클릭하여 원하는 크기로 조정한 다음 다시 한 번 클릭하면 도면 자료를 불러올 수 있습니다. 같은 방법으로 건축물의 평면도, 입면도 등의 자료를 불러올 수도 있습니다.

4 도면 설정 및 크기 조정하기

평면도, 입면도, 단면도 등 건축 도면을 불러들인 다음 모델링 작업에 알맞게 배치해야 합니다. 여기
서는 이동 및 회전 툴을 이용하여 평면도, 입면도, 단면도를 적절하게 배치하겠습니다.

1 | 평면도 이동하기

2층짜리 건축 모델링에는 1층 평면도와 2층 평면도 두 개가 있습니다. 이때 2층 평면도는 1층 평면도
바로 위쪽에 위치시킵니다.

01   1층 평면도처럼 원점에 맞춰 2층 평면도(Plan-2.jpg)를
불러옵니다.

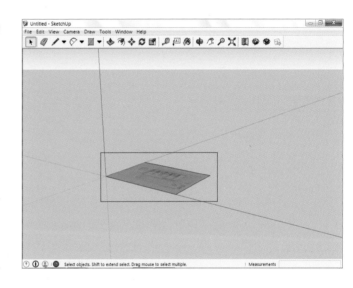

····TIP

건축 도면은 주로 같은 크기로 제작되기 때문에 불러올 때 이전 단계
에서 불러온 방법처럼 더블클릭하여 불러오면 이후 따로 크기를 조절
하지 않아도 됩니다.

02   겹쳐진 2층 평면도를 이동하기 위해 먼저 툴바에서 이동 툴(✥)을 선택합니다. 이동하려는 도면을 선택
하여 이미지 가장자리에 파란색으로 표시되면 도면의 끝점(Endpoint in Image)을 클릭하고 파란색 Z축 위쪽을
클릭해서 도면을 이동할 수 있습니다.

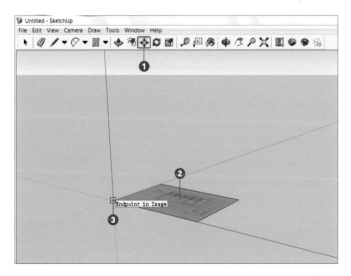
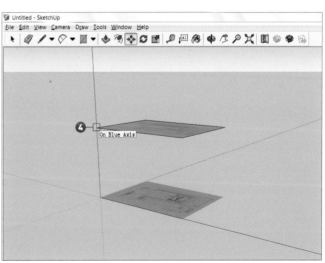

03　　2층 평면도를 1층 평면도 위에 위치시키기 위해 Z축을 따라 위쪽으로 4m 이동합니다.

지붕 평면도(Plan-3.jpg)도 같은 방법으로 불러들여 다음과 같이 배치합니다.

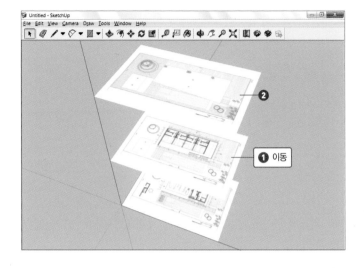

····TIP··
위쪽으로 이동한 상태에서 오른쪽 아래 Length에 '4'를 입력하고 [Enter] 키를 누르면 해당 방향으로 4m 이동시킬 수 있습니다.
···

2 | 입면도와 단면도 회전하기

평면도와 다르게 입면도, 단면도는 건물처럼 세워져야 모델링에 도움이 됩니다. 여기서는 회전 툴을 이용하여 건축의 입면도와 단면도를 회전시키는 방법을 익힙니다.

01　　도면 회전 작업을 위해 먼저 1층 평면도, 2층 평면도와 지붕 평면도를 초록색 Y축으로 이동한 다음 정면 입면도(Elevation-Front.jpg)를 불러옵니다.

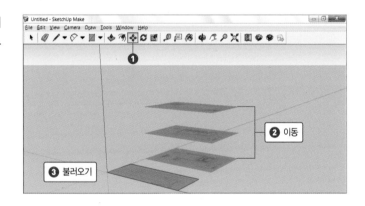

02　　툴바에서 궤도 툴(◈)을 선택하거나 마우스 휠을 누른 채 작업 화면을 드래그하여 도면의 시점을 다음과 같이 조정합니다.

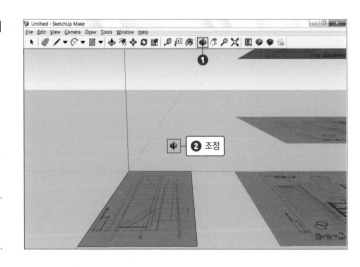

····TIP··
모델링 작업 창 바닥 면과 정면이 함께 보이도록 조정해야 입면도를 쉽게 세울 수 있습니다.
···

03 입면도를 회전하기 위해 먼저 도면을 선택하고 툴바에서 회전 툴(⟳)을 선택합니다. 다음과 같이 빨간색 X축을 클릭하여 각 도계를 기준점으로 지정하고 오른쪽 녹색 Y축을 따라 이동하여 한 번 더 클릭합니다.

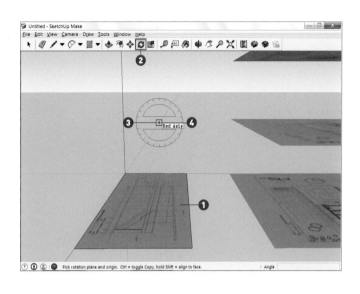

····TIP···
입면도는 건축의 외부 형태를 각 방향의 정면에서 바라본 모습으로, 효과적인 모델링을 위해서는 입면도를 회전시켜서 세워야 합니다.

04 가이드라인이 나타난 상태에서 마우스 포인터를 이동시켜 원하는 방향으로 회전합니다. 또는 회전 각도를 직접 입력하여 정확한 각도로 회전시킬 수 있습니다.

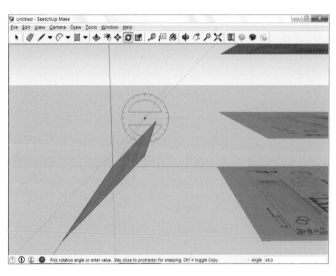

05 회전 상태에서 오른쪽 아래 Angle에 '90'을 입력하고 [Enter] 키를 누르면 정확하게 90˚로 회전합니다.

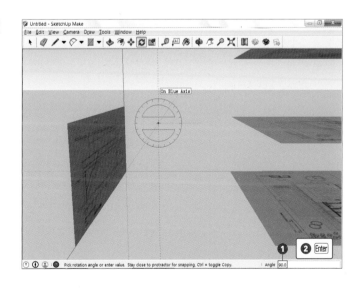

06   회전된 입면도를 평면도와 함께 적당한 거리에 위치시킵니다. 다른 입면도(Elevation-Back.jpg, Elevation-Left.jpg, Elevation-Right.jpg)와 단면도(Section-01~02.jpg)도 다음과 같이 양쪽에 순서대로 배치합니다.

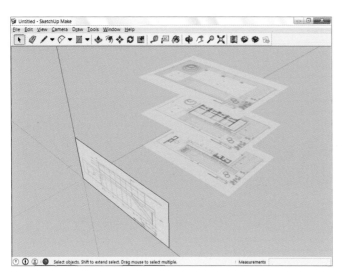 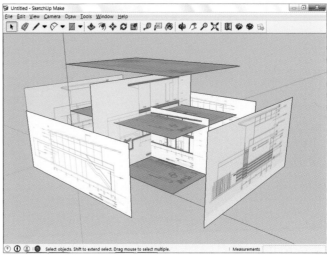

3 | 도면 크기 조정하기

이전 단계에서 불러온 건축 도면 자료들은 모두 더블클릭하여 불러들였으므로 이미지 크기는 같지만 평면도, 입면도, 단면도의 크기는 실제 건축물의 크기와 각각 다를 수 있습니다. 정확한 건축 모델링을 위해서는 건축 도면에서 파악할 수 있는 자료, 예를 들어 건축 치수, 문의 크기 등을 확인해 크기를 맞춰야 합니다.

줄자 툴은 기본 거리 측정 외에도 가이드라인 제작 및 크기를 조정할 수 있어 모델링 파일을 설정할 때 반드시 익혀야 합니다. 줄자 툴의 숨겨진 기능인 크기 조절 기능을 이용하여 모델링 자료를 실제 건축물 크기와 일치시키는 방법을 살펴봅니다.

01   Ctrl 키를 누른 채 1층 평면도, 2층 평면도, 지붕 평면도를 선택한 다음 마우스 오른쪽 버튼을 클릭하고 **Make Group**을 실행하여 그룹으로 설정합니다.

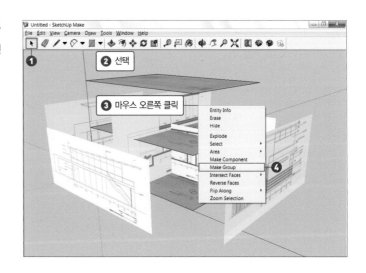

02 [Camera] → Standard Views → Top을 실행하여
Top 뷰로 이동합니다.

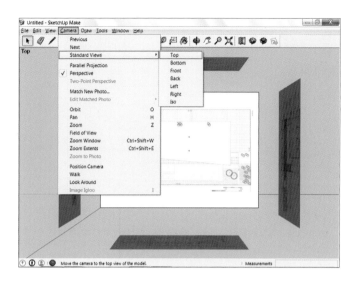

03 평면도 그룹을 더블클릭하여 평면도 그룹에서 선 툴(✏️)
로 다음과 같이 선을 그립니다.

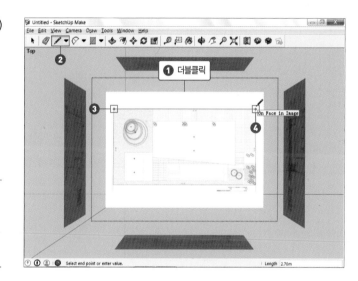

····TIP····

Resize 기능은 같은 그룹으로 설정된 객체에만 적용되므로 먼저 평면
도, 입면도, 단면도를 각각의 그룹으로 설정한 다음 크기를 따로 조정
합니다. 만약 그룹을 설정하지 않은 채 평면도 크기를 조정하면 나머
지 입면도, 단면도 크기도 함께 변경되므로 유의합니다.

04 도면의 선 길이는 37.75m지만 줄자 툴(🔍)을 이용하여
불러온 도면의 실제 길이를 측정하면 '2.7m'인 것을 확인할 수 있습
니다.

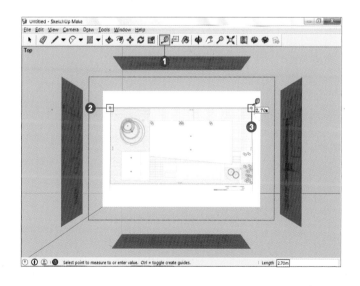

05 Length에 '37.75m'를 입력한 다음 Enter 키를 누릅니다. 크기를 조정할 것인지 묻는 경고 메시지 창이 나타나면 〈Yes〉 버튼을 클릭합니다.

····TIP·········
이외에도 스케치업에서 도면 크기를 조정할 때 크기 조절 툴을 이용할 수도 있지만, 줄자 툴을 이용하는 것이 가장 빠르고 편리합니다. 특히 2D 이미지 크기 변경은 줄자 툴을 이용하는 것이 좋습니다.

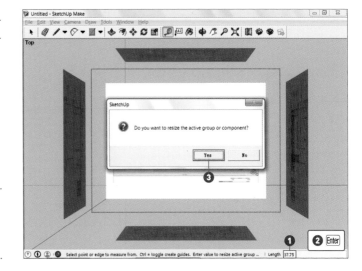

06 선 길이가 변경되며 평면도 그룹의 1층, 2층, 지붕 평면도 크기가 모두 달라집니다. 평면도 그룹만 크기를 조정했으므로 입면도와 단면도 크기는 달라지지 않습니다.
입면도와 단면도도 같은 방법으로 그룹별 크기를 조정합니다.

····TIP·········
건축 도면의 스케일이 일정하면 따로 스케일을 조정하지 않아도 됩니다.

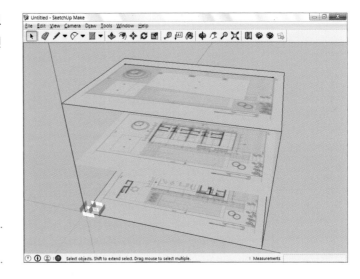

07 줄자 툴(🔍)로 다른 도면 크기를 확인하고 다음과 같이 알맞게 배치한 다음 정렬합니다.

····TIP·········
Part01 폴더의 '2.5.skp' 파일 도면을 참고해도 좋습니다.

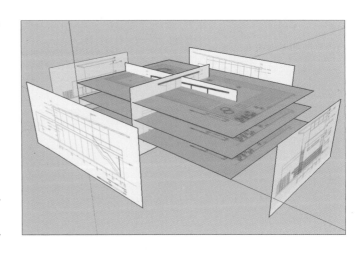

5 도면 정리를 위한 레이어 이해하기

앞서 정리한 건축 도면 자료에서 모델링을 진행하기에는 도면이 복잡하게 엮여 있으므로 Layers 기능을 이용해 층별 평면도, 각 방향 입면도, 단면도를 관리하는 것이 좋습니다. 레이어를 이용한 도면 자료 관리 방법을 살펴봅니다.

01　툴바에 레이어 관련 기능을 추가하기 위해 [**View**] → **Toolbars**를 실행합니다.

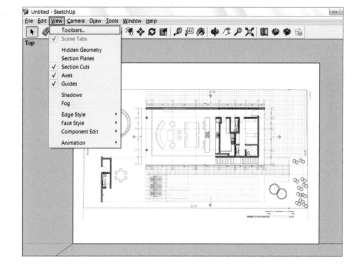

····TIP·····

모니터 해상도가 충분히 크다면 툴바의 모든 툴을 나타내어 사용하는 것이 편리합니다.

02　Toolbars 대화상자에서 'Layers'에 체크 표시한 다음 〈Close〉 버튼을 클릭합니다.

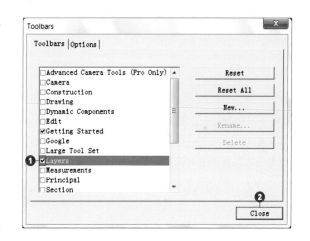

····TIP·····

Toolbars 대화상자의 [Options] 탭에는 아이콘 크기 지정 옵션이 있으므로 모니터 크기에 따라 선택할 수 있습니다.

03　툴바에 Layers 기능이 추가되면 Layers 창을 나타내기 위해 [**Window**] → **Layers**를 실행합니다.

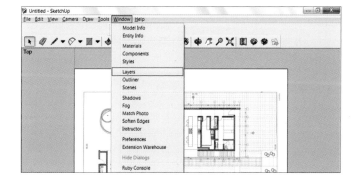

04 Layers 창에서 'Add Layer' 아이콘(⊕)을 클릭하여 새 레이어를 추가합니다. 'Layer1' 이름을 'Plan-1st'로 수정합니다.

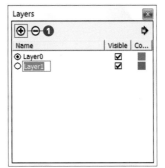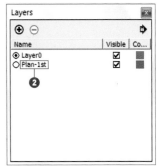

····TIP····
레이어 이름은 알기 쉬운 것으로 사용합니다.

05 1층 평면도가 선택된 상태에서 툴바의 'Layer0' 오른쪽 팝업 아이콘(▼)을 클릭하고 'Plan-1st'를 선택하면 도면이 해당 레이어에 포함됩니다.

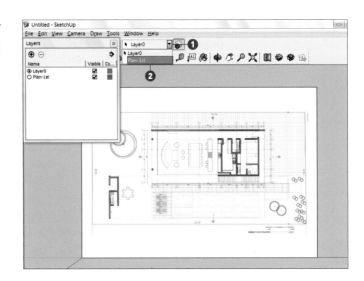

06 Layers 창의 'Plan-1st' 레이어에서 'Visible' 항목의 체크 표시를 해제하면 1층 평면도가 사라집니다.
이러한 방법으로 건축 도면뿐만 아니라 다른 객체들도 레이어를 이용하여 간편하게 관리할 수 있습니다.

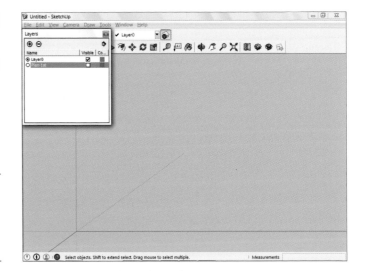

····TIP····
모델링 초반부에는 객체가 몇 개 되지 않아 Layers 창이나 Outliner 창을 이용할 필요는 없습니다. 그러나 Layers 창을 이용하는 것은 모델링이 진행되면서 많은 객체를 효율적으로 관리하기 위한 여러 가지 방법 중에 하나이기 때문입니다.

SKETCHUP

OO3 공간적인 장치, 벽체와 개구부

건축 모델링의 사전 작업인 건축 도면 설정 및 레이어를 이용한 기본 파일 관리에 대해 살펴봤습니다. 이번 장에서는 건축 도면에 가이드라인을 이용하여 기본 벽체를 올리고 창문과 문, 개구부를 만드는 방법에 대해 알아봅니다.

|예제 및 결과 파일| Part01\3.1~6.skp, 3.1-Tip-Guide Line.skp, 3.1-Tip-Select Tool.skp, 3.1-Tip-Move Tool.skp, 3.3_intersect with face.skp, 3-3-Tip.skp

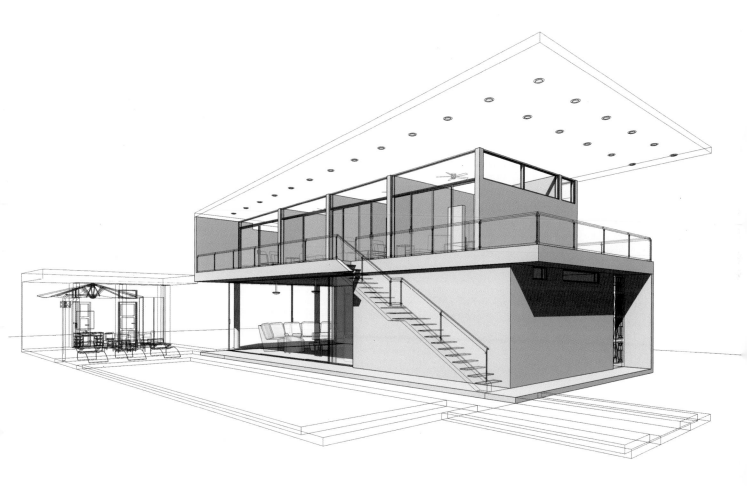

1 바닥 벽체 선 그리기

캐드 도면이 아닌 그림 또는 이미지로 불러온 건축 도면을 따라서 모델링 작업을 할 때는 치수가 정확하지 않으므로 가이드라인을 이용하여 기본적인 건축 그리드를 그리고 이를 바탕으로 좀 더 정확한 모델링을 진행합니다. 가이드라인은 줄자 툴의 기능 중 하나이며 만들어진 가이드라인은 선(Line)처럼 이동, 회전, 복사할 수 있어 3D 모델링 작업에 유용합니다.

1 | 가이드라인 그리기

앞서 배치한 평면도에 먼저 줄자 툴의 가이드라인 기능을 이용하여 가로, 세로 가이드라인을 그립니다. 줄자 툴을 선택한 다음 마우스 포인터에 작은 +부호가 표시되면 가이드라인을 이용할 수 있으며, 작은 +부호가 표시되지 않으면 거리만 측정할 수 있습니다. Ctrl 키를 눌러 가이드라인과 거리 측정 기능을 전환할 수 있습니다.

01   Part01 폴더에서 '3.1.skp' 파일을 엽니다.

줄자 툴(⊘)을 선택하고 세로 방향의 가이드라인을 그립니다. 녹색 Y축을 클릭하고 건물 왼쪽 벽면을 클릭하면 가이드라인(점선)이 나타납니다.

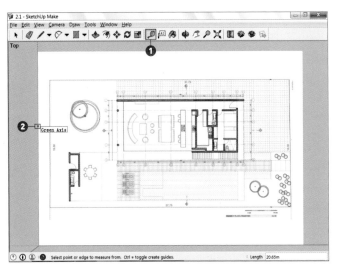 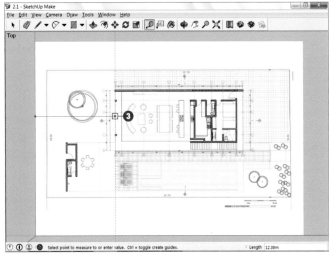

····TIP···
  줄자 툴을 선택한 다음 작업 영역에서 더블클릭해도 해당 위치에 가이드라인이 나타납니다.
···

줄자 툴로 가이드라인 그리기

줄자 툴을 이용하여 두 가지 형태의 가이드라인을 그릴 수 있습니다. 첫째는 무한한 길이의 가이드라인이고, 둘째는 앞서 살펴본 것과 같은 일정한 길이의 가이드라인입니다. 가이드라인을 이용하는 방법에 대해 알아보겠습니다.

1) 일반 가이드라인 그리기

① Part01 폴더에서 '3.1-Tip-Guide Line. skp' 파일을 열고 Top 뷰로 전환합니다.

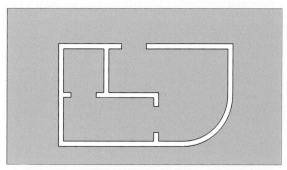

② 줄자 툴(🖉)을 선택하고 위쪽에서 가로 방향 벽 부분을 더블클릭하면 무한한 길이의 가이드라인이 만들어집니다.

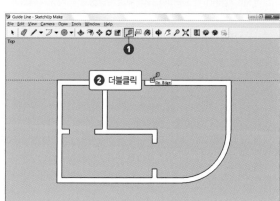

TIP 세로 방향도 마찬가지로 세로 벽의 중간을 더블클릭하거나 클릭하여 세로 방향으로 움직이면 세로 방향의 가이드라인이 만들어집니다.

2) 한정된 길이의 가이드라인 그리기

① 벽에서 중간이 아닌 끝점(End Point)을 클릭하고 원하는 방향으로 마우스 포인터를 이동합니다.
예를 들어, 2m 길이의 가이드라인을 만들고자 할 때 '2'를 입력하고 Enter 키를 누르면 다음과 같이 2m 길이의 가이드라인이 만들어집니다.

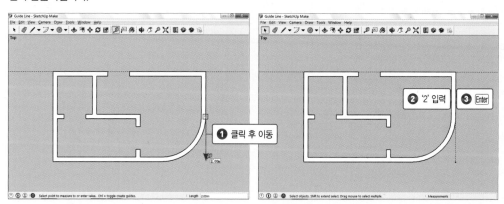

3) 가이드라인을 숨기거나 지우기

① 모델링 작업 중 수시로 만든 여러 개의 가이드라인은 작업에 방해될 때가 많습니다. 이때 [View] → Guides를 실행하여 체크 표시를 해제하면 가이드라인을 숨길 수 있습니다. 그러나 가이드라인이 실제로 지워지는 것은 아니므로 필요할 때 다시 해당 기능을 실행하여 체크 표시하면 나타납니다.

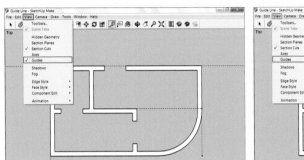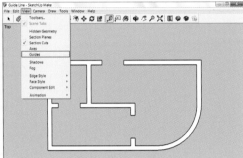

② 필요 없는 가이드라인이 너무 많아지면 [Edit] → Delete Guides를 실행하여 가이드라인을 모두 지울 수 있습니다. 이처럼 적절하게 가이드라인을 만들어 관리하면 모델링 작업이 훨씬 편리해집니다.

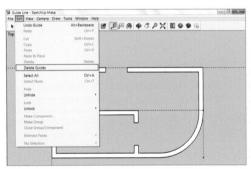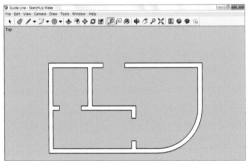

02 건축 도면의 기둥 위치와 주요 벽체에 맞춰 가이드라인을 그립니다.

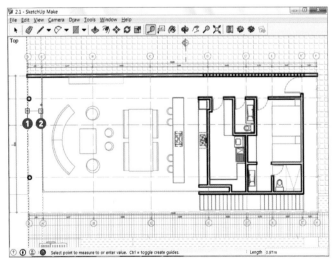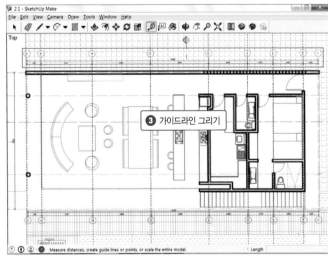

03　같은 방법으로 가로 방향의 가이드라인을 그립니다.

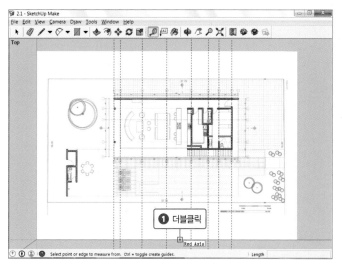 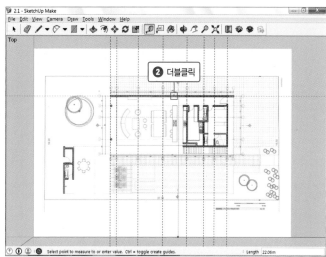

····TIP····

이 과정에서는 가이드라인 간격에 주의해야 합니다. 이전 장에서 크기를 조정한 건축 도면에 최대한 맞춰 가이드라인을
그려야 하지만 실제 치수와는 약간 다를 수 있으므로 줄자 툴로 가이드라인 사이의 거리를 측정하고 정확한 치수에 맞춰
이동 툴로 이동시킵니다. 이때 가이드라인과 건축 도면의 선이 일치하지 않을 수도 있지만 이후로는 가이드라인에 맞춰
서 모델링을 진행할 것입니다.

··

04　계속해서 건축 도면의 기둥 위치와 주요 벽체에 따라 가로 방향 가이드라인을 그리고 간격을 맞춥니다.

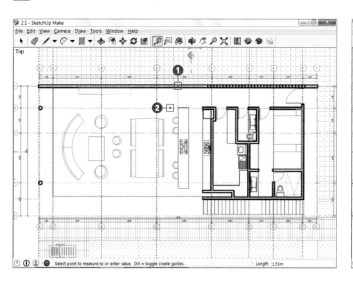 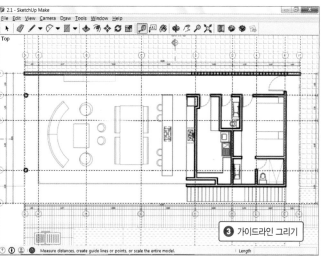

2 | 벽체 그리기

가이드라인을 바탕으로 선 툴(✏️), 오프셋 툴(🖋️)과 모양 툴(▦)을 이용하여 기본 벽체를 그립니다.

01 선 툴(✏️)을 이용하여 수직, 수평 방향 가이드라인을 기준으로 선을 그립니다.

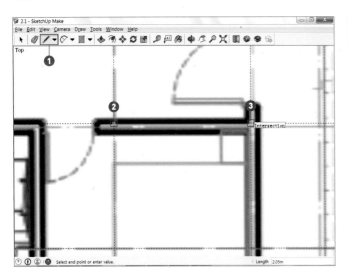 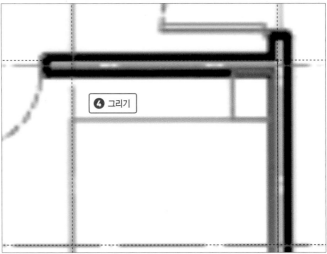

02 오프셋 툴(🖋️)을 선택한 다음 선을 클릭하고 마우스 포인터를 왼쪽으로 이동한 다음 직접 수치를 입력하여
선 간격을 띄웁니다. 여기서는 실내 벽체 두께를 '20cm'로 만들기 위해 오프셋 툴로 선을 선택한 다음 축 양쪽으로 각
각 마우스 포인터를 이동시키고 '0.1(10cm)'을 입력한 다음 Enter 키를 누릅니다.

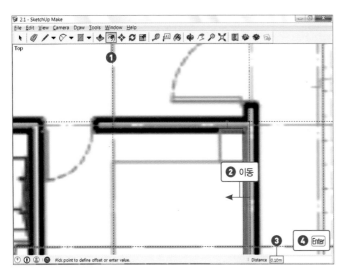 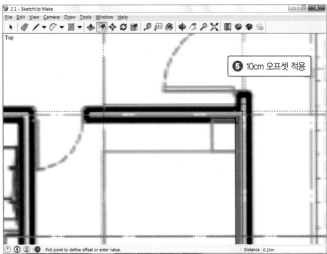

03 선 툴(✐)을 이용하여 벽체 선 양끝을 그리고 선을 이어서 면을 만듭니다.

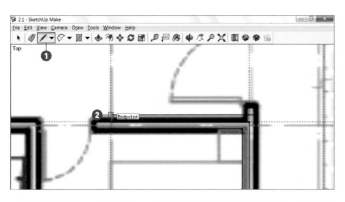
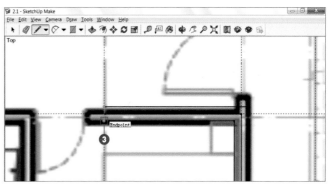
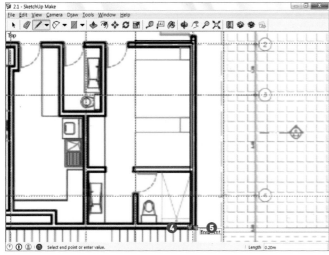
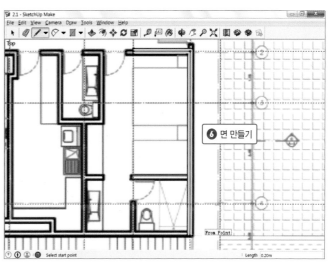

04 선택 툴(▸)로 기본 벽체를 선택한 다음 이동 툴(✛)을 이용하여 문까지 연장합니다.

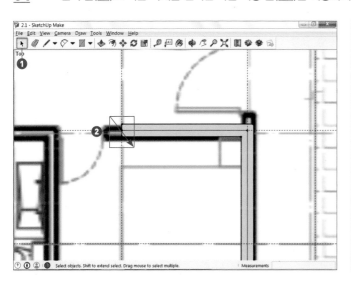
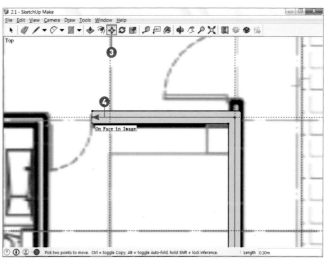

05   사각형 툴(▣)을 이용하여 벽체 선을 그립니다.

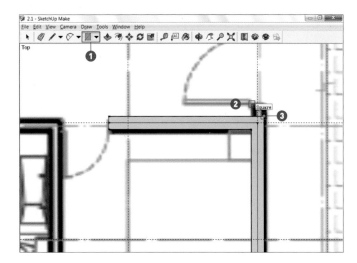

······TIP·······
모양 툴의 기본 모양은 사각형입니다.

06   선택 툴(▶)로 중심 선을 선택한 다음 Delete 키를 눌러 벽체 선만 남깁니다. 이때 지우개 툴을 사용할 수도
있습니다.

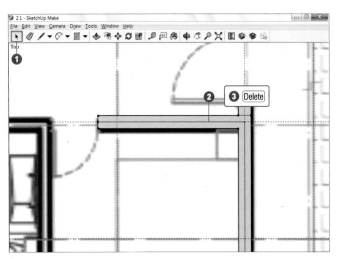

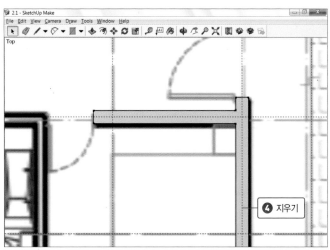

07   원형 기둥은 줄자 툴(🖉)을 이용해 기둥 크기를 확인합
니다.

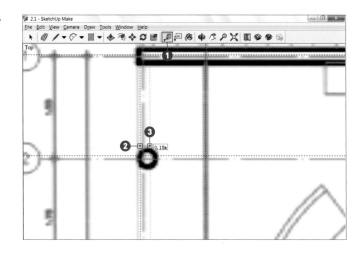

08 모양 툴을 선택한 다음 원형 툴(⊙)을 선택하고 기둥에 맞춰 원을 그립니다.

원형의 지름을 30cm로 만들기 위해 반지름을 '0.15(15cm)'로 입력한 다음 `Enter` 키를 누릅니다.

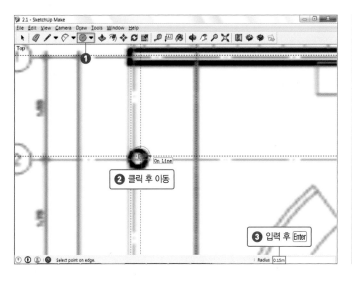
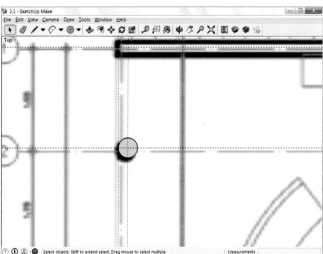

09 이어서 같은 방법으로 다른 벽체 선도 그립니다.

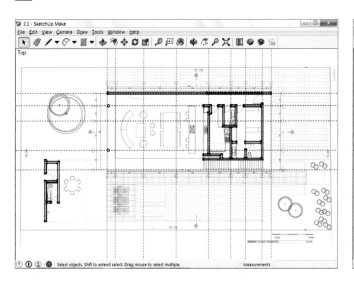
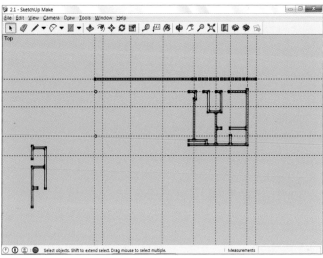

····TIP····

벽체 선을 확인하기 위해서는 Layers 창의 건축 도면 레이어에서 Visible 항목의 체크 표시를 해제하면 벽체 외에는 모두 사라집니다. 또 다른 방법으로는 도면 자료를 선택하고 마우스 오른쪽 버튼을 클릭한 다음 **Hide**를 실행하여 숨길 수 있습니다.

··

10 벽체 안에 만들어진 면은 파란색으로 나타나며 이것은 면이 뒤집혀 있다는 것을 나타냅니다.
모든 면을 선택한 다음 마우스 오른쪽 버튼을 클릭하고 **Reverse Faces**를 실행하여 면을 뒤집어서 일반적인 흰
색 면으로 바꿉니다. 앞, 뒷면의 기본 설정은 Styles 창에서도 바꿀 수 있습니다.

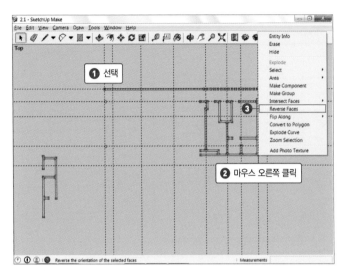 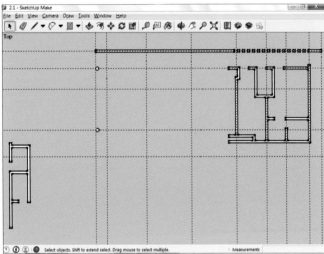

····TIP····
Reverse Faces 기능은 렌더링이나 3D 프린팅 품질에 영향을 줄 수 있으므로 반드시 모델링 시작 단계부터 확인하여
뒷면인 상태에서 모델링하지 않도록 주의합니다.

11 완성된 벽체 선을 관리할 수 있도록 벽체들을 선택한 다음
마우스 오른쪽 버튼을 클릭하여 **Make Group**을 실행해서 그룹으
로 설정합니다.

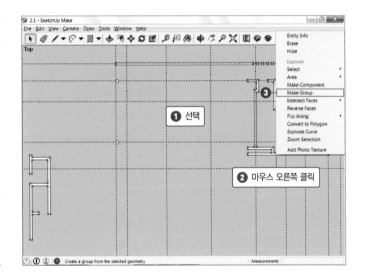

····TIP····
스케치업에서 모델링한 객체들을 선택하는 방법에는 여러 가지가 있
습니다. 여기서는 선택 툴을 선택한 다음 일반적으로 사용하는 방법인
왼쪽에서 오른쪽으로 드래그하여 벽체를 선택했습니다.

12 [**Window**] → **Outliner**을 실행하여 Outliner 창에서 'Group'을 선택하면 해당 그룹이 파란색으로 바뀝니다.

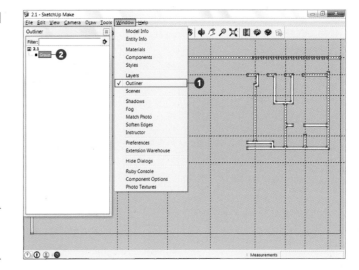

····TIP····

Outliner 창은 스케치업 모델링 과정에서 만들어진 모든 그룹과 컴포넌트를 관리합니다.

13 'Group'에서 마우스 오른쪽 버튼을 클릭하고 **Rename**을 실행합니다. 그룹 이름을 '기본벽체선'으로 수정하여 벽체 선 작업을 마칩니다.

····TIP····

지금까지의 모델링에서는 그룹이 하나지만 복잡한 모델일수록 그룹과 컴포넌트가 많아지므로 모델링 시작 단계에서부터 Outliner 창에서 관리하면 편리합니다.

····TIP····

선택 툴 활용하기

툴바의 첫 번째 툴은 바로 선택 툴입니다. 선택 툴을 선택한 다음 16개의 원기둥을 가지고 객체를 선택하는 방법에 대해 자세히 알아보겠습니다.

① Part01 폴더에서 '3.1-Tip-Select Tool. skp' 파일을 엽니다.
클릭 : 클릭한 면만 선택됩니다.

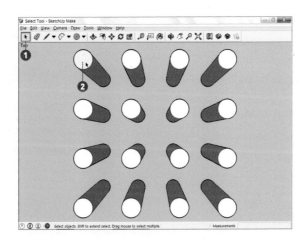

② **더블클릭** : 더블클릭한 면과 이어진 선이 선택됩니다.

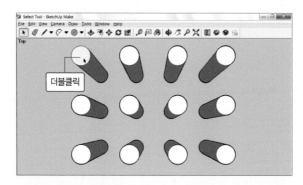

③ **세 번 클릭** : 전체 객체가 선택됩니다.

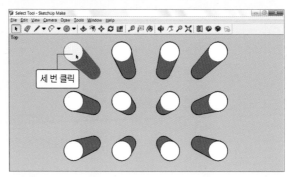

④ **왼쪽에서 오른쪽으로 드래그** : 드래그 영역이 실선으로 표시되며 그 안에 포함된 객체들이 모두 선택됩니다.

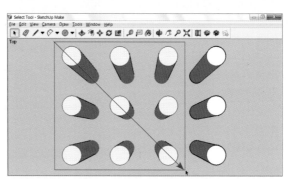

⑤ **오른쪽에서 왼쪽으로 드래그** : 드래그 영역이 점선으로 표시되며 그 안에 포함된 전체 객체와 드래그 영역에 걸친 모든 객체가 선택됩니다.

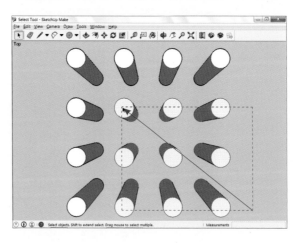

⑥ Shift, Ctrl +클릭 : 이미 선택된 객체에서 Shift 또는 Ctrl 키를 누른 채 클릭 또는 드래그하면 객체가 추가로 선택됩니다. 반대로 선택된 객체에서 일부 객체의 선택을 해제할 때는 Shift 키를 누른 채 선택하지 않으려는 객체를 클릭 또는 드래그 합니다.

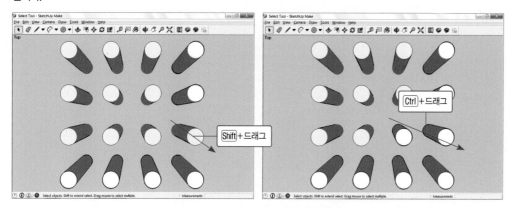

···TIP···

이동 툴 활용하기

① Part01 폴더에서 '3.1-Tip-Move Tool.skp' 파일을 엽니다. 노란색으로 표시된 벽체를 이동하기 위해 먼저 툴바에서 선택 툴(▶)을 선택합니다.

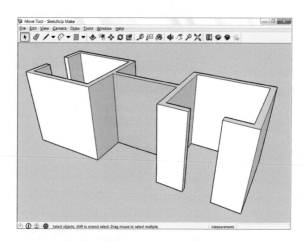

TIP 그룹으로 설정되어 있으면 먼저 더블클릭하여 객체를 선택한 다음 이 과정을 진행합니다.

② Top 뷰에서 그림과 같이 드래그하여 가운데 노란색 벽만 선택합니다.

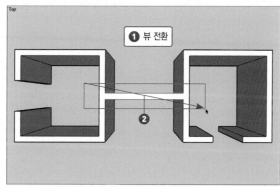

③ 이동 툴(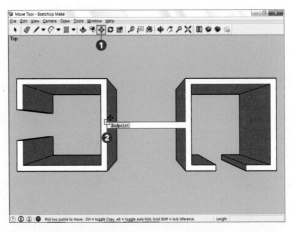)을 이용하여 다음과 같이 선택된 왼쪽 위 끝점을 선택합니다.

④ 원하는 위치로 이동한 다음 클릭합니다.

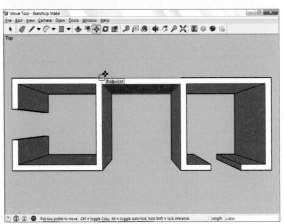

⑤ 그림과 같이 노란색 벽의 위치가 변경됩니다.

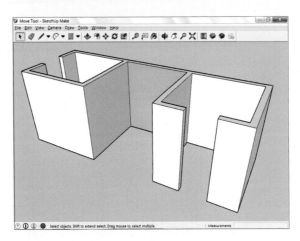

TIP 매우 간단한 방법이지만 스케치업 모델링에서 중요한 기능이므로 반드시 알아두기 바랍니다.

2 외벽과 내벽 세우기

스케치업 기본 툴인 밀기/끌기 툴(◈)을 이용하여 벽체를 만들어 봅니다. 렌더링 작업이나 3D 프린
팅 작업에서 필요 없는 부분을 편리하게 관리하고 재질을 편집하기 쉽도록 레이어를 이용하여 외벽
과 내벽을 구분해서 관리합니다.

01　외벽과 내벽의 벽체 선을 각각 그룹으로 관리하기 위해 먼
저 기본 벽체 선을 복제합니다.
툴바에서 이동 툴(◈)을 선택하고 Ctrl 키를 눌러 마우스 포인터에
작은 '+'가 표시되면 클릭하여 복제합니다.

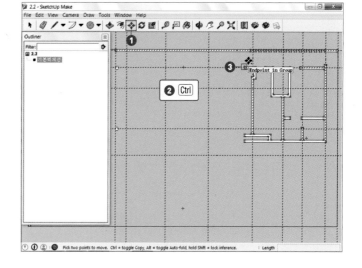

····TIP·····
Part01 폴더에서 '3.2.skp' 파일을 열어 작업을 시작할 수도 있습니다.

02　한 번 더 클릭하여 '기본벽체선' 레이어를 복제합니다.

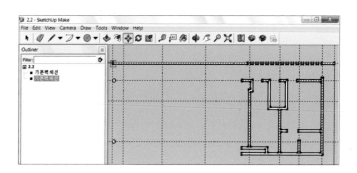

03　Outliner 창에서 '기본벽체선' 레이어를 선택한 다음 마우
스 오른쪽 버튼을 클릭하고 **Hide**를 실행해서 숨깁니다.

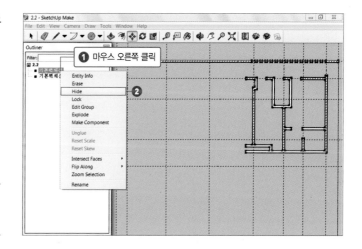

····TIP·····
Outliner 창의 '기본벽체선'에서 숨은 그룹은 나중에 필요할 때를 위해
복사해뒀습니다.

04 새로운 벽체를 분리하기 위해 Outliner 창의 복제된 '기본 벽체선'에서 마우스 오른쪽 버튼을 클릭한 다음 **Explode**를 실행합니다.

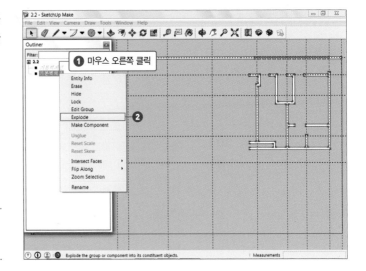

···TIP···

Explode 기능은 그룹과 컴포넌트가 선택되었을 때 활성화되며 이를 분해합니다.

05 외벽과 내벽을 구분하기 위해 선 툴(✎)을 이용해서 선을 그립니다.

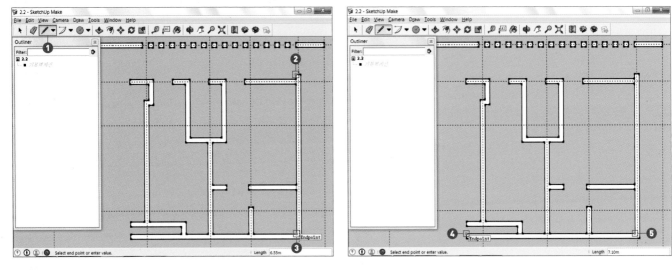

···TIP···

가로/세로 선을 그릴 때 Esc 키를 눌러 두 개의 선이 이어지지 않도록 합니다.

06 내벽 부분을 선택한 다음 마우스 오른쪽 버튼을 클릭하고 **Make Group**을 실행하여 그룹으로 설정합니다.

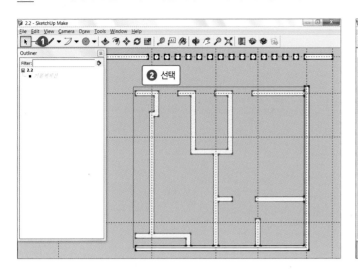 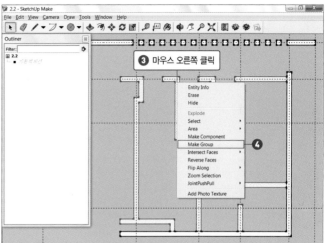

07 Outliner 창의 'Group'에서 마우스 오른쪽 버튼을 클릭한 다음 **Rename**을 실행하고 '1층 내벽'으로 수
정합니다.

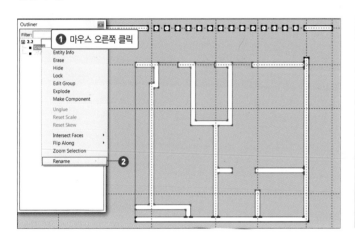 

08 내벽 그룹을 선택하고 툴바에서 밀기/끌기 툴(◈)을 선택
합니다.

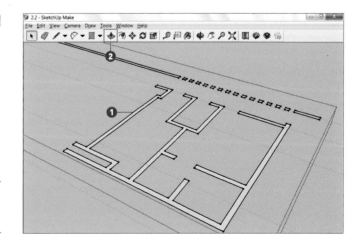

·····TIP·····
밀기 끌기 툴을 선택하고 수정할 면 위에 마우스 포인터를 위치시켜도
자동으로 면을 선택할 수 있습니다.

09   내벽을 위로 올립니다. 여기서 1층 높이는 3.51m로, 하나의 벽체를 정확한 높이로 올린 다음 나머지 벽
체 면을 계속해서 더블클릭하면 같은 높이로 벽체를 올릴 수 있습니다.

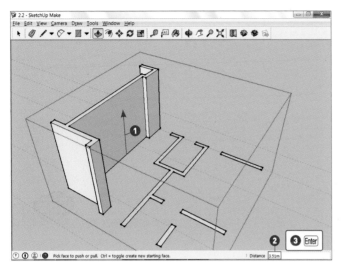
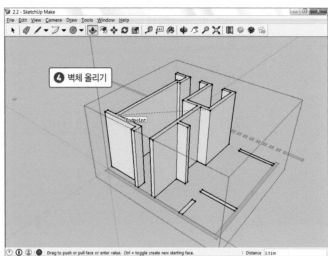

10   다음과 같이 내벽을 완성합니다.

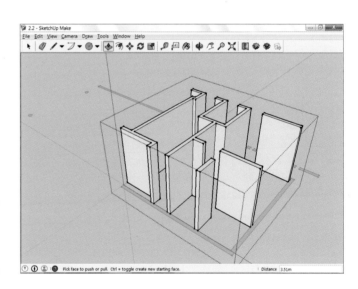

·····TIP·····
면을 더블클릭하면 이전에 적용한 수치가 기억되어 이전 단계처럼 적
용됩니다. 밀기/끌기, 이동, 오프셋 툴에 이러한 기능을 이용하면 편리
하게 작업할 수 있습니다.
···

11 　외벽 그룹을 선택한 상태에서 밀기/끌기 툴(⬦)을 선택하여 외벽도 3.51m만큼 올립니다.

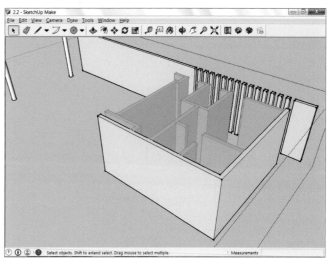

····TIP····
3.51m 높이로 올린 내벽을 선택하면 쉽게 같은 높이로 올릴 수 있습니다.

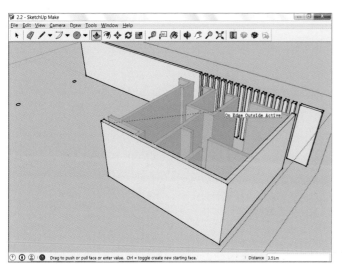

12 　Layers 창에서 'Add Layer' 아이콘(⊕)을 두 번 클릭하여 새 레이어를 두 개 추가합니다.
레이어 이름을 더블클릭하여 '1층 외벽'과 '1층 내벽'으로 각각 수정합니다.

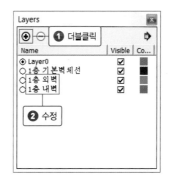

13 선택 툴(▶)로 외벽 그룹을 선택하고 툴바의 'Layer0'을 '1층 외벽'으로 지정합니다. '외벽' 그룹이 '1층 외벽' 레이어에 포함됩니다. 같은 방법으로 내벽 그룹을 '1층 내벽' 레이어에 포함시켜 작업을 마칩니다.

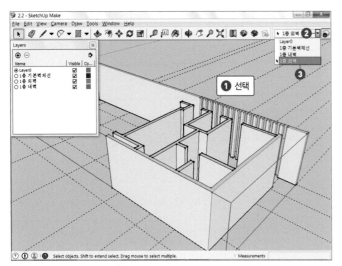
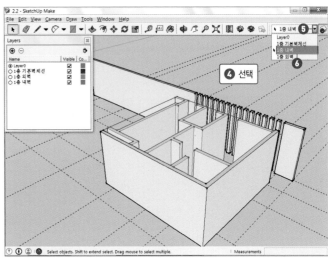

····TIP····

툴바의 'Layer0'은 [View] → Toolbars를 실행하여 나타나는 Toolbars 대화상자에서 'Layers'에 체크 표시한 다음 〈Close〉 버튼을 클릭하여 나타냅니다.

3 개구부 만들기

건축 평면도를 자세히 살펴보면 벽체에 창문과 문의 위치가 표시되어 있으며 문의 폭과 문이 열리는 방향 등이 나타나 있습니다. 이러한 정보를 바탕으로 모델링 벽체에 창문과 문이 들어갈 개구부를 만듭니다. 여기서는 입면도에서 볼 수 있는 개구부 너비와 높이에 관한 정보를 바탕으로 모델링하겠습니다.

01 일반적으로 건축 평면도를 통해 벽체 두께, 기둥 크기와 위치를 확인할 수 있으며 창문과 문 위치도 살펴볼 수 있습니다. 그러나 창문과 문 높이는 입면도를 참고해야만 확인할 수 있습니다.

앞서 배치한 건축 도면 중 입면도를 참고하여 벽체 개구부의 크기와 위치를 파악합니다.

····TIP····

입면도는 모델링된 벽체 앞에 정확하게 배치합니다. Part01 폴더의 '3.3.skp' 파일을 열어 작업을 시작할 수도 있습니다.

02 평면도에 가이드라인을 그린 것처럼 이번에는 줄자 툴(🖉) 을 이용하여 입면도에서 창문 위치를 가이드라인으로 표시합니다.

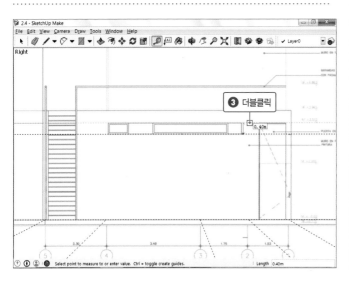

····TIP···
평면도에서 가이드라인을 설치할 때와 마찬가지로 정확한 치수의 가 이드라인을 만들어야 합니다.

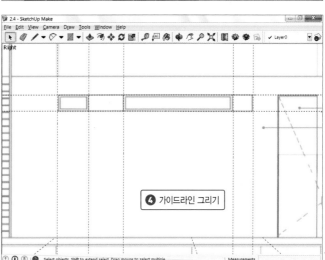

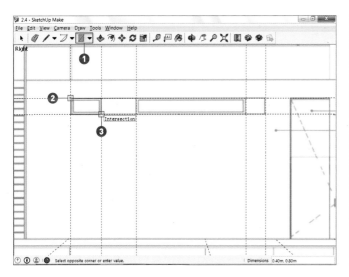

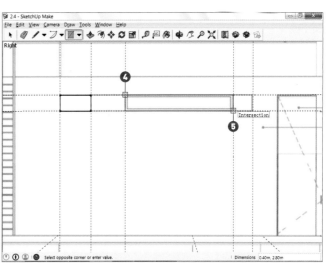

03 가이드라인을 따라서 사각형 툴(▨)로 입면도 위에 직사각형을 그립니다.

04 마우스 휠을 이용하여 다음과 같이 시점을 조정합니다.

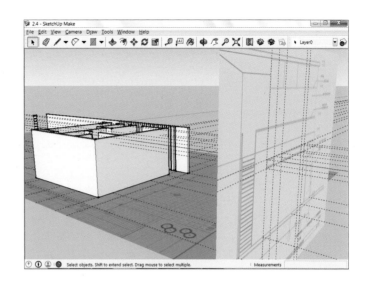

05 입면도에 그려진 직사각형을 밀기/끌기 툴(◈)을 이용하여 외벽 그룹까지 연결합니다.

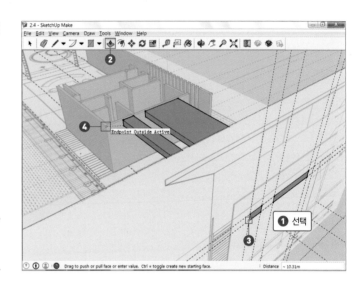

····TIP·····
여기서는 나중에 필요 없는 부분을 쉽게 파악하기 위해 개구부 부분을
채색하여 눈에 띄게 강조했습니다.
·······························

06 외벽의 벽체 면을 선택하고 마우스 오른쪽 버튼을 클릭한 다음 교차되는 면을 분할하기 위해 **Intersect Faces → With Model**을 실행합니다.

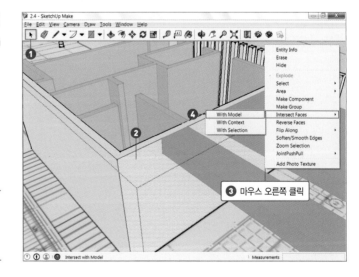

····TIP·····
수정할 면이 포함된 그룹을 선택하고 마우스 오른쪽 버튼을 클릭한 다음 **Intersect Faces**를 실행하지 않으면 그룹 외부에 교차 선이 생겨 수정할 수 없습니다.
·······························

07   개구부에서 연장한 면을 선택한 다음 마우스 오른쪽 버튼을 클릭하고 **Hide**를 실행하면 외벽 면에 개구
부 선이 나타납니다.

 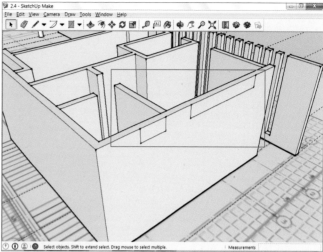

08   개구부 사각형들을 선택한 다음 밀기/끌기 툴(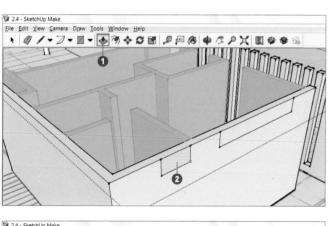)로 벽 두께만큼 밀어 없애면 개구부가 만들어집니다.

 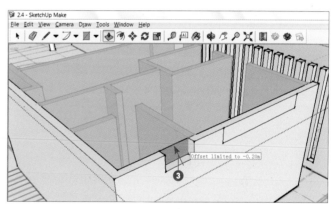

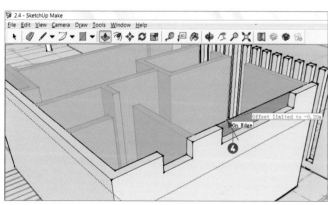 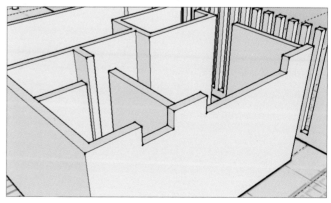

····TIP··
작업에 익숙해지면 벽체에 직접 가이드라인을 그리고 사각형 툴을 이용하여 개구부를 만들 수도 있습니다.
··

Intersect Faces 기능 알아보기

실제로는 직사각형처럼 간단한 개구부뿐만 아니라 복잡한 모양의 개구부가 많습니다. 또한 단순하지 않은 형태의 지붕 때문에 벽체 형태도 복잡해집니다. **Intersect Faces → With Model** 기능을 이용하여 복잡한 모양의 개구부와 함께 쉽게 벽체를 만드는 방법을 살펴봅니다.

1) 곡면 벽체에서 개구부 만들기

① Part01 폴더에서 '3.3_intersect with face.skp' 파일을 엽니다.
다음과 같이 휘어진 곡면의 벽체에서 창문을 만들어 보겠습니다.

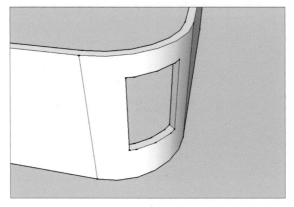

② 뷰를 조정하여 휘어진 벽체 안쪽을 나타냅니다.

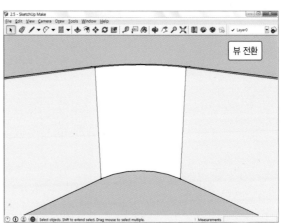

③ 사각형 툴(▤)을 이용하여 적당한 위치에 직사각형을 그립니다.

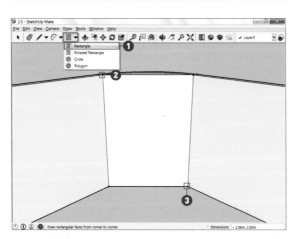

④ 창문의 위치를 가이드라인으로 표시합니다. 이때 휘어진 벽체에 위치한 개구부의 투영으로 이해할 수 있습니다.

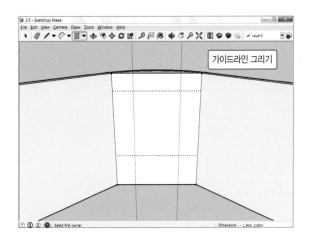

⑤ 사각형 툴을 이용하여 가이드라인의 교차점을 따라 창문을 그린 다음 필요 없는 선과 면을 지웁니다.

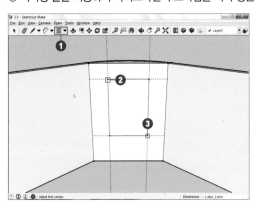

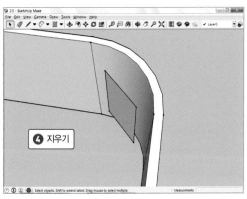

⑥ 밀기/끌기 툴(◆)을 이용하여 창문이 벽체를 통과하도록 밀어냅니다.

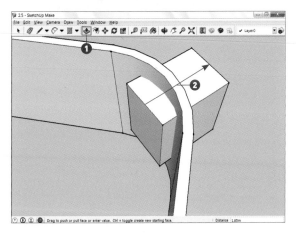

TIP 화면을 확대하여 자세히 살펴보면 직육면체가 벽체와 만나는 부분에는 교차 선이 없습니다.

⑦ 직육면체를 세 번 클릭하여 전체 선택한 다음 마우스 오른쪽 버튼을 클릭하고 **Intersect Faces → With Model**을 실행합니다. 휘어진 벽체와 직육면체 사이에 교차 선이 나타납니다.

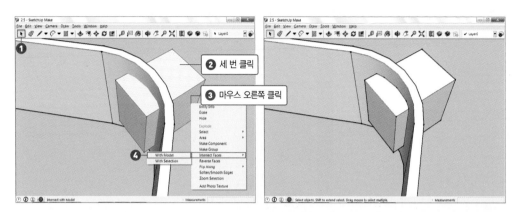

⑧ 직육면체를 세 번 클릭하여 선택한 다음 Delete 키를 눌러 지웁니다.

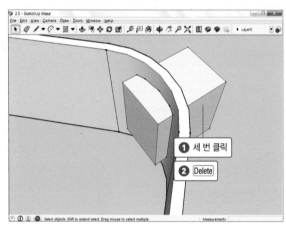

⑨ 개구부의 면을 선택한 다음 Delete 키를 눌러 지웁니다.

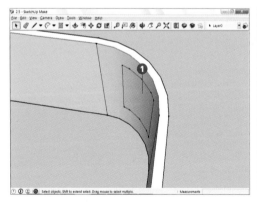
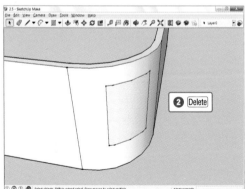

⑩ 뒤집힌 면에서 마우스 오른쪽 버튼을 클릭하고 **Reverse Faces**를 실행합니다. 뒤집혀있던 파란색 면이 일반적인 흰색 면으로 바뀌면 창문(개구부)이 완성된 것입니다.

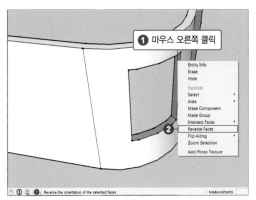
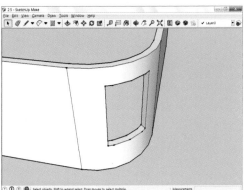

2) 지붕과 어울리는 벽체 만들기

① Part01 폴더에서 '3.3-Tip.skp' 파일을 엽니다. 벽과 물결 모양의 지붕이 각각 다른 그룹으로 설정되어 있습니다.
선택 툴(◄)로 물결 모양의 지붕을 선택합니다.

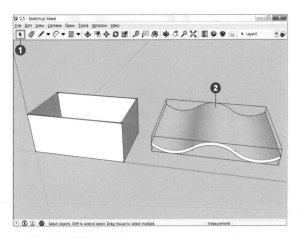

② 이동 툴(✣)을 선택하고 지붕을 원하는 위치로 드래그하여 이동합니다.

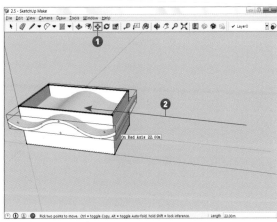

③ 선택 툴로 벽체 그룹을 더블클릭하여 그룹을 선택합니다. 다시 벽체를 세 번 클릭하여 전체 선택한 다음 마우스 오른쪽 버튼을 클릭하고 Intersect Faces → With Model을 실행합니다.

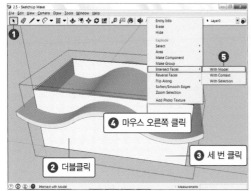
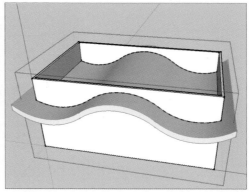

④ 지붕 위의 필요 없는 벽체를 지우면 모델링이 완성됩니다.

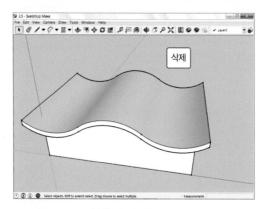

⑤ 완성된 지붕을 옮기면 벽체는 지붕 모양에 따라 형태가 달라진 것을 확인할 수 있습니다.

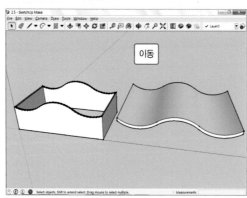

4 벽체 연결하기

이전 단계에서 만든 내벽은 건축 평면도의 문과 창문 위치를 참고했기 때문에 천장까지 뚫린 벽이므로 문 위치를 제외하고 개구부를 정리합니다.

01 줄자 툴(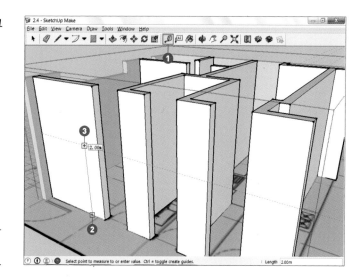)을 이용하여 문 높이인 2m에 가이드라인을 그립니다.

···TIP···

Part01 폴더에서 '3.4.skp' 파일을 열어 작업을 시작할 수도 있습니다.

02 내벽을 더블클릭하여 선택하고 가이드라인에 맞게 벽체를 연결할 부분에 사각형을 그리거나 선 툴을 이용하여 선을 그려 면을 나눕니다.

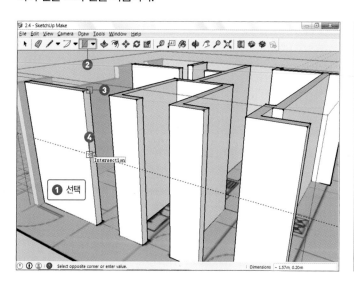

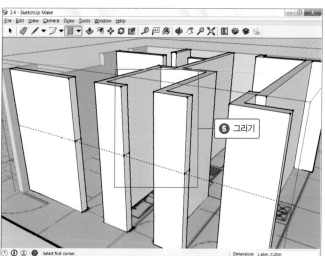

03　　밀기/끌기 툴(◈)로 연장할 면을 선택하고 다음과 같이 벽
체를 오른쪽 벽에 맞닿도록 연결합니다.

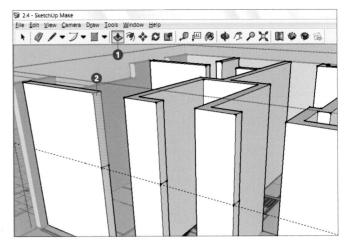

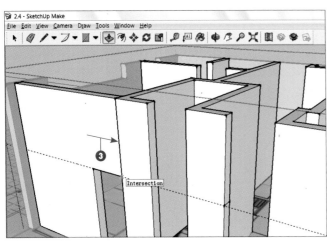

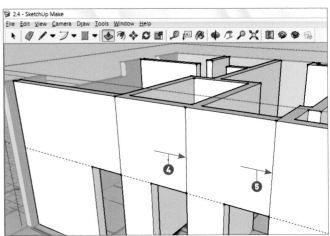

04　　지우개 툴(✐)로 연결된 벽 사이의 선을 드래그하여 지웁니다.

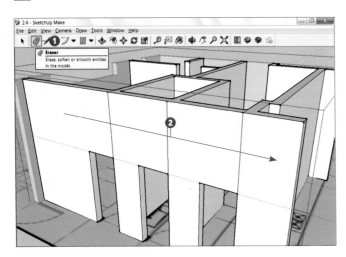

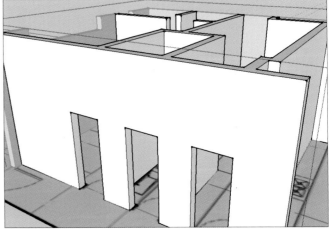

05   다른 부분도 같은 방법으로 정리하여 1층 벽체를 마무리합
니다.

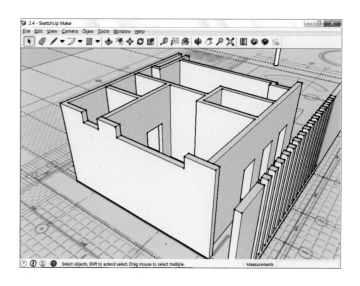

5 위층 벽체 올리기

1층 벽체 모델링과 같은 방법으로 2층 벽체를 제작합니다.

01   다음과 같이 뷰를 조정합니다.

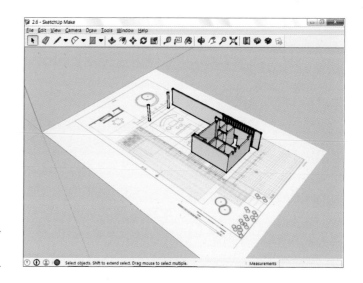

·····TIP·····································
Part01 폴더에서 '3.5.skp' 파일을 열어 작업을 시작할 수도 있습니다.
··

02   2층 도면을 불러온 다음 Top 뷰로 조정합니다. 가이드라인을 그려서 벽체를 그립니다.

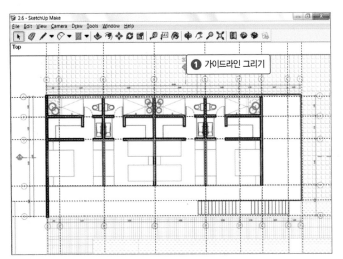 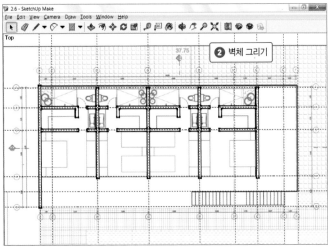

03   지붕이 기울어져 있으므로 2층 벽체 높이가 모두 다릅니다.
밀기/끌기 툴(◆)을 이용하여 4m 높이로 통일하여 벽체를 올립니다.

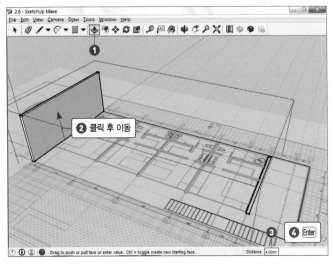 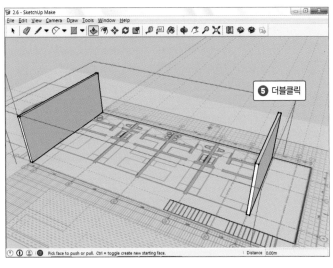

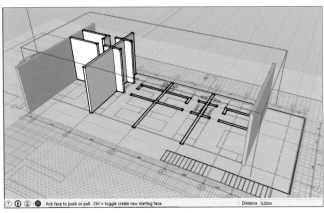 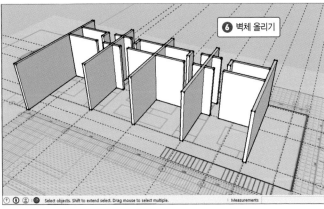

04 문 위치를 지정하기 위해 먼저 가이드라인을 그리고 1층 내벽 모델링처럼 개구부를 정리합니다.

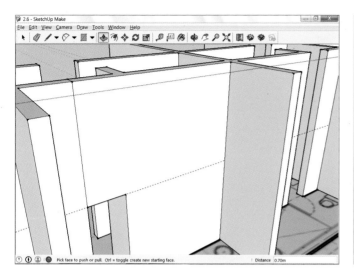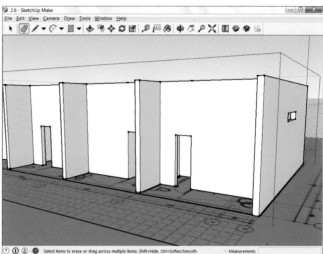

05 줄자 툴( )을 이용하여 양끝의 벽 높이를 가이드라인으로 표시합니다.

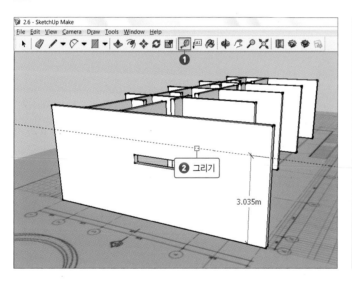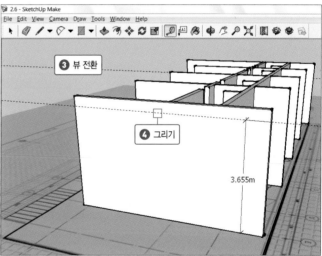

06 선 툴(✏)로 가이드라인을 따라 다음과 같이 경사 면을 그립니다.

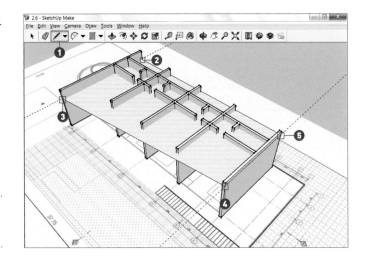

····TIP····
가이드라인과 벽체가 만나는 끝점에 선 툴을 이용하여 경사 면을 그립니다. 가이드라인과 양끝 벽체가 교차되는 점들을 차례대로 클릭합니다.
····················

07 경사 면을 녹색 Y축으로 이동시켜 왼쪽 벽(녹색 Y축)과 교차되도록 충분히 연장합니다.

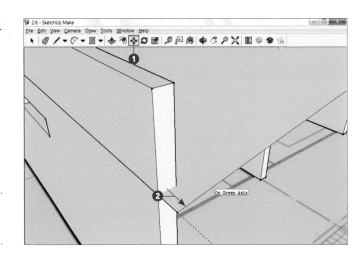

····TIP····
Shift 키를 누르면 원하는 축으로 고정되어 편리하게 Z축으로 이동시킬 수 있습니다.
····················

08 선택 툴(▶)로 2층 외벽을 선택한 다음 마우스 오른쪽 버튼을 클릭하고 Intersect Faces → With Model을 실행합니다. 2층 외벽의 필요 없는 부분을 선택하고 제거합니다.

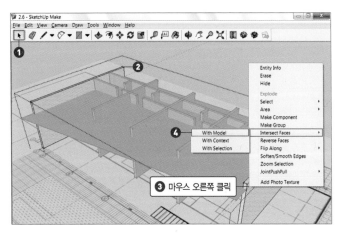

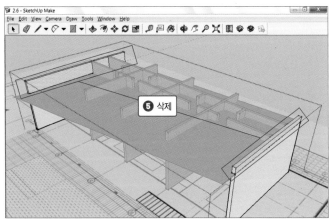

09 같은 방법으로 2층 내벽을 선택한 다음 마우스 오른쪽 버튼을 클릭하고 **Intersect Faces → With Model**
을 실행합니다. 불필요한 부분을 선택한 다음 삭제합니다.

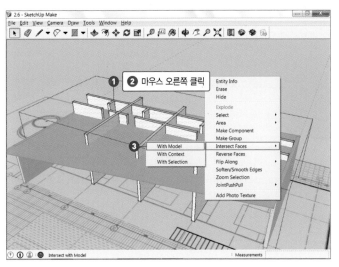 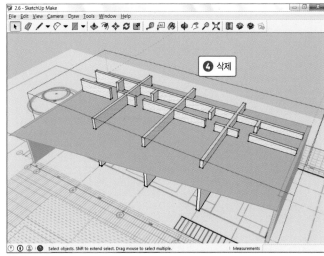

10 다음과 같이 위쪽 면과 가이드라인을 지웁니다.

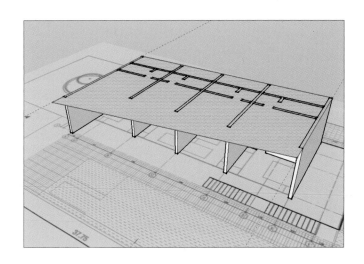

11 경사진 2층 내벽, 외벽이 완성되었습니다.

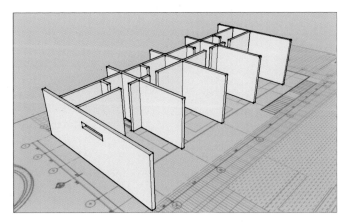 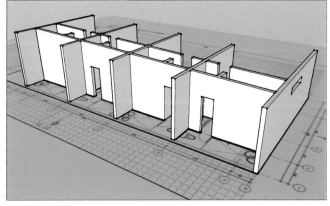

12　　2층 바닥 슬래브를 만들기 위해 사각형 툴(▨)을 이용하여 1층 벽체 위에 면을 그립니다.

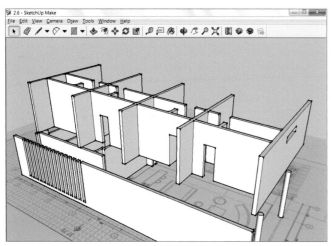 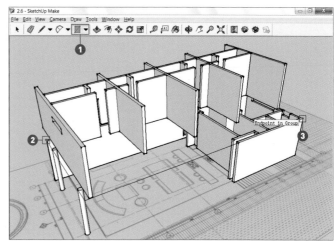

13　　밀기/끌기 툴(✥)을 이용하여 두께가 0.455m인 2층 바닥 면을 만듭니다.

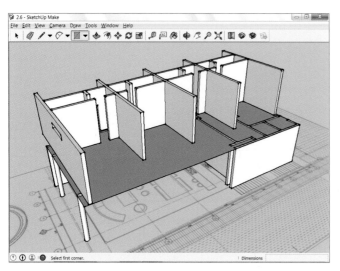 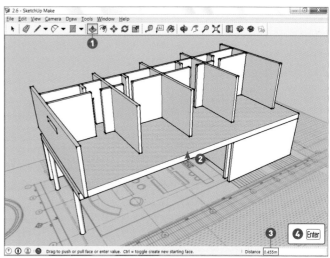

14　　2층 평면도를 참고하여 계단을 배치하기 위해 먼저 2층 바닥 면을 수정합니다.

선 툴(✎)을 이용하여 다음과 같이 2층 바닥 면을 나누는 선을 그립니다.

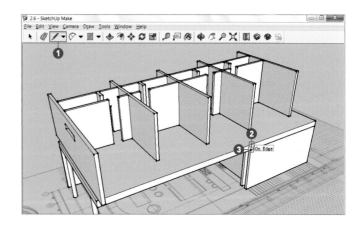

15   밀기/끌기 툴을 선택한 다음 분리된 왼쪽 면을 선택하고 앞쪽으로 이동합니다. '1.180'을 입력
한 다음 Enter 키를 눌러 2층 바닥 면을 수정합니다.

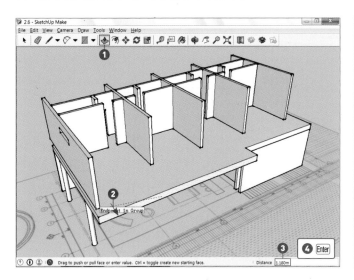
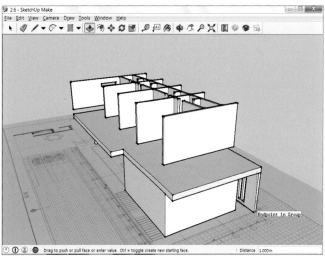

16   2층 벽체를 선택하고 이동 툴(✤)을 선택한 다음 Shift 키를 누른 채 드래그하여 2층 바닥 면에 정확하게
위치시킵니다.

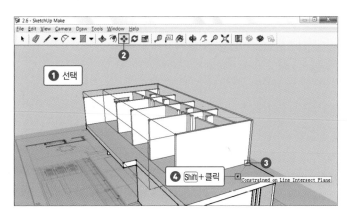
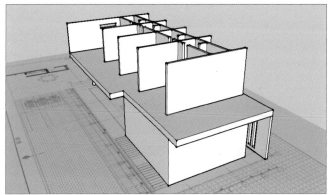

17   2층 바닥 면을 선택하고 마우스 오른쪽 버튼을 클릭한 다음 **Make Group**을 실행하여 완성합니다.

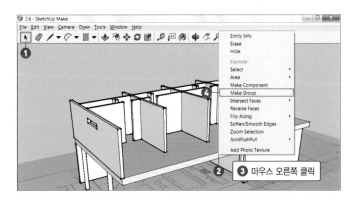
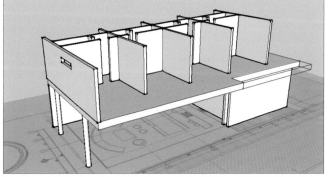

 SKETCHUP

OO4 원 소스 멀티 유즈, 창문과 문

건축 실무 프로젝트에는 창문, 문의 종류와 수가 매우 많기 때문에 창호 일람표에서 관리합니다.

스케치업 디자인 단계에서는 창문이나 문의 원형(Prototype)을 만들고 다양하게 변형하여 모델링합니다. 컴포넌트의 개념을 이해하여 반복적인 객체를 제작하고 관리하면 모델링 작업 시간을 단축할 수 있습니다. 건축 디자인에서 여러 가지로 바뀔 수 있는 객체, 예를 들어 창문, 루버, 기둥 등을 컴포넌트로 제작하여 사용하면 디자인 수정 시간을 단축할 수 있으므로 꼭 활용하기 바랍니다.

이 장에서는 창과 문의 원형을 직접 만들고 컴포넌트 속성을 이용하여 다른 유형의 창과 문으로 변형하여 모델링하는 방법에 대해 알아봅니다.

|예제 및 결과 파일| Part01\4.0-Door.skp, 4.1-Door.skp, 4.2-Compare Group & Component.skp, 4.2-Door & wall.skp, 4.2-Edit, Group & Component.skp, 4.2-Tips-Copy Component.skp, 4.3-Setting.skp, 4.3-Setting[Completion].skp, 4.3-Sliding Door.skp

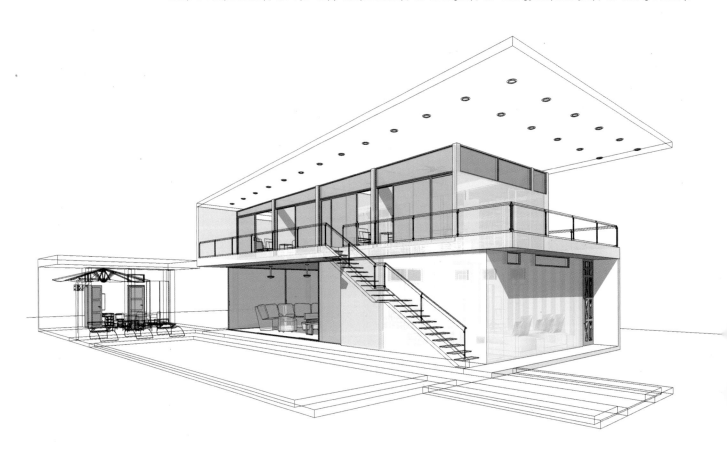

1 기본(원 소스) 문 만들기

문의 원형(Prototype) 제작 방법에 관해 살펴보겠습니다.

1 | 문틀과 문 만들기

스케치업의 사각형 툴과 오프셋 툴 등 기본 기능을 이용하여 기본 문틀과 문을 만들어 봅니다.

01   Part01 폴더에서 '4.0–Door.skp' 파일을 엽니다.
오른쪽 그림과 같은 문을 만들기 위해 사각형 툴(▨)을 이용해서 가
로 0.8m, 세로 2.0m 크기의 사각형을 그립니다.

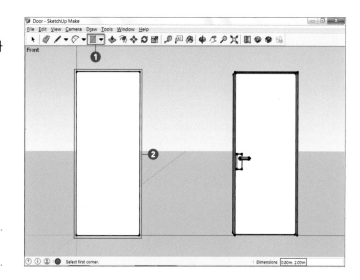

····TIP···
실제 사용되는 문의 크기는 프로젝트마다 다르므로 유의합니다.
··

02   오프셋 툴(▨)을 이용하여 사각형 안쪽으로 0.01m 간격의 사각형을 만듭니다.

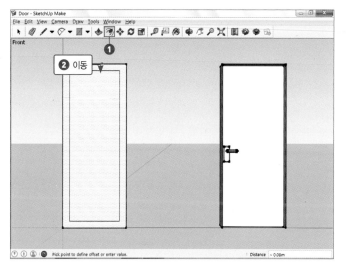

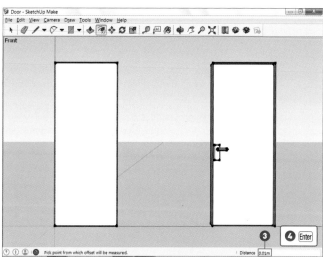

03 내부의 직사각형 면을 선택한 다음 지웁니다. 남은 면의 테두리는 문틀이 됩니다.

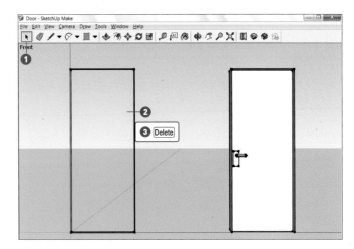

·····TIP·····
축소된 작업 화면에서는 문틀이 얇게 보입니다.

04 밀기/끌기 툴(◈)을 이용하여 녹색 Y축으로 0.2m만큼 밀면 다음과 같이 입체적인 문틀이 만들어집니다.

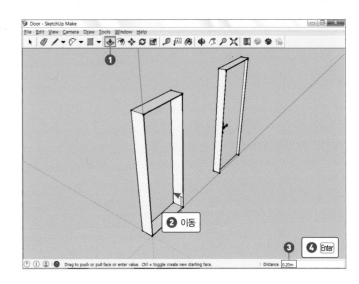

05 밀기/끌기 툴로 문틀 아랫부분을 아래쪽으로 밀어 삭제합니다. 선택 툴(▶)로 문틀 아랫면의 선들을 드래그하여 선택하고 Delete 키를 눌러 지웁니다.

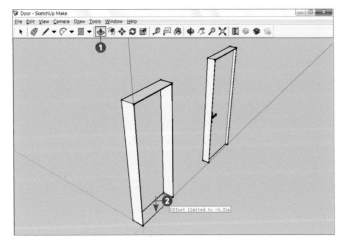

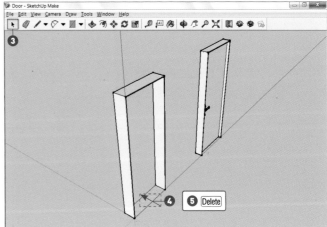

06 문틀을 세 번 클릭하여 전체 선택한 다음 마우스 오른쪽
버튼을 클릭하고 **Make Group**을 실행하여 그룹으로 설정합니다.

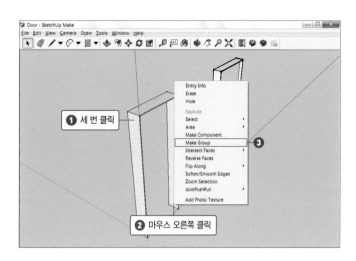

07 이번에는 문을 만들기 위해 사각형 툴(▣)로 문틀 안쪽 모서리를 대각선으로 클릭하여 면을 만듭니다.

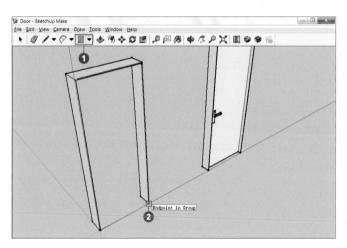
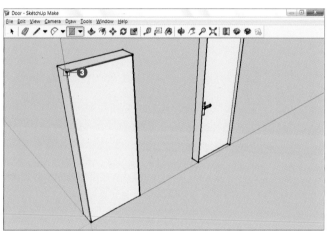

08 밀기/끌기 툴(◈)로 면을 선택하고 0.05m 당겨서 두께를
설정하여 문을 만듭니다.

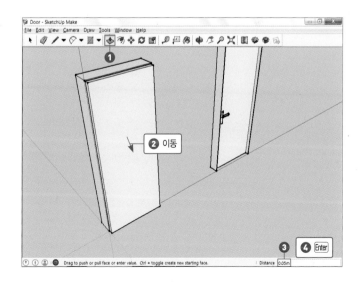

09　문을 세 번 클릭하여 전체 선택한 다음 마우스 오른쪽 버튼을 클릭하고 **Make Group**을 실행해서 그룹으로 설정합니다.

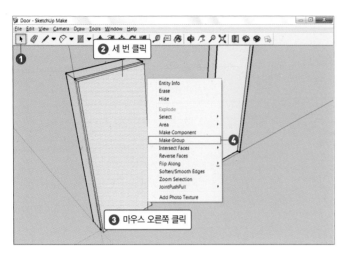 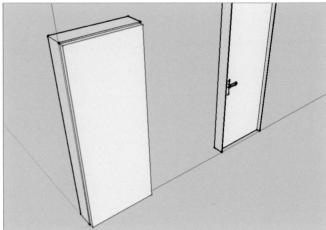

2 | 문손잡이 만들기

문손잡이를 만들면서 이동 툴의 숨겨진 Auto-Fold 기능을 익힙니다.

01　문손잡이 위치를 지정하기 위해 먼저 줄자 툴(🔲)을 이용하여 다음과 같이 높이 1m, 왼쪽에서 0.1m 지점에 가이드라인을 그립니다.

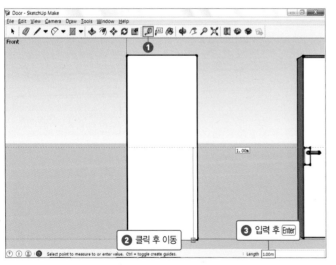 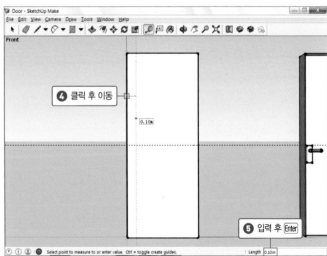

02 화면을 확대한 다음 사각형 툴(▣)을 이용하여 0.08m, 0.20m 크기의 사각형을 그립니다.

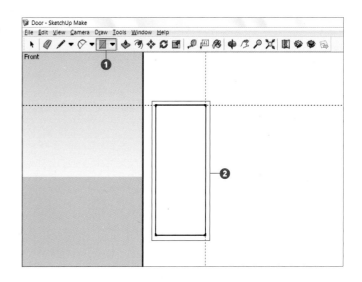

03 오프셋 툴(⬚)을 이용하여 사각형 안쪽에 0.01m 작은 사각형을 만듭니다.

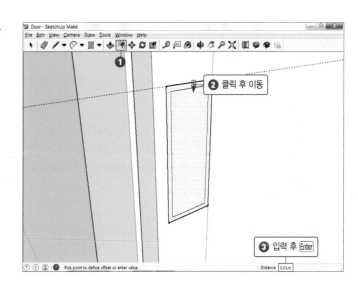

04 이동 툴(✣)로 사각형 모서리를 선택한 다음 Alt 키를 눌렀다 떼면 Auto-Fold 기능이 실행됩니다. 마우스 포인터를 안쪽으로 0.01m 이동하면 자동으로 사다리꼴 형태가 만들어집니다.

···TIP···
Auto-Fold 기능은 이동 툴의 숨겨진 기능이며 사다리꼴 객체를 만들 때 매우 유용합니다.

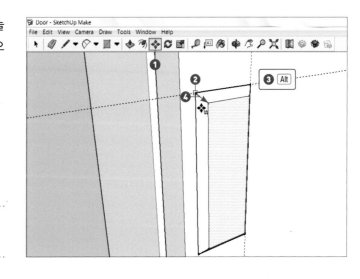

05 문손잡이 부분을 만들기 위해 줄자 툴()을 이용하여 0.03m, 0.05m 위치에 다음과 같이 가이드라인을 그립니다.

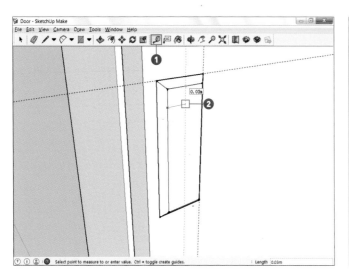
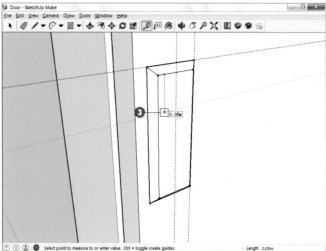

06 가이드라인의 교차 지점에 원형 툴()을 이용하여 지름 0.02m 원형을 그립니다.

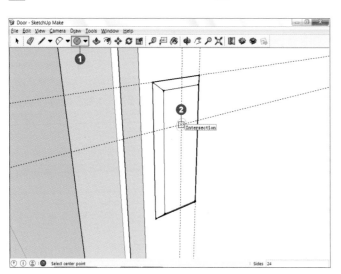
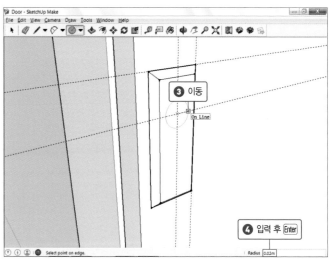

07 밀기/끌기 툴(◈)을 이용하여 0.03m만큼 당겨 문손잡이의 연결 부분을 만듭니다.

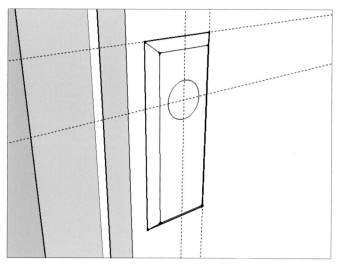

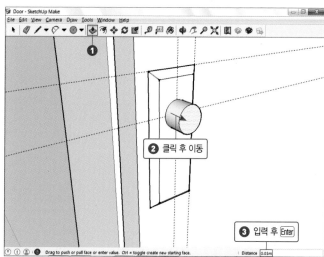

08 이동 툴(◈)을 선택하고 원형을 선택한 다음 Ctrl 키를 누른 채 오른쪽 0.12m 부분에 복제합니다.

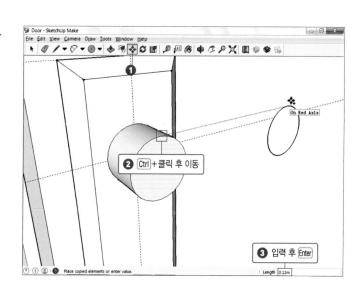

09 선 툴(✏)을 이용하여 두 개의 원을 따라 위쪽 선과 아래쪽 선을 각각 이어 그립니다.

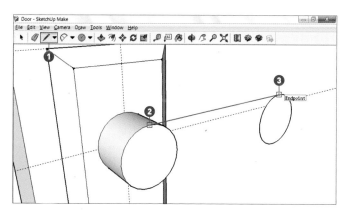

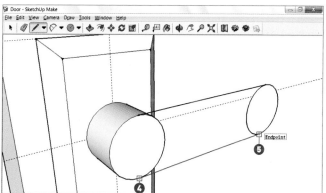

10 지우개 툴(✐)로 불필요한 선을 지웁니다.

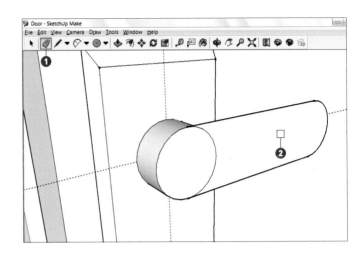

11 밀기/끌기 툴(⬥)로 문손잡이를 0.01m 당깁니다.

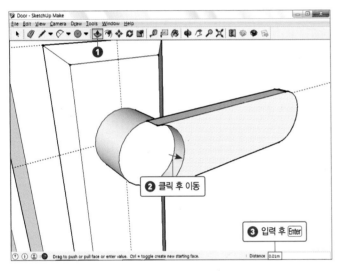

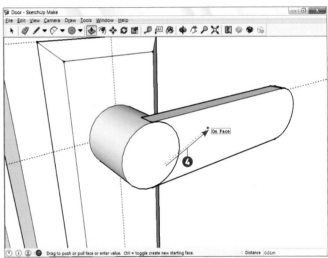

12 지우개 툴(✐)로 그림과 같이 선을 지웁니다.

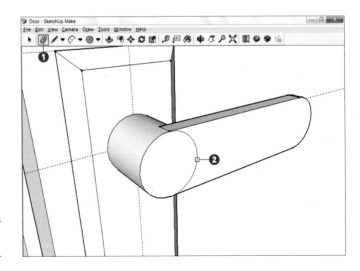

···TIP···
선을 선택한 다음 Delete 키를 눌러도 선(객체)을 지울 수 있습니다.

13 손잡이에 곡면을 추가하기 위해 먼저 오프셋 툴(⟁)을 선택합니다. 손잡이 바깥쪽을 클릭하고 안쪽으로 이동한 다음 '0.01'을 입력하고 Enter 키를 누릅니다.

····TIP··
이전 단계에서 0.01m 오프셋을 적용했기 때문에 더블클릭해도 같은 수치로 적용됩니다.
···

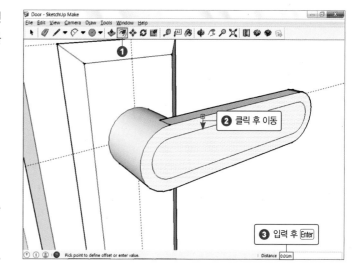

14 이동 툴(✛)을 선택하고 손잡이 안쪽 면을 선택합니다. Alt 키를 누르고 다음과 같이 면을 이동합니다. '0.005'를 입력하고 Enter 키를 눌러 Auto-Fold 기능을 실행합니다.

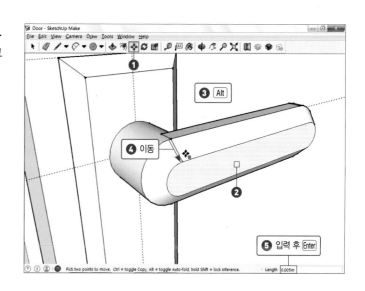

15 문손잡이를 세 번 클릭하여 전체 선택히고 마우스 오른쪽 버튼을 클릭한 다음 **Make Group**을 실행해서 그룹으로 설정합니다.

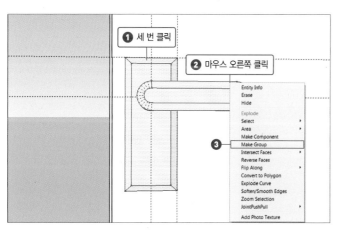

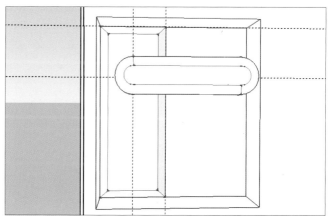

16 문과 문손잡이를 선택한 다음 이동 툴(✛)을 이용하여 녹색 Y축으로 '0.125m' 이동합니다.

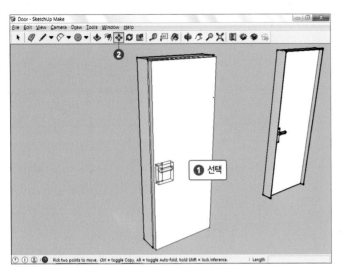 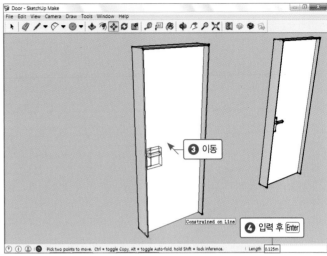

17 문 반대쪽에도 손잡이가 필요하므로 Ctrl 키를 누른 채 반대편을 클릭하여 복제해서 배치합니다.

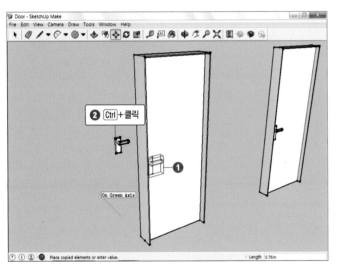 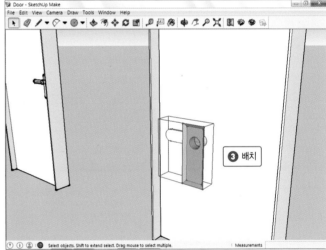

18 복제된 문손잡이를 선택한 다음 마우스 오른쪽 버튼을 클릭하고 **Flip Along → Group's Green**을 실행하여 녹색 Y축에 따라 반전시킵니다.

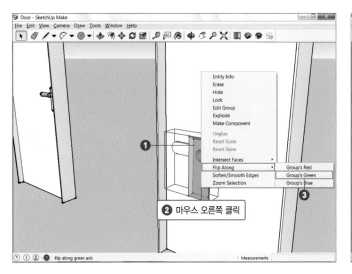 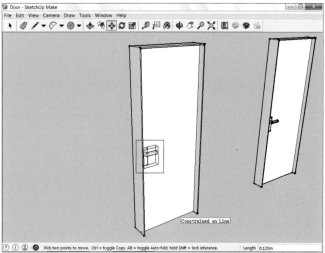

····TIP·······
대부분의 3D 모델링 프로그램에서 이용하는 Mirror(반사) 기능을 스케치업에서는 Flip Along 기능이라고 하며 X, Y, Z축에 따라 반전됩니다.
·····················

19 문손잡이를 선택한 다음 Shift 키를 누른 채 드래그하여 벽체에 맞춰 이동시켜 문을 완성합니다.

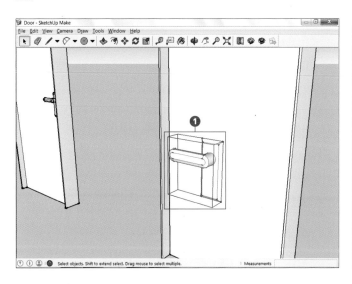 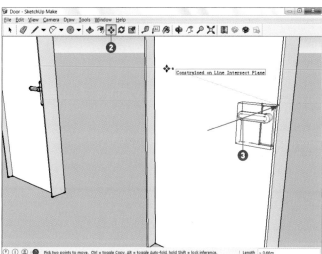

2 그룹과 컴포넌트 설정하기

스케치업에서는 그룹과 컴포넌트의 특성을 알아야만 모델링 작업 시간을 줄일 수 있고 디자인 과정에서 수정 작업도 빠르게 진행할 수 있습니다. 이전 과정에서 만든 문을 바탕으로 그룹과 컴포넌트에 대해 살펴봅니다.

1 | 그룹과 컴포넌트 이해하기 - Group & Component

스케치업 모델링에서 그룹과 컴포넌트는 매우 중요한 요소이기 때문에 다음의 과정을 통해 구체적으로 살펴봅니다.

01　Part01 폴더에서 '4.2–Door & wall.skp' 파일을 엽니다. 먼저 그룹과 컴포넌트의 특성을 알아보기 위해 똑같은 문 2개를 살펴봅니다. 벽체와 왼쪽 문은 그룹이 아니며 오른쪽 문은 그룹입니다. 선택 툴(▸)로 두 개의 문을 드래그하여 선택합니다.

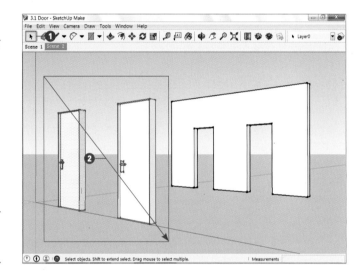

····TIP···
객체를 선택할 때 그룹이 아니면 선택된 객체가 파란색으로 표시되며 그룹이면 바깥쪽 선만 파란색으로 표시됩니다.
···

02　이동 툴(✥)을 이용하여 문의 끝점을 선택하고 벽체로 이동합니다. 이때 그룹에 상관없이 이동됩니다.

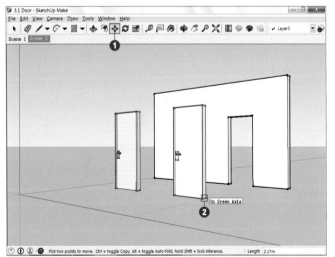

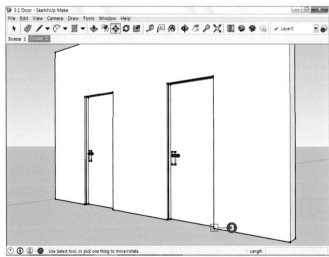

03   그룹으로 지정된 문을 이동하면 벽체와 상관없이 이동 및
수정할 수 있습니다. 스케치업 모델링을 진행할 때 객체(벽체, 창문,
문, 가구 등)는 각각의 그룹으로 만들어야 모델링 작업 및 관리가 편
리해지므로 꼭 기억하기 바랍니다.

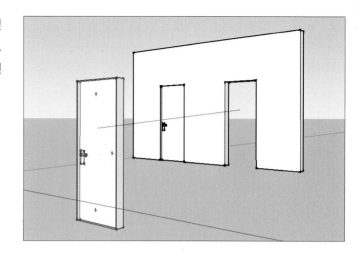

····TIP·····

그룹이 아닌 객체 이동하기
이동 툴로 그룹이 아닌 객체를 이동하면 그룹이 아닌 객체들이 연결되어
일부 객체만 이동할 수 없습니다. 이처럼 스케치업에서는 그룹이 아닌 두
개의 객체가 만나면 연결되는 특성 때문에 모델링을 진행하기 어렵습니다.

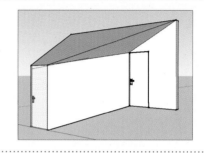

---

2 | 그룹과 컴포넌트 만들기 - Make Group & Component

그룹과 컴포넌트를 만들어 사용하는 방법에 대해 알아보겠습니다.

01   Part01 폴더에서 '4.2-Compare Group & Component.skp' 파일을 열고 [Scene 1] 탭을 선택합니
다. 두 개의 문은 아직 그룹이 아니고 선과 면으로 이루어진 각각의 객체입니다. 왼쪽 문을 선택한 다음 마우스 오
른쪽 버튼을 클릭하고 **Make Group**을 실행하여 그룹으로 설정합니다.

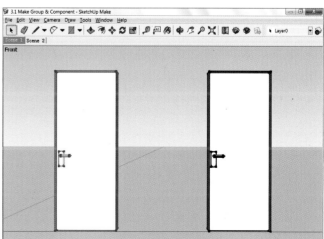

02 컴포넌트를 만들기 위해 오른쪽 문을 선택한 다음 마우스 오른쪽 버튼을 클릭하고 **Make Component**를 실행하여 컴포넌트로 만듭니다.

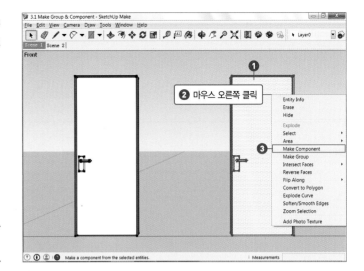

----TIP----
객체를 그룹으로 설정한 다음 컴포넌트로 만들어도 상관없습니다.

03 Create Component 대화상자에서 Name에 컴포넌트 이름을 입력하고 〈Create〉 버튼을 클릭하면 선택된 문은 컴포넌트가 됩니다.

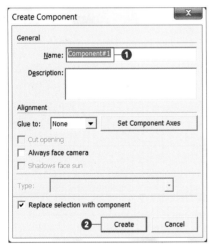
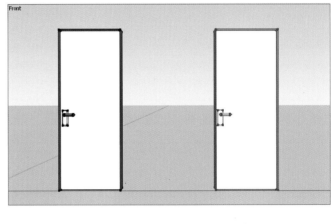

----TIP----
Create Component 대화상자의 Description에는 컴포넌트에 관한 설명을 입력할 수 있습니다.

----TIP----
'Always face camera'에 체크 표시하면 2D 사람이나 2D 나무 컴포넌트들이 나타나며 항상 카메라 뷰를 따라 움직이는 3D 효과를 나타냅니다.

3 | 그룹과 컴포넌트 관리하기 - Outliner 창

모델링에는 모든 그룹과 컴포넌트가 나타나므로 Outliner 창을 활용하여 복잡한 모델링에서도 그룹과 컴포넌트를 간편하게 관리할 수 있습니다. Outliner 창에서 컴포넌트나 그룹 이름 앞쪽의 ■ 모양은 그룹을 나타내고, ▦ 모양은 컴포넌트를 나타냅니다.

01 [Window] → Outliner를 실행하여 Outliner 창을 나타냅니다.

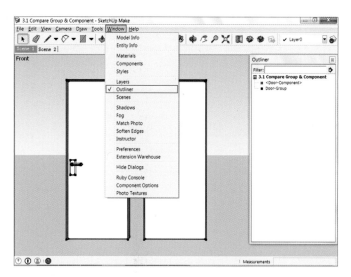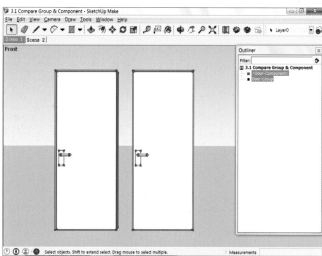

02 그룹과 컴포넌트를 각각 선택해서 살펴보면 컴포넌트에는 작은 축(Axis)이 있고 그룹에는 없는 것을 확인할 수 있습니다.

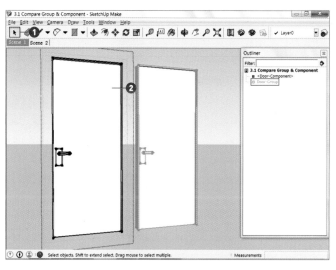

그룹

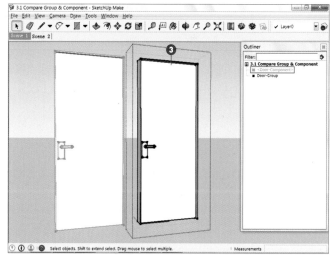

컴포넌트

4 | 그룹과 컴포넌트의 차이점 살펴보기 - Attribute

그룹과 컴포넌트는 같아 보이지만 컴포넌트는 복사했을 때 속성에 따라 하나의 객체를 편집해도 복사된 다른 컴포넌트 모두 동일하게 편집되는 것이 그룹과의 가장 큰 차이점입니다. 그러나 그룹은 복사해도 이러한 특성이 없습니다.

01 Part01 폴더에서 '4.2-Edit Group & Component.skp' 파일을 엽니다.
문을 예로 들어 설명하겠습니다. 복제된 위쪽의 흰색 문은 그룹이고, 아래쪽 노란색 문은 컴포넌트입니다.

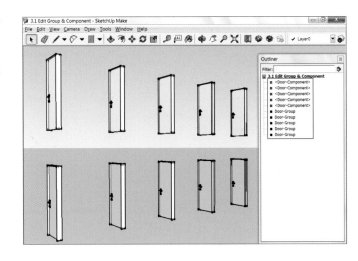

02 그룹과 컴포넌트의 차이점을 간단하게 살펴보겠습니다. 위쪽 그룹에서 첫 번째 문의 문틀을 선택한 다음 페인트 통 툴(⊞)을 이용하여 빨간색으로 바꾸면 첫 번째 문의 문틀만 색이 바뀝니다.

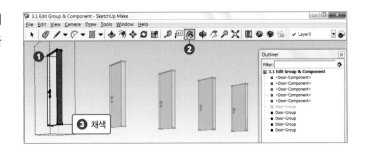

03 이번에는 아래쪽 컴포넌트에서 첫 번째 문의 문틀을 선택한 다음 페인트 통 툴을 이용하여 파란색으로 바꿉니다. 컴포넌트에서는 다음과 같이 모든 문의 문틀 색이 바뀝니다.

·····TIP·····
컴포넌트는 여러 개의 객체로 보이지만 사실 하나의 객체입니다. 하나의 객체를 수정하면 매트리얼 속성뿐만 아니라 크기도 바뀌므로 창문과 문 외에도 건축에서 반복적인 객체에 사용하면 빠른 모델링과 디자인 작업에 매우 유용합니다.

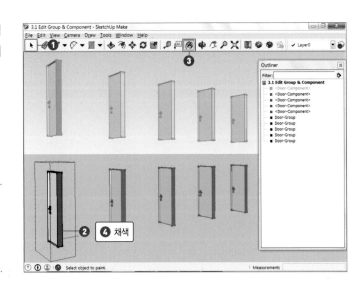

간편하게 여러 개의 객체 복제하기

이동 툴은 여러 가지 방법을 이용하여 객체를 복사할 수 있습니다. 예제를 통해 좀 더 자세히 살펴보면서 모델링할 때 같은 간격으로 복사하는 방법을 알아보겠습니다. 일정한 간격으로 배치되는 가로수나 가로등처럼 간편하게 많은 객체를 같은 간격으로 복사하는 방법에 대해 살펴봅니다.

① Part01 폴더에서 '4.2-Tips-Copy Component. skp' 파일을 엽니다.
이동 툴을 선택하고 Ctrl 키를 눌러 마우스 포인터 모양이 로 바뀌면 길가의 나무 컴포넌트를 복제할 수 있습니다.

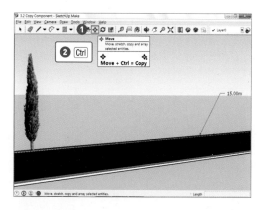

② 나무를 3m 간격으로 5번 복제합니다. 나무를 선택하고 오른쪽으로 이동합니다. Length에 '3'을 입력한 다음 Enter 키를 누릅니다.

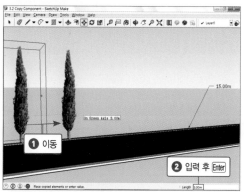

③ Length에 '*5' 또는 'x5'를 입력하고 Enter 키를 누르면 15m 도로에서 3m 간격으로 가로수 5그루가 복제되어 알맞게 배치됩니다.

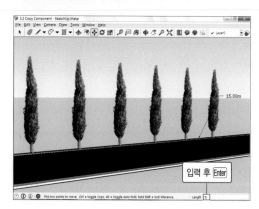

④ 이번에는 다른 방법으로 15m 도로에 같은 간격으로 가로수를 복제합니다.

복제된 가로수들을 삭제한 다음 왼쪽 가로수를 선택합니다. 이동 툴을 선택한 다음 [Ctrl] 키를 누른 채 Length에 '15'를 입력하면 15m 떨어진 곳에 나무가 복제됩니다.

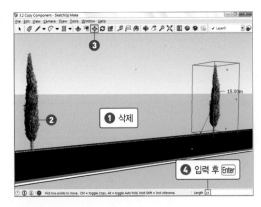

⑤ 이어서 '/5'를 입력한 다음 [Enter] 키를 누르면 두 그루의 가로수 사이에 네 그루의 가로수가 균등한 거리를 두고 복제됩니다. 즉, 3m 간격으로 여섯 그루의 나무가 배치됩니다.

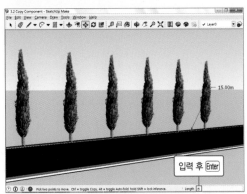

TIP 이때 '/3'을 입력하면 15m를 3으로 나눠 가로수가 5m 간격으로 배치됩니다. '*, x'는 곱하기, '/'는 나누기를 나타내는 연산 기호입니다.

5 | 컴포넌트 관리하기 - Components 창

Outliner 창에는 모델링의 모든 그룹과 컴포넌트가 나타나 복잡한 모델링에서도 각각의 객체를 간편하게 관리할 수 있습니다. 또한 [Windows] → Components를 실행하여 나타나는 Components 창에서도 컴포넌트를 관리할 수 있습니다. 즉, Outliner 창에서는 컴포넌트 수를 관리하고 Components 창에서는 컴포넌트 종류를 관리하는 것으로 이해할 수 있습니다.

01 [Window] → **Components**를 실행하여 Components 창에서 컴포넌트들을 사용하거나 3D 웨어하우스와 연동하여 컴포넌트를 검색하고 다운로드할 수 있습니다.

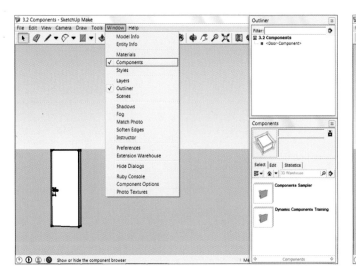
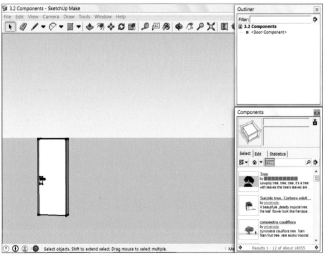

02 'In Model' 아이콘(⌂)을 클릭하면 모델링 컴포넌트를 확인할 수 있습니다. 한 번 사용한 컴포넌트도 여기에 보관됩니다.

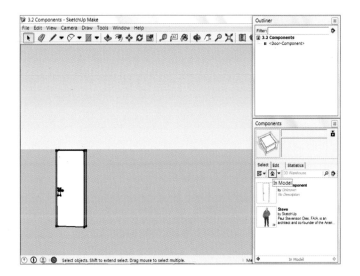

03 Components 창에서 직접 컴포넌트를 선택하거나 드래그하여 불러들이면 Outliner 창에는 해당 컴포넌트가 반영됩니다.

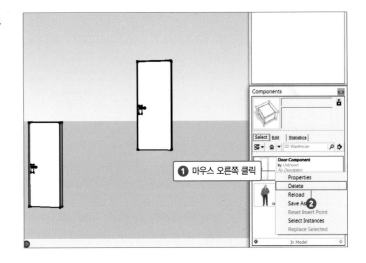

····TIP····

Components 창에는 'Steve'라는 2D 인물 컴포넌트가 있지만 Outliner 창에는 없습니다. 이것은 처음에 'Steve' 컴포넌트가 있었는데 이후 삭제되어 Outliner 창에서 없어졌기 때문입니다.

04 Components 창에서 컴포넌트를 삭제하면 모델링에서도 사라집니다.

6 | 컴포넌트 변형하기 - Make Unique

복제된 컴포넌트는 같은 속성을 가지므로 하나만 변형해도 모든 컴포넌트에 적용됩니다. 이때 Make Unique 기능을 이용하면 새로운 객체를 만들지 않아도 기존 컴포넌트를 변형하여 간편하게 사용할 수 있습니다.

01 문을 복제하여 세 개의 문을 만듭니다. Components 창에 문 컴포넌트가 한 개인 것은 문 종류가 하나뿐이기 때문입니다.

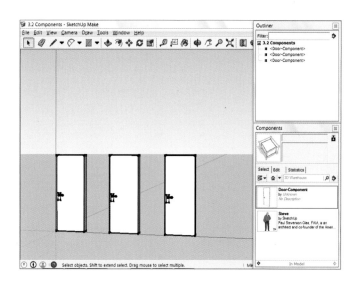

02 이번에는 노란색 문을 만들기 위해 먼저 가운데 문에서 마우스 오른쪽 버튼을 클릭하고 **Make Unique**를 실행합니다.

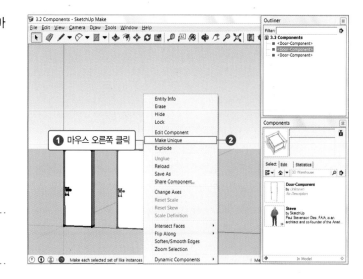

> **····TIP····**
> 컴포넌트 상태에서 문 색상을 바꾸면 모든 컴포넌트의 색상이 달라집니다.

03 선택한 컴포넌트는 새로운 컴포넌트로 인식되기 때문에 Outliner 창에서 이름을 'Door-Component#1'로 수정합니다.

04 페인트 통 툴(🖼)을 선택하고 Materials 창에서 '노란색'을 선택하여 문 색상을 바꾸면 원본 컴포넌트에는 영향을 주지 않은 채 Components 창에 새로운 컴포넌트가 만들어집니다.

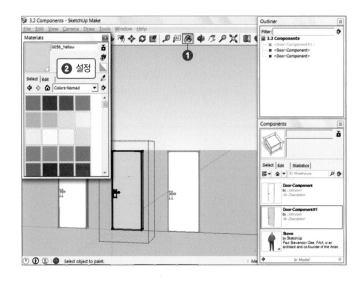

05 같은 방법으로 문 너비와 높이를 바꿔 새로운 컴포넌트를 만들어 봅니다.
오른쪽 문에서 마우스 오른쪽 버튼을 클릭한 다음 **Make Unique**를 실행합니다. 문 색상을 '녹색'으로 변경하고, 높이를 변경합니다. 이러한 방법으로 컴포넌트를 변형하여 다양한 형태의 문을 만들 수 있습니다.

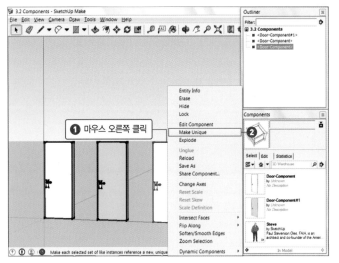

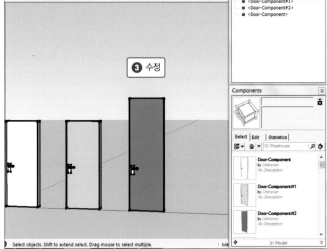

7 | 파일 정리하기 - Purge Unused

다양한 컴포넌트를 사용하다 보면 불필요한 정보가 쌓이면서 파일 크기가 점점 커집니다. 파일 크기가 커지면 시스템은 점차 불안정해지고 갑작스런 오류가 발생하여 작업 내용을 모두 잃을 수 있으며, 저장 시간이 오래 걸리기 때문에 Purge Unused 기능을 이용하여 정리해야 합니다.

01 Components 창에는 3개의 컴포넌트가 있으며 'Steve'라는 2D 사람 컴포넌트는 사용하지 않았습니다.

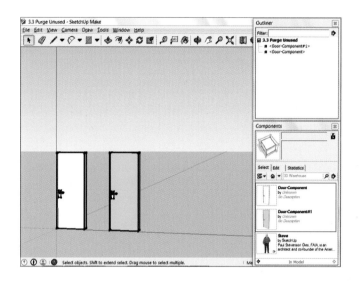

02 불필요한 컴포넌트를 정리해 파일을 최적화하기 위해 [**Window**] → **Model Info**를 실행하여 나타나는 Model Info 대화상자에서 'Statistics'를 선택합니다.

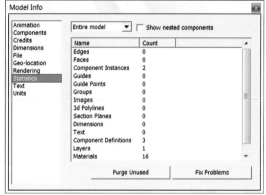

····TIP····
'Statistics'는 모델링의 다양한 정보를 나타냅니다.

03 〈Purge Unused〉 버튼을 클릭하면 모델링에 필요 없는 자료가 삭제됩니다.
Components 창의 'Steve' 컴포넌트는 사용하지 않기 때문에 삭제됩니다.

3 창문 만들고 변형(Multi Use)하기

창문의 원형(Prototype)을 만들고 컴포넌트로 활용하는 방법에 대해 알아보겠습니다. 문과 제작 방법이 비슷하므로 간단하게 설명하겠습니다.

1 | 기본 창 만들기

실무 프로젝트에는 크기가 다른 수많은 창문이 있지만 하나의 기본 창을 만들고 크기를 변경하여 사용하면 매우 편리합니다.

01 새 작업 창에서 사각형 툴(▣)로 다음과 같이 4.250×2.495m 크기의 직사각형을 만듭니다.
밀기/끌기 툴(◈)로 0.2m 두께를 적용합니다.

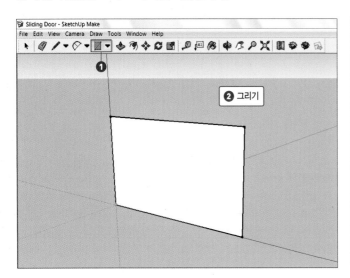
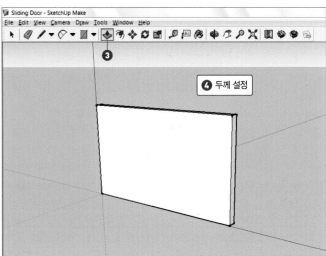

02 오프셋 툴(⏥)로 사각형 내부에 0.02m의 작은 사각형을 만듭니다.
밀기/끌기 툴(◈)로 안쪽 사각형을 밀어 삭제해서 창틀을 만듭니다.

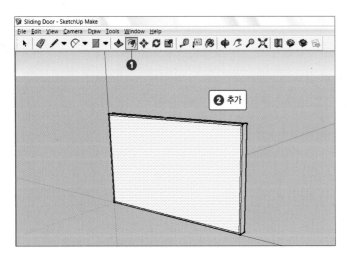
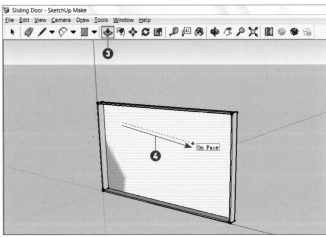

03　문틀을 세 번 클릭하여 전체 선택한 다음 마우스 오른쪽 버튼을 클릭하고 **Make Group**을 실행하여 그 룹으로 설정합니다.

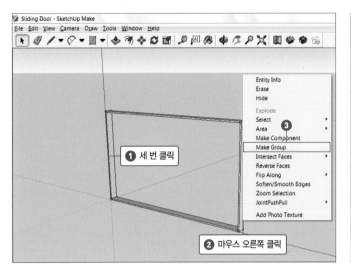
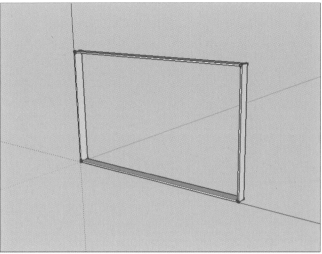

04　사각형 툴로 창틀의 중심점을 클릭한 다음 왼쪽 윗부분 모서리를 클릭하여 창문을 만듭니다.

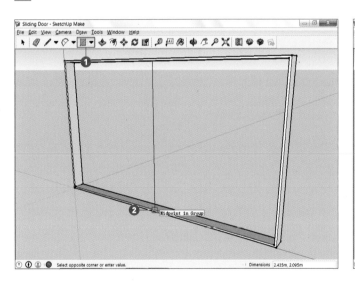
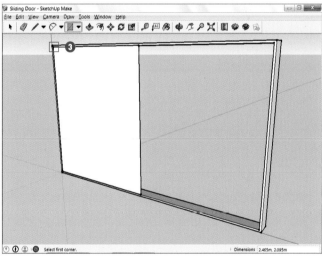

05   밀기/끌기 툴(🔲)로 창문에 0.05m의 두께를 적용합니다.

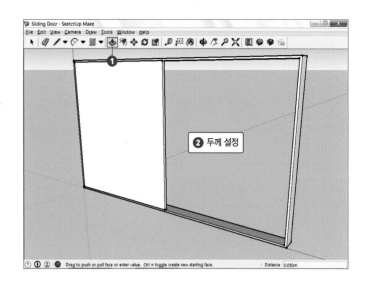

06   오프셋 툴(🔲)을 이용하여 0.03m 이동해서 안쪽 창틀을 만듭니다.

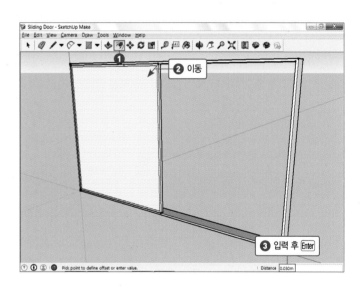

07   안쪽 면은 밀기/끌기 툴(🔲)로 밀어서 지웁니다.

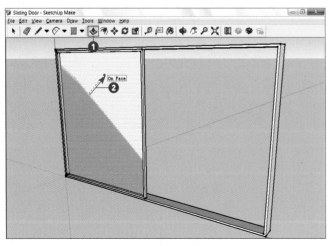
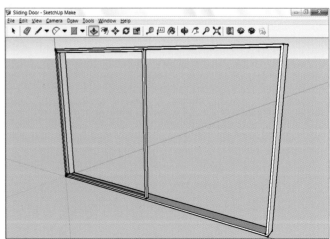

08 화면을 확대한 다음 사각형 툴(▦)로 안쪽 아랫부분 창틀 모서리의 중심점을 클릭하고 대각선으로 오른
쪽 위의 중심점을 클릭하여 유리창을 만듭니다.

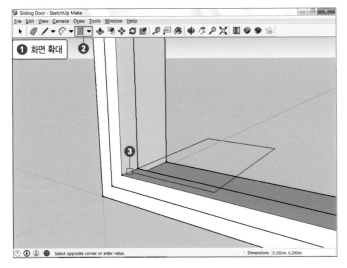
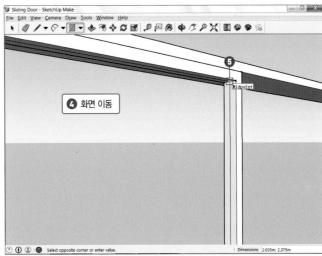

09 툴바에서 페인트 통 툴(▨)을 선택한 다음 Materials 창에
서 'Translucent'를 지정합니다. 'Translucent_Glass_Safety' 재
질을 선택하고 면을 선택하여 유리 재질을 적용합니다.

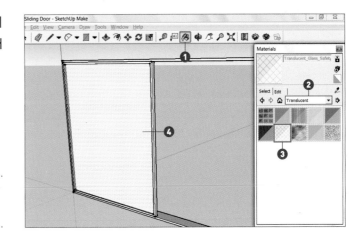

> ····TIP·······
> Materials 창에서 다른 색을 선택하고 [Edit] 탭의 투명도(100%)를 설
> 정할 수도 있습니다.
> ····························

10 선택 툴(▶)로 안쪽 창틀과 유리를 선택한 다음 마우스 오
른쪽 버튼을 클릭하여 **Make Group**을 실행해서 그룹으로 설정합
니다.

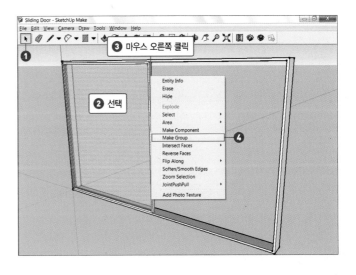

11   이동 툴(✛)을 이용하여 왼쪽 창문을 오른쪽에 복제합니다.

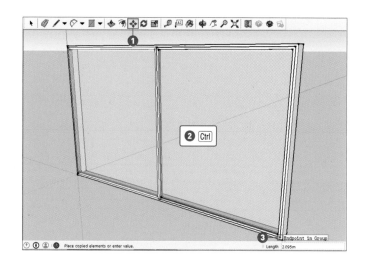

12   복제된 오른쪽 창문을 녹색 Y축 방향으로 0.05m 이동합니다.

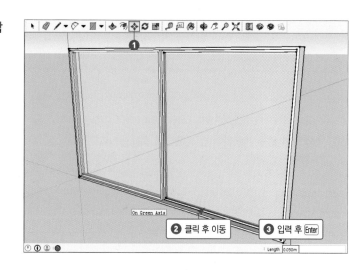

13   완성된 창문을 전체 선택하고 마우스 오른쪽 버튼을 클릭한 다음 **Make Component**를 실행합니다.
Create Component 대화상자에서 Name과 Description을 입력한 다음 〈Create〉 버튼을 클릭하여 완성합니다.

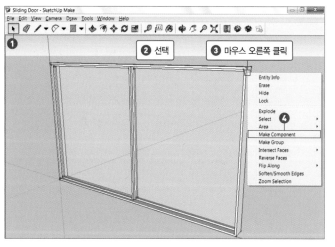

2 | 다른 크기의 창문 만들기

창문의 원형(Prototype) 컴포넌트를 만들었다면 이번에는 창문 크기를 변경하여 다른 형태의 창문
을 만드는 과정에 대해 살펴봅니다.

01 　　완성된 창문 컴포넌트를 파란색 Z축 방향으로 이동하여
복사합니다.

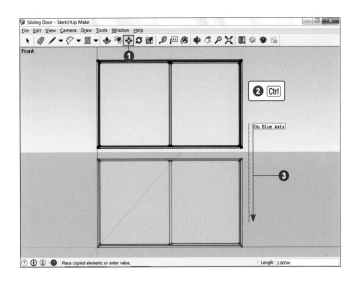

02 　　위쪽 창문을 선택하고 마우스 오른쪽 버튼을 클릭한 다음
Make Unique를 실행하여 속성이 다른 컴포넌트를 만듭니다.

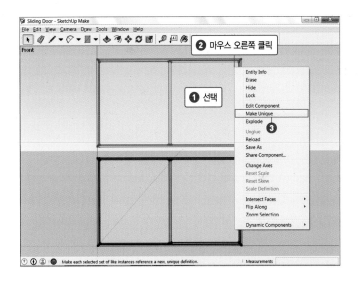

03 속성이 다른 위쪽 창문을 더블클릭하면 테두리가 점선으로 바뀌면서 수정할 수 있는 상태가 됩니다.

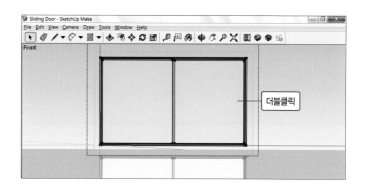

04 왼쪽 창틀을 드래그하여 선택하고 오른쪽으로 0.5m만큼 이동합니다.

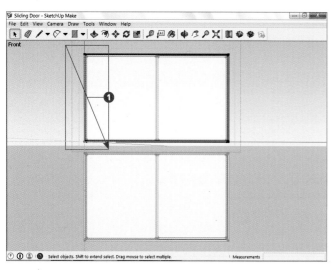

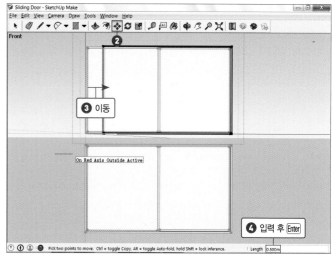

05 안쪽 창틀을 선택하고 0.25m만큼 오른쪽으로 이동합니다.

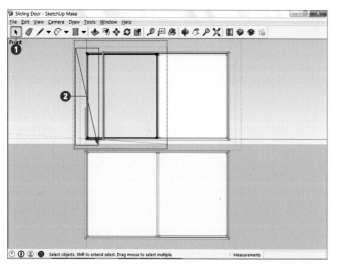

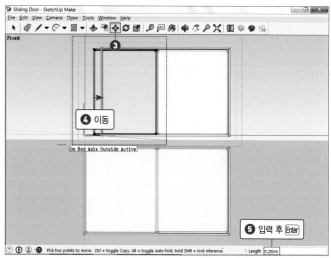

06 　같은 방법으로 오른쪽 안쪽 창틀을 선택하고 0.25m만큼 왼쪽으로 이동합니다.

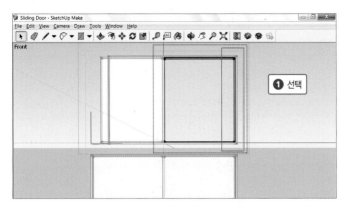 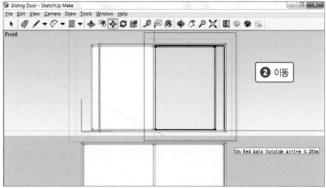

07 　바깥쪽 창틀을 선택하고 왼쪽으로 0.25m 이동하여 안쪽
창틀에 맞춥니다.

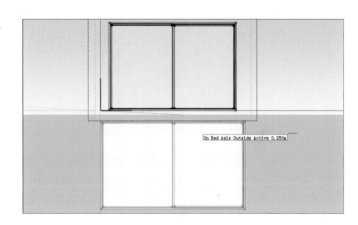

08 　Components 창에서 컴포넌트 이름을 입력하여 수정하면 크기가 다른 창문 컴포넌트가 완성됩니다.

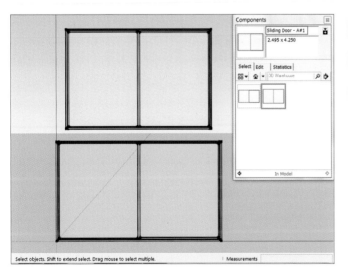 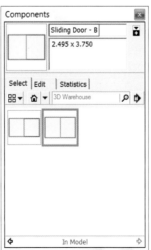

····TIP···
완성 파일은 Part01 폴더의 '4.3-Sliding Door.skp' 파일을 참고합니다.
···

3 | 창문과 문 배치하기

벽체 모델링 과정에서 만든 1층 벽체와 2층 벽체에 직접 만든 창문과 문을 배치합니다.

01   Part01 폴더에서 '4.3-Setting.skp' 파일을 엽니다. 화면 왼쪽 아래의 문과 창틀, 1층과 2층 벽체 모델링을 알맞게 배치하겠습니다.

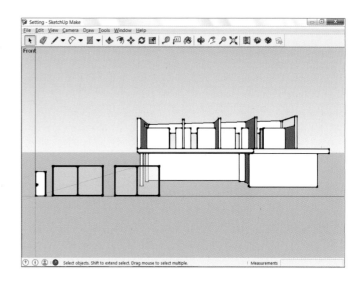

02   이동 툴(✥)을 선택하고 Ctrl 키를 누른 채 2층 방에 문을 드래그하여 복제해서 배치합니다.

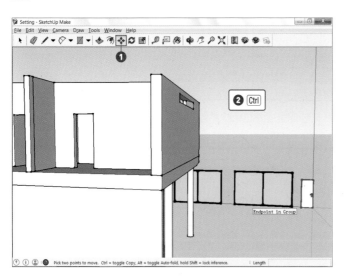 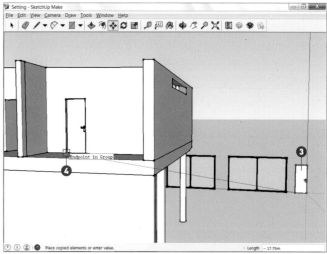

03   같은 방법으로 문을 복사하여 2층 방에 붙여 넣습니다.

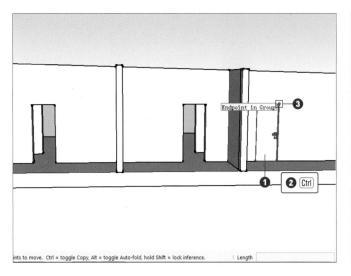
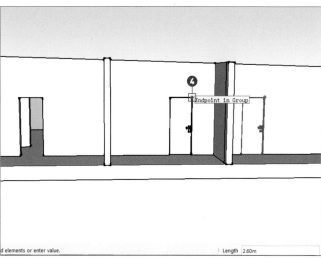

04   2층 방마다 문을 복제하고 다음과 같이 문손잡이 위치를 바꿀 두 개의 문을 선택한 다음 마우스 오른쪽 버튼을 클릭하여 **Flip Along → Red Direction**을 실행합니다.

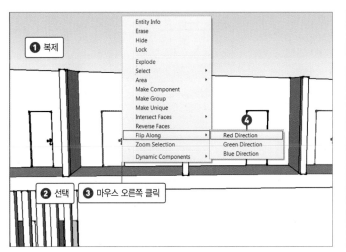
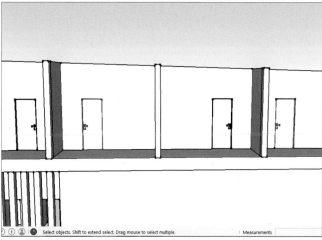

05 왼쪽 창문을 복제해서 다음과 같이 2층에 배치합니다.

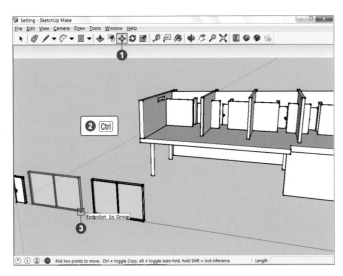 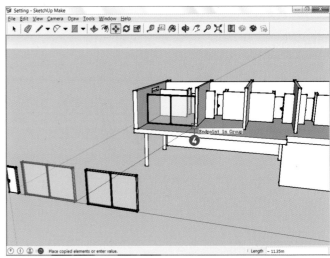

06 크기가 다른 창문을 선택하여 두 번째 방으로 복제해서 배치합니다.

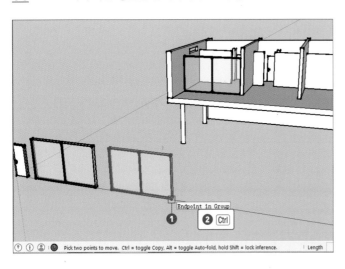 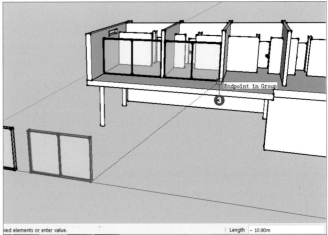

07 다른 부분도 복제하여 배치해서 완성합니다.

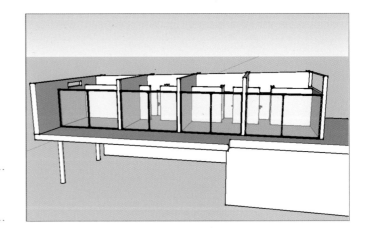

····TIP····
완성 파일은 Part01 폴더의 '4.3-Setting[Completion].skp' 파일을 참고합니다.

SKETCHUP

005 사선을 강조하는 지붕과 조명

경사진 지붕의 축을 변경하여 모델링하는 방법을 살펴보고 지금까지 만든 객체들을 Outliner 창과 Layers 창을 이용하여 좀 더 효과적으로 관리하는 방법에 대해 알아보겠습니다.

|예제 및 결과 파일| Part01\5.1-Axes.skp, 5.1-Axes[Completion].skp, 5.2-Light of Roof[Completion].skp

1 축을 변경하여 경사진 지붕 모델링하기

스케치업 모델링에는 항상 X, Y, Z축의 수직 객체만 있는 것은 아닙니다. 일반 주택에도 지붕에 경사가 있으므로 스케치업의 기본 X, Y, Z축으로 작업하기 위해서는 축이 서로 평행하지 않기 때문에 매우 불편합니다. 이때 Axes(축) 기능을 이용하여 경사진 객체에 축을 맞추면 편리합니다.

01 Part01 폴더에서 '5.1-Axes.skp' 파일을 엽니다.
경사진 지붕에 맞도록 2층 벽체를 경사지게 제작했다면 지붕을 만들기 위해 먼저 사각형을 그리겠습니다. 이때 기본 X, Y, Z축에 맞춰 그리므로 경사진 지붕을 만들 수 없습니다. 물론 지면에 평행하게 지붕을 만들고 이후 경사에 맞게 회전할 수 있지만 여기서는 축을 변경하는 방법으로 진행하겠습니다.

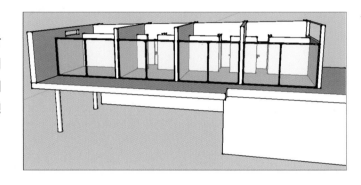

02 경사 면 작업을 위한 다양한 툴을 나타내기 위해 **[View]** → **Toolbars**를 실행합니다. Toolbars 대화상자에서 'Large Tool Set'과 'Layers'에 체크 표시한 다음 〈Close〉 버튼을 클릭합니다.

03 왼쪽에 추가된 툴바에서 축 툴(⬚)을 선택하고 다음과 같이 왼쪽 벽의 아래쪽 끝점을 선택하고 오른쪽 끝점을 클릭한 다음 왼쪽 벽의 위쪽 끝점을 선택하여 축을 지정합니다.

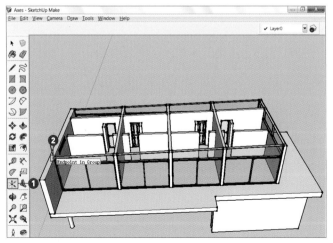 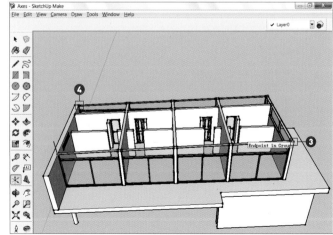

04 지붕 경사에 맞게 축이 조정되면 사각형 툴(▧)로 새로운 축에 따라 사각형 지붕을 그립니다.

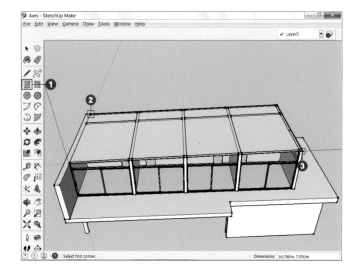

····TIP·····
선 툴을 이용하여 그려도 상관없으며 새로운 면을 만들 때는 항상 면이 뒤집혔는지 점검합니다.

05 밀기/끌기 툴(◈)을 이용하여 지붕의 두께를 0.410m로 설정합니다.

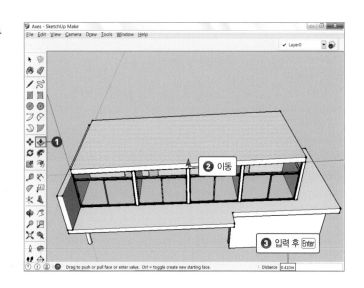

06 지붕층 건축 도면을 참고하여 다음과 같이 지붕을 오른쪽으로 연장합니다.

····TIP·····
지붕의 정면도 경사 면이므로 도면을 참고하여 지붕을 완성합니다.

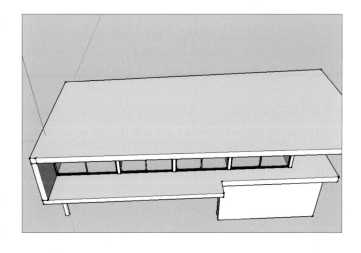

07 경사진 지붕을 완성한 다음 다시 축을 바꾸거나 원래의 축으로 복원하기 위해서는 축에서 마우스 오른쪽 버튼을 클릭하여 **Reset**을 실행합니다.

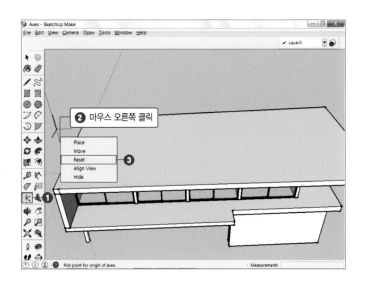

····TIP····

이동 툴을 이용하여 원하는 위치에 축을 이동시켜서 모델링할 수도 있습니다. Move Sketching Context 대화상자에서 축 위치를 설정하고 〈OK〉 버튼을 클릭하여 조정할 수 있습니다.

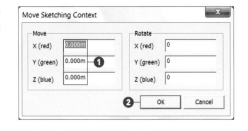

2 빛으로 분위기를 조성하는 조명 만들기

건축 도면에는 표시되지 않았지만 건축 사진에는 지붕 아래쪽에 조명이 설치되어 있습니다. 경사진 지붕이기 때문에 Axes 기능을 이용하여 축을 변경한 다음 조명을 설치합니다.

01 지붕의 아랫면이 보이도록 다음과 같이 뷰를 조정합니다. 궤도 툴(◈)을 이용하여 경사진 지붕에 맞춰 축을 변경합니다.

····TIP····

Part01 폴더에서 '5.1–Axes[Completion].skp' 파일을 열어 작업을 시작할 수도 있습니다.

02 　줄자 툴(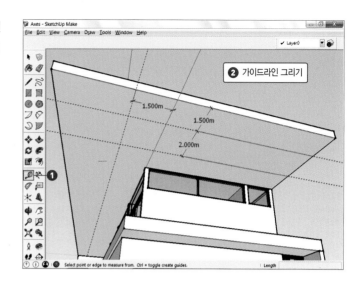)을 이용하여 축을 기준으로 1.5m, 지붕 끝선을 기준으로 1.5m, 2.0m 간격으로 다음과 같이 가이드라인을 그립니다.

03 　원형 툴(◉)을 이용하여 가이드라인의 교차 지점을 중심으로 반지름이 0.1m인 원을 그립니다.

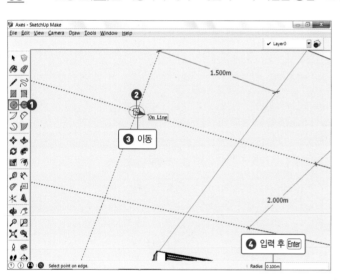

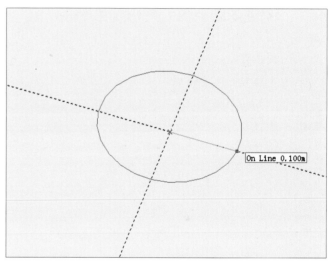

04 　밀기/끌기 툴(◆)을 이용하여 앞쪽으로 0.02m 두께를 적용합니다.

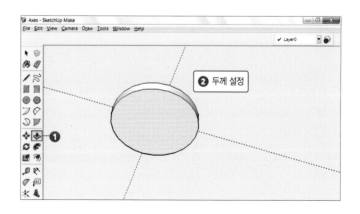

05 오프셋 툴(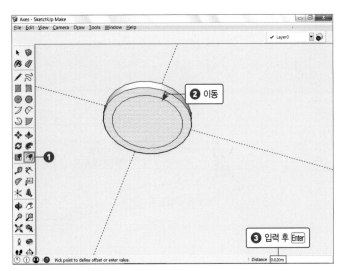)을 이용하여 원 안쪽으로 0.02m과 0.01m 원을 만듭니다.

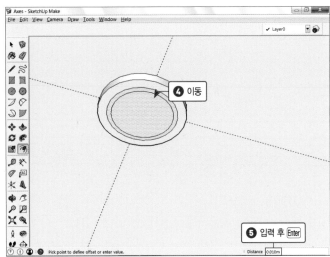

06 이동 툴(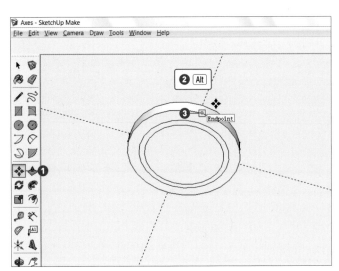)을 선택하고 Alt 키를 누른 채 바깥쪽 원을 지붕쪽으로 이동하여 다음과 같은 형태를 만듭니다.

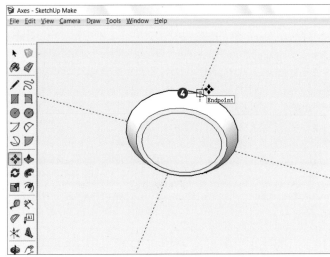

07 선택 툴(🔺)로 다음과 같이 안쪽 원을 선택한 다음 밀기/끌기 툴(🔷)을 이용하여 0.01m 안쪽으로 밀어
조명을 완성합니다.

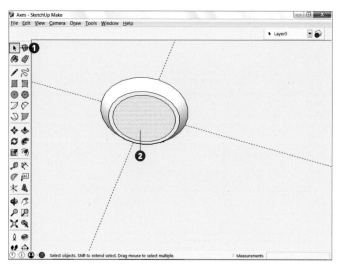
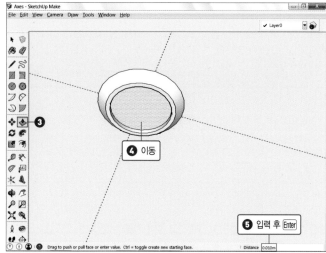

08 선택 툴로 조명을 드래그하여 전체 선택한 다음 마우스 오른쪽 버튼을 클릭하고 **Make Component**를
실행해서 컴포넌트로 만듭니다.

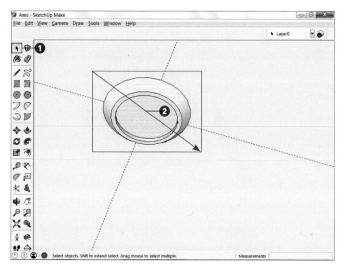
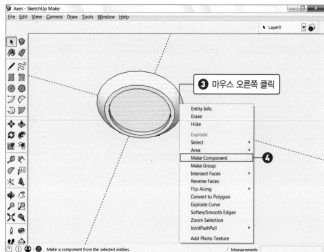

09   Create Component 대화상자에서 Name에 'Light'를 입력한 다음 Description을 입력하고 〈Create〉 버튼을 클릭하여 컴포넌트를 만듭니다.

10   이동 툴(✥)을 선택하고 Ctrl 키를 누른 다음 조명을 선택합니다. 녹색 Y축으로 2m 간격으로 이동한 다음 Length에 '*3'을 입력하여 네 개의 조명을 만듭니다.

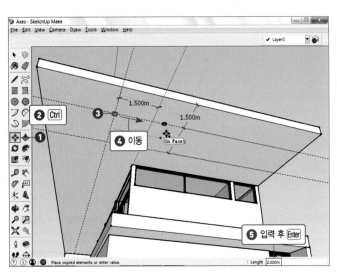
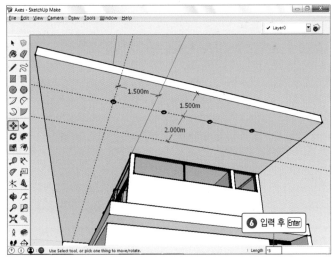

11   네 개의 조명을 선택한 다음 빨간색 X축으로 2m 거리에 복제합니다.

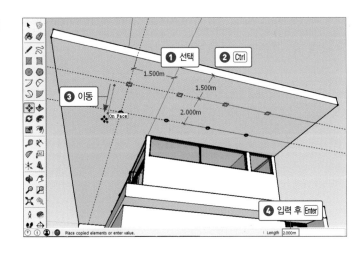

12　왼쪽 아래 조명을 선택한 다음 빨간색 X축 방향으로 2m 간격으로 8개를 복사하여 지붕 아래 조명을 완성합니다. 완성 이미지는 '5.2–Light of Roof[Completion].skp' 파일을 참고합니다.

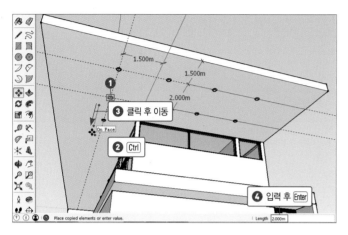
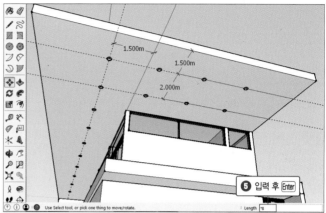

3 다양한 방법으로 객체 관리하기

벽체, 바닥 면, 지붕 등 큰 객체뿐만 아니라 조명, 문손잡이 등 세부적인 부분까지 작업하고 객체들을 그룹 또는 컴포넌트로 만들었습니다. 3D 모델링 작업에서는 간혹 만들어진 객체들이 작업에 방해될 때가 있으므로 Layers 창과 Outliner 창을 이용하여 객체들을 관리하고 일시적으로 화면에서 숨기기 위한 방법을 구체적으로 살펴봅니다.

1 | 레이어를 이용하여 객체 관리하기 - Layers 창

레이어(Layers)는 카테고리를 만들어 객체를 관리하는 기능이 있습니다. 예를 들어 1층 내벽, 1층 외벽, 2층 내벽, 2층 외벽, 지붕, 문, 창문 등 지금까지 만든 객체들을 각각의 레이어로 지정하여 관리할 수 있습니다. [View] → Toolbars를 실행한 다음 Toolbars 대화상자에서 'Layers'에 체크 표시하고 〈Close〉 버튼을 클릭하면 툴바에 'Layers'가 나타납니다. 또한 [Window] → Layers를 실행하여 나타나는 Layers 창에서 레이어에 관해 자세히 알아보겠습니다.

01　Layers 창의 'Layer0'에서 왼쪽 원의 점은 레이어가 활성화되었다는 의미이며 만들어진 모든 객체는 활성화된 레이어에 포함됩니다. 따라서 지금까지 만들어진 객체들은 모두 'Layer0'에 포함되며 이 레이어는 이름을 수정하거나 삭제할 수 없습니다.

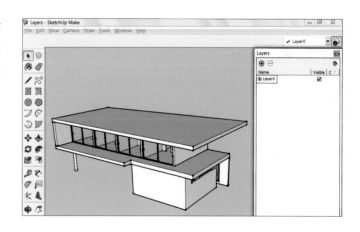

02 Layers 창에서 'Add Layer' 아이콘(⊕)을 두 번 클릭하여 두 개의 새 레이어를 추가합니다. 레이어 이름을 각각 '지붕'과 '2층 외벽'으로 수정합니다.

···TIP····························

새 레이어를 두 번 클릭하면 이름을 바꿀 수 있습니다.

···································

03 Color 항목의 색상 상자를 선택하여 Edit Material 대화상자에서 레이어 색상을 각각 원하는 색상으로 설정합니다.

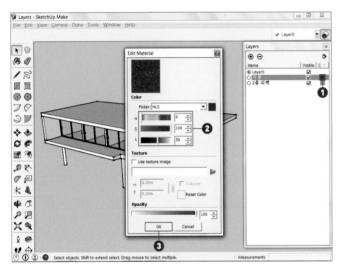 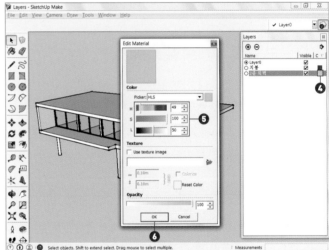

04 지금까지 새로 만든 지붕, 2층 외벽 레이어에는 객체들이 포함되지 않았습니다.

이전 과정에서 만든 지붕 그룹을 '지붕' 레이어에 포함하려면 지붕을 선택한 다음 툴바의 'Layer0'을 클릭하고 '지붕'을 선택합니다.

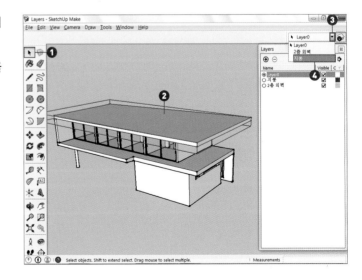

05 같은 방법으로 '2층 외벽' 그룹을 선택한 다음 툴바에서 '2층 외벽'을 지정하여 레이어에 포함시킵니다.

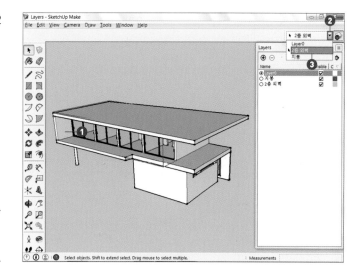

····TIP····
모델링하면서 만드는 객체들은 항목별로 레이어를 정리해야 이후 작업이 편리해집니다.

06 Layers 창의 '지붕' 레이어에서 Visible 항목의 체크 표시를 해제하면 지붕이 사라집니다. 다시 체크 표시하면 나타납니다.

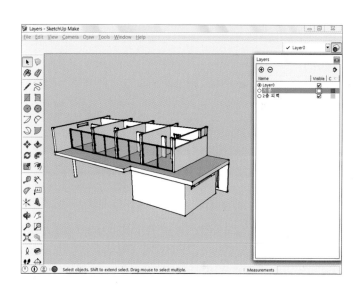

07 위와 같은 방법으로 Layers 창에서 각각의 레이어를 추가하고 해당 레이어에 알맞은 객체를 포함합니다.

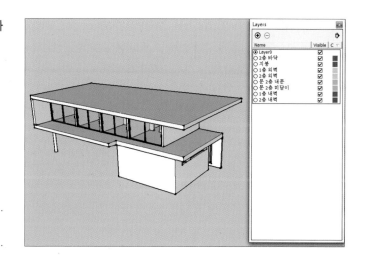

····TIP····
레이어 속성은 애니메이션에서도 이용하는 중요한 기능입니다.

08 Layers 창에서 'Details' 아이콘(⟐)을 클릭하고 **Color by layer**를 실행하면 객체가 레이어 색상대로
표시됩니다.

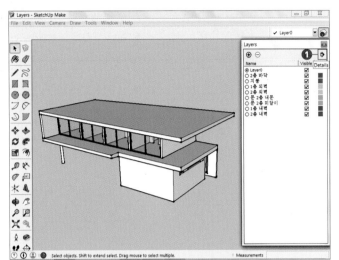 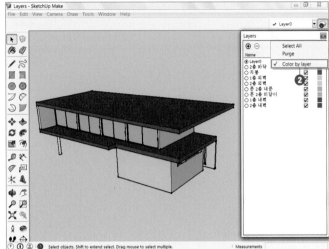

····TIP····
Color by layer 기능은 레이어별로 객체를 확인할 때 이용하면 편리합니다.
···

2 | 그룹과 컴포넌트 정리하기 - Outliner 창

Layers 창에서는 그룹을 한꺼번에 관리할 수 있으며, Outliner 창에서는 그룹과 컴포넌트를 개별
적으로 관리할 수 있습니다. 모델링 작업 중에는 그룹 객체들을 다시 그룹으로 설정하고 그 그룹을
또 다른 그룹으로 설정하여 이용할 때가 많으므로 Outliner 창에서 복잡하게 그룹화된 객체들을 편
리하게 관리할 수 있습니다. 복잡한 모델링 작업은 Layers 창과 Outliner 창을 적절하게 이용하여
효율적으로 관리하도록 합니다.

01 [Window] → **Outliner**를 실행하면 Outliner 창에 지금
까지 모델링한 모든 그룹 및 컴포넌트가 나타납니다. 회색 기울임체
로 표시된 그룹 또는 컴포넌트는 잠시 숨겨진 상태입니다.

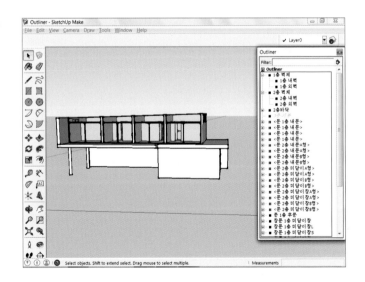

02 Outliner 창의 'Details' 아이콘(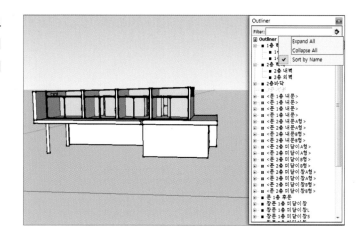)을 클릭하면 단계별로 설정된 레이어 그룹 정렬을 위한 세 가지 메뉴를 확인할 수 있습니다. 일반적으로 **Expand All** 또는 **Collapse All**을 실행하면 편리하게 작업할 수 있습니다.

····TIP····

Outliner 창 관리하기

① Outliner 창의 'Details' 아이콘(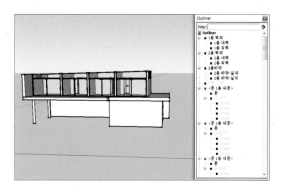)을 클릭하고 **Expand All**을 실행하면 여러 개의 레이어 그룹이 펼친 형태로 나타납니다.

② 'Details' 아이콘(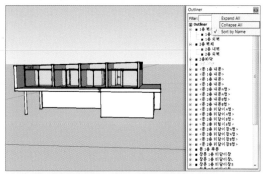)을 클릭하고 **Collapse All**을 실행하면 하위 레이어 그룹 목록이 정리된 형태로 나타납니다.

③ 'Details' 아이콘(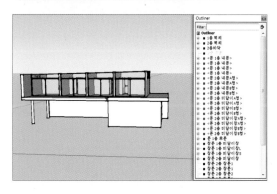)을 클릭한 다음 **Sort by Name**을 실행하면 레이어 이름대로 나열됩니다.

03 만약 1층을 모델링할 때 편리한 작업을 위해 잠시 2층을 보이지 않게 하려면 다음과 같이 Outliner 창에서 객체를 선택하고 마우스 오른쪽 버튼을 클릭한 다음 **Hide**를 실행합니다.

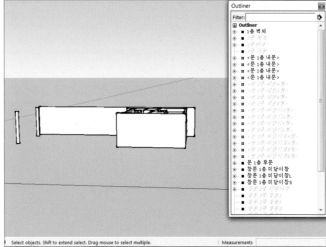

04 Outliner 창에서 숨겨진 객체를 선택하고 마우스 오른쪽 버튼을 클릭한 다음 **Unhide**를 실행하면 숨겨진 객체들이 다시 나타납니다.

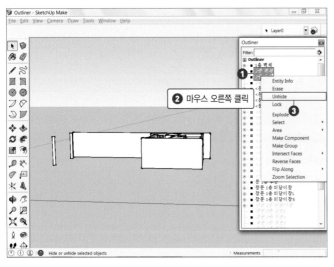
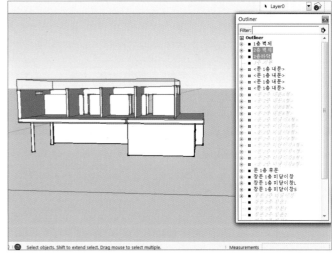

05   Outliner 창의 객체에서 마우스 오른쪽 버튼을 클릭한 다음 **Lock**을 실행하면 화면에서는 객체가 빨간
색으로 나타나고 Outliner 창에서는 자물쇠 아이콘이 표시되어 잠금 설정됩니다.

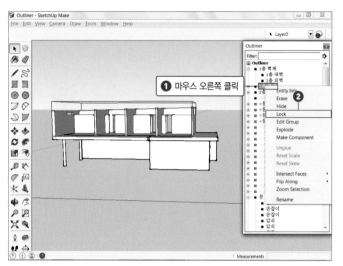 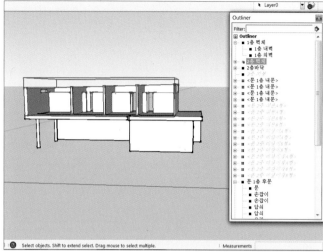

····TIP···

Lock 기능을 이용해 잠금 설정한 객체는 편집 또는 제거할 수 없으므로 중요한 객체들을 보호하기 위해 자주 사용하는
기능 중에 하나입니다.

···

06   잠금 설정을 해제하려면 잠긴 객체에서 마우스 오른쪽 버튼을 클릭한 다음 **Unlock**을 실행합니다.

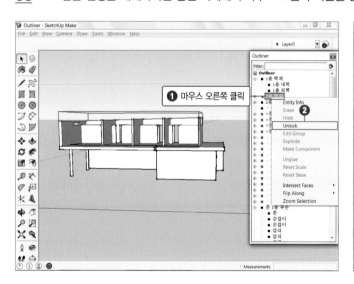 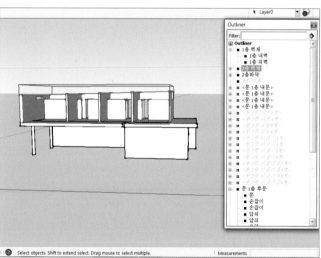

SKETCHUP

006 동선을 반영하는 계단, 난간, 인테리어

기본 벽체와 바닥 면, 지붕 등 건축의 뼈대가 되는 부분을 제작하고 점점 복잡해지는 그룹과 컴포넌트들을 관리하며 효과적으로 모델링을 진행하는 방법에 대해 알아봤습니다. 이번 장에서는 따라가기(Follow Me) 툴을 이용하여 난간과 계단을 만들고 3D 웨어하우스(Warehouse)를 이용하여 가구 등의 인테리어 소품을 적용하겠습니다.

|예제 및 결과 파일| Part01\6.1-Follow Me.skp, 6.2-Stairs.skp, 6.3-3D Warehouse.skp

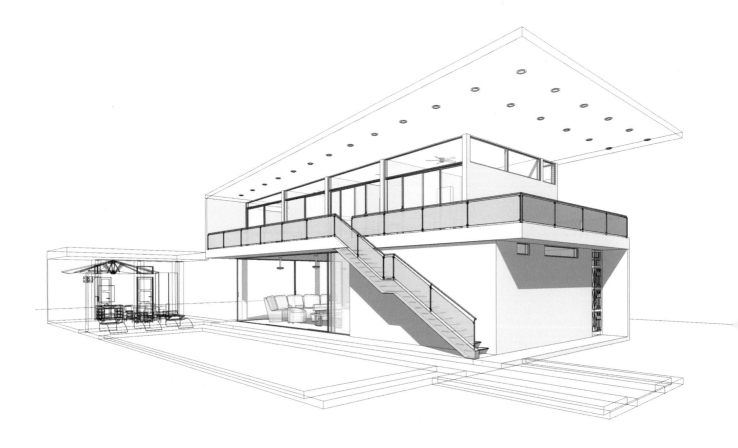

1 난간 만들기

난간은 유리판, 유리판을 지지하는 지주, 수평 난간대의 세 부분으로 이루어져 있습니다. 난간의 각 부분을 차례대로 만들어 보겠습니다.

1 | 유리판을 지지하는 지주 만들기

GM1 House 프로젝트에서 지주는 계단과 난간에 사용되며 세부 모델링이 진행되어야 브이레이 렌더링을 진행할 때 실제와 같은 느낌이 납니다. 기본 툴들을 이용하여 난간의 지주를 만들어 봅니다.

01 새 작업 창을 열고 지주를 만들기 위해 사각형 툴(▦)을 이용하여 0.9m, 0.1m 크기의 사각형을 만듭니다.

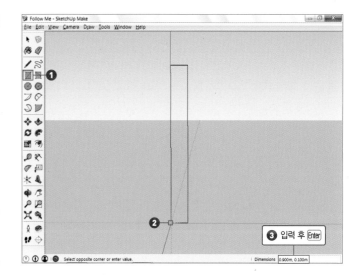

····TIP
작업 화면 오른쪽 아래의 Demensions에 '0.1, 0.9'을 입력한 다음 [Enter] 키를 누르면 간단하게 정확한 치수의 사각형을 그릴 수 있습니다.

02 이동 툴(✛)을 선택한 다음 [Ctrl] 키를 누른 채 만들어진 직사각형의 위쪽 선을 선택하고 0.15m 아래로 복제합니다.

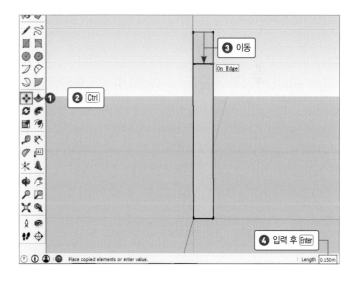

03 줄자 툴(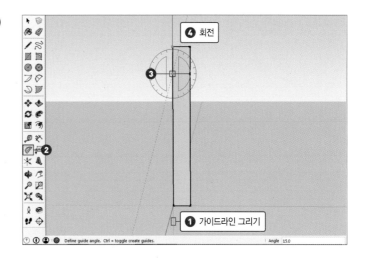)로 왼쪽에 가이드라인을 그리고 각도기 툴()을 이용하여 가이드라인을 15° 회전합니다.

04 줄자 툴을 이용하여 빨간색 X축을 기준으로 가이드라인에서 0.03m 간격의 가이드라인을 추가합니다.

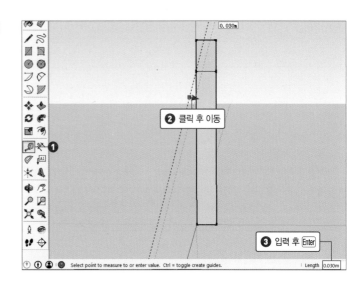

05 사각형 면 위에 선 툴(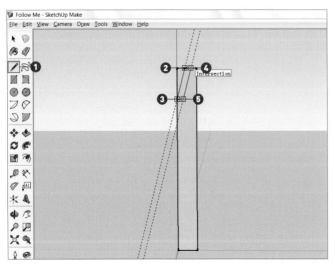)을 이용하여 가이드라인을 따라 선을 그립니다.

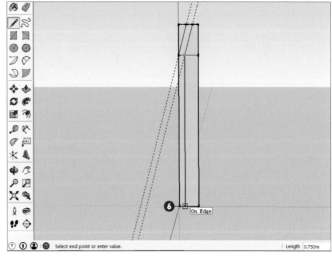

06 삭제하려는 부분을 확인한 다음 지우개 툴()을 이용하여 지웁니다.

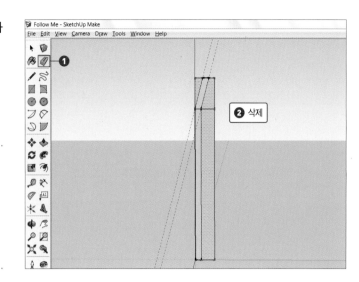

····TIP·····································
불필요한 객체에서 마우스 오른쪽 버튼을 클릭하고
Erase를 실행해도 좋습니다.
···

07 [Edit] → **Delete Guides**를 실행하여 가이드라인을 지웁니다.

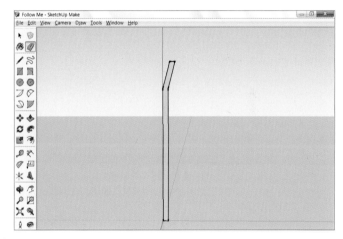

08 밀기/끌기 툴(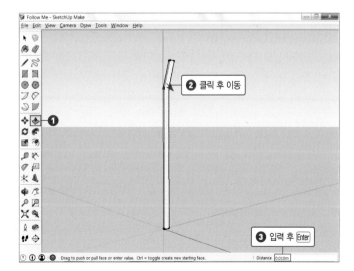)을 이용하여 0.01m만큼 두께를 적용합니다.

····TIP·····································
밀기/끌기 툴의 단축키인 P 키를 누르고 해당 기능을 적용하면 모델링 작업 시간을 단축시킬 수 있습니다.
···

09   지주를 세 번 클릭하여 전체 선택한 다음 컴포넌트로 만들기 위해 마우스 오른쪽 버튼을 클릭하고 **Make Component**를 실행합니다.

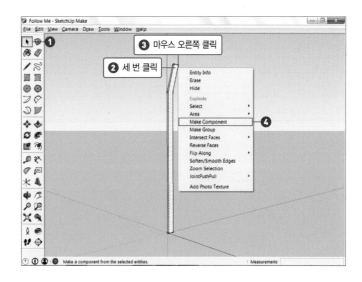

10   Create Component 대화상자에서 Name에 'Member-A of Handrail'을 입력한 다음 〈Create〉 버튼을 클릭하여 컴포넌트로 만듭니다.

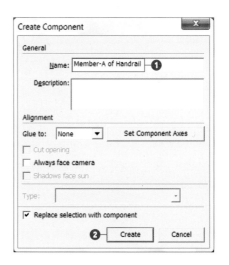

11   화면을 확대한 다음 사각형 툴(▥)로 지주의 꺾이는 부분에 0.04m, 0.01m 크기의 사각형을 그립니다.

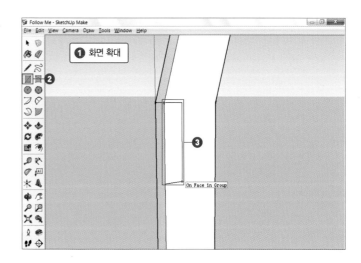

12 밀기/끌기 툴(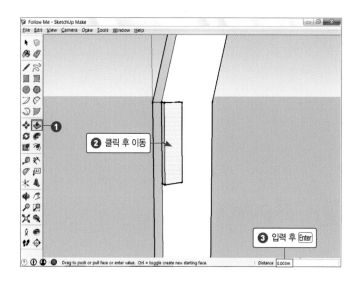)을 이용하여 사각형에 0.003m의 두께
를 적용합니다.

13 사각형 툴을 이용하여 안쪽에 0.04m, 0.003m 크기의 사각형을 그립니다.
밀기/끌기 툴을 이용하여 0.047m의 두께를 적용합니다.

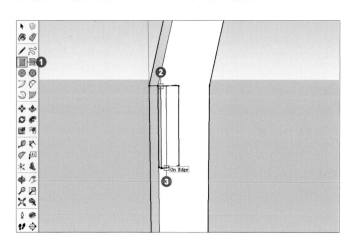

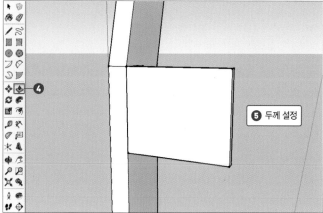

14 줄자 툴(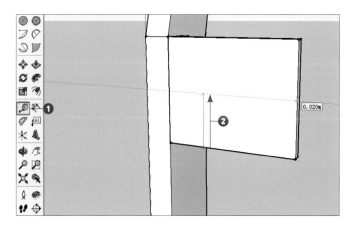)로 다음과 같이 사각형 아래에서 0.02m, 오른쪽에서 0.01m에 가이드라인을 그립니다.

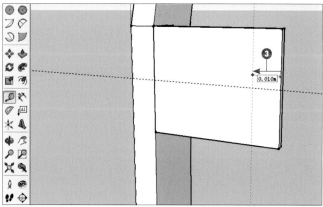

15 원형 툴(◉)을 이용하여 가이드라인의 교차 지점을 중심으로 반지름이 0.01m인 원을 그립니다.

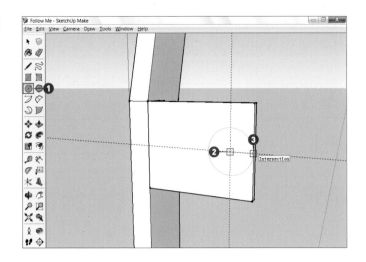

16 줄자 툴(◢)을 이용하여 사각형 왼쪽에서 0.003m에 가이드라인을 만듭니다.

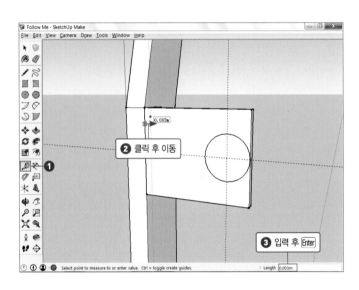

17 선 툴(✎)로 가이드라인을 따라 다음과 같이 선을 그립니다.

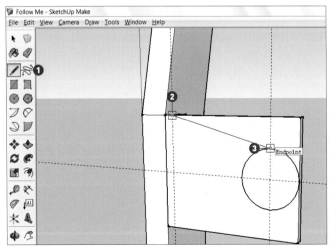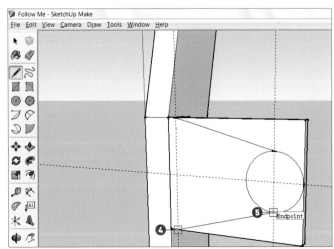

18 지우개 툴(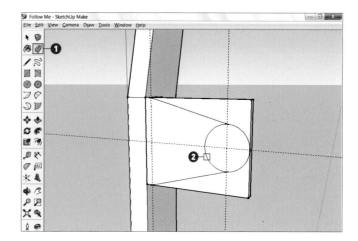)로 원의 왼쪽 부분을 드래그하여 지웁니다.

····TIP····

필요 없는 부분을 지우는 방법에는 여러 가지가 있습니다. 지우개 툴
을 이용하거나 불필요한 객체에서 마우스 오른쪽 버튼을 클릭하여
Erase를 실행하거나 Delete 키를 눌러 삭제하는 방법 중 편리한 방법
을 이용합니다.

19 밀기/끌기 툴(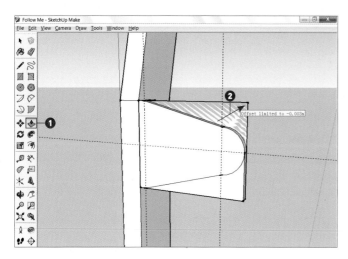)로 필요 없는 부분을 밀어서 지웁니다.

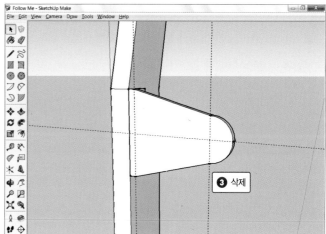

20 반대쪽으로 뷰를 조정하여 가이드라인을 녹색 Y축으로
0.01m만큼 이동합니다.

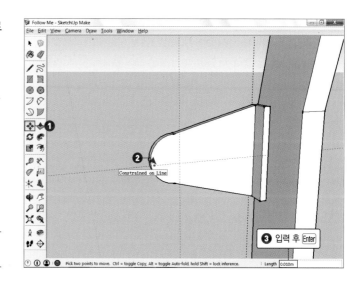

····TIP····

나중에 유리 난간이 들어갈 공간을 만들기 위해 가이드라인을 만듭니다.

21 원형 툴(◉)을 이용하여 이동된 교차 지점을 중심으로 반지름이 0.01m인 원을 그립니다.
밀기/끌기 툴(◆)을 이용하여 두께를 0.003m로 적용하고 다음과 같이 뷰를 조정합니다.

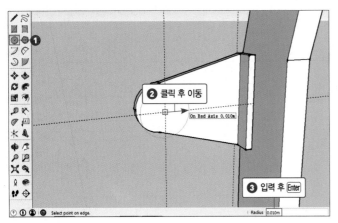

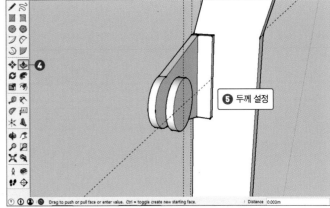

22 선택 툴(▶)을 이용하여 다음과 같이 지주의 연결 부분을
선택한 다음 컴포넌트로 만들기 위해 마우스 오른쪽 버튼을 클릭하
고 **Make Component**를 실행합니다.

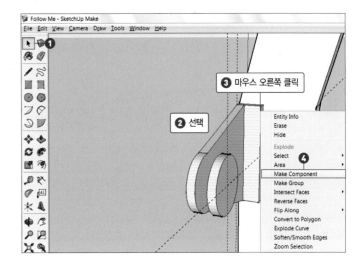

23 Create Component 대화상자에서 Name에 'Member
-B of Handrail'을 입력한 다음 〈Create〉 버튼을 클릭하여 컴포넌
트로 만듭니다.

24 다음과 같이 뷰를 조정한 다음 이동 툴(◈)을 선택합니다. Ctrl 키를 누른 다음 컴포넌트를 왼쪽으로 0.06m 간격으로 복제합니다.

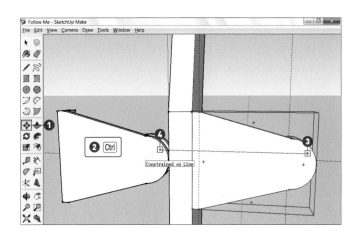

25 복제된 컴포넌트가 선택된 상태에서 반전시키기 위해 마우스 오른쪽 버튼을 클릭하고 Flip Along → Component's Red를 실행합니다.

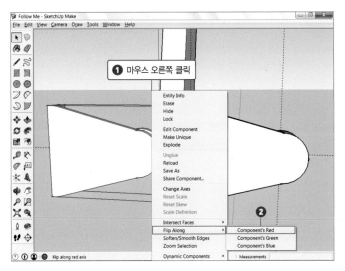

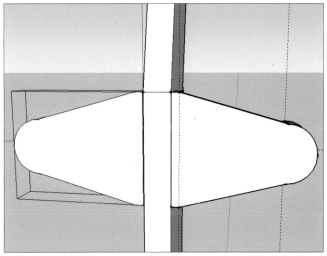

26 이동 툴을 선택한 다음 Ctrl 키를 누릅니다. 지주 양쪽 컴포넌트들을 선택하고 0.65m 아래로 이동 및 복제합니다.

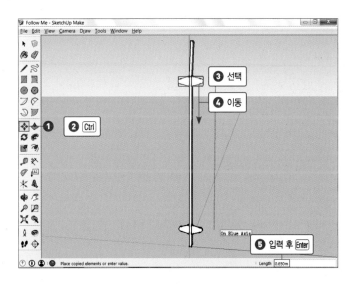

27 　　선택 툴(￼)로 지주를 세 번 클릭하여 전체 선택합니다. 이동 툴(￼)을 선택하고 Ctrl 키를 누른 채 오른쪽으로 1.5m 간격으로 한 번 더 복제합니다.

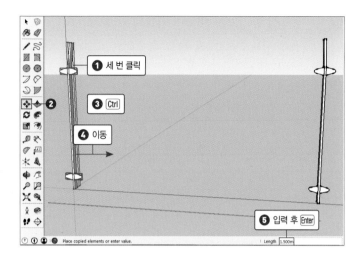

2 | 유리판과 난간대 만들기

만들어진 지주에 유리판을 적용하여 난간을 완성합니다.

01 　　사각형 툴(￼)을 선택하고 지주 왼쪽 위를 클릭한 다음 오른쪽 아래를 클릭하여 사각형을 만듭니다.

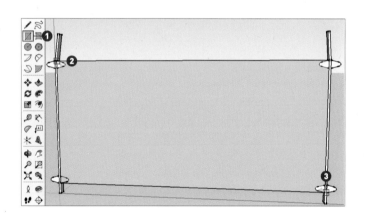

02 　　오프셋 툴(￼)로 사각형을 클릭한 다음 안쪽에 0.01m 작은 사각형을 만듭니다.

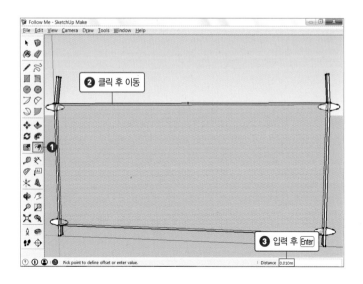

03 지우개 툴(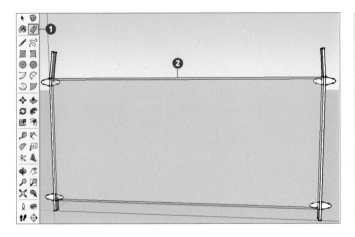)을 이용하여 외부의 사각형을 지웁니다.

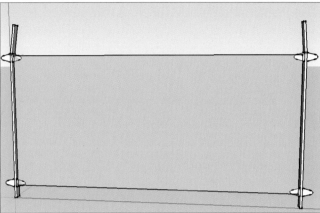

04 밀기/끌기 툴(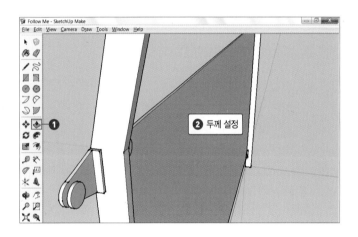)을 이용하여 유리에 0.004m 두께를 적용합니다.

05 선택 툴로 유리를 선택한 다음 마우스 오른쪽 버튼을 클릭하고 **Make Component**를 실행합니다.
Create Component 대화상자에서 Name에 'Glass of Handrail'을 입력한 다음 〈Create〉 버튼을 클릭합니다.

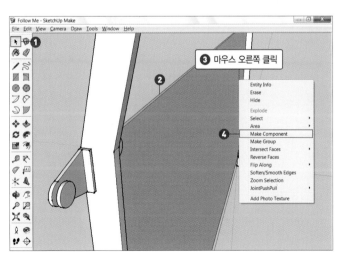

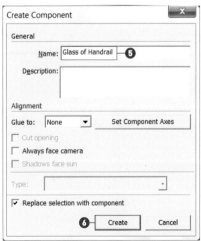

06 녹색 Y축을 따라 유리를 정확한 위치로 이동합니다.

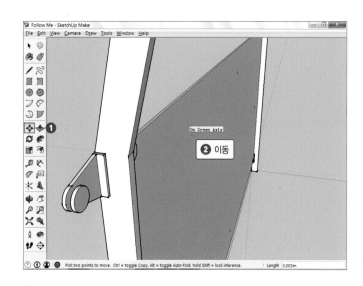

07 뷰를 다음과 같이 반대로 조정하고 지주의 왼쪽 윗부분을 확대합니다.
원형 툴(◉)을 이용하여 반지름이 '0.02m'인 원을 그립니다.

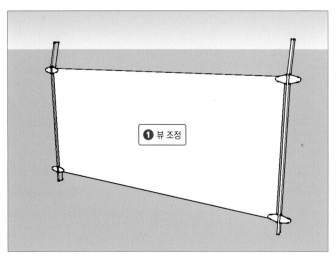

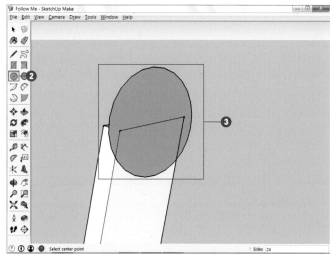

08 밀기/끌기 툴(◆)을 이용하여 원을 반대편 지주까지 연장
합니다.

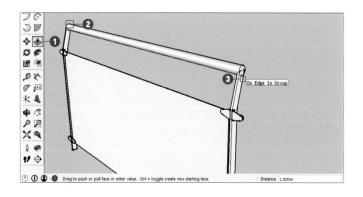

09 선택 툴(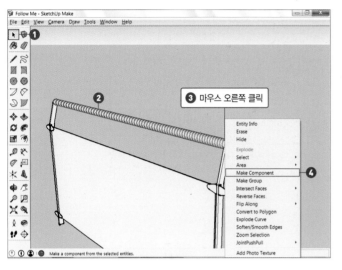)로 연장된 객체를 선택한 다음 마우스 오른쪽 버튼을 클릭하고 **Make Component**를 실행합니다. Create Component 대화상자에서 Name에 'Member-C of Handrail'을 입력한 다음 〈Create〉 버튼을 클릭하여 컴포넌트를 만듭니다.

10 완성된 난간을 전체 선택하고 마우스 오른쪽 버튼을 클릭한 다음 **Make Component**를 실행합니다. Create Component 대화상자에서 Name에 'Handrail'을 입력한 다음 〈Create〉 버튼을 클릭하여 컴포넌트를 만듭니다.

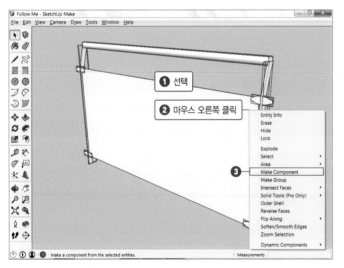

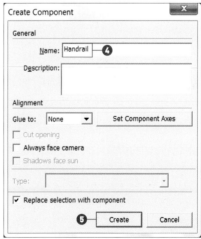

11 이동 툴(✥)을 선택하고 Ctrl 키를 누른 다음 오른쪽에 클릭하여 복제합니다. 같은 방법으로 여러 번 복제하여 연속된 난간을 완성합니다. 완성 이미지는 '6.1-Follow Me.skp' 파일을 참고합니다.

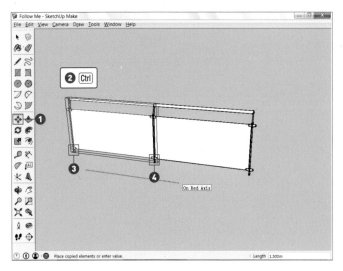
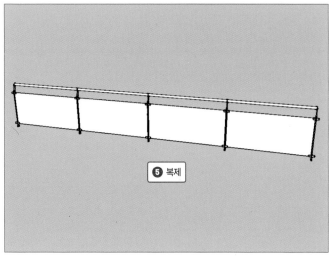

2 계단 만들기

건축에서 계단은 디자인 요소로서 중요한 역할을 합니다. 컴포넌트를 이용하여 계단참을 만들고 따라가기 툴을 이용하여 계단을 만들어 보겠습니다.

01 새 작업 창을 열고 먼저 계단의 첫 번째 디딤판을 만들기 위해 사각형 툴(▨)과 밀기/끌기 툴(✥)을 이용하여 다음과 같은 크기의 직육면체를 그립니다.
선택 툴(▸)로 직육면체를 세 번 클릭하여 전체 선택하고 마우스 오른쪽 버튼을 클릭한 다음 **Make Component**를 실행합니다. Create Component 대화상자에서 Name에 'Stairs-1'을 입력한 다음 〈Create〉 버튼을 클릭하여 컴포넌트를 만듭니다.

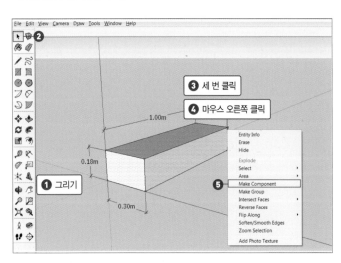

02 계단 디딤판을 복제하여 쌓기 위해 이동 툴(✛)을 선택하고 Ctrl 키를 누른 다음 계단을 클릭하여 복제합
니다. '*9' 또는 'x9'를 입력하여 열 개의 계단을 만듭니다.

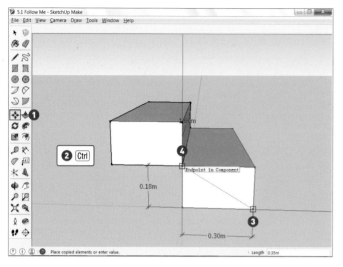

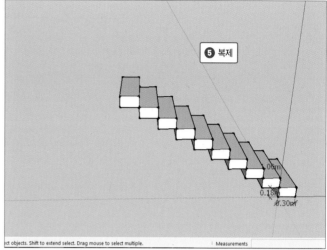

03 계단 위에 다음과 같은 크기의 계단참을 만듭니다.

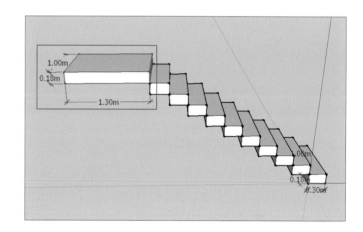

04 열 개의 계단 디딤판을 복제하여 21개의 계단을 만듭니다.

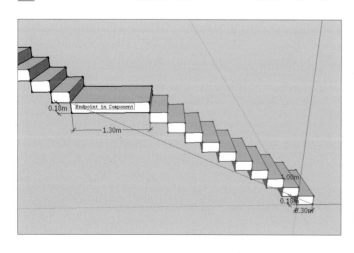

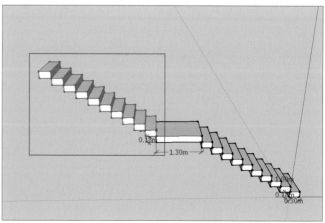

05 뷰를 다음과 같이 조정하고 첫 번째 디딤판 컴포넌트를 더블클릭하여 편집 상태로 만듭니다.
밀기/끌기 툴(◈)을 이용하여 층계 높이를 '−0.13m'로 설정하면 모든 계단의 높이가 한 번에 수정됩니다.

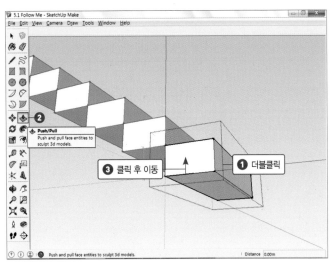 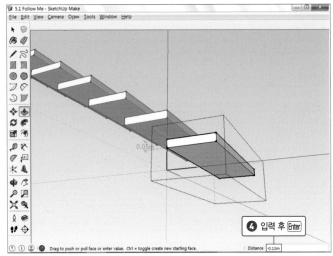

06 계단참 두께도 다음과 같이 0.03m로 수정합니다.

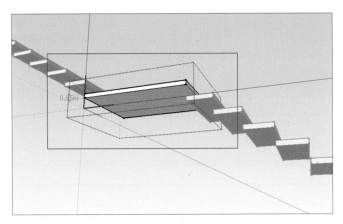 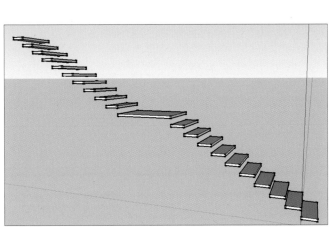

07 계단의 옆면을 다음과 같이 그리고 0.2m 두께를 적용합니다. 선택 툴(▶)로 선택한 다음 그룹으로 설정합니다.

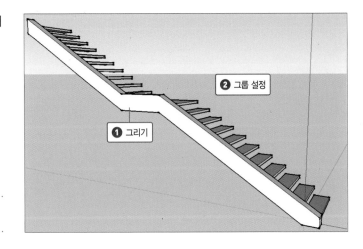

········TIP·········
Chapter 1에서 설정한 입면도를 참고하여 계단의 옆면을 제작합니다.

08 난간 위치를 지정하기 위해 줄자 툴(🔎)을 이용해서 계단 옆면의 0.90m 위치에 가이드라인을 그립니다.
선 툴(✏️)로 파란색 Z축에 수직으로 0.9m 선을 그립니다.
이동 툴(✥)을 이용하여 Ctrl 키를 누르고 옆면을 따라서 다음과 같이 수직선을 복제합니다.

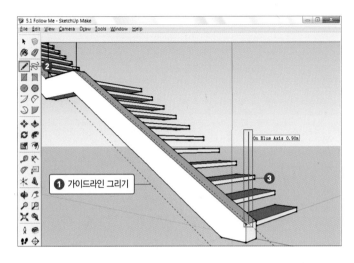

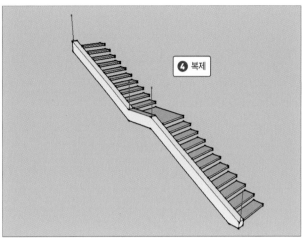

09 계단 손잡이를 만들기 위해서 선 툴을 이용하여 수직선 끝점을 따라 경로를 그립니다. 지우개 툴(✏️)을
이용하여 아래쪽 수직선을 지웁니다.

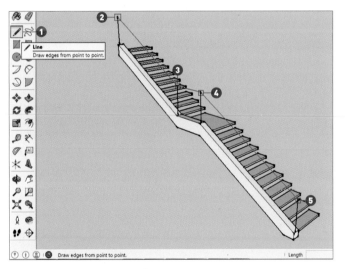

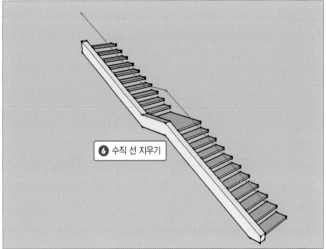

10 다음과 같이 뷰를 조정한 다음 원형 툴(◉)을 선택하고 선을 중심으로 지름 0.02m의 원형을 그립니다.

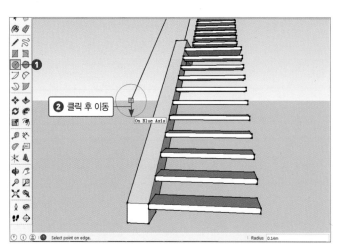

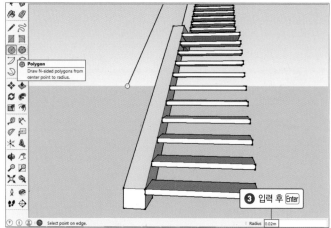

11 따라가기 툴을 이용하여 간편하게 계단 손잡이를 만듭니다. 먼저 선택 툴(▶)로 선을 선택하고 따라가기 툴(◉)을 선택한 다음 원을 클릭하면 선을 따라 원이 이어져 자동으로 계단 손잡이가 완성됩니다.

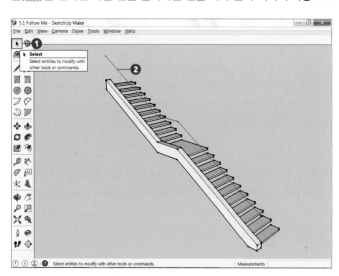

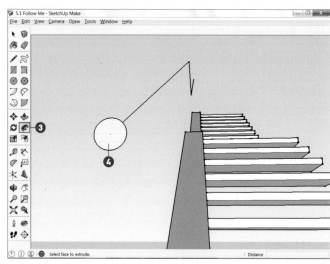

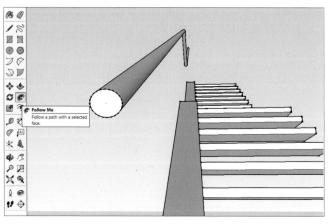

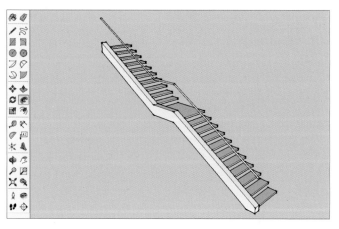

12 난간에서 만든 지주를 다음과 같은 위치에 복제하여 배치하고 선 툴(✏)을 이용해서 유리판을 그립니다.

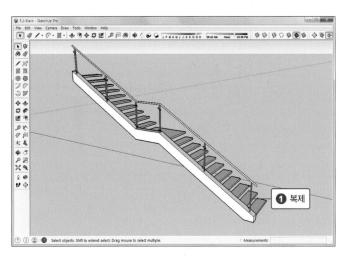

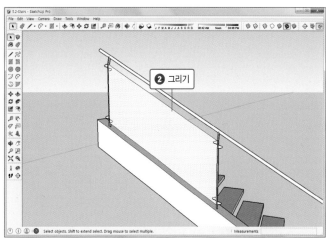

13 위와 같은 방법으로 유리판을 복제 및 추가하여 완성합니다.

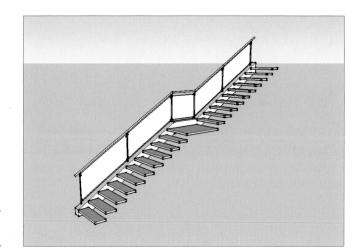

····TIP·····
완성 이미지는 '6.2-Stairs.skp' 파일을 참고합니다.
·····

14 도면을 참고하여 만들어진 계단을 정확한 위치로 이동시켜 배치합니다.

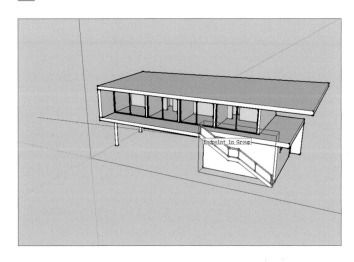

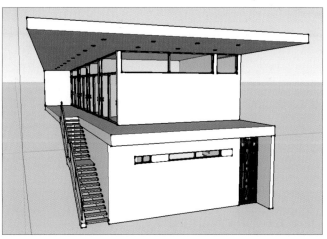

15   2층에 다음과 같이 난간을 불러와 배치하여 완성합니다.

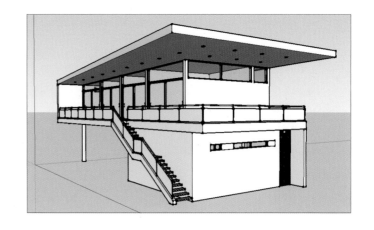

3 3D 웨어하우스를 이용하여 인테리어 디자인하기

난간, 계단처럼 크기와 형태가 다른 객체를 직접 컴포넌트로 제작하는 방법에 대해 익혔습니다. 여기서는 가구, 전자제품, 조경 등을 직접 만들 필요 없이 3D 웨어하우스를 이용해서 완성된 컴포넌트를 불러들여 모델링 작업을 더욱 편리하게 진행해 보겠습니다.

01 Components 창에서 3D 웨어하우스와 연동하여 컴포넌트를 불러올 수 있습니다.

먼저 Part01 폴더에서 '6.3-3D Warehouse.skp' 파일을 연 다음 [**Window**] → **Components**를 실행합니다.

Components 창에서 'TV with Table Set'을 검색합니다.

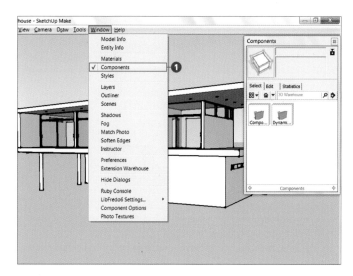

02 검색된 수많은 컴포넌트 중에서 원하는 객체를 선택하여 마우스 포인터에 컴포넌트가 불러들여지면 클릭하여 다운로드할 수 있습니다.

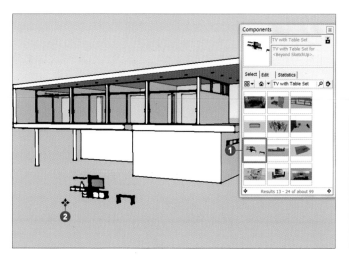
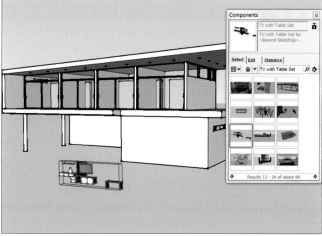

03 불러온 컴포넌트가 선택된 상태에서 이동 툴(✛)을 선택한 다음 거실로 이동합니다.

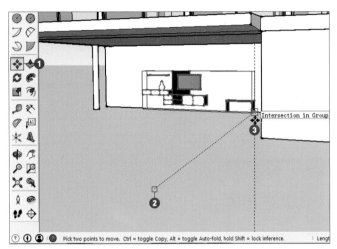 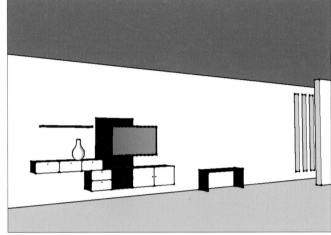

04 다른 컴포넌트들도 같은 방법으로 불러들여 다음과 같이
실내에 배치합니다.

········TIP········
너무 많은 컴포넌트를 불러오면 스케치업 모델링 파일 크기가 커져 작
업하기 힘들 수도 있습니다. 특히 곡면으로 이루어진 컴포넌트는 파일
자체가 무겁기 때문에 유의합니다.
···

05 [File] → 3D Warehouse → Get Models를 실행하여 3D 웨어하우스 웹 사이트를 나타낼 수도 있
습니다.

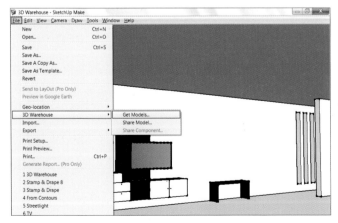 

06 다양한 컴포넌트를 검색하기 위해 'TV with Table Set'를 입력한 다음 〈Search〉 버튼을 클릭합니다.
원하는 컴포넌트를 선택한 다음 다운로드하기 위해 'Featured Models' 아이콘(⊡)을 클릭합니다.

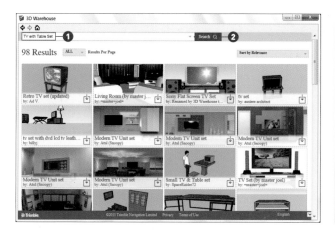

07 컴포넌트를 다운로드할지 묻는 Load Into Model? 경고
메시지 대화상자가 나타나면 〈Yes〉 버튼을 클릭하여 컴포넌트를 다
운로드할 수 있습니다.

····TIP····

3D 웨어하우스의 다양한 컴포넌트는 스케치업 사용자들이 함께 만들
고 공유하는 모델링입니다. 컴포넌트를 다운로드한 다음에는 필요에
따라 크기를 수정할 수 있습니다.

····TIP····

스케치업 2015 이진 버전에서는 3D 웨어하우스
를 사용하기 힘들지만, 3D 웨어하우스 웹 사이트
(https://3dwarehouse.sketchup.com)에서 원하
는 컴포넌트를 검색하여 다운로드할 수 있습니다.

 SKETCHUP

007 건축 외부 대지와 주변 모델링

건물 외부 모델링을 바탕으로 3D 웨어하우스에서 필요한 인테리어 소품을 검색한 다음 불러와서 배치하였습니다. 이번 장에서는 샌드박스 툴을 이용하여 건물 주변과 대지를 모델링합니다.

|예제 및 결과 파일| Part01\7.1−Site.skp, 7.1−Site[Completion].skp, 7.2−From Contours.skp, 7.2−From Contours[Completion].skp, 7.3−Street.skp, 7.3−Street[Completion].skp, JointPushPull_v3.3b.rbz, LibFredo6_v6.8c.rbz

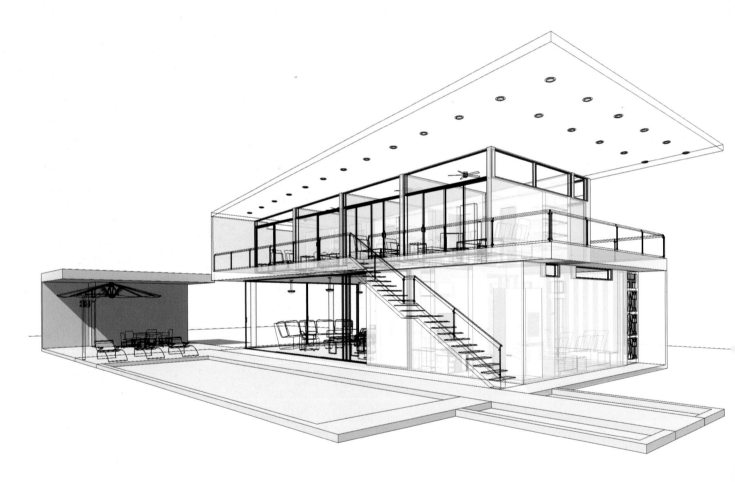

1 마당과 수영장 모델링하기

마당과 수영장 모델링에는 1층 거실의 바닥까지 포함되며 선 툴과 페인트 통 툴을 이용합니다.

01   Part01 폴더에서 '7.1-Site.skp' 파일을 열고 줄자 툴(🔗)
을 이용하여 주요 외곽선에 다음과 같이 가이드라인을 그립니다.

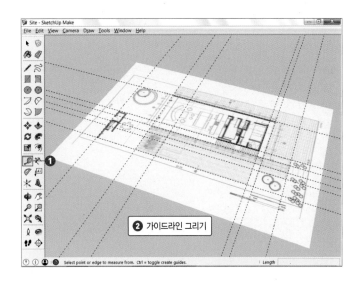

02   먼저 사각형 툴(▨)을 이용하여 1층 바닥 면의 대각선 양쪽 끝점을 클릭해서 사각형 면을 만듭니다.

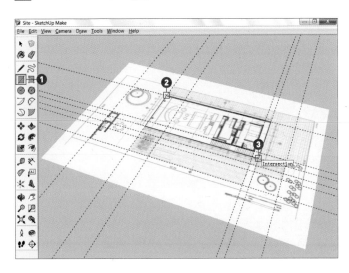

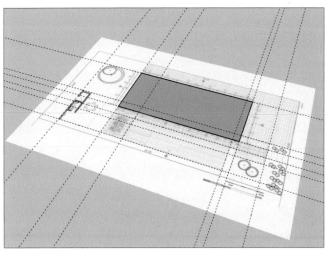

<u>**03**</u> 사각형 툴과 선 툴(✐)을 이용하여 다음과 같이 다른 영역도 차례대로 면을 그립니다.

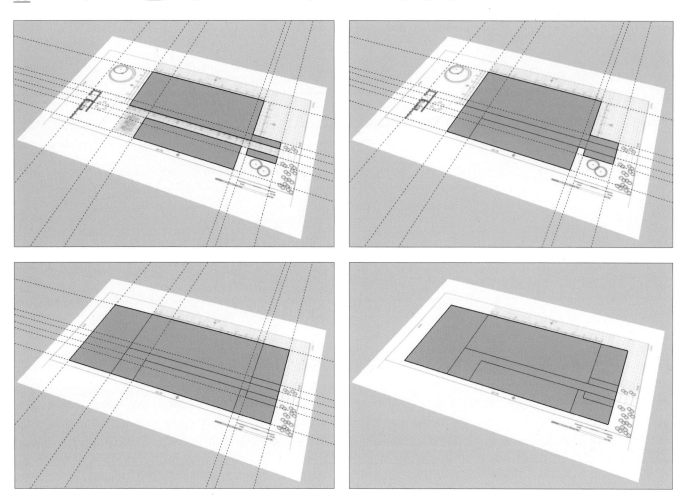

<u>**04**</u> 면이 뒤집힌 상태이므로 선택 툴(▶)로 드래그하여 전체 선택한 다음 마우스 오른쪽 버튼을 클릭하고
Reverse Faces를 실행합니다.

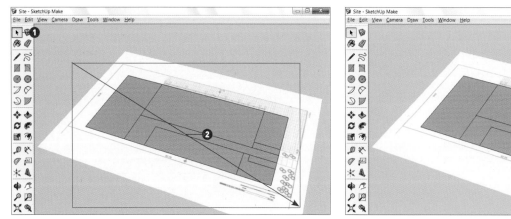

05 Layers 창에서 도면 이미지 레이어를 숨겨 바닥 면만 나타냅니다.

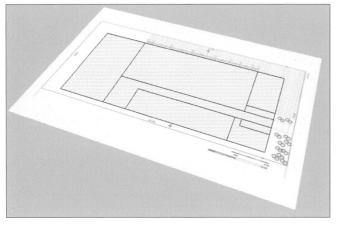 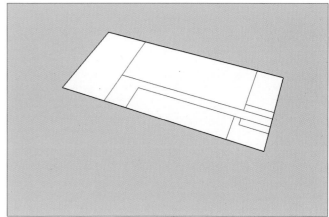

06 밀기/끌기 툴(◈)을 이용하여 1층 바닥 면을 0.4m만큼 올립니다.

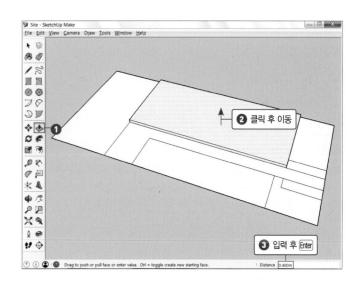

07 다른 영역도 차례대로 같은 높이인 0.4m만큼 드래그하여 올립니다.

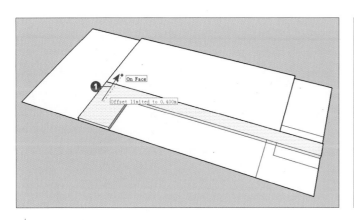 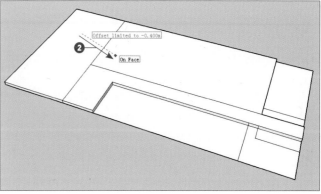

08 아래쪽은 다음과 같이 0.2m만큼 올립니다.

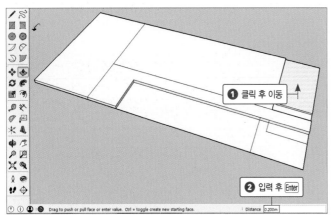 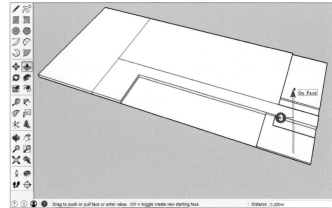

09 수영장은 −2.0m만큼 내립니다.

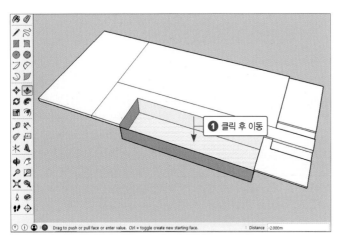 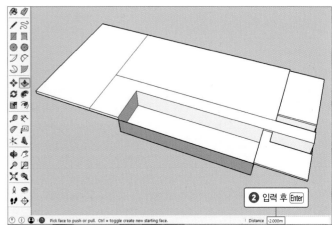

10 선 툴( )을 이용하여 수영장 부분을 분리하고 밀기/끌기 툴( )을 이용하여 밀어서 필요 없는 부분을
삭제합니다.

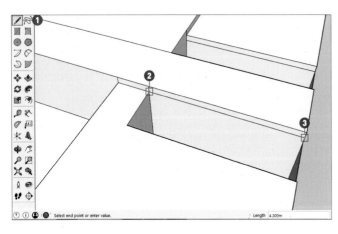 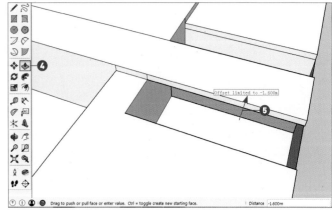

11   지우개 툴(✐)로 필요 없는 부분을 클릭하거나 드래그하여 지웁니다.

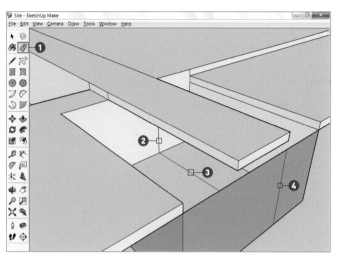 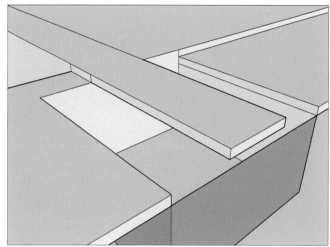

12   수영장 안쪽 벽을 구분하기 위해 타일 재질을 적용합니다.

페인트 통 툴(✍)을 선택하고 Materials 창에서 'Tile'을 지정합니다. 'Tile Checker BW' 타일을 선택한 다음 수

영장 안쪽 벽을 클릭합니다.

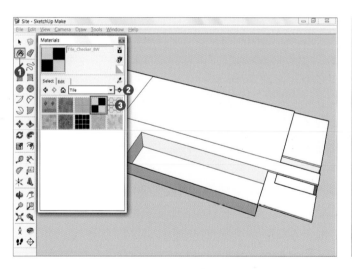 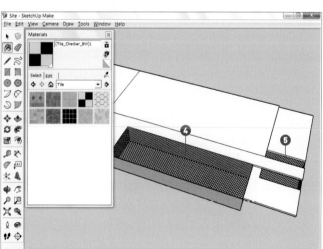

····TIP···

　Chapter 8에서 재질에 관해 더욱 자세하게 설명하므로 참고하도록 합니다.

···

13 수공간을 표현하기 위해 선 툴(✏)을 이용하여 다음과 같이 물 높이 정도로 선을 그립니다. 선을 기준으로 새로운 면이 생깁니다.

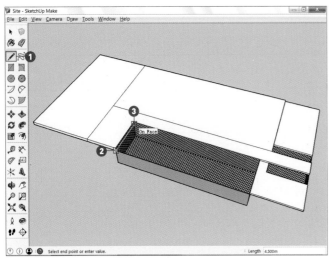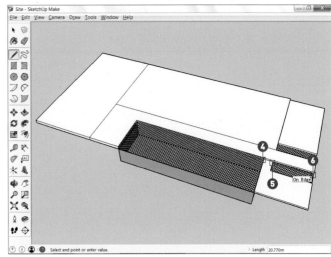

14 페인트 통 툴(🎨)을 선택하고 Materials 창에서 'Water'를 지정합니다. 'Water Pool' 재질을 선택한 다음 수공간에 클릭하여 적용합니다.

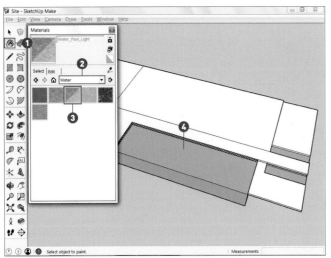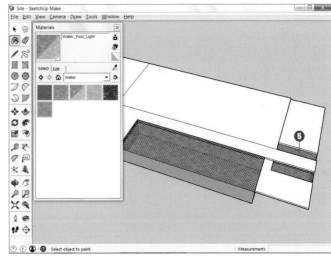

15 선택 툴(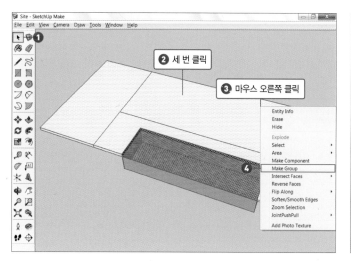)로 바닥 면을 세 번 클릭하여 전체 선택하고 마우스 오른쪽 버튼을 클릭한 다음 **Make Group**을 실행하여 그룹으로 설정합니다.

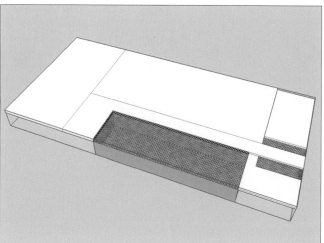

16 1층 도면을 참고하여 수영장 창고의 벽체 선을 그립니다. 밀기/끌기 툴(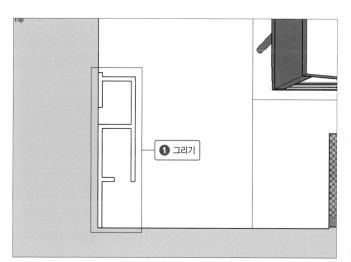)을 이용하여 벽체를 3.51m 올립니다.

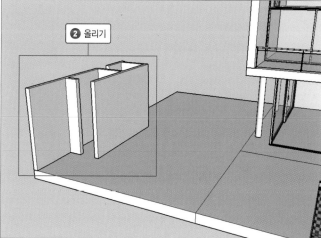

17 사각형 툴(▣), 밀기/끌기 툴을 이용하여 다음과 같이 벽체 위에 지붕을 만듭니다.

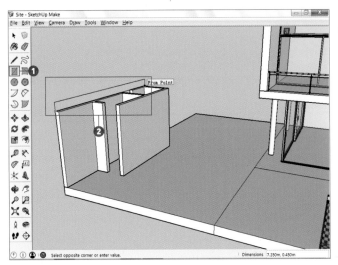 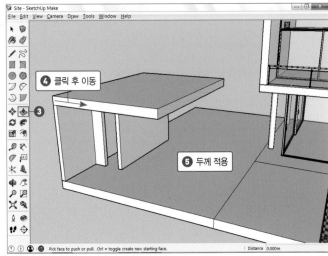

18 선택 툴(▶)로 수영장 창고 전체를 선택하고 마우스 오른쪽 버튼을 클릭한 다음 **Make Group**을 실행하여 그룹으로 설정합니다.

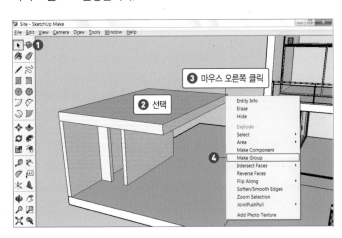 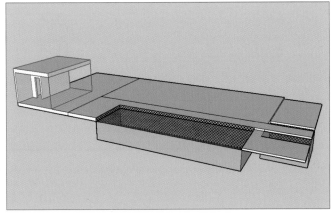

19 만들어진 대지 위에 모델링한 건물을 배치합니다.

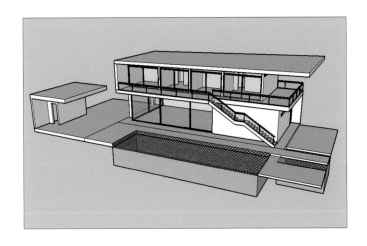

2 샌드박스를 이용하여 경사진 대지 만들기

스케치업에서 울퉁불퉁한 대지를 만들기 위해서는 샌드박스를 이용합니다. 평평한 대지에서는 굳이
샌드박스를 이용할 필요가 없지만 여기서는 경사진 대지를 가정하고 샌드박스 사용 방법에 관해 살
펴봅니다.

01　　Part01 폴더에서 '7.2-From Contours.skp' 파일을 엽니다. 먼저 샌드박스 툴바를 불러오기 위해
[Window] → Preferences를 실행합니다.

System Preferences 대화상자에서 'Extensions'를 선택한 다음 'Sandbox Tools'에 체크 표시하고 〈OK〉 버튼
을 클릭합니다. 위쪽 툴바에 샌드박스 툴들이 나타납니다.

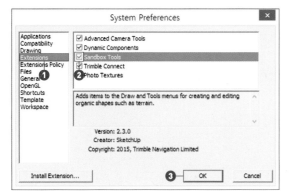
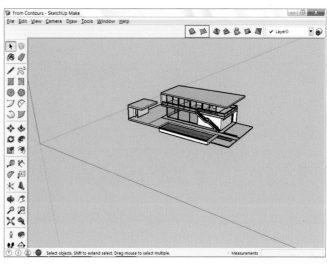

02　　건물에서 마우스 오른쪽 버튼을 클릭한 다음 **Hide**를 실행
하여 숨깁니다. 곡선으로 이루어져 왼쪽 윗부분이 가장 높고 오른쪽
아랫부분이 가장 낮은 대지가 나타납니다.

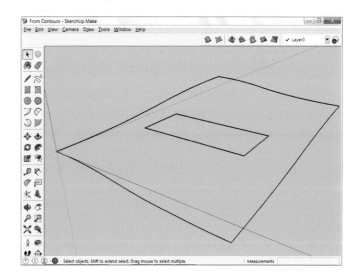

03 샌드박스 툴바에서 등고선(From Contours) 툴을 이용하면 곡선을 연결하여 면을 만들 수 있습니다. 선
택 툴(▶)로 대지를 선택하고 등고선 툴(◉)을 선택하면 대지가 만들어집니다.

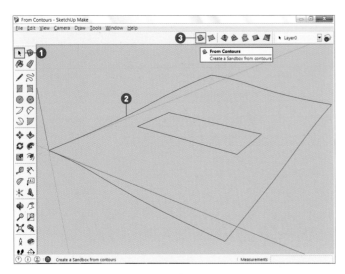 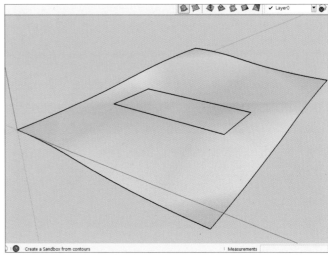

04 가운데 사각형을 바탕으로 대지에 직접 만든 건물을 배치
합니다. 그러나 수영장이 위치할 부분이 면으로 채워졌으므로 수정
해야 합니다.

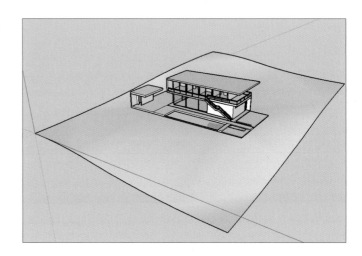

05 수영장 부분을 수정하기 위해 대지를 아래로 이동하면 초
기에 불러들인 선이 그대로 있는 것을 확인할 수 있습니다.

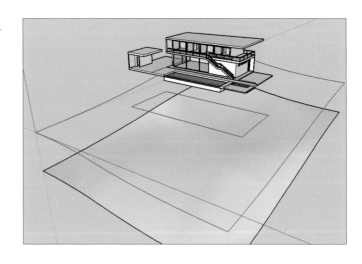

06 대지의 곡면을 수정하기 위해 JointPushPull이라는 새 Extension이 필요합니다. 먼저 Part01 폴더에서 'JointPushPull. rbz' 파일을 불러오겠습니다.

[**Window**] → **Preferences**를 실행하여 System Preferences 대화상자가 나타나면 'Extensions'를 선택하고 〈Install Extension〉 버튼을 클릭합니다.

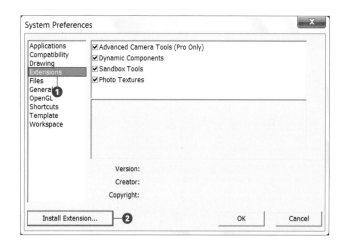

07 Open 대화상자에서 Part01 폴더의 'JointPushPull_ v3.3b.rbz' 파일을 선택하고 〈Open〉 버튼을 클릭하면 필요한 파일 이 설치됩니다.

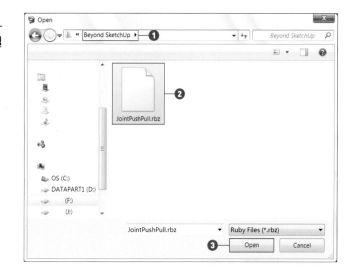

08 스케치업을 다시 실행하고 [**Window**] → **Preferences** 를 실행하면 System Preferences 대화상자의 'Extensions'에 불 러들인 'JointPushPull'이 나타납니다.

'JointPushPull'에 체크 표시하고 〈OK〉 버튼을 클릭하면 작업 화면 에 해당 툴들이 나타납니다.

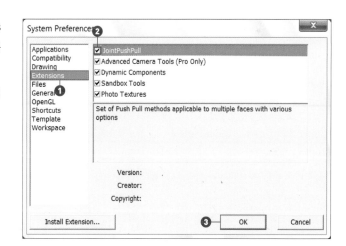

09 편리한 작업을 위해 위쪽 툴바에 툴들을 배치합니다. 건물과 주변 대지 경계선을 숨기고 대지 부분의 사각형을 선택합니다.

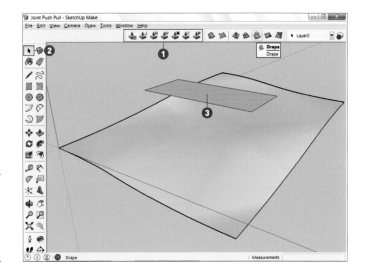

···TIP·····················

스케치업 버전에 따라 LibFredo6를 설치하라는 경우가 있습니다. 이때 'LibFredo6_v6.8c.rbz'를 선택하여 설치하면 **[Tools]** → **Fredo6 Collection** → **JointPushPull** → **Joint Push Pull**을 실행할 수 있습니다.

·····································

10 샌드박스 툴바의 경계선 투영(Drape) 툴(■)을 선택한 다음 대지를 클릭하면 건물이 위치할 부분이 투영됩니다.

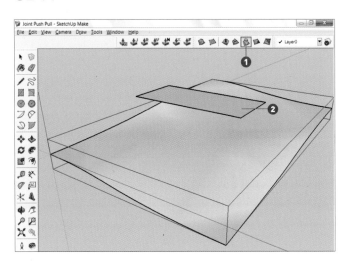

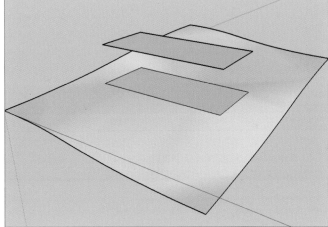

11   JointPushPull 툴바의 기본 밀기(Normal Push Pull) 툴(🖐)을 선택한 다음 건물이 배치될 면을
−2.0m 아래로 내립니다.

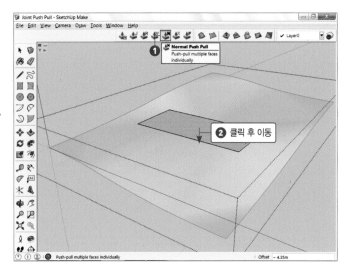 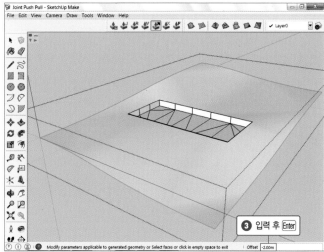

12   바닥 면을 선택하고 페인트 통 툴(🖌)을 선택한 다음 '빨
간색'을 적용합니다.

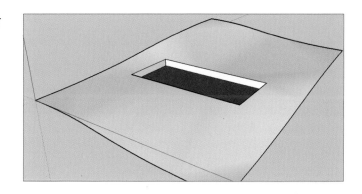

13   건물을 배치하고 단면 툴(⊕)로 확인합니다.

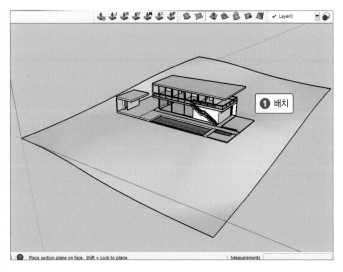 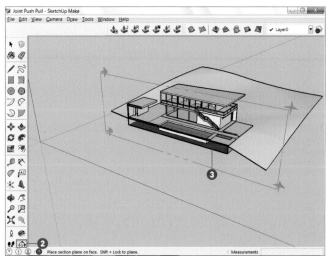

3 주변 도로 만들기

대지를 완성하려면 주변 도로까지 모델링해야 합니다. 건물 배치와 마찬가지로 도로도 경계선 투영
툴과 함께 JointPushPull 툴바를 이용하면 쉽게 완성할 수 있습니다.

01   Part01 폴더에서 '7.3-Street.skp' 파일을 열고 건물 주위
에 그려진 도로를 확인합니다.

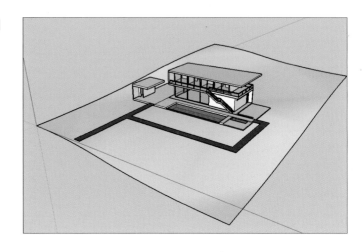

02   선택 툴(▶)을 이용하여 도로를 선택한 다음 경계선 투영 툴(⬕)을 선택하고 대지를 클릭합니다.

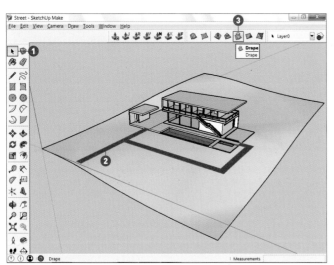 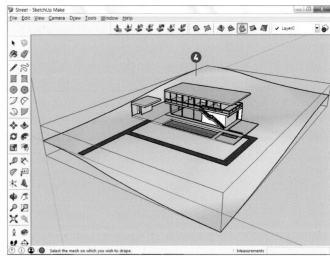

03 　대지에 도로가 투영되면 지우개 툴(⬛)로 직접 그린 도로
를 지웁니다.

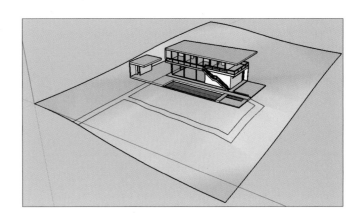

04 　선택 툴(▶)로 대지에 투영된 도로를 선택합니다. 공동 밀기/끌기 툴(⬛)을 선택한 다음 아래로 −0.2m
만큼 내립니다.

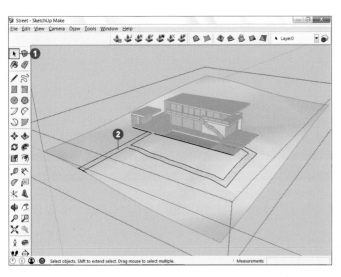

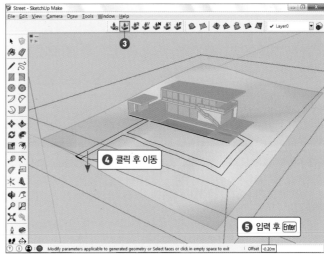

05 　선택 툴로 도로의 위쪽 면을 선택한 다음 지우개 툴(⬛)로 지우면 다음과 같이 도로가 완성됩니다.

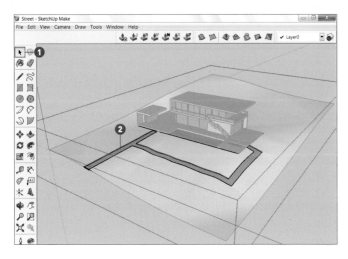

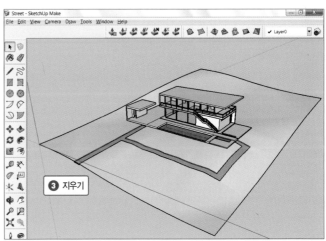

SKETCHUP

OO8 3D 웨어하우스를 이용한 대지 모델링

샌드박스 툴의 기본 명령어인 From Contour, Stamp, Drape 기능에 대해서 간단하게 알아봤습니다. 이번 장에서는 가상의 대지에 건물을 배치하여 대지 모델링을 완성하는 방법에 대해 살펴봅니다. 또한 3D 웨어하우스를 이용하여 조경, 가로등, 차 등 모델링에 필요한 요소들을 불러와 투시도를 제작하는 방법에 대해서도 알아보겠습니다.

|예제 및 결과 파일| Part01\8.1-GM1_w_advanced site.skp, 8.2-GM1_w_advanced site2~4.skp

1 경사진 곡선 도로 만들기

샌드박스를 이용하면 부드러운 곡면을 제작할 수 있습니다. 이번에는 등고선 툴을 이용하여 곡선으로 이루어진 경사로를 만들어 보겠습니다.

01   Part01 폴더에서 '8.1-GM1_w_advanced site.skp' 파일을 엽니다.

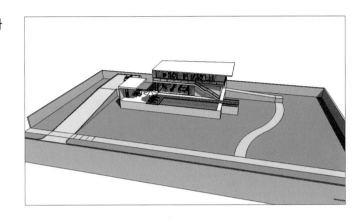

02   대지 전체를 살펴보면 건물 1층은 바닥에서 2.3m 위에 있고 출입구에서 내려오는 직선 경사 진입로는 1.3m에서 2.3m로 올라가는 것을 확인할 수 있습니다.

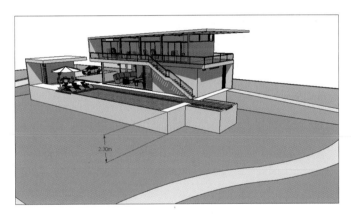
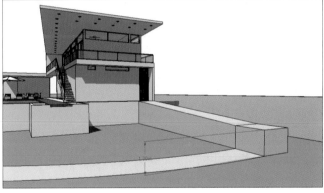

03   주차장으로 올라가는 램프는 도로보다 0.15m 높으며 주차장도 지면에서 2.0m 위에 있습니다.

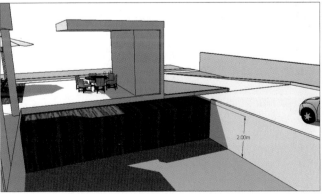

04 주차장 램프의 양쪽 옹벽 사이에도 경사가 있기 때문에 지면을 따라 대지를 만들어야 합니다.

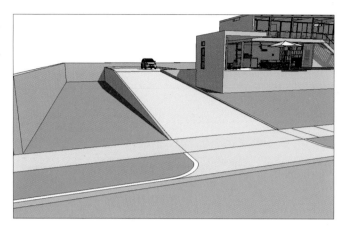
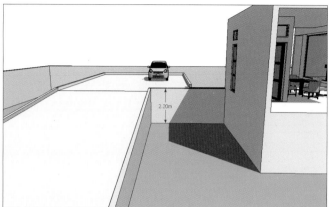

05 먼저 곡선 진입로를 0~1.3m의 경사 램프로 모델링합니다. 곡선 진입로를 분리해서 살펴보면 두 개의 호로 이루어집니다. 곡선 경사로의 가이드를 만들기 위해 호의 끝점을 기준으로, 수직으로 1.3m 직선을 그립니다.

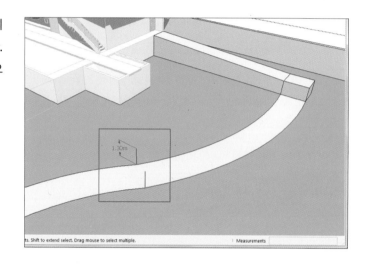

06 1.3m 직선을 다음과 같이 호 중간에 복사하여 배치합니다.

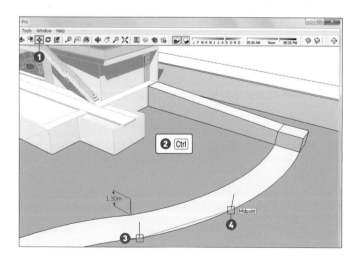

07　곡선 도로의 호에서 시작, 중간, 끝 지점에 1.3m 길이의 직선을 다음과 같이 복제합니다.
하나의 직선을 선택하고 마우스 오른쪽 버튼을 클릭한 다음 **Divide**를 실행합니다. 조절점을 조정하여 직선을 4등
분한 다음 다섯 개의 다른 직선에도 똑같이 적용합니다.

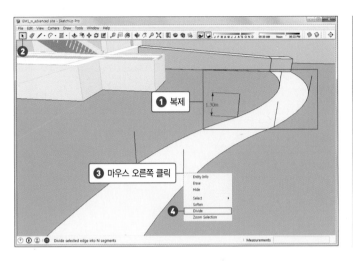
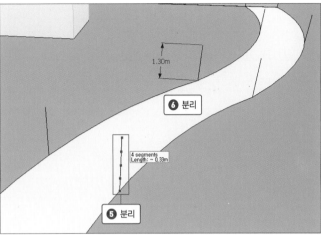

08　직선을 선택하면 다음과 같이 네 부분으로 나뉩니다.

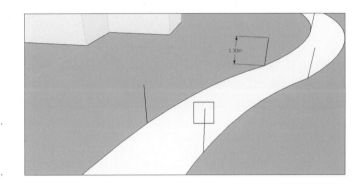

⋯⋯**TIP**⋯⋯⋯⋯⋯⋯⋯⋯⋯⋯⋯⋯⋯⋯⋯⋯⋯⋯⋯⋯⋯⋯⋯
Divide 기능을 적용하면 선을 원하는 개수만큼 간편하게 나눌 수 있습
니다.
⋯⋯⋯⋯⋯⋯⋯⋯⋯⋯⋯⋯⋯⋯⋯⋯⋯⋯⋯⋯⋯⋯⋯⋯⋯⋯⋯⋯

09　도로 위쪽에서부터 차례대로 양쪽 선에서 도로의 경사도에 따라 나눠진 부분을 가로로
연결하여 이어줍니다.

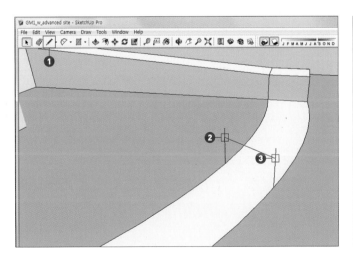
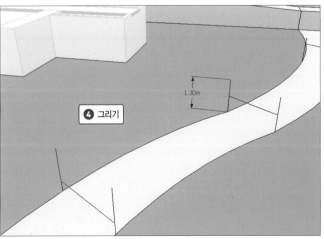

10　　수직 가이드를 따라 곡선 도로를 그리기 위해 2소점 호 툴(⌀)을 이용하여 경사진 곡선을 만듭니다. 가이드의 시작점과 끝점을 각각 클릭한 다음 중간점을 조정하여 호를 그립니다.

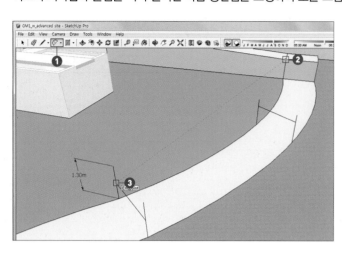 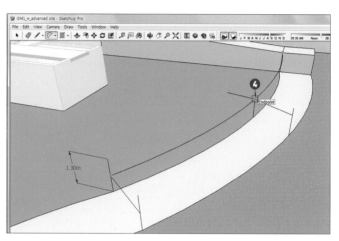

11　　같은 방법을 이용하여 도로의 오른쪽 호를 그린 다음 경사로에 맞게 이어 그립니다.

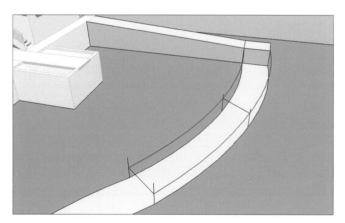 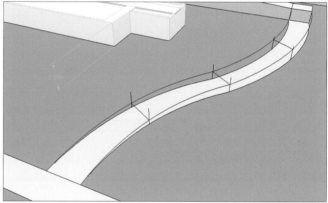

12　　호를 선택하고 샌드박스 툴바에서 등고선 툴(◈)을 선택하면 다음과 같이 경사로가 만들어집니다.

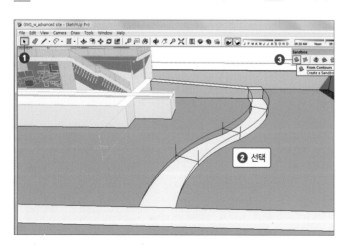 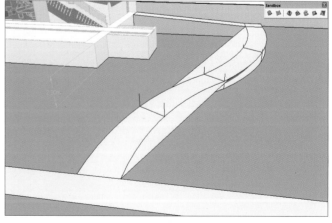

13 [View] → Hidden Geometry를 실행하여 경사 면을 나타냅니다. 선택 툴(▶)로 불필요한 부분을 선택하고 지우개 툴(✐)로 지웁니다.

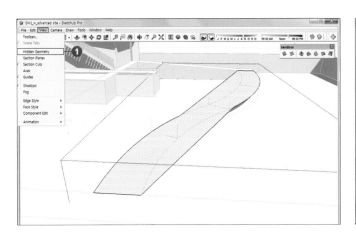
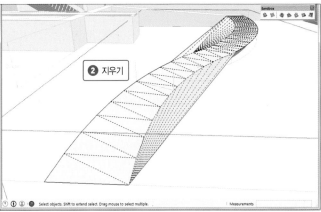

14 곡선 경사로가 완성되면 필요 없는 가이드라인을 지웁니다.
경사로에서 마우스 오른쪽 버튼을 클릭한 다음 **Explode**를 실행하여 그룹을 해제합니다.

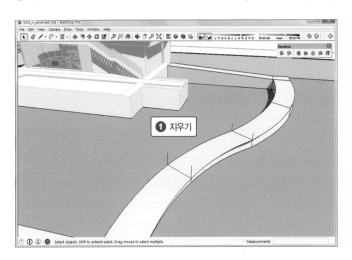

15 경사로가 완성되었습니다.

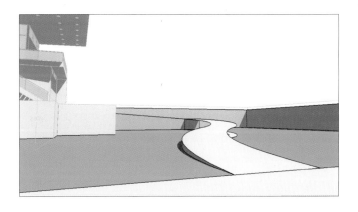

2 수영장 대지 만들기

완성된 경사로와 더불어 수영장 부분의 대지를 만들겠습니다.

01   줄자 툴( )을 이용하여 바닥 면에서 2.1m 부분에 가이드라인을 그립니다.

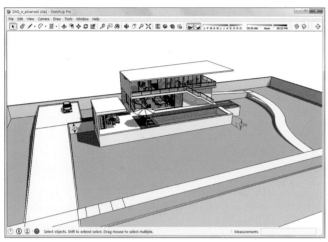 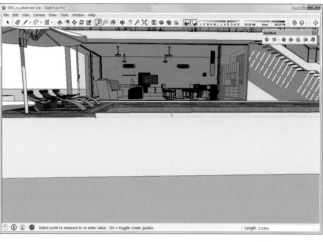

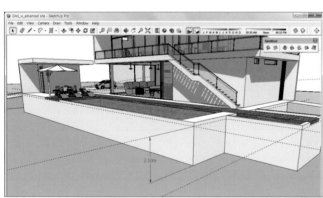 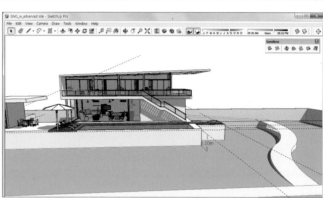

02   진입로 부분은 선 툴( )을 이용하여 다음과 같이 경사진 선을 그립니다.

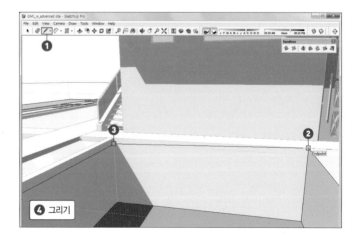

····TIP····

이때 반드시 직선을 그릴 필요는 없습니다. 곡선을 이용하여 다양한 형태의 대지를 연습하도록 합니다.

····································

03 주차장의 경사 부분도 다음과 같이 경사지게 그립니다.

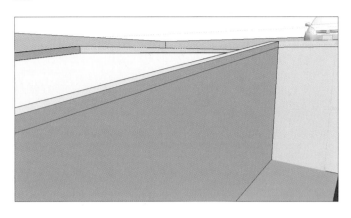 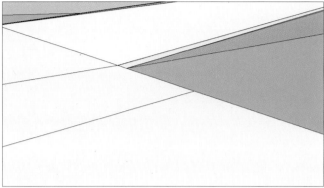

04 대지와 연결된 모든 선을 선택하고 샌드박스 툴바의 등고선 툴(◉)을 선택합니다.

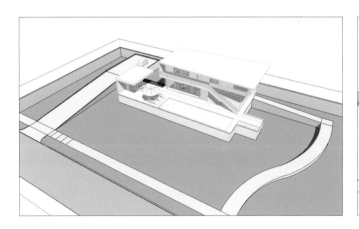 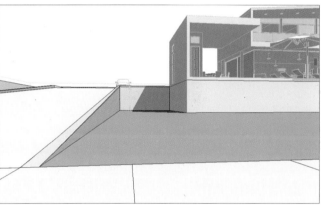

05 지면과 수영장이 자연스럽게 연결된 대지가 만들어졌습니다. 그러나 곡선 경사로와 수영장 부분에도 필요 없는 영역이 생겼으므로 [View] → Hidden Geometry를 실행한 다음 정리합니다.

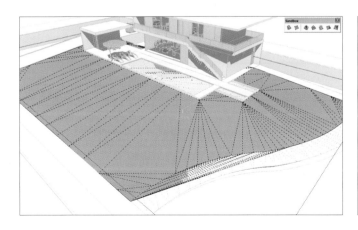 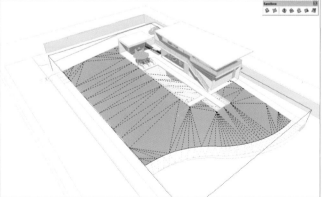

06 Hidden Geometry 상태에서는 건물을 숨겨도 다음과 같이 점선으로 나타납니다. 이때 Layers 창의
'GM1' 레이어에서 Visible 항목의 체크 표시를 해제하면 건물이 사라져 편리하게 작업할 수 있습니다.

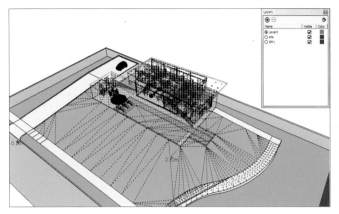 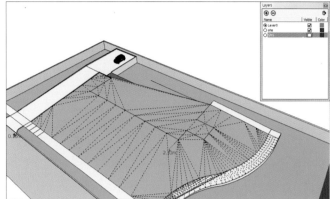

07 필요 없는 부분은 선택 툴(▶)과 지우개 툴(✐)을 이용하
여 지웁니다.

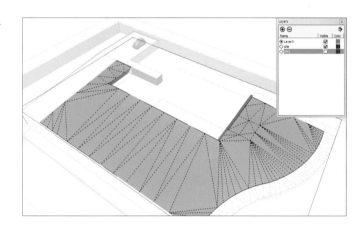

08 도로에서 본 전경으로 부드러운 대지가 만들어졌습니다.

3 대지 완성하기

건물의 오른쪽과 뒤쪽을 잇는 대지를 만들어 보겠습니다.

01　대지 아래쪽의 경사로 부분을 표시합니다. 이 부분을 경계로 대지 높이를 자연스럽게 조정하겠습니다.

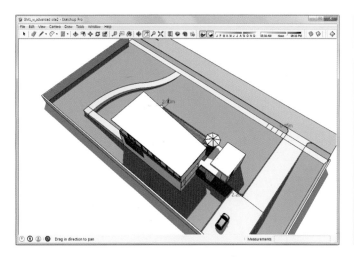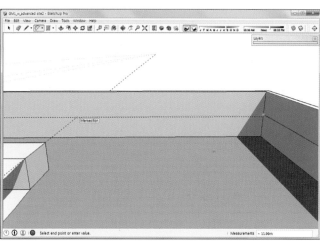

····TIP····

Part01 폴더에서 '8.2–GM1_w_advanced site2.skp' 파일을 열어 작업을 시작할 수도 있습니다.

02　2소점 호 툴(⊘)을 이용해서 오른쪽 벽면에 다음과 같이 곡선을 그립니다. 반드시 같은 형태로 그리지 않아도 되므로 자유롭게 그립니다.

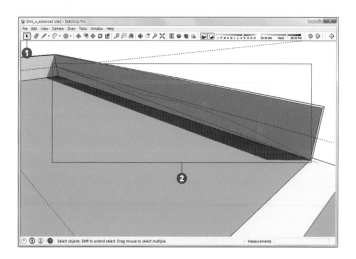

03 직선과 곡선을 이용하여 다음과 같이 대지를 그리고 연결된 모든 선을 선택한 다음 샌드박스 툴바의 등고선 툴(📄)을 선택합니다.

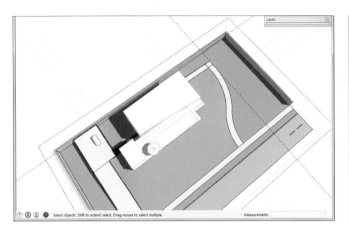 

04 대지가 만들어지면 필요 없는 부분을 정리합니다.

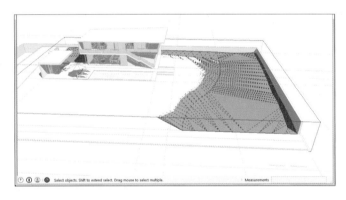 

05 주차장 왼쪽 부분도 같은 방법으로 만듭니다.

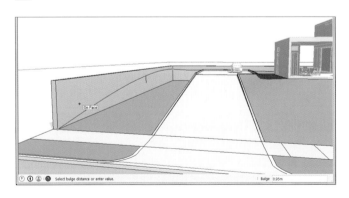 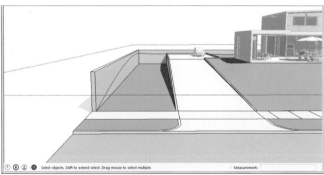

06 도로와 주차장 진입로의 경사로를 만들어 보겠습니다. 밀기/끌기 툴(🔲)을 이용하여 다음과 같이 0.15m 만큼 내립니다.

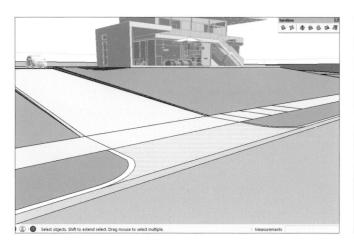 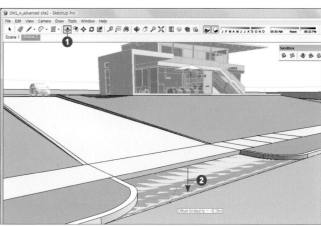

07 선 툴(✏)과 2소점 호 툴(🔘)을 이용하여 그림과 같이 경사로를 부드럽게 이어 그립니다.

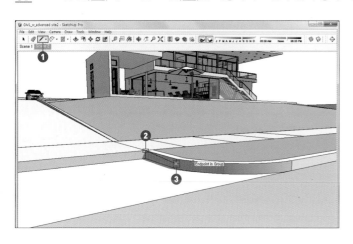 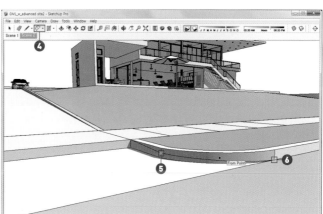

08 같은 방법으로 반대편에도 곡선을 그린 다음 연결된 모든 선을 선택합니다. 샌드박스 툴바의 등고선 툴 (🔲)을 선택하여 진입로를 만듭니다.

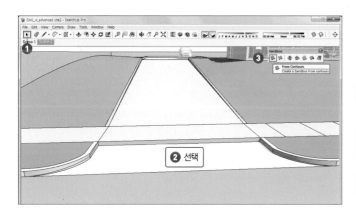 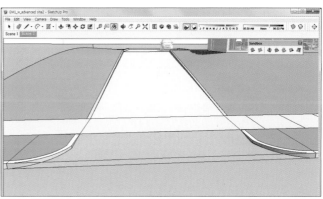

09　사각형 툴(▣)로 다음과 같이 차선을 그린 다음 흰색으로 설정합니다. 이동 툴(✥)을 이용하여 흰색 사
각형을 복제한 다음 사이 간격을 1.00m로 설정합니다.

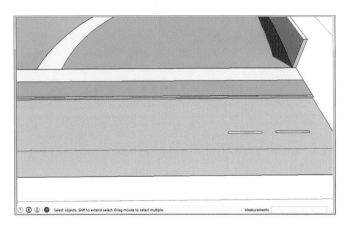 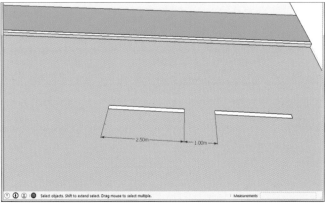

10　차선의 외곽선을 선택한 다음 마우스 오른쪽 버튼을 클릭하고 **Hide**를 실행하여 숨겨서 좀 더 자연스럽
게 표현합니다.

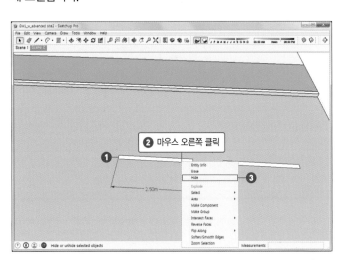 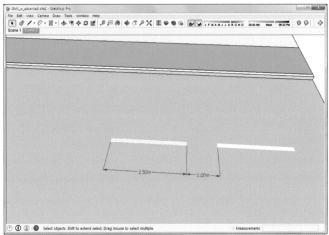

11　차선을 선택하고 이동 툴(✥)을 선택한 다음 Ctrl 키를 누
른 채 이동하여 복제해서 다음과 같이 도로의 차선을 완성합니다.

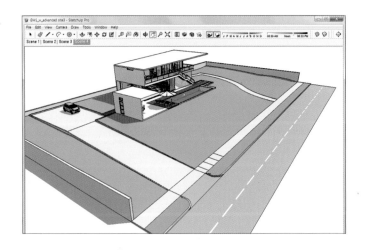

4 3D 웨어하우스에서 객체 불러오기

3D 웨어하우스를 이용하여 나무, 가로등, 사람 등 필요한 요소를 불러옵니다.

01   3D 웨어하우스 웹 사이트에 연결하기 위해 **[File]** → **3D Warehouse** → **Get Models**를 실행합니다.

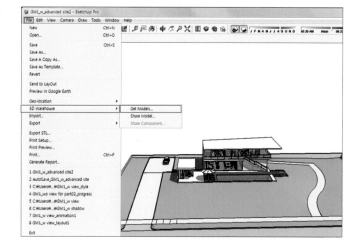

····TIP
     Part01 폴더에서 '8.3–GM1_w_advanced site3.skp' 파일을 열어 작
     업을 시작할 수도 있습니다.
··········

02   검색 창에 'tree'를 입력하고 〈Search〉 버튼을 클릭하면
17,935여 개의 나무가 검색됩니다.

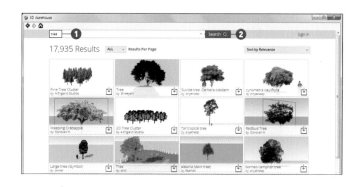

03   원하는 형태의 나무를 선택하면 세부 정보 화면이 나타납
니다. 〈Download〉 버튼을 클릭하여 작업 중인 모델을 바로 다운로
드할 수 있는지 확인합니다. 〈예〉 버튼을 클릭하면 다운로드됩니다.

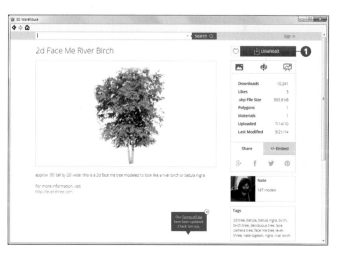

04 'site furniture'를 검색하여 필요한 컴포넌트를 가져와서 배치합니다.

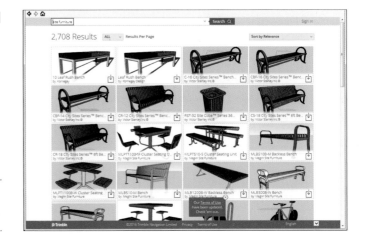

····TIP····
용량이 너무 큰 컴포넌트는 스케치업 모델링 작업을 지연시킬 수 있으므로 유의합니다.

05 'car' 등을 검색해서 대지에 알맞은 컴포넌트를 가져옵니다.

06 불러들인 컴포넌트들을 알맞게 배치하여 대지 모델링을 완성합니다.

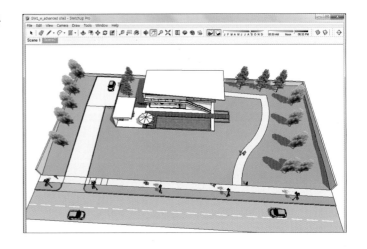

SKETCHUP

009 모델링에 재질을 적용하는 매핑

건축 도면을 바탕으로 벽체, 바닥 면, 지붕을 순서대로 모델링하고 필요에 따라 계단, 창문, 문을 컴포넌트로 제작한 다음 크기를 변경하여 사용했습니다. 또한, 3D 웨어하우스를 이용하여 인테리어 소품을 가져와서 적절하게 배치하였습니다.

이 장에서는 기본 재질을 바탕으로 모델링에 재질(Material)을 적용(Mapping)하는 방법과 함께 다양한 응용법에 대해 알아보겠습니다. 특히 외부 이미지를 불러들여 알맞게 이용하는 방법과 곡면에서 선택된 부분에 재질을 적용하는 방법에 대해 살펴봅니다.

|예제 및 결과 파일| Part01\9.1-Paint Bucket.skp, 9.1-Paint Bucket[Completion].skp, 9.2-Texture & Projected.skp, 9.2-Texture & Projected[Completion].skp, 9.3-Partly Painting.skp, 9.3-Partly Painting[Completion].skp, TV.jpg

1 매트리얼의 모든 것! 페인트 통 툴 사용하기

페인트 통 툴을 이용하여 원하는 재질을 필요한 부분에 알맞게 적용할 수 있습니다. 페인트 통 툴을 선택하면 나타나는 Materials 창에서는 재질을 선택하고 관리할 수 있어 유용합니다.

1 | 재질 적용하기

2층 난간의 유리창에 알맞은 유리 재질을 적용해 보겠습니다.

01   Part01 폴더에서 '9.1-Paint Bucket.skp' 파일을 엽니다. 페인트 통 툴(🖾)을 선택하면 Materials 창이 나타납니다.

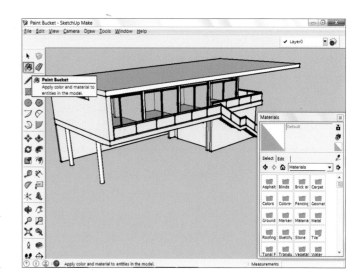

········TIP········
스케치업은 기본적으로 건축 재질(벽돌, 담장, 지붕, 타일, 유리창 등)을 제공하므로 원하는 스타일의 재질을 선택하여 사용할 수 있습니다.
·····················

02   앞서 만든 건축 모델링은 난간 유리창이 기본 재질로 되어 있으므로 여기에 유리 재질을 적용합니다. Materials 창에서 유리 재질을 찾습니다. 유리는 반투명 재질이므로 'Translucent'를 지정합니다. 다양한 재질 중에서 'Translucent_Glass_Safety'를 선택합니다.

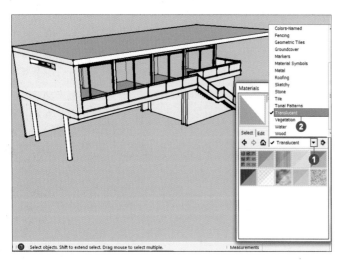

03 선택 툴(▶)로 계단과 이어진 난간의 유리 부분을 더블클릭하여 선택한 다음 페인트 통 툴(🎨)을 선택하고 유리 부분을 클릭하면 유리 재질이 적용됩니다.

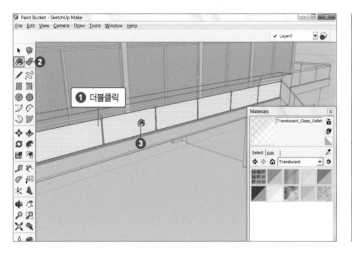
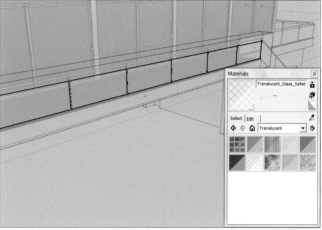

····TIP····
난간은 그룹이기 때문에 먼저 그룹을 더블클릭해서 선택해야 재질을 적용할 수 있습니다. 그룹에 직접 재질을 적용하면 그룹 전체에 유리 재질이 적용되므로 주의합니다.
··

04 같은 방법으로 다른 난간의 유리 부분도 유리 재질을 적용합니다.

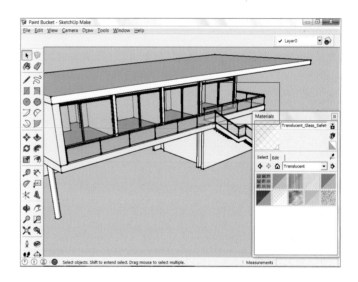

2 | 재질 편집하기

스케치업에서 제공하는 기본 재질 외에도 'Create Material' 아이콘을 클릭하여 원하는 재질을 쉽게 만들 수 있습니다.

01 　재질을 편집하여 새롭게 만들기 위해 먼저 Materials 창에서 'Translucent_Glass_Safety'을 선택하여 재질을 설정한 다음 'Create Material' 아이콘(🎨)을 클릭합니다.

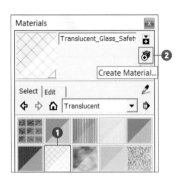

02 　선택된 재질을 수정하여 새로운 재질을 만드는 Create Material 대화상자가 나타납니다. 재질의 종류와 크기, 투명도를 설정한 다음 〈OK〉 버튼을 클릭하면 새로운 이름으로 저장할 수 있습니다.

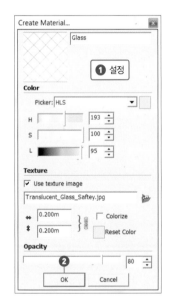

03 　새로운 재질은 Materials 창에서 'In Model'을 지정하여 확인하거나 사용할 수 있습니다.

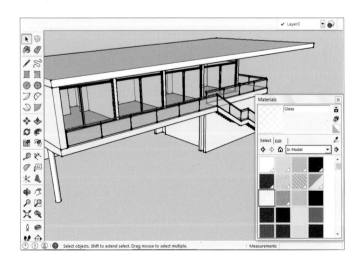

04 직접 만든 유리 재질을 난간에 적용합니다.

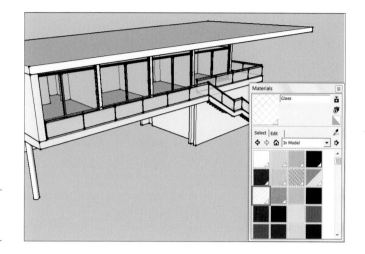

····TIP·····
스케치업에서 제공하는 수많은 재질은 필요에 따라 적절하게 변형하
거나 새로 만들어 사용할 수 있습니다.

2 사진 시점 보정 및 곡면에 재질 투영하기

모델링 작업을 하다 보면 필요한 재질을 웹 사이트에서 다운로드하여 사용할 때가 많습니다. 그러나
웹에서 구한 사진 자료는 대부분 정면에서 촬영하지 않아 그대로 사용하기 힘듭니다. 여기서는 사진
자료의 시점을 보정하여 재질로 활용하는 방법에 대해 알아보고, 평면이 아닌 곡면에 보정한 재질을
투영하여 이미지가 깨지지 않게 나타내는 방법에 대해서도 살펴봅니다.

1 | 사진을 재질로 적용하기

3D 웨어하우스를 이용해 불러온 거실에 위치한 곡면 TV에 웹에서 다운로드한 실제 TV 사진을 재질
로 적용하는 방법을 살펴봅니다. 먼저 TV 화면의 시점을 보정한 다음 곡면에 이미지를 적용합니다.

01　Part01 폴더에서 '9.2-Texture & Projected.skp' 파일
을 열고 거실의 곡면 TV 뷰를 조정합니다.

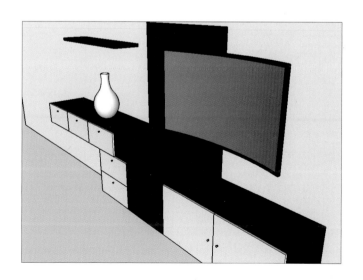

02 먼저 곡면 TV 크기를 확인하기 위해 더블클릭하여 선택한 다음 [Window] → Entity Info를 실행합니다. Entity Info 대화상자의 Length를 확인하면 폭이 1.364m임을 확인할 수 있습니다.

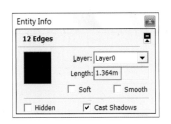

03 TV 스크린 앞에 이전 과정에서 확인한 TV 폭보다 좀 더 크게 1.4×0.750m 크기의 사각형을 그립니다.

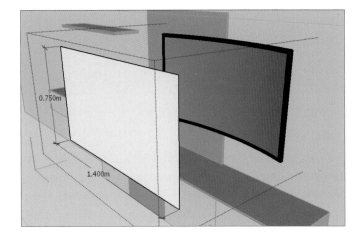

···TIP···
여기서는 직접 확인한 TV 폭보다 좀 더 크게 그렸습니다.

04 페인트 통 툴(🖌)을 선택하고 Materials 창에서 'Create Materials' 아이콘(🖌)을 클릭합니다. Create Material 대화상자에서 'Browse for Material Image File' 아이콘(🖌)을 클릭하여 웹에서 찾은 TV 사진(TV. jpg)을 선택하고 〈OK〉 버튼을 클릭합니다.

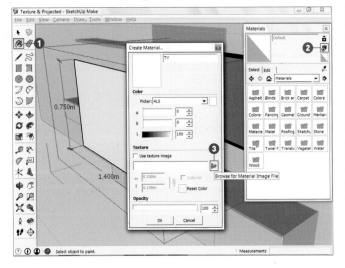

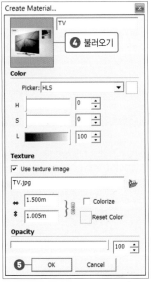

05 페인트 통 툴(⊘)을 이용하여 사각형에 새로 만든 TV 재질을 선택하면 다음과 같이 TV 이미지가 나타
납니다.

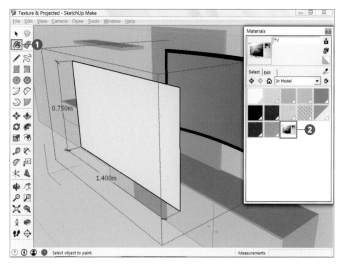 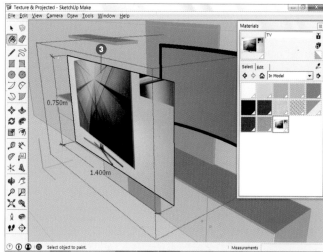

06 TV 스크린 외에는 필요 없고 TV 시점이 기울어져 있으므
로 재질을 조정해야 합니다. 먼저 사각형을 선택하고 마우스 오른쪽
버튼을 클릭한 다음 **Texture → Position**을 실행합니다.

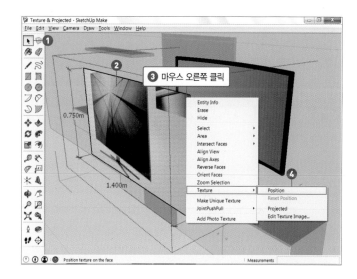

····TIP····
이 과정은 투시도 뷰로 보이는 재질을 편집하는 과정으로, 이 방법을
이용하면 다양한 사진을 재질로 직용할 수 있습니다.

07　사진 주변에 재질을 조정하는 조절점들이 나타납니다. 조절점에서 마우스 오른쪽 버튼을 클릭하고 **Fixed Pins**를 실행하여 비활성화하면 다음과 같이 조절점이 달라집니다.

 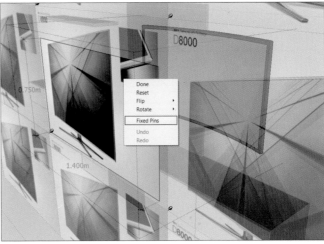

····TIP····

파란색 조절점은 크기 조절/분리(Scale/Share), 빨간색 조절점은 이동(Move), 녹색 조절점은 크기 조절/회전(Scale/Rotate), 노란색 조절점은 왜곡(Distort) 기능이 있습니다.

08　각각의 조절점을 드래그하여 다음과 같이 사각형 모서리에 맞춰 조정합니다.

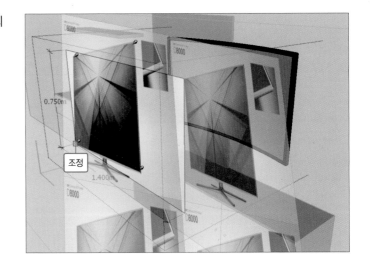

09 조절점들을 드래그하여 사각형 모서리로 각각 이동시킵니다. 이때 조절점을 클릭한 상태에서 드래그해야 합니다.

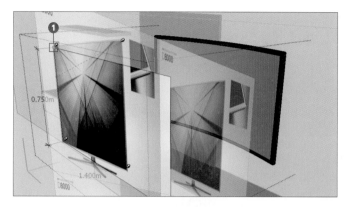 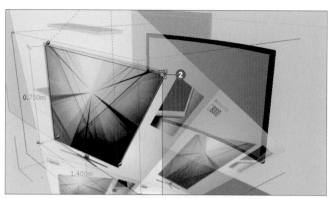

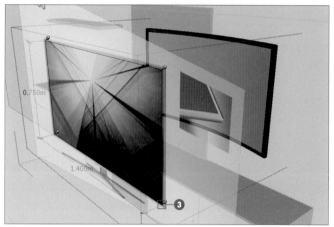 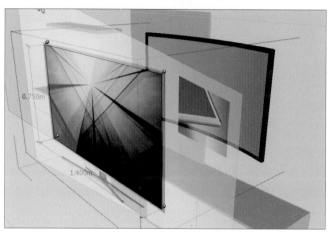

10 여백을 클릭하면 사각형에 TV 화면만 나타나 사실적으로 표현됩니다.

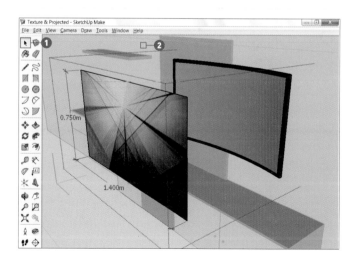

2 | 곡면에 재질 투영하기

이미지 손상 없이 곡면에 재질을 적용하는 방법에 대해 알아봅니다.

01　　Materials 창을 이용하여 곡면 TV에 시점을 보정한 재질을 그대로 적용하면 다음과 같이 이미지가 깨지
면서 원본 이미지대로 나타납니다.

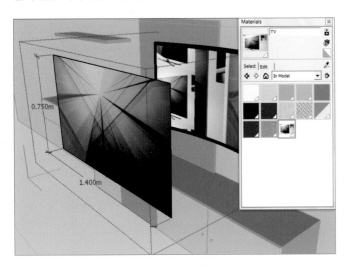
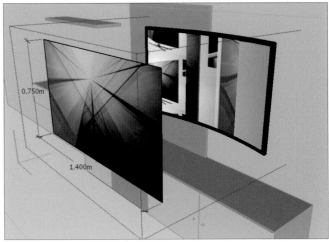

02　　이미지 해상도를 떨어뜨리지 않은 채 매핑하기 위해서는
먼저 선택 툴(🔺)로 시점을 보정한 이미지를 클릭한 다음 마우스 오
른쪽 버튼을 클릭하고 **Texture → Projected**를 실행하여 활성화
합니다.

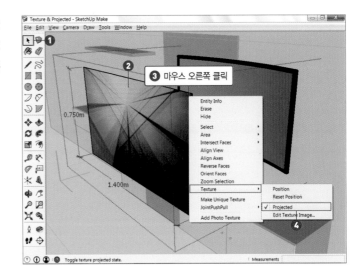

03 Materials 창에서 'Sample Paint' 아이콘(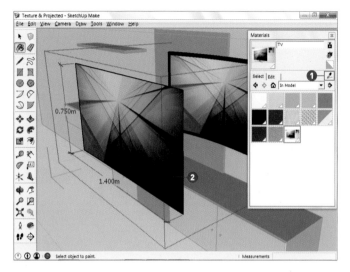)을 클릭하고 사각형을 선택한 다음 곡면 TV 화면을 선택합니다. 다음과 같이 곡면 TV 화면에 앞쪽 스크린이 투영되어 이미지가 깨지지 않고 그대로 나타납니다.

선택 툴(▶)로 앞쪽 사각형을 선택한 다음 Delete 키를 눌러 삭제하여 마무리합니다.

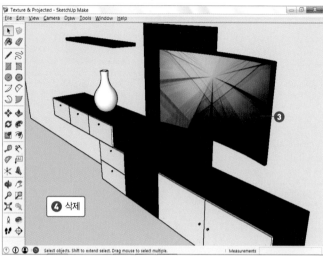

3 곡면에 부분 도색하기

스케치업에서는 기본적으로 곡면 부분을 선택하면 전체 선택됩니다. 곡면의 일부분을 선택하여 재질을 적용해야 할 때는 [View] → Hidden Geometry를 실행하여 세부적으로 설정해야 합니다.

01 Part01 폴더에서 '9.3-Partly Painting.skp' 파일을 엽니다.

도로 옆 가로등의 곡면을 채색하기 위해 가로등 부분을 확대하고 다음과 같이 뷰를 조정합니다.

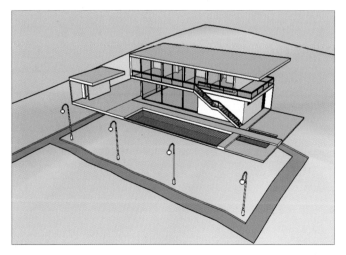

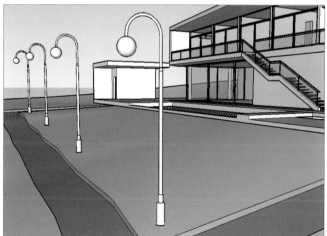

02 가로등 일부분을 채색하기 위해 가로등을 선택하고 페인트 통 툴(🎨)을 선택합니다. Materials 창에서 'Colors-Named'를 지정하고 '0136_Charcoal' 색상을 선택합니다. 가로등 아래쪽을 클릭하여 어두운 회색을 적용한 다음 기둥 부분에도 같은 색상을 적용합니다.

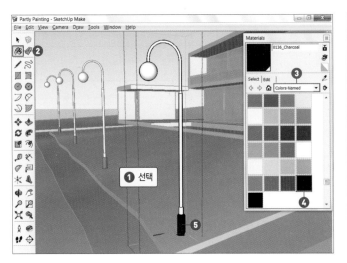 

03 이번에는 가로등의 등 부분을 확대한 다음 [View] → Hidden Geometry를 실행하여 활성화합니다. 등 부분의 곡면이 점선으로 표시되면 가로등에서 등 부분만 선택할 수 있습니다.

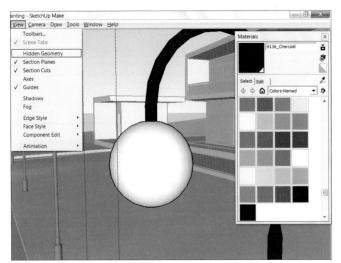 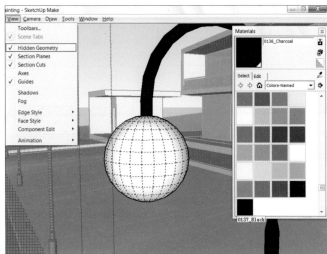

04 뷰를 조정한 다음 가로등 위쪽에 그림과 같이 차례대로 색상을 적용합니다.

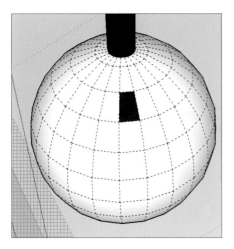 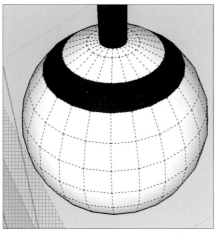 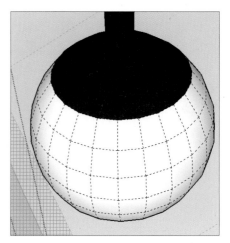

05 [View] → Hidden Geometry를 실행하여 비활성화하면 객체 일부분을 선택할 수 있는 점선이 사라집니다. 같은 방법으로 다른 가로등도 채색하여 다음과 같이 완성합니다.

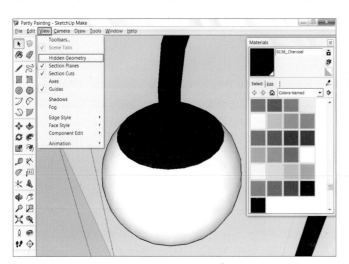 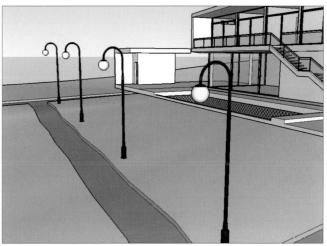

····TIP············

Hidden Geometry 기능을 활성화하면 재질뿐만 아니라 편집(부분 삭제, 공동 밀기/끌기 툴) 기능을 실행할 수 있습니다.

···

클라이언트를 사로잡는
건축 프레젠테이션

Part 1에서는 기본 도면을 바탕으로 스케치업의 다양한 기능을 이용하여 모델링을
완성했습니다. 이번 파트에서는 건축 실무에서 효과적으로 이용할 수 있는 프레젠
테이션을 위해 최상의 뷰(View)를 설정하고 상황에 따라 다양한 효과를 나타내는
스케치업의 스타일 활용법에 관해 살펴봅니다. 또한 포토샵을 활용하여 클라이언
트의 시선을 사로잡는 스타일 기법을 살펴보겠습니다.

Part 02

 SKETCHUP

OOI 건축 프레젠테이션의 시작, 뷰 설정

건축 실무에서 모델링을 마무리한 다음 프레젠테이션을 완성하는 뷰(View)는 어느 정도 경력이 쌓인 실무자가 설정하는 것이 대부분입니다. 인물 사진을 촬영할 때 얼짱 각도가 있듯이 건축 프레젠테이션에서도 프로젝트의 단점을 최소화하고 장점을 최대화하는 뷰를 설정할 수 있습니다.

|예제 및 결과 파일| Part02\1.1_GM1_wo view.skp, 1.0_GM1_w view_perspective(before).skp, 1.1_GM1_view.skp

투시도

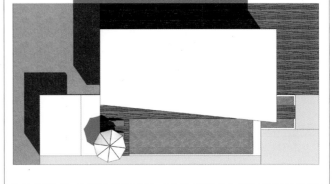

배치도

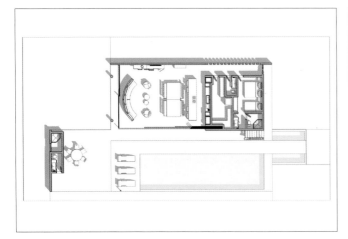

1층 평면도

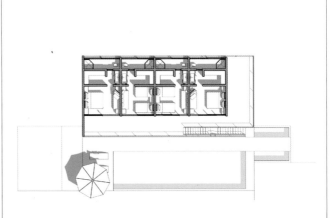

2층 평면도

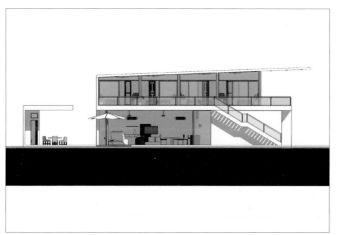

정면도

배면도

종 단면도

횡 단면도

1 프로젝트 특성을 나타내는 최적의 뷰 설정하기

건축 프레젠테이션의 첫걸음은 건축의 기본 드로잉인 배치도, 평면도, 입면도, 단면도와 함께 해당 프로젝트의 특성을 잘 나타내는 투시도 뷰를 설정하는 것에서부터 시작합니다.

스케치업에서 [Camera] → Standard Views → Top/Bottom/Front/Back/Left/Right/Iso 를 실행하여 다양한 뷰를 확인할 수 있습니다.

Top/Front/Back/Left/Right 뷰는 건축 프레젠테이션에서 배치도/정면도/배면도/좌우 입면도 에 적용할 수 있으며 스케치업의 단면 툴을 이용하면 평면도와 단면도를 만들 수 있습니다.

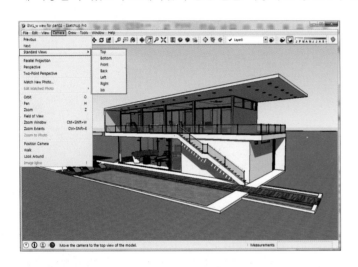

스케치업에서 조정한 모든 뷰는 Scenes 창에서 관리할 수 있으며 각 페이지에 대한 특성, 즉 Camera Location, Hidden Geometry, Visible Layers, Active Section Planes, Style and Fog, Shadow Settings, Axes Location 등에 체크 표시하여 활성화하면 저장된 페이지에 특성이 기억되므로 다양한 스타일이나 그림자 등 원하는 스타일을 간편하게 적용할 수 있습니다.

1 | 그림자를 이용한 입체감 있는 배치도 만들기

건축 드로잉에서 배치도는 건물뿐만 아니라 대지를 포함하여 주변 건물, 주요 도로, 대지 경계선, 주차장, 보행자 통로 및 조경수 등을 나타내어 건물의 주변 환경과 조화를 이루는 매우 중요한 뷰입니다. 스케치업에서 [Camera] → Standard Views를 실행하여 배치도를 만들고 저장하는 방법에 대해 알아보겠습니다.

01 Part02 폴더에서 '1.1_GM1_wo view.skp' 파일을 엽니다. **[Camera] → Standard Views → Top**을 실행하여 Top 뷰로 전환합니다. Scenes 창에서 'Add Scene' 아이콘(⊕)을 클릭하여 Scene을 추가합니다.

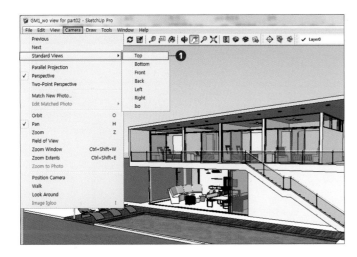
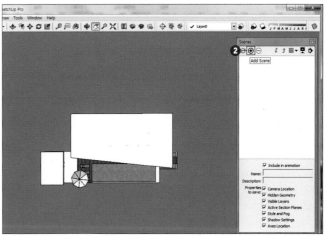

02 **[Camera] → Parallel Projection**을 실행하여 배치도를 설정합니다. 스크롤 휠을 이용해서 지붕을 포함하여 건물이 화면 가운데에 위치하도록 뷰를 조정합니다.

····TIP····
[Camera] → Perspective를 실행하면 투시도를 만들 수 있습니다. 기본 뷰인 배치도, 평면도, 입면도, 단면도는 특수한 경우를 제외하고는 Parallel Projection 기능을 이용합니다.
·····························

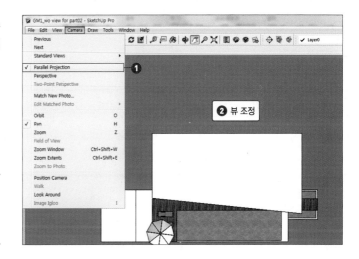

03 툴바에서 그림자 툴(🔲)을 선택하여 그림자를 만듭니다.

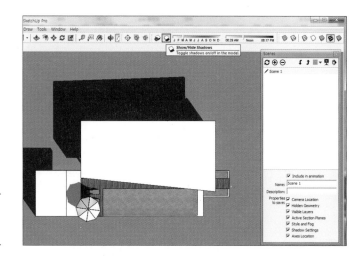

·····TIP·····
그림자는 배치도에서 건물의 높낮이를 보여줘 입체적으로 강조합니다.
주로 화면 왼쪽 위에서 45° 정도 되도록 날짜와 시간을 조정합니다.
··························

04 [Scene 1] 탭에서 마우스 오른쪽 버튼을 클릭한 다음
Update를 실행합니다.

배치도 위치를 비롯하여 Scenes 창의 Properties to save 항목에
체크 표시된 모든 항목이 저장됩니다.

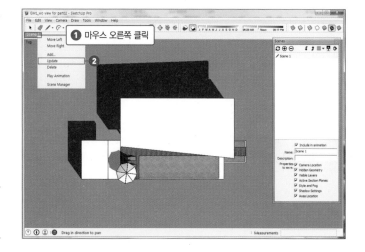

·····TIP·····
Properties to save 항목에서는 필요에 따라 저장하기 원하는 속성만
체크 표시하면 다른 속성은 저장되지 않습니다.
··························

05 Scenes 창의 Name에서 Scene 1 이름을 '배치도'로 입
력한 다음 Enter 키를 눌러 Scene 탭 이름을 변경하여 배치도를 완성
합니다.

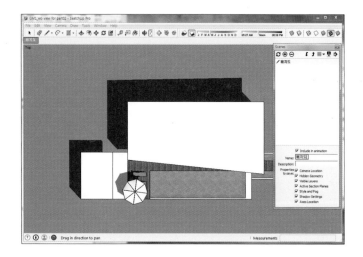

2 | 단면 툴을 이용한 평면도 만들기

평면도란 건축 드로잉의 기본이며, 바닥에서부터 1.2m 높이에서 바닥과 평행하게 가상으로 자른 면을 위에서 내려다 본 그림입니다. 여기에는 외부 벽체, 내부 벽체, 창문, 문, 가구 및 바닥 패턴 등을 나타냅니다. 스케치업에서 평면도를 설정하려면 먼저 단면 툴에 관한 사용 방법을 익혀야 합니다.

01 　줄자 툴(🖊)을 이용하여 모델에서 지면의 1.2m 높이에 가이드라인을 만듭니다.

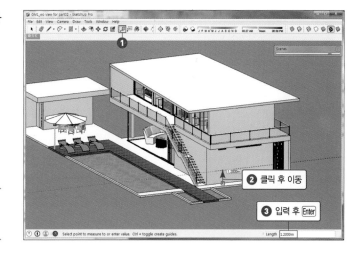

····TIP····

선 툴을 이용하여 가이드라인을 만들 수도 있으며 모델에 따라 높이가 달라집니다.

02 　Scenes 창에서 'Add Scene' 아이콘(⊕)을 클릭하여 Scene을 추가하고 Name을 '1층평면도'로 수정합니다.
툴바에서 단면 툴(⊕)을 선택하고 다음과 같이 녹색 면을 수영장 창고 지붕에 위치하도록 클릭합니다.

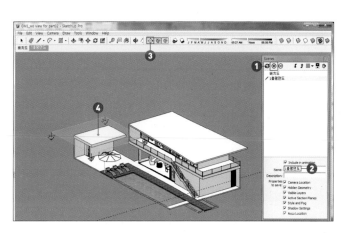

····TIP····

단면 툴을 선택하면 나타나는 녹색 면은 마우스 포인터 위치에 따라 X, Y, Z축으로 바뀝니다. 선택된 면과 평행한 면을 만들기 때문에 이 프로젝트에서는 건물의 경사진 지붕을 선택하면 경사진 단면이 만들어지므로 수영장 창고 지붕을 클릭합니다.

03 　단면 툴을 이용해 만든 단면을 선택하면 화살표가 파란색으로 바뀝니다. 이동 툴(✦)을 이용하여 이전 과정에서 만든 단면을 가이드라인까지 이동합니다.

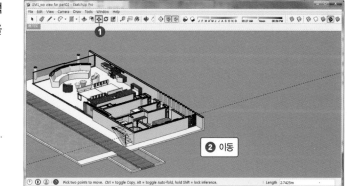

····TIP····

작업 모델 크기에 따라 단면 툴의 단면이 화면에서 보이지 않을 수도 있으므로 화면을 잘 조정해야 합니다.

04 다시 [Camera] → Standard Views → Top을 실행하면 1층 평면도가 만들어집니다.
평면도를 저장하기 위해 Scenes 창에서 'Add Scene' 아이콘(⊕)을 클릭합니다.

····TIP····
이때 반드시 'Active section plane'에 체크 표시해야 평면이 저장됩니다.

····TIP····
Scene 탭에서 마우스 오른쪽 버튼을 클릭한 다음 **Add**를 실행해도 Scene을 추가할 수 있습니다.

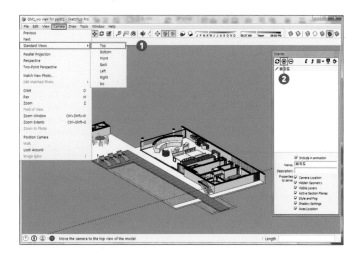

05 Warning 대화상자가 나타나면 'Save as a new style.'을 선택한 다음 〈Create Scene〉 버튼을 클릭합니다.

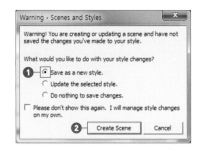

06 Scenes 창에서 Name에 '1층평면도'를 입력합니다.

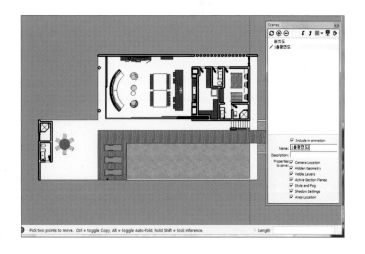

····TIP····
[View] → Section Planes의 체크 표시가 해제되어 비활성화되어야 평면도가 선명하게 표현됩니다.

07　1층 평면도를 만든 것처럼 2층 평면도를 완성합니다.

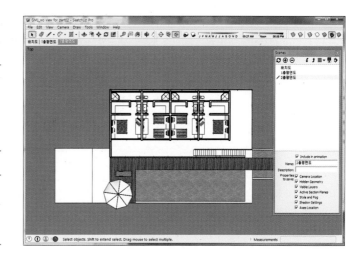

·····TIP·····

1층 평면도에서 만든 단면을 이동하지 않고 2층 평면도를 위한 새로운 단면을 2층 바닥에서 1.2m 높이에 이전 단계와 같은 방법으로 추가합니다. **[Camera] → Standard Views → Top**을 실행하여 새로운 뷰를 만든 다음 같은 방법으로 '2층평면도'로 저장합니다.

·····TIP·····

Scene 탭의 [배치도], [1층평면도], [2층평면도]를 각각 선택하면 저장된 뷰로 자동으로 이동합니다. 이것은 Scenes 창에서 Property to save 항목의 'Active Section Planes'에 체크 표시했기 때문입니다.

3 | 프로젝트를 소개하는 입면도 만들기

입면도는 건물 외부를 다양한 방법으로 표현하여 각 방향의 정면에서 바라 본 모습을 나타낸 도면이며 프로젝트의 형태, 방향, 비례, 재료 등을 보여주는 중요한 건축 도면입니다. 바라보는 방향에 따라 정면도, 배면도, 좌측 입면도, 우측 입면도라고도 하며 특히 정면도는 건축의 얼굴이라고 하여 파사드(Facade)라고도 합니다.

01　정면도를 만들기 위해 **[Camera] → Standard Views → Front**를 실행하고 **[Camera] → Standard Views → Parallel Projection**을 실행합니다. 클릭하면 화면이 바뀌면서 다음과 같이 정면에서 바라본 뷰로 바뀝니다.

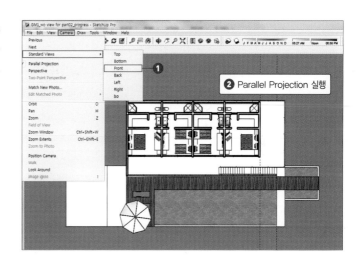

02 단면이 아직 활성화되어 있기 때문에 이전 단계에서 만든 2층 부분이 잘려 있습니다. **[View]** →
Section Cuts를 실행하여 체크 표시를 해제하면 비활성화되어 건물 전체가 나타납니다.

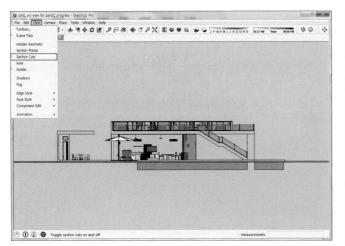 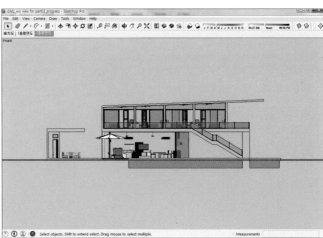

03 Scenes 창에서 'Add Scene' 아이콘(⊕)을 클릭하여 새
로운 Scene을 추가합니다. Warning 대화상자가 나타나면 'Save
as a new style.'을 선택한 다음 〈Create Scene〉 버튼을 클릭합
니다.

04 Scenes 창의 Name에 '정면도'를 입력하여 Scene 이름
을 수정합니다.

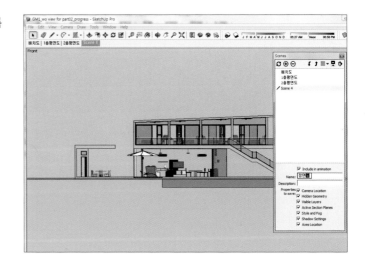

05 이번에는 정면도와 같은 방법으로 배면도를 만들기 위해 [Camera] → Standard Views → Back을 실행합니다.

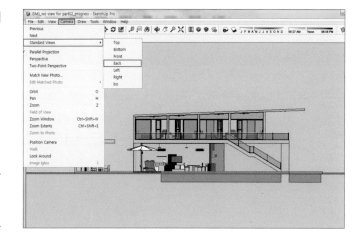

TIP

건축 드로잉에서는 치수를 나타내는 스케일이 중요합니다. 도면에 스케일대로 출력하는 방법은 Chapter 5 레이아웃(Layout)에서 다룹니다.

06 Scenes 창에서 배면도를 추가하고 다음과 같이 조정합니다.

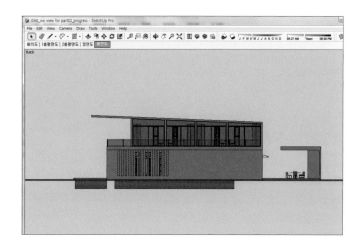

07 같은 방법으로 좌측 입면도와 우측 입면도를 추가하여 완성합니다.

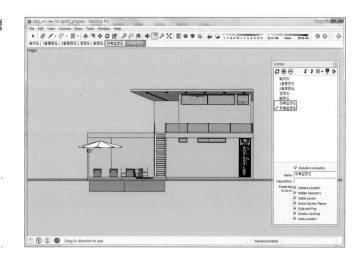

TIP

입면도에서는 건물의 크기를 비교하기 쉽도록 나무, 자동차, 사람 등 Scale Figure를 추가하기도 합니다. 스케치업에서는 3D 웨어하우스에서 쉽게 Scale Figure를 불러올 수 있습니다.

독특한 형태의 건축에서 입면도 만들기

건축 형태가 정확하게 직사각형이라면 쉽게 각 방향의 입면도를 지정할 수 있습니다. 그러나 직사각형 형태가 아닌 독특한 건물의 입면도를 만들기 위해서는 숨겨진 기능인 Align View 명령을 이용합니다. 원하는 면을 선택한 다음 마우스 오른쪽 버튼을 클릭하고 **Align View**를 실행하면 해당 면을 정면으로 바라보는 뷰를 만들 수 있습니다.

① 오각형 건축을 예로 들면, 아랫면이 정면도입니다.

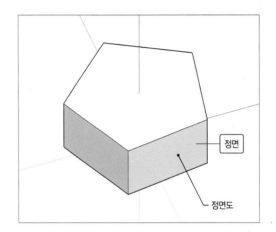

TIP 건축 실무에서는 동서남북 방향으로 보통 두 면이 함께 보이는 입면을 작성하기도 하지만 Align View 기능을 설명하기 위해 예를 들었습니다.

② 정면도 왼쪽을 사이드 입면도라고 가정하면 기존 입면도 설정으로는 사이드 입면도 뷰를 저장하기 쉽지 않습니다. 이때 입면도를 만들기 위한 면을 선택하고 마우스 오른쪽 버튼을 클릭한 다음 **Align View**를 실행합니다.

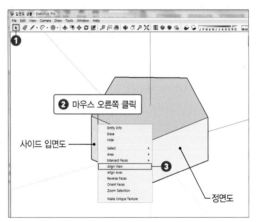

③ 옆면을 바탕으로 만들어진 사이드 입면도가 완성됩니다. 이때 정면으로 보고 싶은 면만 선택해야 합니다.

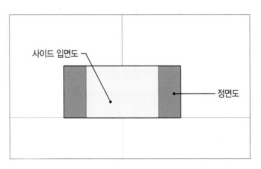

4 | 프로젝트 규모와 공간 구성을 나타내는 단면도 만들기

단면도는 평면도와 반대로 건물을 수직으로 자른 면을 수평 방향에서 바라본 모습을 나타낸 도면이며 바닥 면 높이, 내부 구조와 재료, 내부 공간의 규모와 구성을 나타냅니다. 단면이 잘리는 위치에 따라 종단면도(Longitudinal Section)와 횡단면도(Cross Section)로 나뉩니다. 종/횡단면도는 각각 건축의 길거나 짧은 방향의 자른 면을 보여줍니다. 다른 건축 도면과는 다르게 단면도에서는 굵은 선이나 검은색(또는 빨간색)으로 잘린 면을 채워서 표시하는 관습적인 표현이 있습니다.

01 먼저 종단면도를 설정하기 위해 Scenes 창에서 '정면도'를 더블클릭하거나 Scene 탭에서 [정면도] 탭을 선택합니다.

····TIP···
건축 도면에서 단면이 잘리는 위치는 보통 평면도에 표시하여 내부의 어느 위치를 보는지 알려줍니다.

··

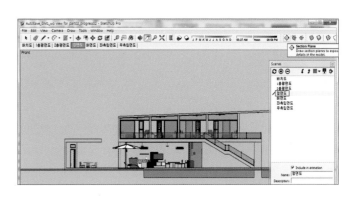

02 툴바에서 단면 툴(⊕)을 선택하고 녹색 사각형을 다음과 같이 수영장과 1층 벽면에 클릭합니다.

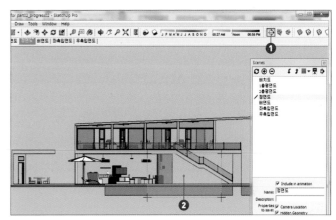

····TIP···
평면도와 마찬가지로 단면 툴을 적용할 때는 화면의 시점과 수평인 면을 클릭합니다.

··

03 단면도가 만들어졌지만 건축의 단면이 원하는 형태로 나타나지 않았습니다. 이동 툴(✛)을 이용하여 단면을 선택한 다음 원하는 위치로 이동합니다.

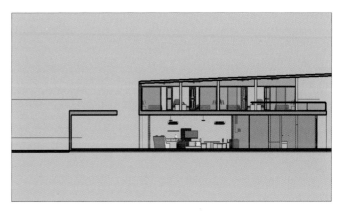

····TIP···
정면 뷰에서는 단면을 원하는 위치에 보내기 힘들기 때문에 화면 뷰를 바꿔서 단면 위치를 조정한 다음 [Camera] → Standard Views → Front를 실행합니다.

··

04 1층 거실과 2층 객실 구성이 잘 나타나도록 단면을 이동합니다. Scenes 창에서 'Add Scene' 아이콘(⊕)을 클릭하여 종단면도를 추가합니다.

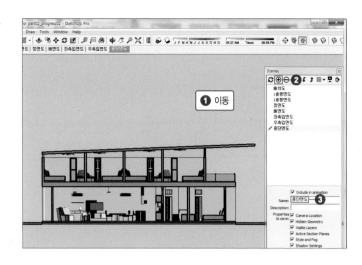

05 툴바에서 단면 툴(⊕) 오른쪽의 단면 보기 툴(⊕)은 화면에서 단면을 숨기거나 나타냅니다. 단면도를 보여줄 때는 선택을 해제하여 비활성화해서 숨깁니다.

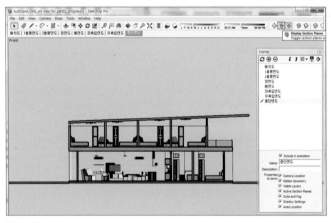

비활성화

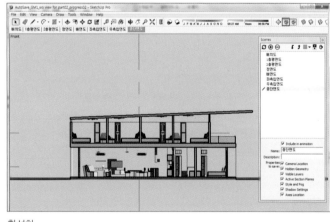

활성화

06 횡단면도를 설정하기 위해 [우측입면도] 탭을 선택합니다.

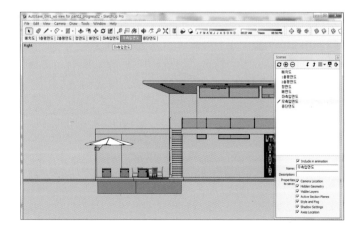

·····TIP·····
단면을 나타내고 싶은 방향에 따라 좌측 입면도를 선택하기도 합니다.

07 같은 방법으로 건물을 정면의 오른쪽에서 왼쪽으로 본 횡단면도를 만듭니다.

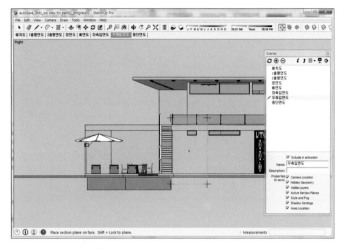
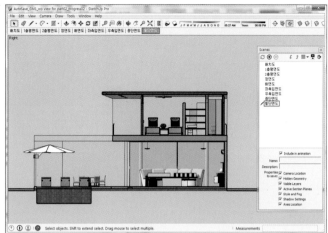

08 같은 단면 위치일 때 왼쪽에서 오른쪽으로 보기 위해서는 단면이 선택된 상태에서 마우스 오른쪽 버튼을 클릭하고 **Reverse** 를 실행하여 뒤집습니다.

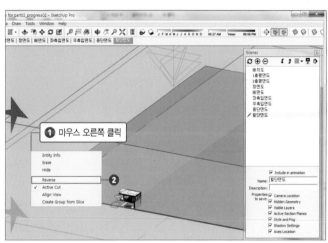

····TIP·····

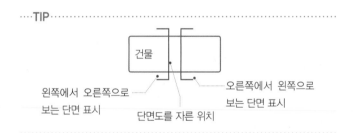

09 단면 뷰의 방향이 반대로 조정됩니다.

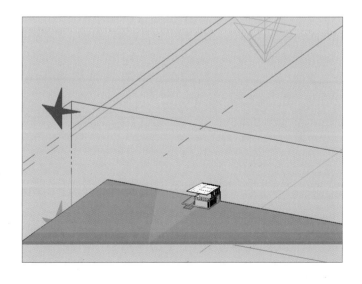

10 건축의 단면도는 잘린 면을 강조하기 위해 좀 더 굵은 선
으로 표시합니다. Styles 창에서 단면의 선 스타일을 수정하기 위해
[Window] → Styles를 실행합니다.

11 Styles 창의 [Edit] 탭에서 'Modeling Settings' 아이콘
(■)을 클릭하면 Section Cuts를 확인할 수 있습니다. 현재 '검은
색'의 Section cut width가 '3'으로 설정되어 있습니다.

····TIP··
Section cut width에서 단면에 표시되는 선 굵기를 설정합니다.
··

12 Section Cuts의 색상 상자를 클릭한 다음 Choose Color 대화상자에서 색상을 '빨간색'으로 설정하고
〈OK〉 버튼을 클릭하여 단면도를 완성합니다. 모델링의 단면이 빨간색으로 나타납니다.

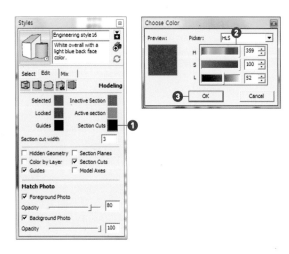

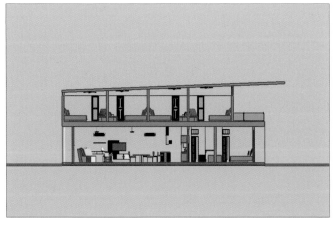

2 프로젝트를 성공으로 이끄는 투시도 뷰 조정하기

건축 실무에서 투시도는 '머니 샷(Money Shot)'이라고도 하며 한 장의 투시도로 프로젝트의 성공이나 실패가 결정되기도 합니다. 여기서는 투시도 종류를 살펴보고 스케치업에서 카메라 툴을 이용하여 투시도를 제작하는 방법에 대해 알아보겠습니다. 건축 사진에서는 다음과 같이 공간의 구성, 재질, 주변 환경과의 조화, 규모 등을 나타내기 위해 각각 다른 뷰를 이용합니다.

1 | 명확한 메시지를 전달하는 건축 사진

흔히 건축 잡지에서 볼 수 있는 건축 사진을 살펴보면 직접 가서 보고 싶은 생각이 듭니다. 일반적으로 건축 사진을 촬영하는 목적은 건축의 기록 또는 정보 전달이나 사진작가가 자신의 주관적인 느낌 또는 추상적인 감정을 전달하기 위해서일 것입니다. 모든 사진에는 누군가의 이야기, 메시지가 분명히 담겨 있기 때문에 건축 투시도도 마찬가지로 전하고자 하는 목표를 분명히 나타내야 합니다. 다음의 건축 요소들은 좋은 투시도 뷰를 설정할 때 반드시 고려해야 하는 것들입니다.

매스

공간

양감

재질

색상

① **매스(Mass)** : 건축의 형태를 말하며 투시도 뷰를 설정할 때 좋은 비율로 나타내야 합니다.

② **공간(Space)** : 외부 공간과 내부 공간이 있으며 공간을 구성하는 벽이나 마루, 천장의 구성 요소를 통해 느낄 수 있는 추상적인 개념입니다.

③ **양감(Volume)** : 건물의 외적인 크기나 무게에 관한 감각을 말하며 내부 공간 크기까지 고려해야 하는 중요한 건축 요소입니다.

④ **재질(Material)** : 다양한 건축 재료를 표현하며 각 재료들이 갖는 특성을 잘 표현해야 합니다.

⑤ **색상(Color)** : 다른 요소와 마찬가지로 색상의 조화는 건축에 생명력을 불어넣기 때문에 신중하게 선택해야 합니다.

2 | 입체감과 원근감을 나타내는 투시도

투시도란 3차원 대상을 2차원 평면에 그리고 입체감과 원근감을 표현하는 기법입니다. 소실점에 따른 1소점, 2소점, 3소점 투시도가 대표적입니다.

① **1소점 투시도** : 하나의 소실점으로 원근을 표현하는 투시도법이며 실내 인테리어 등의 공간 레이아웃에 적용됩니다.

② **2소점 투시도** : 건물의 투시도나 조감도에 주로 이용하는 투시도법으로 두 개의 소실점이 눈높이 선인 평행선 양쪽에 위치합니다. 스케치업에서 [Camera] → Two-Point Perspective를 실행하여 적용할 수 있습니다.

③ **3소점 투시도** : 2소점의 양쪽 원근법에서 위나 아래에 하나의 시점을 추가하여 수직 방향으로도 사실감 있는 투시도이며 주로 고층 건물에 사용합니다.

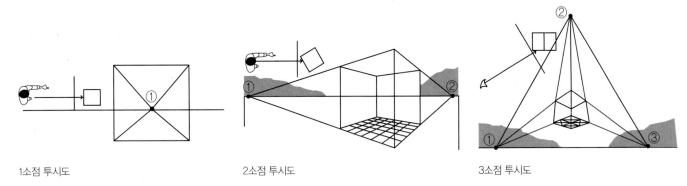

1소점 투시도   2소점 투시도   3소점 투시도

3 | 건축 사진과 같은 뷰 설정하기

건축 투시도 뷰를 설정하는 것은 마치 사진작가가 건축 사진을 촬영하는 것과 같습니다. 건축의 특성을 살피고 표현하고자 하는 주체를 카메라 화각이나 구도 설정을 통해 보는 사람에게 강렬한 메시지를 전달합니다. 예를 들어, 카메라를 건축보다 높은 곳에서 촬영하면 대상은 하늘을 향해 뻗어 나가는 동적인 인상을 주며, 낮은 곳에서 촬영하면 전체적으로 구도가 불안정해지면서 긴장감이 생깁니다. 또한 화각이 넓은 광각 뷰를 사용하여 건물을 보면 원근감이 과장되어 다이내믹한 이미지를 향상시킬 수 있습니다. 스케치업의 가상 카메라를 가지고 효과적인 투시도 뷰를 설정하는 방법에 대해 알아보겠습니다.

01 Part02 폴더에서 '1.0_GM1_w view_perspective(before).skp' 파일을 엽니다. 건물의 특성과 투시
도 성격에 따라 카메라 화각을 조정하기 위해 **[Camera]** → **Field of View**를 실행합니다. 오른쪽 아랫부분의 수
치 입력 창이 Field of View로 바뀌면서 '35 deg'가 초기 값으로 설정됩니다.

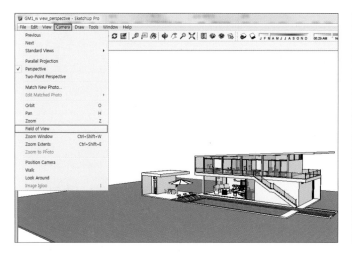
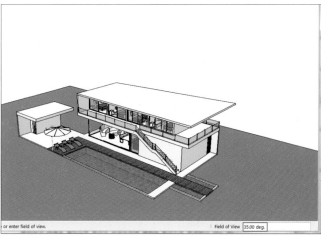

02 Field of View에 '50mm'를 입력하고 Enter 키를 누르면
Focal Length로 바뀝니다.

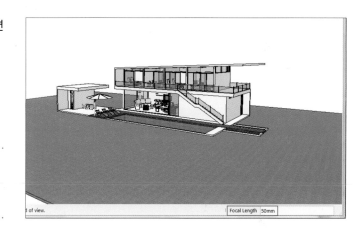

····TIP····

Field of View 수치가 클수록 건축에서 나타나는 부분이 많아지며 이
미지도 왜곡됩니다. Focal Length 수치는 디지털 카메라 화각과 같고
수치가 작을수록 광각렌즈가 되며 수치가 클수록 망원렌즈가 됩니다.

03 선 툴(✏)을 이용해 실제 건물을 바라보고자 하는 위치에
1.8m 높이의 카메라 가이드를 그립니다.

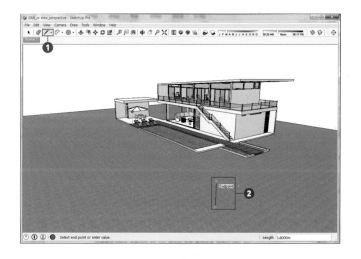

····TIP····

여기서는 건축의 정면 오른쪽에 카메라 위치를 가상으로 지정합니다.
가이드라인을 만들 때 줄자 툴을 이용해도 좋습니다.

04　이어서 가이드와 건물의 목표점을 잇는 선을 그립니다. 여기서는 지붕 가운데로 지정합니다.

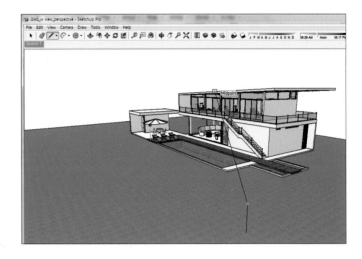

······TIP······
이 과정은 카메라 뷰를 처음 설정하는 초보자를 위한 과정이며 뷰 설정에 익숙한 분들은 넘어가도 좋습니다.
··

05　[Camera] → Position Camera를 실행하여 카메라 위치를 클릭한 상태에서 목표점까지 드래그합니다. 가이드라인을 따라서 카메라 뷰가 설정됩니다.

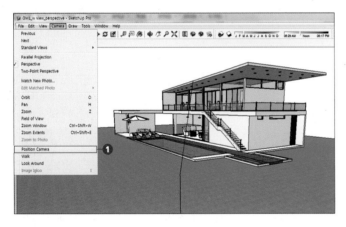

❸ 목표점까지 드래그

❷ 클릭 후 홀드

06　[Camera] → Two-Point Perspective를 실행하면 2소점 투시도가 지정됩니다. 팬 툴( )이나 마우스 휠을 이용하여 건물이 화면 가운데에 위치하도록 뷰를 조정합니다.

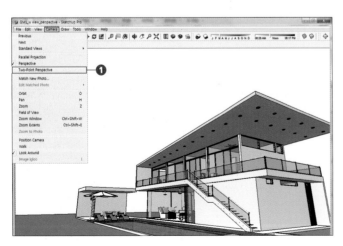

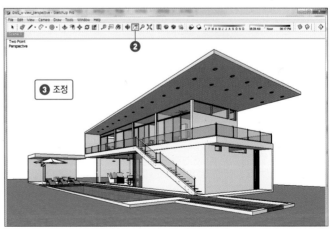

❸ 조정

07   Field of View(fov) 수치가 35, 50deg일 때와 비교합니다. fov 수치가 커질수록 화각이 넓어지며 카메라의 광각 렌즈와 같습니다.

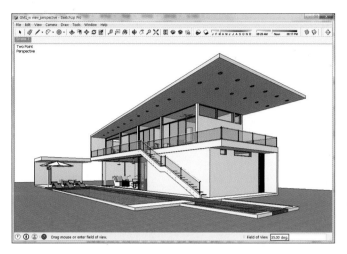 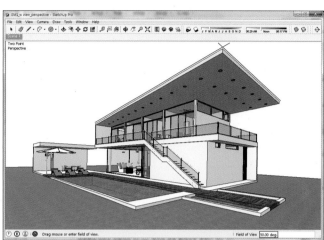

08   투시도 뷰를 지정할 때는 크게 카메라 위치와 목표점을 지정하고 해당 뷰에서 원하는 형태가 나타날 때까지 조정하여 완성합니다. 여기서는 전체적으로 사선 구도를 선택해 지붕을 과장시켜서 건물의 특성을 잘 살렸습니다.

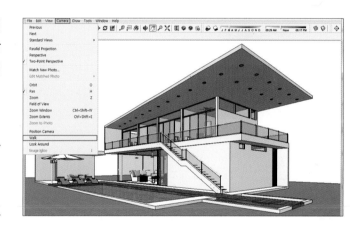

····TIP···

[Camera] → Walk를 실행하면 카메라 높이를 고정하고 거리를 조정할 수 있어 이전 단계에서 설정된 뷰를 정밀하게 조정할 때 자주 이용합니다.

···

09   건물의 전면부 계단 아래쪽과 출입문쪽 깊이감이 드러나도록 그림자를 조절합니다.
이진과 비교해 보면 건물의 깊이감이 더욱 살아나며 활기차 보입니다.

구성에 깊이를 더하는 그림자 설정하기

실제 건축 사진 연출에서 그림자는 큰 역할을 하며 건축 표면의 질감을 돋보이거나 건축 구성에 깊이를 더합니다. 그림자가 없는 건축은 생기가 없거나 밋밋하게 보일 수도 있습니다. 스케치업에서는 Shadow 기능을 이용하여 계절별, 시간별로 그림자를 적용할 수 있기 때문에 투시도 뷰를 설정할 때 적절한 그림자로 투시도를 더욱 돋보이게 합니다. [Window] → Shadow를 실행하면 다음과 같은 옵션을 설정할 수 있는 Shadow Settings 창이 나타납니다.

① Time/Date : 스케치업 모델에서 설정된 지역의 계절과 시간에 따른 그림자 정보를 바탕으로 원하는 시간에 맞춰 설정할 수 있습니다.

② Light/Dark : 태양광과 그림자 세기를 조정할 수 있습니다.

③ Use sun for shading : 그림자 설정이 비활성화되어 있을 때 체크 표시하면 그림자는 생기지 않지만 빛이 나타납니다.

④ Display : On face/On ground/From Edge는 그림자에 관한 기능이며, 바닥면이 Z축 원점보다 낮을 때 발생하는 문제를 해결할 수 있습니다. 다음의 예에서 자세히 살펴보겠습니다.

Display 이해와 응용하기

① Shadow Settings 창에서 Display 항목의 'On ground'에 체크 표시하면 그림자가 제대로 표시됩니다. 이때 Z축 원점에서 가상의 바닥 면에 그림자가 나타납니다.

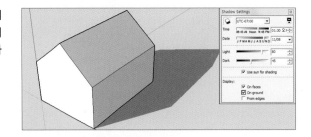

② 'On ground'의 체크 표시를 해제하면 그림자를 표시할 면이 없으므로 다음과 같이 그림자가 나타나지 않습니다.

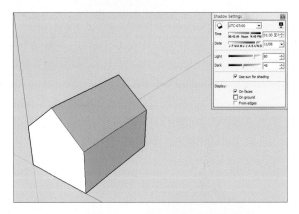

③ 건물을 복제하여 왼쪽 아래에 배치합니다. Shadow Settings 창에서 'On ground'에 체크 표시하면 두 건물의 그림자가 다음과 같이 지면(Ground)에 나타납니다.

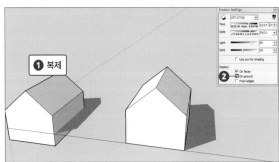

❶ 복제

④ 왼쪽 건물에 대지를 만들고 건물 깊이만큼 내려 배치하면 동시에 면(Face)과 지면(Ground)에 그림자가 생깁니다.

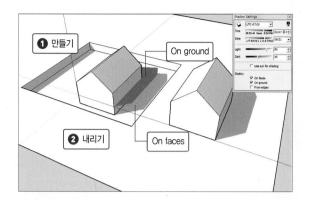

⑤ Shadow Settings 창에서 'On ground'의 체크 표시를 해제하면 그림자가 제대로 나타납니다.

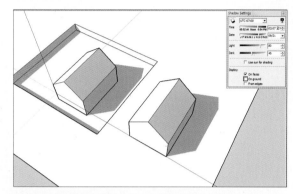

⑥ 이번에는 면 속성을 조정하여 그림자를 제어하는 방법에 대해 살펴봅니다. 이때 Entity Info 창에서 객체별로 그림자를 설정할 수도 있습니다. 다음과 같이 경사 지붕에 그림자를 만들면 내부에도 그림자가 생깁니다.

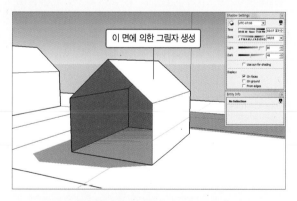

⑦ 경사 지붕을 선택하고 Entity Info 창에서 'Cast Shadows'의 체크 표시를 해제하면 다음과 같이 공간 내부에 면에 의한 그림자가 없어집니다.

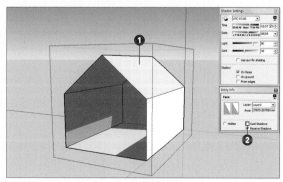

⑧ 경사 지붕의 두 면을 선택하고 Entity Info 창에서 'Cast Shadows'의 체크 표시를 해제하면 건물 내부에 빛이 들어옵니다.

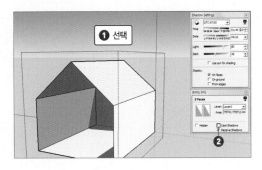 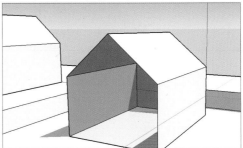

···TIP···

실내에 그림자 설정하기

① 건물에 빛과 그림자를 연출하면 다음과 같이 어두운 실내 뷰도 그림자를 이용해 좀 더 밝고 생기 있게 만들 수 있습니다.

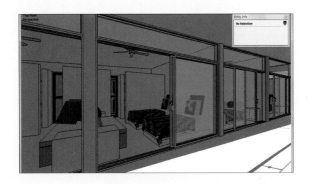

② 선택 툴(▶)을 이용하여 지붕을 선택한 다음 Entity Info 창에서 'Cast Shadows'의 체크 표시를 해제합니다.

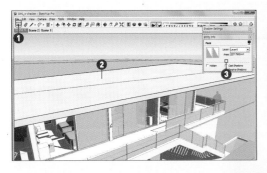 

③ 그림자를 조절하여 다음과 같은 뷰를 완성합니다. Entity info 창을 이용하면 실내에도 빛을 끌어들여 좀 더 입체감 있는 뷰를 완성할 수 있습니다.

SKETCHUP

002 스케치업의 기본 스타일 설정

건축 프레젠테이션의 기본인 배치도, 각층 평면도, 입면도, 단면도와 디자인 특성을 잘 나타내는 투시도 뷰 설정 방법을 익혔습니다. 좋은 투시도 뷰를 설정하는 것은 쉽지 않지만 실무 경험이 쌓이고 좋은 예제를 접하다 보면 누구나 멋진 투시도를 만들 수 있습니다.

이번 장에서는 스케치업만의 독특한 스타일을 익혀 각 상황에 맞는 다양한 표현 방법을 알아보겠습니다. 가장 기본적인 Face Style을 통해 모델링 외부 형태를 투시 모드, 모노톤, 재질 표현 등으로 바꿀 수 있습니다. 스케치업에서 제공하는 Pre-Settings 스타일을 혼합하거나 설정하여 자신만의 독특한 스타일로 만들어 사용할 수 있고 Edge Settings, Watermark Settings 등을 이용하여 개성 있게 표현할 수도 있습니다.

|예제 및 결과 파일| Part02\2.2_GM1_w view_mix.skp, 2.2_GM1_w view_mix[Completion].skp, 2.3_GM1_w view_style.skp, 2.3_GM1_w view_watermark.skp, 2.4_GM1_w view_fog, 2.5_GM1_w view_fog style.skp, 2.5_GM1_w view_fog style[Completion].skp, 2.6_GM1_w view_reflect.skp, 2.6_GM1_w view_reflect[Completion].skp, watercolor_tile.jpg, watermarkwhiteedge.png

스타일 믹스와 Fog를 이용한 스타일

스케치업 반사 효과

Engineering 9를 응용한 스타일

Watercolor paper with pencil을 응용한 스타일

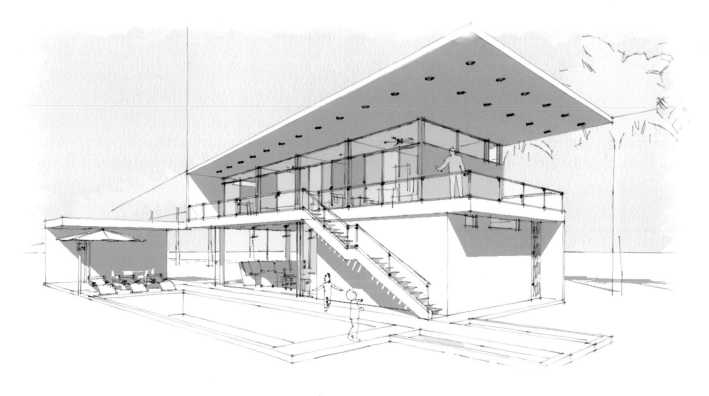

Pencil Edges with Whiteout Boarder 스타일

1 건축 스케치와 스케치업의 스타일 살펴보기

스케치업은 건축 디자인을 위한 소프트웨어이며 컴퓨터에서 전통적인 건축 표현을 구현할 수 있습니다. 특히 스케치업의 다양한 스타일을 이용하면 짧은 시간에도 효과적으로 표현할 수 있습니다.

1 | 건축 스케치

건축 스케치는 건축가와 클라이언트가 서로 아이디어를 공유하기 쉽도록 다양하게 발전되었으며, 건축적인 생각을 그림으로 표현해서 상대를 이해시키고 소통하기 위한 도구입니다.

건축 스케치에는 기본적으로 연필, 펜, 색연필, 마커 등을 사용하며 유명 건축가들은 자신만의 고유한 스케치 스타일을 가지고 있습니다. 수채화 스타일로 유명한 스티븐 홀(Steven Holl)이나 단순한 선으로 건축 형태를 나타내는 프랭크 게리(Frank Gehry)의 스케치 한 장은 하나의 예술 작품으로 간주되기도 하며 야즈다니 머다드(Yazdani Merhdad)는 태블릿을 이용하여 건축 스케치를 한다고 합니다.

스케치업은 건축가, 디자이너를 대상으로 개발된 3D 모델링 툴이기 때문에 기본적으로 건축 스케치와 비슷한 점을 많이 발견할 수 있으며 Style Builder Competition을 통해 훌륭한 건축 프레젠테이션 툴로 거듭 발전되고 있습니다.

왼쪽_스티븐 홀(Steven Holl)의 스케치
http://www.archdaily.com/776442/kraemer-radiation-oncology-center-yazdani-studio-of-cannondesign/5637fd91e58e
ce6e64000080-kraemer-radiation-oncology-center-yazdani-studio-of-cannondesign-sketch

오른쪽_야즈다니 머다드(Yazdani Merhdad)의 스케치
http://www.metalocus.es/content/en/blog/steven-holl-wins-culture-and-art-center-qingdao-city

2 | 스케치업 스타일

Face Style은 스케치업의 가장 기본적인 스타일 표현이며 작성된 모델을 여러 가지로 표현합니다. [View] → Toolbars를 실행한 다음 Toolbars 대화상자에서 'Styles'에 체크 표시하고 〈Close〉 버튼을 클릭하면 Face Style의 7개 툴들이 추가됩니다. 일반적으로 가장 많이 이용하는 툴은 재질과 음영 툴(⬛)입니다.

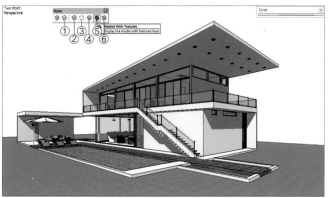

① **엑스레이(X-Ray)/후면 모서리(Back Edges)** : 와이어프레임, 숨은 선, 음영, 재질과 음영, 흑백 스타일을 적용할 수 있습니다. 또한 재질과 음영 툴, 후면 모서리 툴(⬛)은 솔리드 벽체 뒤쪽의 안 보이는 모서리를 점선으로 나타냅니다.

다음의 스타일은 재질과 음영 툴(⬛), 엑스레이 툴(⬛)을 이용하여 실내와 바닥의 수영장까지 투시하는 스타일입니다. 후면 모서리 툴을 적용하면 엑스레이 툴은 함께 이용할 수 없습니다.

② **와이어프레임(Wireframe)** : 모델링을 선으로만 표시하며 뒤쪽, 내부의 숨은 선까지 표시합니다. 모델링 초기 단계에서 많이 활용하는 스타일입니다.

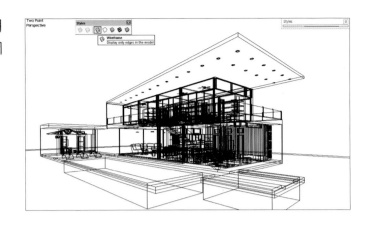

③ **숨은 선(Hidden Line)** : 정면에서 보이는 선만 나타내며 흑백으로 처리됩니다. 다음은 숨은 선 툴과 후면 모서리 툴(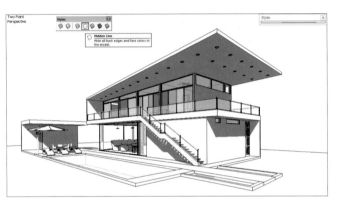)을 함께 적용한 스타일입니다.

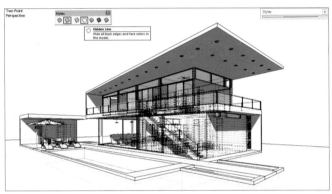

④ **음영(Shaded)** : 재료의 재질은 나타내지 않고 재질 고유의 색상만으로 나타냅니다.

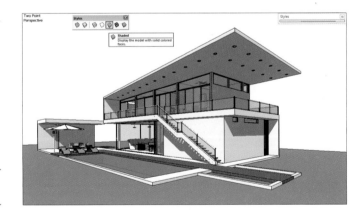

·····TIP·····
수영장 데크와 지면의 재질이 사라져 보입니다.
··································

⑤ **재질과 음영(Shaded with Textures)** : 면에 적용된 재질
도 함께 표시합니다.

⑥ **흑백(Monochrome)** : 색과 재질이 없는 상태로 모델링을
표시합니다. 숨은 선 툴과 가장 큰 차이는 유리창 스타일이
며 흑백에서는 투명도 없이 표현됩니다.

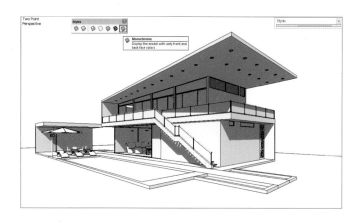

2 스타일을 설정하는 Styles 창 살펴보기

Styles 창은 미리 설정된 스타일을 선택할 수 있는 [Select] 탭, 각각의 스타일 설정을 변경할 수
있는 [Edit] 탭, 기존 스타일의 장점만 모아 자신만의 스타일로 만들 수 있는 [Mix] 탭으로 이루어
져 있습니다.

1 | 스타일 선택 - [Select] 탭

Assorted Styles를 비롯해서
Photo Modeling, Sketchy
Edges, Straight Lines,
Style Builder Competition
Winners 등 다양한 스타일을
쉽게 적용할 수 있습니다.

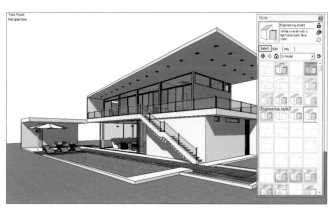

2 | 스타일 변경 - [Edit] 탭

Edge, Face, Background, Watermark, Modeling에 관한 세부 옵션을 바탕으로 [Select] 탭에서 선택한 스타일을 재조정할 수 있습니다.

다음의 스타일은 'Edges'에만 체크 표시하고 Background의 'Sky'와 'Ground'에는 체크 표시하지 않았습니다.

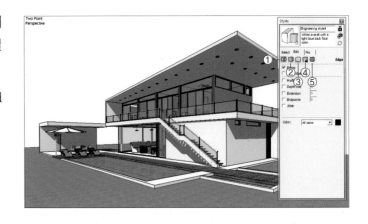

① **Edge Settings :** 'Edge Settings' 아이콘을 클릭하면 모델링의 선 스타일을 조정할 수 있습니다.

ⓐ Edges : 체크 표시를 해제하면 모델링의 모든 선이 사라집니다.

ⓑ Profiles : 모델링 형태를 나타내는 바깥쪽 경계선과 주요 구성을 나타내는 선들을 의미합니다. Profiles 수치가 클수록 외곽선을 더욱 강조할 수 있습니다.

ⓒ Depth cue : 모델링 앞쪽 선 두께가 뒤쪽으로 갈수록 얇아지는 효과를 나타내어 원근감을 살립니다. 투시도의 깊이를 강조하는 효과로, 카메라 시점에서 가까운 부분은 굵은 선으로, 먼 쪽은 가는 선으로 표현합니다.

ⓓ Extension : 모델링에서 겹치는 선을 조금씩 연장하여 손으로 직접 스케치한 효과를 나타냅니다. 스케치 선의 길이를 조절할 수 있으며 최대 '99'로 설정할 수 있습니다.

ⓔ Endpoints : 모서리가 만나는 부분을 좀 더 강조하며 'Extension'과 함께 이용하기도 합니다.

ⓕ Jitter : 콘셉트 디자인에서 보여주는 스타일로 선을 여러 번 덧그려서 손으로 스케치한 느낌을 표현합니다.

ⓖ Color : 선 색상을 바꿔 마치 다른 색 만년필이나 볼펜으로 스케치한 것 같은 효과를 나타냅니다. 음영, 재질과 음영 렌더링 스타일에서만 적용됩니다. 다음과 같이 Color를 '빨간색'으로 설정하면 모든 선 색상이 바뀝니다.
Color를 '흰색'으로 바꾸면 배경이 자동으로 '검은색'으로 바뀌면서 야경처럼 표현됩니다.

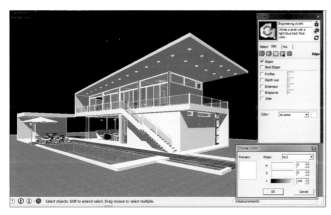

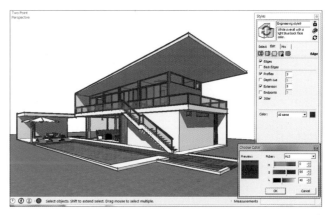

② **Face Settings** : Face Style과 같으며, 일반적으로 스케치업에서 모델링하면 앞면과 뒷면으로 구분됩니다. 모델링할 때 앞면, 뒷면이 바뀌는 면 바뀜은 나중에 렌더링에서 재질을 적용할 때와 3D 프린팅에서 문제될 수 있으므로 주의해야 합니다. 기본적으로 앞, 뒷면의 색은 흰색과 파란색으로 지정되어 있기 때문에 모델링에 참고합니다. 필요한 경우 Reverse Faces 기능을 이용하여 면을 뒤집어야 합니다.

③ **Background Settings** : 배경색을 설정할 수 있습니다.

····TIP·····
모델링할 때 작업 창 색을 취향에 따라 바꿀 수 있습니다.
·······························

ⓐ Background : 배경색을 '하늘색'으로 설정하면 건물 뒤에 균일하게 나타납니다.

ⓑ Sky : Background 색상을 설정하고 'Sky'에 체크 표시하면 아래쪽은 연하고 위쪽은 약간 진한 그러데이션 효과가 나타납니다.

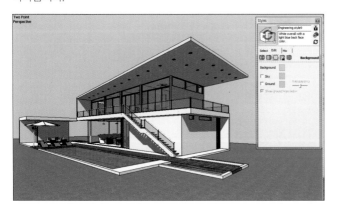

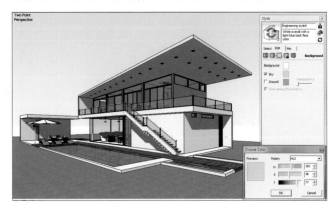

④ **Watermark Settings** : 워터마크(Watermark)는 종이 위에 표시된 무늬나 그림에 빛을 비추거나 빛이 반사될 때 더 밝아 보이는 표식을 말합니다. 디자인에서는 주로 회사 로고나 사인 등의 그래픽 이미지를 화면에 고정시켜 표현하지만 스케치업에서는 종이 질감이나 비네트(Vignette: 윤곽을 흐리게 하는 회화나 사진) 효과를 위해 많이 사용합니다. Styles 창은 스타일 응용편에서 자세히 알아보도록 합니다.

⑤ **Modeling Settings** : 스케치업 모델링에서 색을 설정합니다. 기본 색을 사용하거나 Section Cuts 색상과 Section cut width는 모델링 규모나 복잡도에 따라 설정합니다.

3 | 나만의 스타일 설정 - [Mix] 탭

기존 스타일의 원하는 카테고리 즉, Edge, Face, Background, Watermark 중에서 마음에 드는 실정을 간단하게 드래그하거나 추출하여 자신만의 스타일로 만들 수 있습니다. 다음 장에서 더욱 자세히 다루겠습니다.

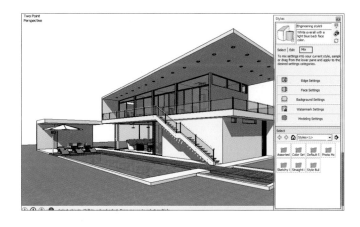

4 | 기본 스타일 — Pre-Settings

효과적으로 건축 프레젠테이션을 만들기 위해 스케치업에서 Edge,
Face, Sky, Background, Watermark 등의 기본 스타일을 적용할
수 있습니다. 초보자도 쉽게 다양한 스타일을 사용할 수 있도록 스케치
업의 Styles 창에서는 여러 가지 스타일을 제공합니다.

뷰를 설정하고 Styles 창에서 [Select] 탭의 다양한 스타일을 미리 볼
수 있으며 원하는 스타일을 선택하면 해당 스타일이 적용됩니다. 이후
Scene 탭을 추가하면 원하는 스타일을 저장할 수 있습니다. Styles 창
의 [Select] 탭에서 팝업 아이콘(▼)을 클릭하면 여러 가지 스타일을
확인할 수 있습니다.

① **Assorted Styles** : 기본 스타일인 'Watercolor Paper with Pencil'을 선택하면 수채화 느낌의 스
타일을 적용하여 부드러운 느낌으로 표현할 수 있습니다.

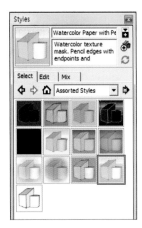

② **Color Sets** : 다양한 색의 선과 면을 확인할 수 있습니다.

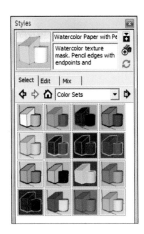

③ **Default Styles** : 'Architectural Design Style'은 재질과 음영, 하늘 배경, 배경, 그리고 Profiles 2, Extension 2, Endpoints 7로 구성됩니다.

④ **Sketchy Edges** : 'Pencil'을 선택하면 연필로 스케치한 느낌이 나타납니다.

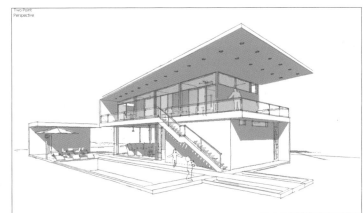

⑤ **Style Builder Competition Winners** : 'Pencil Edges with Whiteout Boarder' 스타일은 건축 콘셉트 프레젠테이션에서 매우 유용한 스타일로 자주 사용합니다.

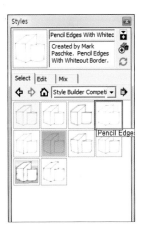
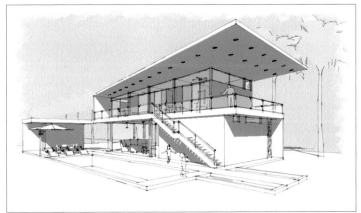

3 스타일을 혼합하여 최상의 스타일 연출하기

스케치업에서 제공하는 다양한 스타일을 선택하여 바로 사용하거나 Styles 창에서 각각의 탭을 선택한 다음 옵션을 설정하여 원하는 스타일을 연출하는 방법에 관해 알아봤습니다.

스케치업의 Styles 창에는 혼합 기능이 있어 기존 스타일의 장점만을 뽑아 스타일을 재구성할 수 있습니다. 'Watercolor Paper with Pencil' 스타일에 Straight Lines에서 'Straight Lines 01pix'의 Edge 설정, 그리고 Style Builder Competition Winners에서 'Pencil Edges with Whiteout Boarder'의 워터마크를 혼합하여 최상의 스타일을 만들어 보겠습니다.

Pencil Edges with Whiteout Boarder

Watercolor Paper with Pencil

Straight Lines 01pix

01 Part02 폴더의 '2.2_GM1_w view_mix.skp' 파일을 엽니다. Styles 창의 [Select] 탭에서 'Assorted Styles'를 지정합니다. 다양한 스타일 중에서 'Watercolor Paper with Pencil'을 선택하여 적용하고 Scene 탭에 저장합니다.

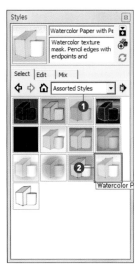

02 스타일을 간편하게 혼합하기 위해 Styles 창 오른쪽 위의 'Display the secondary selection pane' 아이콘(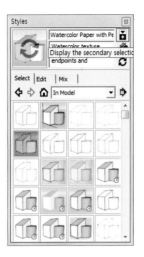)을 클릭합니다.

03 [Mix] 탭을 선택하고 Select 창에서 'Straight Lines 01pix'를 위쪽의 Edge Settings로 드래그하면 모델링의 선이 해당 스타일 속성으로 바뀝니다.

····TIP····
[Mix] 탭에서는 아래쪽 Select 창으로 마우스 포인터를 가져가면 커서 모양이 스포이트로 바뀝니다.
·······························

04 Select 창에서 'In Model'을 지정하고 'Pencil Edges with Whiteout Boarder'를 [Mix] 탭의 Watermark Settings로 드래그하면 워터마크 효과가 적용됩니다.

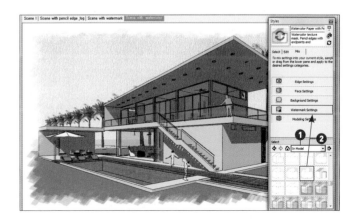

05 Scene 탭에서 새로운 스타일을 추가하고 저장합니다.

06 스타일이 혼합된 이미지는 더욱 깔끔해진 선 및 비네트 효과와 함께 전체적으로 부드러워집니다. 이처럼 기본 스타일의 장점만 골라 자신만의 스타일을 만들어 봅니다.

4 부드러운 워터마크 적용하기

종이를 나타내는 재질과 비네트 효과를 위한 재질 이미지 파일을 적용하여 워터마크와 함께 원하는 스타일을 자유롭게 적용해 봅니다.

01 Part02 폴더에서 '2.3_GM1_w view_style.skp' 파일을 엽니다. Styles 창의 [Edit] 탭에서 'Watermark Settings' 아이콘 (🖼)을 클릭합니다.
워터마크를 추가하기 위해 'Add Watermark' 아이콘(⊕)을 클릭합니다.

02 Part02 폴더에서 'watercolor_tile.jpg' 이미지 파일을 불러와 모델링 뒤쪽에 배치합니다. Create Watermark 대화상자가 나타나면 종이 재질의 배경으로 이용하기 위해 'Background'를 선택한 다음 〈Next〉 버튼을 클릭합니다.

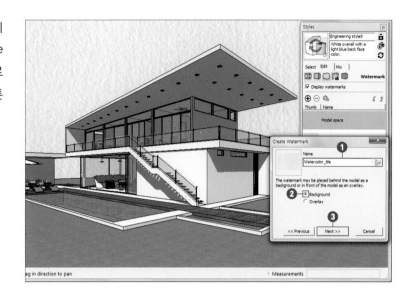

03 종이 재질의 투명도를 설정하기 위해 슬라이더를 중간 정도로 조정한 다음 〈Next〉 버튼을 클릭합니다.

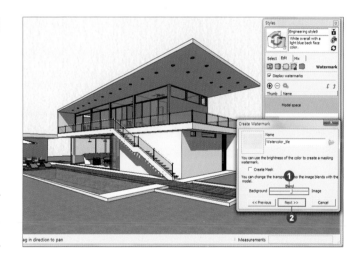

···**TIP**···
워터마크에 관한 설정은 언제든지 다시 조정할 수 있으므로 현재는 중간 값으로 지정합니다.
··

04 배경을 모델링 뒤에 배치하기 위해 'Stretched to fit the screen'을 선택하고 'Lock Aspect Ratio'의 체크 표시를 해제한 다음 〈Finish〉 버튼을 클릭합니다.

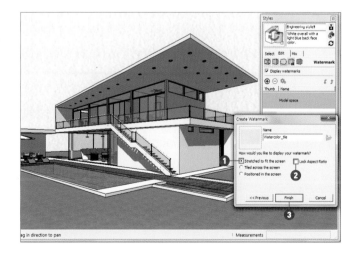

···**TIP**···
'Lock aspect ratio'에 체크 표시하면 워터마크로 불러온 이미지의 원본 크기와 비율대로 적용됩니다.
··

05 Styles 창을 살펴보면 다음과 같이 Model Space 아래에 'watercolor_tile'이 추가된 것을 확인할 수 있습니다.

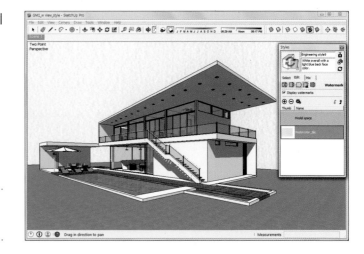

····TIP·····
Model Space는 현재 건물이 배치된 가상 공간이며 그 아래 레이어에 'watercolor_tile' 이미지가 배치된 것과 같습니다.
·······································

06 종이 재질과 같은 방법으로 재질을 불러오기 위해 다시 한 번 'Add Watermark' 아이콘(⊕)을 클릭합니다.

07 Part02 폴더에서 'watermarkwhiteedge.png' 이미지 파일을 불러온 다음 이미지에 비네트 효과를 적용하기 위해 Create Watermark 대화상자에서 'Overlay'를 선택하고 〈Next〉 버튼을 클릭합니다.

····TIP·····
PNG(Portable Network Graphics) 이미지 파일은 비손실 그래픽 파일 형식입니다. 여백이나 투명한 부분이 흰색으로 저장되는 JPG 이미지 파일과 다르게 PNG 파일은 알파 채널을 지원하며 공간과 투명도가 적용된 이미지를 사용할 수 있어 스케치업에서 워터마크 이미지로 자주 사용합니다.
·······································

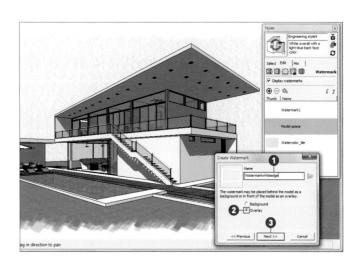

08 투명도를 설정하기 위해 Image 쪽으로 슬라이더를 이동한 다음 〈Next〉 버튼을 클릭합니다.

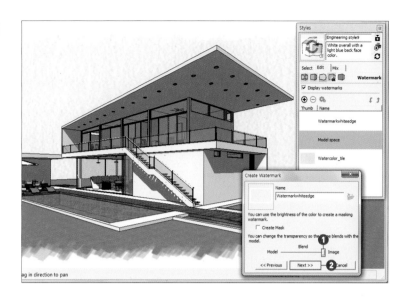

09 모델링 뒤에 배경 이미지를 전체적으로 배치하기 위해 'Stretched to fit the screen'을 선택하고 'Lock Aspect Ratio'의 체크 표시를 해제한 다음 〈Finish〉 버튼을 클릭합니다.

⋯TIP⋯
'Tiled across the screen'은 워터마크 이미지가 타일처럼 반복되는 기능이며, 'Positioned in the screen'은 워터마크 이미지를 원하는 곳에 위치시키는 기능입니다.

10 Styles 창을 살펴보면 건물 이미지인 Model space가 중간에 있고 위아래에 워터마크가 추가된 것을 확인할 수 있습니다.

⋯TIP⋯

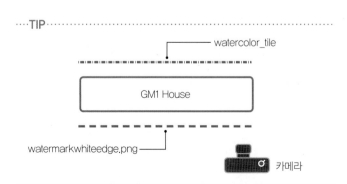

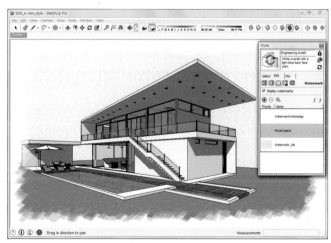

11 흰색 배경이기 때문에 허전해 보이므로 Background의 색상 상자를 클릭하여 Choose Color 대화상자에서 'H 182, S 48, L 74'로 설정한 다음 〈OK〉 버튼을 클릭합니다.

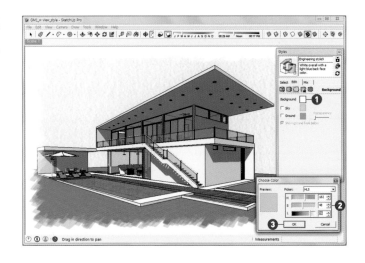

12 수채화 느낌의 배경으로 바뀐 것을 확인할 수 있습니다.

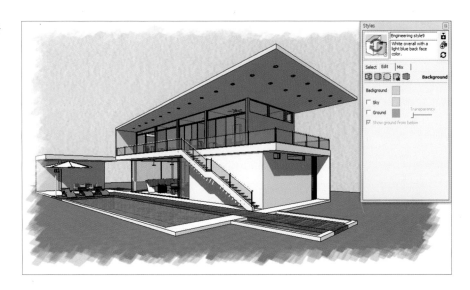

13 이번에는 스케치 느낌을 추가하기 위해 Styles 창에서 'Edge Settings' 아이콘(🔲)을 클릭한 다음 Color의 색상 상자를 클릭합니다. Choose Color 대화상자에서 'H 0, S 0, L 21'로 설정하고 〈OK〉 버튼을 클릭하여 어두운 회색으로 설정합니다.

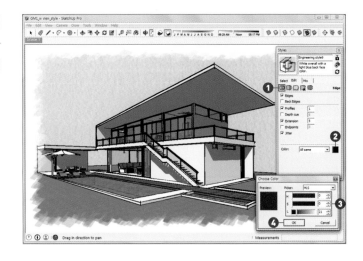

14 비네트 효과의 투명도를 조절하여 좀 더 부드럽게 만들기
위해서 Styles 창의 'Watermark Settings' 아이콘(🖼)을 클릭하고
'Watermarkwhiteedge'를 선택합니다.

15 Edit Watermark 대화상자가 나타나면 Blend 슬라이더를 조정하여 투명도를 높이고 〈OK〉 버튼을 클
릭하여 전체적으로 부드러운 이미지를 만듭니다.

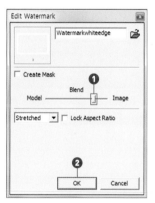 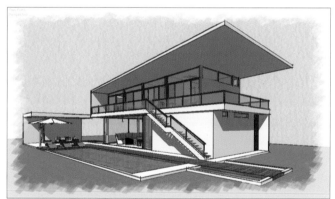

16 Scene 탭에서 마우스 오른쪽 버튼을 클릭
한 다음 **Add**를 실행합니다.

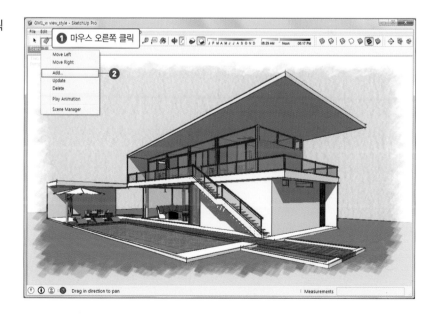

17 Warning 대화상자에서 'Save as a new style.'을 선택하고 〈Create Scene〉 버튼을 클릭합니다.

18 취향에 따라 스타일을 설정하고 저장하여 워터마크를 완성합니다.

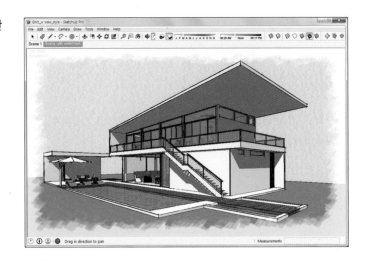

5 원근감 있는 안개 효과 적용하기

스케치업에서는 스타일빌더나 워터마크 등을 이용하여 다양한 효과를 나타낼 수 있습니다. 그중 Fog는 안개를 표현하며, 적절하게 사용하면 좀 더 부드럽고 원근감 있는 모델링을 완성할 수 있습니다. 먼저 [Window] → **Fog**를 실행하여 Fog 창을 나타냅니다. '2.4_ GM1_w view_fog' 파일을 참고하여 스타일을 적용해 봅니다.

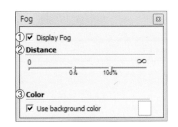

① **Display Fog** : Fog 창에서 'Display Fog'에 체크 표시합니다. 오른쪽 모델링에서는 아직 아무런 변화가 없습니다.

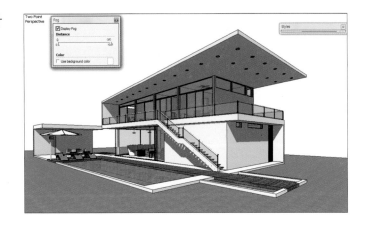

② **Distance** : 슬라이더를 조정하여 안개의 양을 설정합니다. Distance에는 두 개의 슬라이더가 있습니다. 0부터 무한대(∞)가 있으며 전체적인 안개의 양은 오른쪽 슬라이더를 이동하여 조정합니다. 오른쪽(∞)으로 갈수록 카메라 시점에서부터 점점 안개가 걷히며 왼쪽으로 갈수록 먼 쪽에서부터 안개가 짙어집니다.

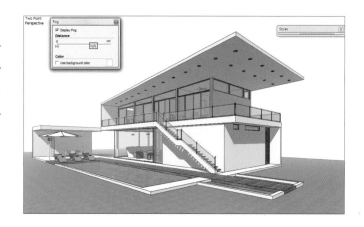

왼쪽 슬라이더는 카메라 시점으로부터 안개의 시작점을 의미하며 왼쪽(0)으로 갈수록 안개가 짙어지며, 오른쪽(무한대)으로 갈수록 앞쪽 안개가 옅어집니다.

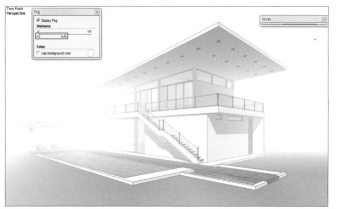
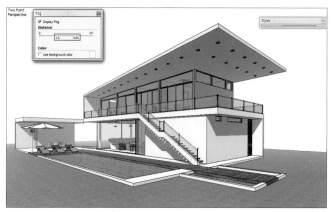

슬라이더를 가운데로 조정하면 카메라 시점으로부터 가까운 곳은 안개가 걷히고 먼 쪽인 건물 뒤쪽으로는 짙은 안개가 끼어 부드러운 느낌을 연출합니다.

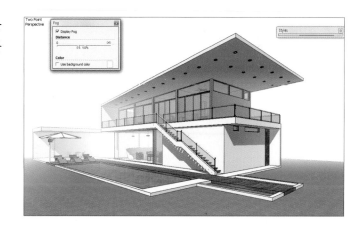

③ **Color** : 'Use background color'에 체크 표시하면 스타일에 사용한 색을 안개 색으로 나타낼 수 있으며, 체크 표시하지 않으면 색상 상자를 클릭하여 원하는 색을 지정해서 안개를 표현할 수 있습니다.

6 스케치업 모델링 스타일 응용하기

연필 스케치 스타일과 안개, 워터마크를 이용하여 자신만의 스타일을 만드는 방법에 대해 알아보겠습니다.

01 Part02 폴더에서 '2.5_GM1_w view_fog style.skp' 파일을 엽니다.
저장된 [Scene 1] 탭을 선택하면 다음과 같이 뷰가 조정됩니다. 여기서는 배경에 2D 야자수를 배치했습니다. Styles 창의 [Select] 탭에서 'In Model'을 지정합니다.

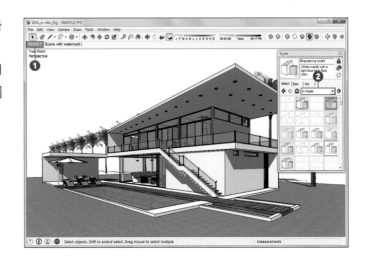

02 'Pencil Edges with Whiteout boarder4'를 선택하면 흑백 모드로 변경되어 연필로 스케치한 것처럼 표현됩니다.

03 [Edit] 탭을 선택하고 'Face Settings' 아이콘(□)을 클릭한 다음 'Display shaded using textures' 아이콘(▧)을 클릭하면 연필 스케치 형태에서 컬러 모드로 바뀝니다.

04 'Edge Settings' 아이콘(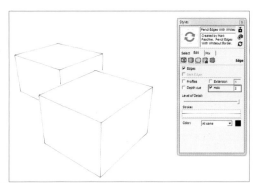)을 클릭한 다음 Extension을 '4, Halo를 '1'로 설정합니다. 여기서 Stroke의 선은 실제 연필로 선을 그려 스캔한 다음 스케치업의 스타일빌더에서 저장하여 만든 것입니다.

····TIP··

스케치업을 설치할 때 함께 설치되는 스타일빌더에서 연필이나 만년필, 로트링 펜을 이용하여 그린 스케치 선을 스캔해서 등록하면 자신만의 독특하고 다양한 스타일을 만들 수 있습니다.

····TIP··

Halo 효과 살펴보기

Halo 효과는 두 개의 객체가 겹칠 때 사이를 비웁니다. 다음은 Halo 수치에 따라 겹치는 부분을 비교한 것입니다.

Halo : 2

Halo : 20

05 Edit Watermark 대화상자가 나타나면 슬라이더를 Image 쪽으로 드래그하여 불투명하게 조정한 다음 〈OK〉 버튼을 클릭합니다.

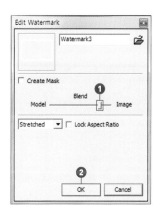

06 안개 효과를 나타내기 위해 [Window] → Fog를 실행합니다. Fog 창이 나타나면 Distance의 슬라이더를 중간에서 약간 왼쪽으로 드래그하여 앞쪽의 안개를 걷어내고, 오른쪽 슬라이더는 왼쪽으로 드래그하여 건물 뒤의 나무가 약간 보이도록 조정합니다.

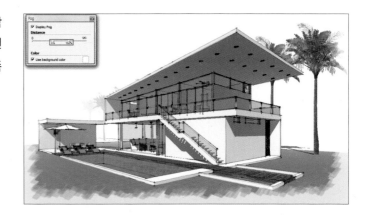

07 Styles 창에서 'Edge Settings' 아이콘(⬚)을 클릭합니다. Color의 색상 상자를 클릭하여 Choose Color 대화상자가 나타나면 선 색상을 'H 0, S 0, L 30'으로 설정해서 검은색에서 진한 회색으로 바꾸고 〈OK〉 버튼을 클릭하여 연필 스케치 느낌을 더합니다.

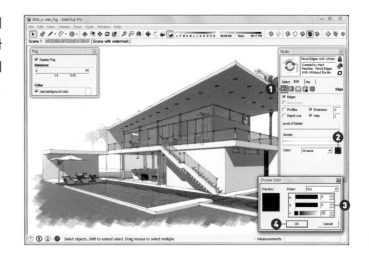

08 Scene 탭에서 마우스 오른쪽 버튼을 클릭하고 **Add**를 실행하여 Scene에 새로운 스타일을 저장해서 완성합니다. 저장된 Scene 탭에는 각각의 스타일 정보가 저장되어 있으므로 간단하게 클릭만으로 여러 가지 스타일로 바꿀 수 있습니다.

7 반사 효과 적용하기

스케치업에는 반사 효과를 나타내는 재질이 없습니다. GM1 House 프로젝트에는 건물 앞에 수영장이 있기 때문에 투시도에서 건물이 반사되어야 하므로 스케치업에서 반사 효과를 나타내는 방법에 대해 살펴보겠습니다.

01 Part02 폴더에서 '2.6_GM1_w view_reflect.skp' 파일을 엽니다.
건물 전체와 나무, 사람 등을 선택하여 그룹으로 만듭니다.

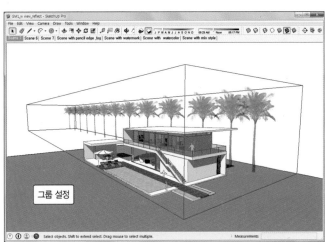

02 이동 툴(✥)을 선택하고 Ctrl 키를 누른 다음 그룹을 선택하여 Z축 방향으로 클릭해서 복제합니다. 복제된 모델링에서 마우스 오른쪽 버튼을 클릭하고 **Flip Along → Group's Blue**를 실행하여 반전시킵니다.

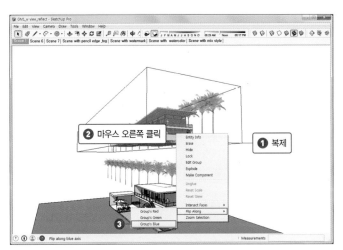
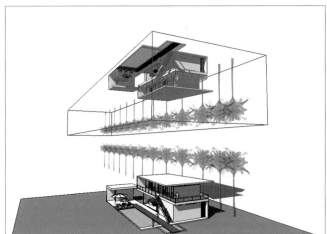

03 복제된 그룹을 원본 모델링 아래로 그림과 같이 배치합니다.

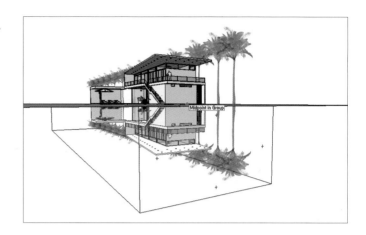

04 크기 조절 툴(📐)을 이용하여 복제된 그룹 전체를 Z축 방향으로 0.7만큼 축소합니다.

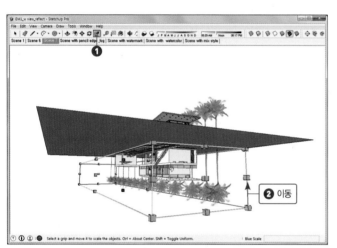

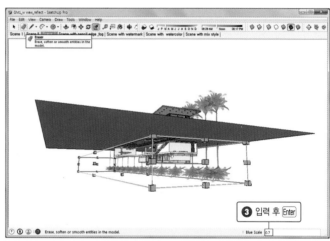

05 뷰를 조정하고 페인트 통 툴(🪣)을 선택합니다. Materials 창에서 Color를 'H 0, S 0, L 85(회색)'로 설정합니다. Opacity를 '85'로 설정하고 마당의 잔디 부분을 선택하면 다음과 같이 건물이 바닥에 반사되는 것처럼 나타납니다.

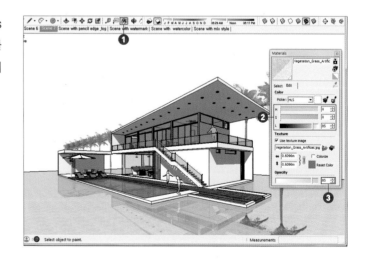

06 바닥은 반사 재질이 아니지만 극적인 효과를 나타내기 위해 반사 재질로 표현합니다. 선 툴(✏️)과 이동 툴(✦)을 이용하여 가로 방향의 주요 부분에 다음과 같이 선을 그립니다.

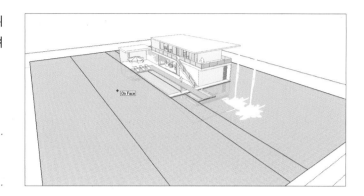

····TIP···
바닥의 반사 효과는 구체적인 대지 디자인이 완성되지 않은 콘셉트 디자인 단계에서 많이 이용합니다.
··

07 세로 방향에도 다음과 같이 프로젝트에서 참고할 수 있는 큰 객체, 즉 벽체나 수영장 등을 이용하여 크게 그립니다.

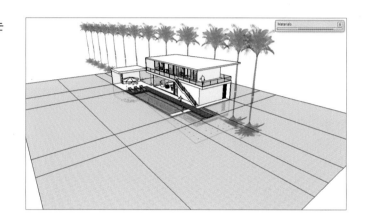

08 다시 뷰로 돌아와서 Styles 창의 'Background Settings' 아이콘(▢)을 클릭한 다음 Background의 색상 상자를 클릭합니다. Choose Color 대화상자에서 'H 187, S 36, L 90(옅은 하늘색)'으로 설정한 다음 〈OK〉 버튼을 클릭하여 하늘색을 수정합니다.

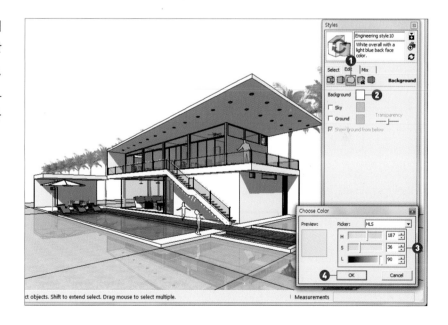

09 배경에 워터마크를 추가합니다. 배경의 나무를 좀 더 부드럽게 만들기 위해 안개 효과를 추가합니다.

10 워터마크와 안개 효과가 적용된 투시도의 수영장을 확대해 보면 건물이 반사된 것을 확인할 수 있습니다. 이처럼 거울이나 실내 투시도에서도 적절하게 반사 효과를 적용하여 완성할 수 있습니다.

········TIP···
퀵 튜토리얼에도 반사 효과를 설명하므로 참고하기 바랍니다.
···

PHOTOSHOP

OO3 프로페셔널한 포토샵 리터칭

지금까지 건축 스케치의 특성을 살펴보았고, 완성된 모델링을 바탕으로 스케치업에서 제공하는 기본 스타일을 이용하여 다양하게 활용하는 방법에 대해서 알아봤습니다. 특히 스케치업에서 제공하는 기본 스타일의 장점을 모아 자신만의 스타일로 만드는 혼합(Mix) 기능은 렌더링 없이도 건축 실무 디자인에서 바로 사용할 수 있으며 안개(Fog)나 반사 효과 등을 조합하여 더욱 인상 깊은 프레젠테이션을 진행할 수 있습니다.

이번 장에서는 한 걸음 더 나아가 전 세계에서 활동하는 스케치업 아티스트들이 만든 다양한 스타일을 활용하는 방법과 스케치업, 포토샵을 이용하여 더 큰 효과를 나타내는 방법에 대해서 알아보겠습니다.

|예제 및 결과 파일| Part02\3.1_GM1_w view_more style.skp, 3.2_GM1_w view_photoshop 01.skp, 3.3_GM1_w view_photoshop 02.skp, 3.4_GM1_w view_photoshop 03.skp, sky.jpg, GM1_w view_photoshop 01~03_final.psd

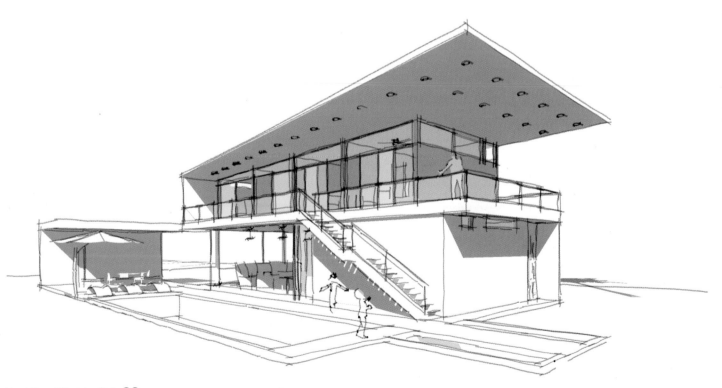

Hard Pencil Sketchy Style 응용

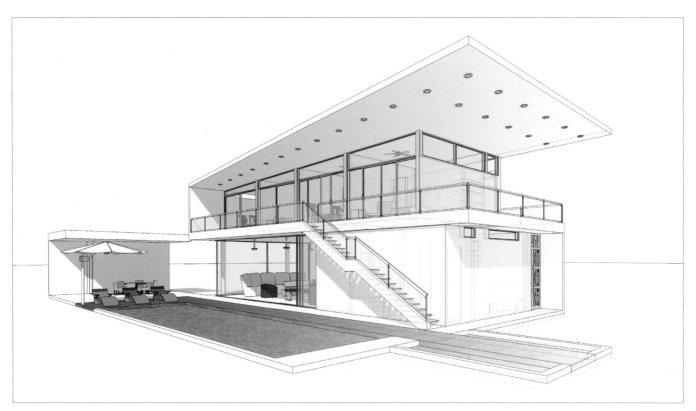

내부 구조가 투시되는 스타일

SketchUp Render Style2

수채화 효과

트레이싱 페이퍼 효과

1 스케치업 아티스트 스타일 적용하기

스케치업 아티스트 웹 사이트는 많은 사람들이 자신들의 작품을 올리고 서로 피드백을 주고받으며
발전해 나가고 있습니다.

SketchUp Artists(http://www.SketchUpartists.org)

1 | Hard Pencil Sketchy 스타일 적용하기

스케치업 아티스트 웹 사이트에서 제공하는 데이브 리처드(Dave Richards)의 Hard Pencil
Sketchy 스타일은 직접 연필로 그린 스케치에 가까운 스타일로 콘셉트 디자인 단계에서 많이 사용
됩니다.

01　　스케치업 아티스트 웹 사이트(http://www.SketchUp
artists.org)에 접속하여 [Styles] 탭을 선택하면 다음과 같이 연도
별로 정리된 다양한 스케치업 스타일을 확인할 수 있습니다.

02　'Styles 2013'을 선택하면 여러 가지 스타일을 살펴볼 수 있습니다.

03　데이브 리처드(Dave Richards)가 업로드한 'Hard Pencil Sketchy' 스타일을 GM1 House 프로젝트에 적용하기 위해 해당 스타일을 클릭하여 압축 파일을 다운로드한 다음 압축을 해제합니다.

04　Part02 폴더에서 '3.1_GM1_w view_more style.skp' 파일을 열고 [Scene 1] 탭을 선택합니다. Styles 창에서 [Select] 탭의 'Detail' 아이콘(⬆)을 클릭하고 **Open or create a collection**을 실행합니다.

05 폴더 찾아보기 대화상자의 Style colletion 폴더에서 'Hard-Pencil-Sketchy-Style' 폴더를 선택하고 〈확인〉 버튼을 클릭합니다.

06 [Scene 1] 탭을 선택한 다음 Styles 창에 불러들인 스타일 섬네일이 나타나면 선택하여 적용합니다.

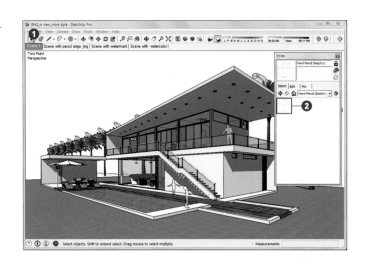

07 모델링에 Hard Pencil Sketchy 스타일이 적용되었습니다.

········TIP········

하나의 스타일은 모든 프로젝트에 최적화되어 표현되지 않기 때문에 프로젝트마다 약간의 조정이 필요합니다.

·······························

08 스타일을 프로젝트에 알맞게 조정해 보겠습니다. Styles 창에서 [Edit] 탭을 선택하고 'Edge Settings' 아이콘(🔲)을 클릭합니다. GM1 House 모델링은 세부적으로 잘 정리되어 있기 때문에 적용한 스타일은 약간 지 저분해 보이므로 Level of Detail 슬라이더를 왼쪽으로 한 단계 이동합니다. 또한 그림자의 Dark를 '40'으로 설정 하여 톤을 약하게 조정합니다.

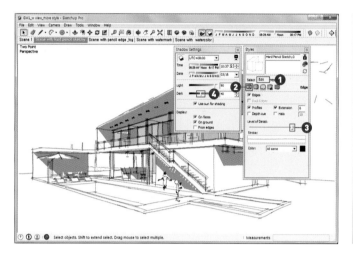

09 Scene 탭에서 마우스 오른쪽 버튼을 클릭하고 **Add**를 실 행하여 새로운 스타일을 저장합니다. Warning 대화상자에서 'Save as a new style.'을 선택하고 〈Create Scene〉 버튼을 클릭합니다.

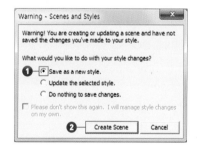

10 Styles 창에서 'Create new style' 아이콘(🔘)을 클릭하여 다운로드한 스타일을 새로운 이름으로 저장 합니다. 완성 이미지는 [Scene with hard pencil sketchy] 탭을 참고하도록 합니다.

2 | SketchUp Render Style2 스타일 적용하기

SketchUp Render Style2은 독특한 느낌의 스타일로, 여러 개의 워터마크를 적극적으로 활용한 스타일입니다. 여기서는 GM1 House에 맞게 스타일을 적용해 보겠습니다.

01 　워터마크를 이용하여 단순한 스케치가 아닌 부드러운 스타일을 익힙니다. SketchUp Artists 웹 사이트에서 Jean-Luc Clause가 2011년에 소개한 'SketchUp Render Style2'를 클릭하여 압축 파일을 다운로드한 다음 압축을 해제합니다.

02 　Part02 폴더에서 '3.1_GM1_w view_more style.skp' 파일을 열고 [Scene 1] 탭을 선택합니다. Styles 창에서 'Detail' 아이콘(　)을 클릭한 다음 **Open or Create a collection**을 실행하고 다운로드한 'Style-2' 파일을 불러옵니다.

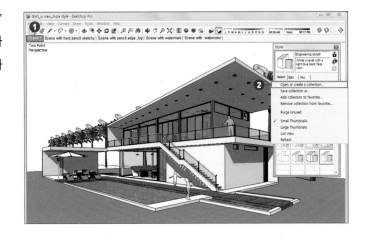

03 　Style 창에 다음과 같이 'style02' 스타일이 추가되면 선택하여 적용합니다.

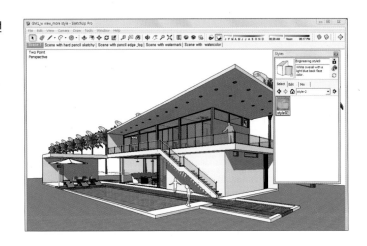

04 [Edit] 탭을 선택하고 'Watermark Settings' 아이콘(▣)
을 클릭하여 스타일 구조를 살펴봅니다. 다음의 스타일은 모두 6개
의 워터마크로 이루어져 아래쪽 워터마크는 Sky, 그 위로는 모델링
이 있으며 Foreground Shadows, Paper1, Foreground 다음에
Watermark1 워터마크로 구성됩니다.

ⓐ Watermark1 : 맨 위쪽 워터마크로 전체 스타일의 톤을 결
정합니다.

ⓑ Foreground : 투시도 기법 중 하나로 위쪽과 아래쪽 모서
리에 나뭇가지나 풀로 프레임을 지정하여 투시도를 완성하는
워터마크입니다.

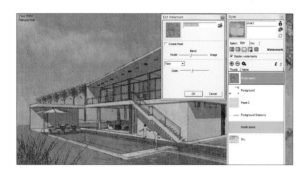

ⓒ Paper1 : 종이 재질 스타일을 나타내는 워터마크입니다.

ⓓ Foreground Shadows : 두 번째 워터마크인 전경의 그림
자를 나타냅니다.

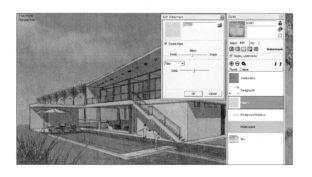

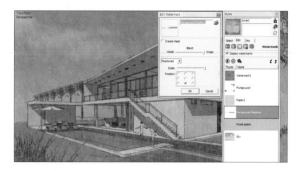

ⓔ Sky : 맨 아래쪽 워터마크로 배경을 나타냅니다.

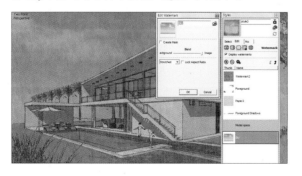

05 적용한 스타일 투시도를 완성합니다. 야자수가 배경과 어울리지 않으므로 제거했습니다. 이처럼 스타일을 적용할 때 상황에 따라 알맞게 조정하여 자신만의 스타일로 완성하는 것이 좋습니다.

····TIP····
완성 이미지는 [Scene with Jean-Luc] 탭을 참고합니다.
···

2 포토샵을 활용하여 스타일 적용하기

스케치업은 자체적으로 다양한 스타일을 제공하며 웹 사이트에서 여러 가지 스타일을 간편하게 다운로드하여 이용할 수도 있습니다. 여기서는 포토샵을 활용하여 좀 더 강렬한 건축 프레젠테이션을 완성하는 방법에 관해 알아보겠습니다.

1 | 내부 구조가 투시되는 스타일 만들기

포토샵의 그러데이션과 마스크 기능을 이용하여 내부 구조가 투시되는 형태를 만들어 봅니다.

01 Part02 폴더에서 '3.2_GM1_w view_photoshop 01.skp' 파일을 엽니다. Styles 창의 [Edit] 탭을 선택하고 'Edge Settings' 아이콘(🖼)을 클릭합니다. 'Edges'에 체크 표시되어 있으며, Profiles는 '1'로 설정된 것을 확인할 수 있습니다.

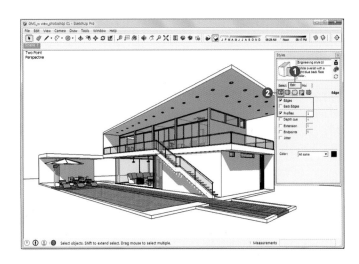

02 같은 투시도 뷰를 만들기 위해 'Face Settings' 아이콘
(▣)을 클릭하고 'Display hidden line mode' 아이콘(◌)과
'Display in X–Ray mode' 아이콘(◉)을 클릭합니다.
다음과 같이 투시 형태의 뷰가 만들어지면 Scene 탭에서 마우스 오
른쪽 버튼을 클릭한 다음 **Add**를 실행하여 새로운 뷰를 저장합니다.

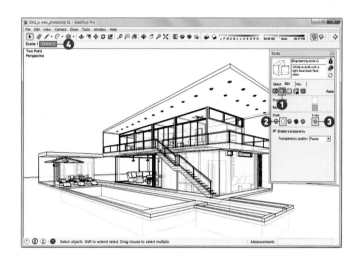

03 두 개의 뷰를 내보내기 위해 [**File**] → **Export** → **2D
Graphic**을 실행합니다.

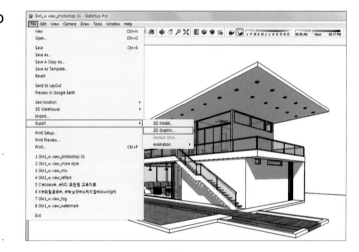

····TIP···

Export 기능을 이용하여 2D 이미지로 내보낼 때 jpeg, png, pdf, eps,
tif 등 필요에 따라 다양한 형식으로 저장할 수 있습니다. 실무에서 자
주 이용하는 파일 포맷은 jpeg와 png입니다. 스케치업 프로 버전에서
는 오토캐드에서 작업할 수 있는 dwg 파일로도 변환할 수 있습니다.

··

04 Export JPG Options 대화상자가 나타나면 Width를
'3000pixels', Height를 '1730pixels'로 설정한 다음 〈OK〉 버튼을
클릭합니다.

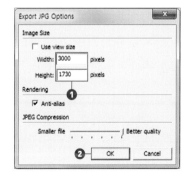

····TIP···

컴퓨터 모니터 설정은 각각 다르므로 Height는 Width에 따라 다르게
설정합니다.

··

05 다음과 같은 두 가지 스타일 이미지가 저장됩니다.

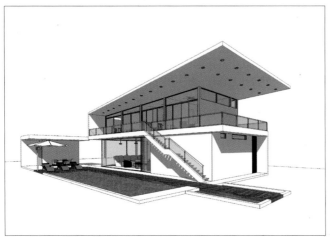 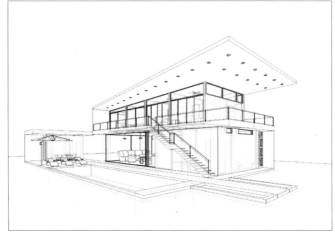

06 포토샵을 열고 새 캔버스에서 작업하기 위해 **[File]** → **New**를 실행합니다.

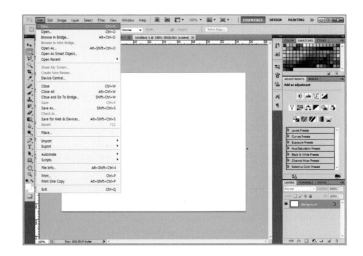

07 New 대화상자에서 Width를 '3000pixels', Height를 '1730pixels'로 설정하고 〈OK〉 버튼을 클릭합니다.

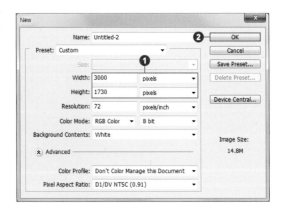

08 [File] → **Open**을 실행하여 스케치업에서 저장한 두 장의 모델링 이미지를 불러옵니다.

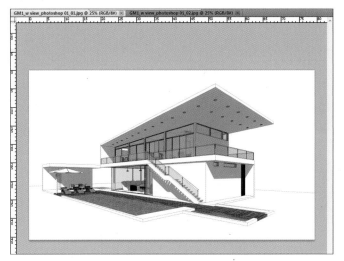 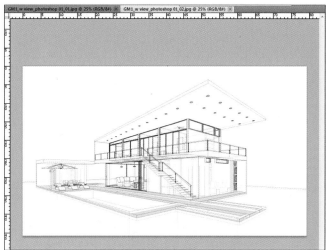

09 두 장의 이미지를 합성하기 위해 X-Ray 뷰 이미지를 선택하고 Layers 패널의 'Background' 레이어에서 마우스 오른쪽 버튼을 클릭한 다음 **Duplicate Layer**를 실행하여 복제합니다.

10 Duplicate Layer 대화상자에서 Document를 다음과 같이 지정한 다음 〈OK〉 버튼을 클릭합니다.

11 Layers 패널을 살펴보면 두 장의 이미지(레이어)가 하나의 캔버스에 합쳐진 것을 확인할 수 있습니다.

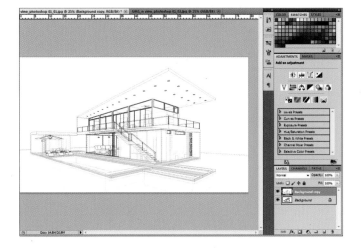

····TIP····

포토샵에서 레이어의 순서는 매우 중요하므로 반드시 유의합니다.

··

12 먼저 X-Ray 뷰의 수영장 아랫부분을 지우기 위해 툴바에서 다각형 올가미 툴(☑)을 선택하고 수영장 아랫부분을 클릭하여 선택한 다음 Delete 키를 눌러 삭제합니다.

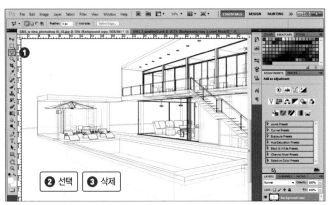

13 Layers 패널에서 'Add layer mask' 아이콘(◻)을 클릭하여 마스크 효과를 적용합니다.

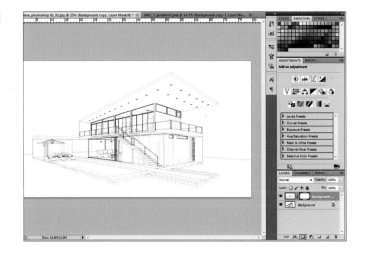

14 툴바에서 그러데이션 툴(▣)을 선택하고 왼쪽에서 오른쪽으로 2/3 지점 정도까지 드래그하여 마스크에 흑백 그러데이션을 적용합니다.

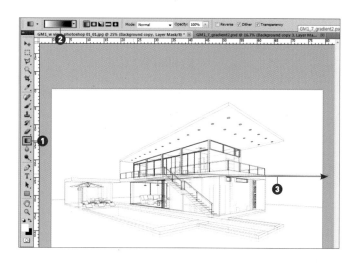

15 X-Ray 뷰에 마스크 효과가 적용되어 다음과 같이 두 장의 이미지가 자연스럽게 합성됩니다.
투시된 이미지가 흐리기 때문에 Layers 패널의 X-Ray 이미지에서 마우스 오른쪽 버튼을 클릭하고 **Duplicate Layer**를 실행합니다. Duplicate Layer 대화상자가 나타나면 〈OK〉 버튼을 클릭하여 복제합니다.

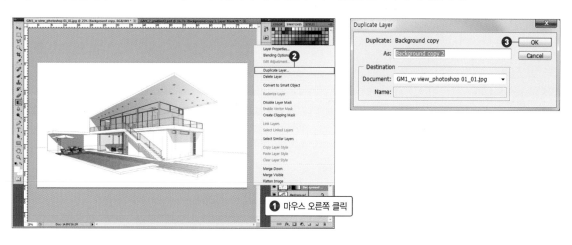

16 복제된 레이어의 블렌딩 모드를 'Multiply'로 지정한 다음 Fill을 '40%'로 설정합니다.

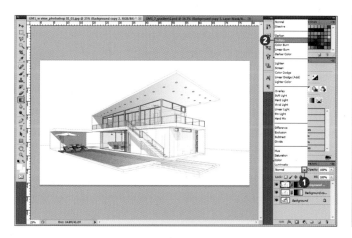
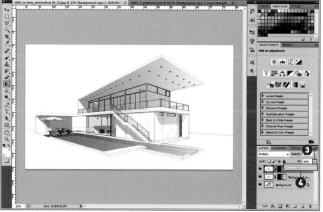

17   내부에 투시된 부분이 좀 더 선명해집니다. **[File]** → **Save As**를 실행하여 완성된 이미지를 JPG 파일로 저장합니다. Save As 대화상자가 나타나면 Format을 'JPEG (*.JPG, *.JPEG, *.JPE)'로 지정한 다음 〈저장〉 버튼을 클릭하여 완성합니다.

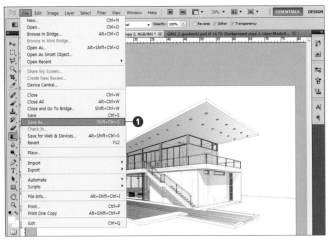

····TIP····
완성 이미지는 'GM1_w view_photoshop 01_final.psd' 파일을 참고합니다.

2 | 트레이싱 페이퍼 효과 나타내기

포토샵에서 몇 가지 필터를 활용해 트레이싱 페이퍼에 손으로 직접 그린 것 같은 프레젠테이션을 완성해 봅니다. 이 효과는 스케치업 모델링을 바탕으로 간단한 스케치 효과를 적용하여 완성도를 높일 수 있으며 다양하게 활용할 수 있으므로 반드시 따라하기 바랍니다.

01 Part02 폴더에서 '3.3_GM1_w view_photoshop 02.skp' 파일을 엽니다. 스케치업의 Scene 탭에는
세 가지 스타일이 저장되어 있습니다.

ⓐ 첫 번째 Scene은 그림자를 비롯하여 Profiles가 '1', Extension이 '12'로 설정되어 전체 배경으로 사용하는 이미지
입니다.

ⓑ 두 번째 Scene은 그림자 없이 Extension을 최대로 설정하여 투시도 가이드라인을 강조한 스타일이며 X–Ray를 설
정해서 내부가 약간 드러납니다. 지붕을 지나는 가이드라인은 다음과 같이 모델링에서 선 툴(✏)을 이용하여 적당한
길이로 그렸습니다.

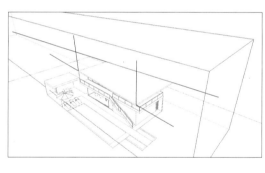

ⓒ 세 번째 Scene은 그림자 없는 숨은 선 스타일로 뒤쪽의 니무를 선으로 나타냈습니다. 여기서는 Extension을 비활
성화했습니다.

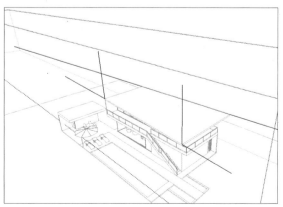

02   포토샵을 열고 앞서 살펴본 스케치업 이미지들을 불러옵니다. Scene 1 캔버스에 Scene 2, Scene 3 레이어를 복사해서 차례대로 정렬합니다.

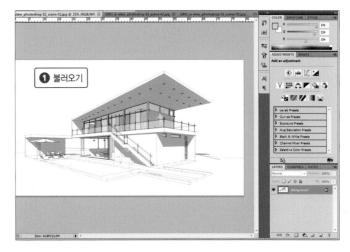

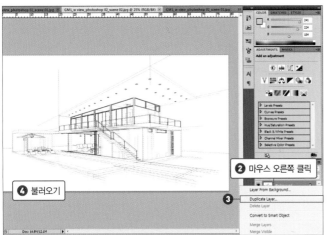

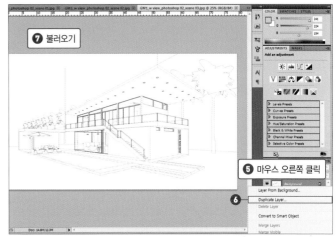

03   Layers 패널에서 아래쪽부터 Scene 1 → Scene 2 → Scene 3 이미지 순서대로 배열한 다음 Scene 1 레이어를 하나 더 복제합니다.

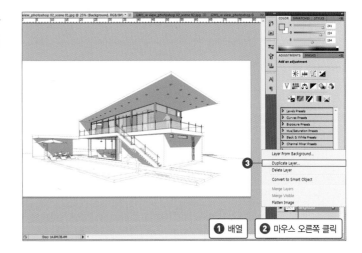

04 복제된 Scene 1 레이어에 유리창에 반사된 부분을 나타내기 위해 [Filter] → Distort → Spherize를 실행합니다.

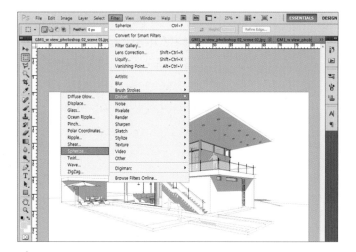

····TIP·······
유리창이 넓고 많은 프로젝트이며 유리창에 반사되는 빛을 좀 더 세밀하게 표현하는 단계이기 때문에 프로젝트에 따라 생략해도 좋습니다.
·················

05 Spherize 대화상자에서 Amount를 '50%'로 설정하고 〈OK〉 버튼을 클릭합니다.

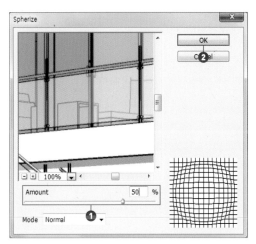

06 필터가 적용된 레이어의 Fill을 '40%' 정도로 설정하면 다음과 같이 실제 크기보다 커집니다.

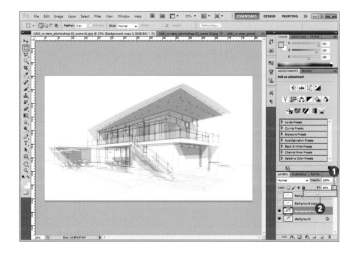

07 [Ctrl]+[A] 키를 누르고 [Ctrl]+[T] 키를 누르면 이미지 크기대로 조절점이 나타납니다. 크기가 반드시 일치할 필요는 없지만 조절점을 조정하여 원본 이미지와 비슷하게 축소합니다.

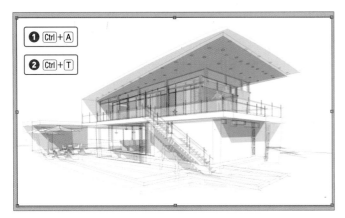

08 다각형 올가미 툴(⬚)을 이용하여 건물의 유리창 부분을 클릭해서 선택합니다. 선택 영역을 반전시키기 위해 [**Select**] → **Inverse**를 실행합니다. 유리창을 제외한 모든 부분이 선택되면 필터가 적용된 레이어에서 [Delete] 키를 눌러 유리창 이외의 부분을 삭제합니다.

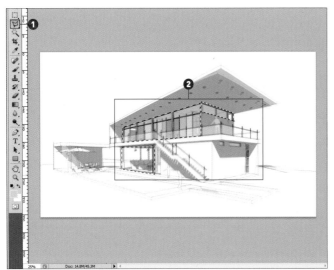
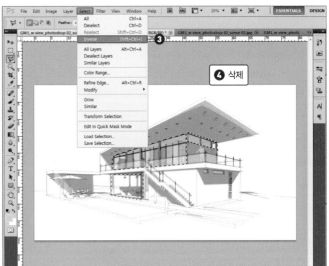

09 레이어의 Fill을 '30%'로 설정하여 창문에 반사된 듯한 느낌을 연출합니다.

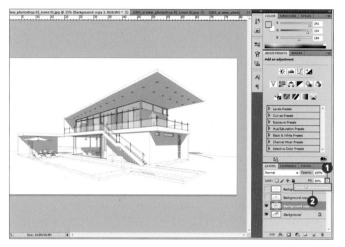 

10 이번에는 노란색 트레이싱 페이퍼 효과를 나타내보겠습니다. Layers 패널에서 'Create a new layer' 아이콘(🗔)을 클릭하여 새 레이어를 만듭니다.

11 [Edit] → Fill을 실행하여 Fill 대화상자가 나타나면 Use를 'Color'로 지정하고 색상을 'R 241, G 224, B 154'로 설정한 다음 〈OK〉 버튼을 클릭합니다. Fill 대화상자에서도 〈OK〉 버튼을 클릭합니다.

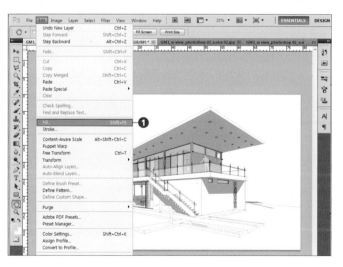 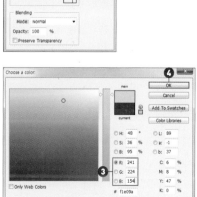

12 Layers 패널에 노란색 레이어가 만들어지면 마우스 오른쪽 버튼을 클릭한 다음 **Duplicate Layer**를 실행하여 복제하고 맨 위쪽으로 이동합니다.

13 복제된 노란색 레이어에 Cloud 필터를 이용하여 트레이싱 페이퍼의 얼룩을 표현하겠습니다. [**Filter**] → **Render** → **Clouds** 를 실행합니다.

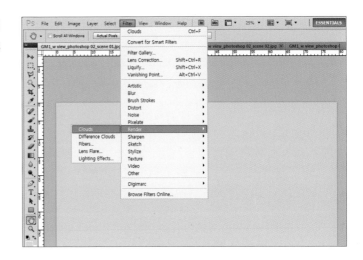

14 Clouds 필터가 적용되면 다음과 같이 이미지가 얼룩덜룩해집니다. [**Image**] → **Adjustments** → **Desaturate**를 실행하여 색상 정보를 없애서 무채색으로 만듭니다.

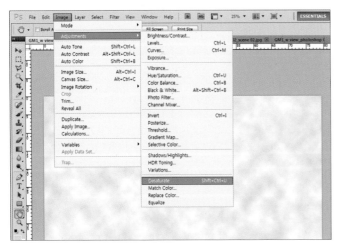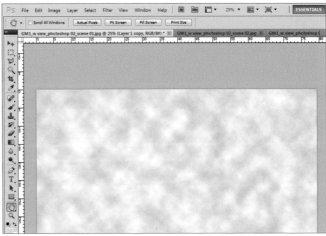

15 [Image] → **Adjustments** → **Curves**를 실행하고 Curves 대화상자에서 다음과 같이 커브 선을 조정한 다음 〈OK〉 버튼을 클릭하여 흑백 얼룩을 좀 더 진하게 만듭니다.

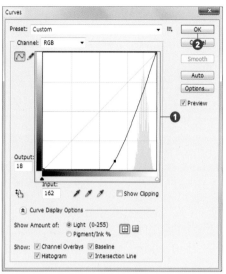

16 Scene 2 이미지를 바탕으로 만든 레이어를 노란색 레이어 아래로 이동하고 블렌딩 모드를 'Multiply'로 지정한 다음 Fill을 '20%'로 설정합니다.

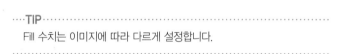

·····TIP·····························
Fill 수치는 이미지에 따라 다르게 설정합니다.
··

17 Scene 2 이미지 레이어를 선택한 다음 블렌딩 모드를 'Multiply'로 지정하고 Fill을 '40%'로 설정합니다.

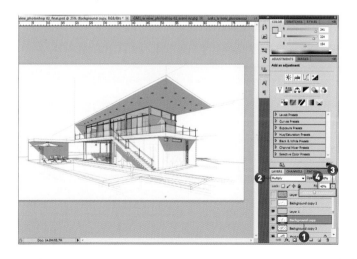

18 나무가 표현된 Scene 3 이미지 레이어를 선택한 다음 블렌딩 모드를 'Multiply'로 지정하고 Fill을 '50%'로 설정합니다.

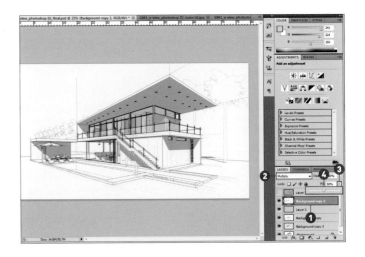

19 지우개 툴(✎)을 선택하고 Control 패널에서 가장자리가 흐린 브러시를 선택한 다음 Size를 '300px' 정도로 설정합니다.

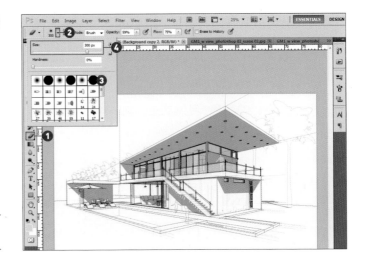

·····TIP······
작업 중인 이미지 크기나 정밀도에 따라 브러시 크기는 달라집니다.
···

20 배경을 좀 더 부드럽게 만들어 이미지를 전체적으로 자연스럽게 표현하기 위해 스케치 이미지의 가장자리를 지웁니다. Layers 패널에서 Clouds 필터를 적용한 레이어를 선택하고 블렌딩 모드를 'Multiply'로 지정한 다음 Fill을 '15%'로 설정합니다.

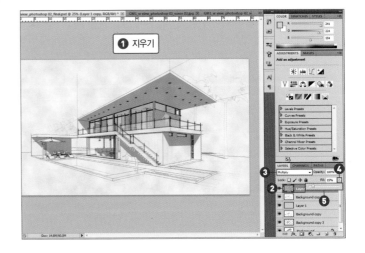

21 Layers 패널에서 레이어를 'Create a new layer' 아이콘(□)으로 드래그하여 복제합니다. 바닥 부분을 좀 더 진하게 표현하여 전체적인 이미지의 중심을 잡기 위해 다음과 같이 바닥만 선택하고 선택 영역을 반전시킨 다음 삭제하여 완성합니다.

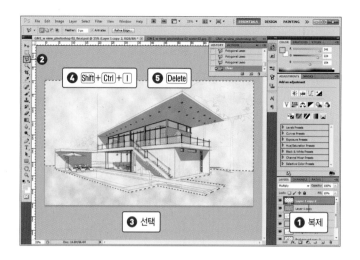

22 트레이싱 페이퍼 스타일이 완성되었습니다. 완성된 예제는 예시이며 끊임없는 연습을 통해서 자신만의 노하우를 쌓아나가는 것이 가장 중요합니다.

·····TIP··········
완성 이미지는 'GM1_w view_photoshop 02_final.psd' 파일을 참고합니다.
··························

3 | 수채화 효과 적용하기

포토샵의 필터와 브러시를 이용하여 수채화 느낌을 완성해 봅니다.

01   Part02 폴더에서 '3,4_GM1_w view_photoshop 03.skp' 파일을 엽니다. 스케치업에서 수채화 스타일의 프레젠테이션을 디자인하기 위한 네 가지 뷰를 확인합니다.

ⓐ No Line, Material : 모델링의 바탕으로 포토샵에서 수채화 느낌을 나타내기 위해 Ripple 필터를 적용합니다.

ⓑ Hard Pencil Sketchy : 연필 스케치 스타일을 표현합니다.

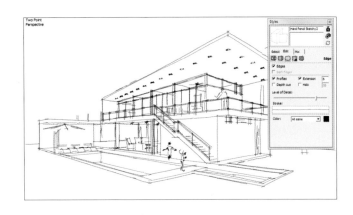

ⓒ 포토샵에서 지우개 툴과 브러시 툴을 이용하여 부드러운 수채화 느낌을 표현하기 위한 레이어로 활용합니다.

ⓓ 하늘 배경을 추가하기 위해 포토샵에서 배경을 쉽게 선택하려고 불러오기 위한 레이어입니다. 이때 수채화 이미지에 직접적인 영향은 주지 않습니다.

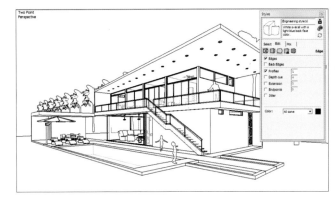

02 포토샵에서 앞서 살펴본 네 장의 이미지와 함께 Part02 폴더의 'sky.jpg' 이미지 파일을 엽니다.
다음과 같이 새 캔버스에 모든 레이어를 복사해서 Layers 패널 아래부터 scene01 → scene02 → scene03 →
scene04 → sky 순서대로 정렬합니다.

03 Layers 패널에서 scene01 레이어를 'Create a new
layer' 아이콘(⬜)으로 드래그하여 복제합니다.

····TIP····································
Layers 패널의 눈 아이콘(👁)을 클릭하여 레이어를 활성화 또는 비활
성화하여 원하는 이미지만 나타내면서 간편하게 작업합니다.
··

04 복제된 레이어가 선택된 상태에서 **[Filter]** → **Distort** → **Ripple**을 실행합니다. Ripple 대화상자에서
Amount를 '60%'로 설정한 다음 〈OK〉 버튼을 클릭하여 수채화 배경을 자연스럽게 나타냅니다.

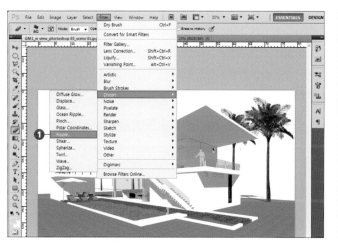 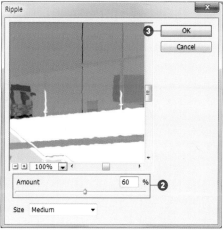

05   Layers 패널에서 scene02 레이어의 블렌딩 모드를 'Multiply'로 지정합니다. 수채화의 연필 스케치 선
이 약하게 느껴지면 레이어를 하나 더 복제하여 진하게 나타냅니다.

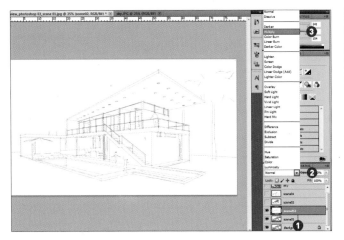
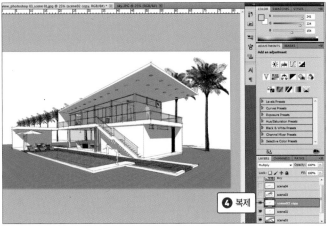

06   하늘 배경을 만들기 위해 scene04 레이어를 선택하고 툴
바에서 마술봉 툴(🪄)을 선택한 다음 배경을 클릭합니다. Shift 키를
누른 채 원하는 부분을 계속 클릭하여 선택 영역을 추가합니다.

·····TIP·····
포토샵에서 선택 영역을 지정하기 위해 선만으로 이루어진 스케치업
의 Hidden Line View 기능을 이용하면 도움이 됩니다.
·······························

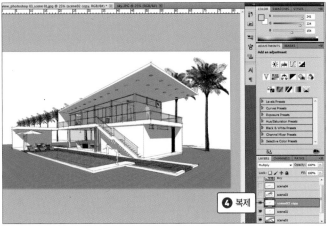

07   scene01 레이어를 선택하고 Delete 키를 눌러 나무와 건물을 제외한 하늘 배경을 지웁니다.

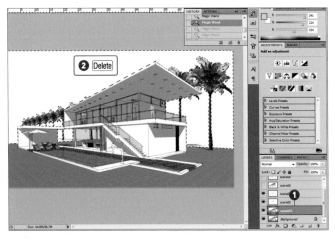
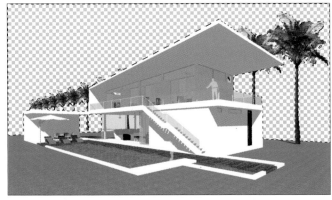

08 Layers 패널에서 sky 레이어를 scene01 레이어 아래로
드래그하여 이동합니다. Ctrl+A, Ctrl+T 키를 눌러 조절점이 나타
나면 다음과 같이 이미지 크기를 조정합니다.

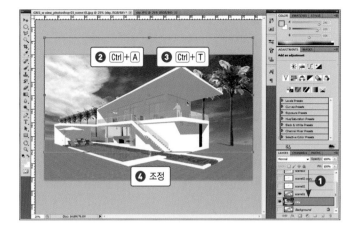

·····TIP·····
현재 뷰에 맞춰서 구름이 가장 자연스럽게 보이도록 크기를 조정하도
록 합니다.
··

09 [Filter] → Artistic → Dry Brush를 실행합니다. Dry Brush 대화상자에서 거친 붓 터치 느낌을 설정
하고 〈OK〉 버튼을 클릭하면 하늘이 수채화처럼 바뀝니다.

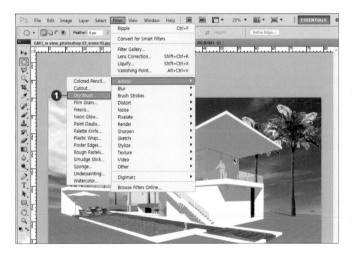

10 이제부터 가장 중요한 단계이자 연습과 경험이 필요한 부분이므로 천천히 따라합니다.
자연스럽게 배경을 지우기 위해 먼저 Layers 패널에서 scene03 레이어를 'Create a new layer' 아이콘(■)으
로 드래그하여 복제합니다.

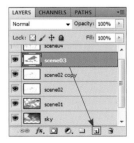

11 지우개 툴(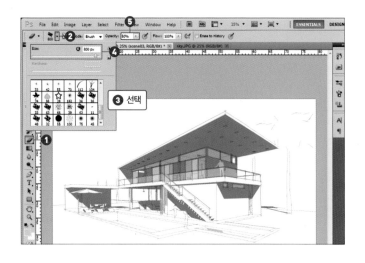)을 선택하고 Control 패널의 브러시 옵션에서 'Watercolor Loaded wet flat tip' 브러시를 선택한 다음 Size를 '800px'로 설정하고 Opacity를 '50%'로 설정합니다.

12 건물의 가운데 부분에 다음과 같이 대각선으로 짧게 여러 번 드래그하면 다음과 같이 배경이 나타납니다.

····TIP··
브러시 옵션의 Opacity와 Size를 설정하여 겹쳐서 빠르게 지워야만 자연스러운 붓터치 효과가 완성됩니다.
···

13 복사된 scene03 레이어의 눈 아이콘(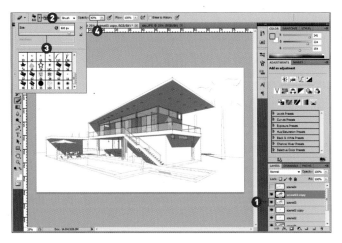)을 클릭하여 활성화하고 Control 패널에서 브러시 크기와 Opacity를 설정한 다음 이전 과정과 같은 방법으로 드래그하여 지웁니다.

14 Layers 패널에서 'Create a new layer' 아이콘을 클릭하여 새 레이어를 추가합니다. Shift + F5 키를 눌러 Fill 대화상자에서 Use를 'White'로 지정하고 Opacity를 '100%'로 설정한 다음 〈OK〉 버튼을 클릭하여 캔버스에 흰색을 채웁니다.

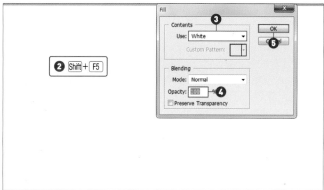

15 툴바에서 원형 선택 툴(◯)을 선택하고 캔버스에 다음과 같이 드래그하여 가로로 긴 타원을 그립니다.

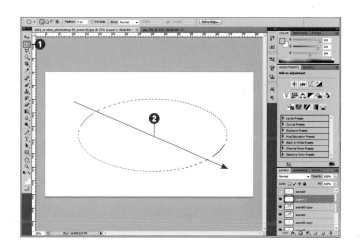

16 [Select] → Modify → Feather를 실행합니다. Feather Selection 대화상자가 나타나면 Feather Radius를 '150pixels'로 설정한 다음 〈OK〉 버튼을 클릭합니다.

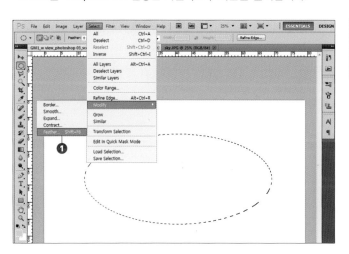

17 Delete 키를 눌러 선택 영역을 지우면 다음과 같이 부드러운 비네트(Vignette) 효과가 적용됩니다. 해당
레이어의 Fill을 '70%'로 설정합니다.

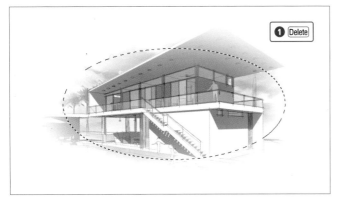

18 수채화 기법의 건축 프레젠테이션이
완성되었습니다. 수채화 기법은 많은 연습과 경
험이 필요하며 다양하게 응용할 수 있으므로 각
자의 노하우가 담긴 스타일을 만들기 바랍니다.

····TIP·····························
완성 이미지는 'GM1_w view_photoshop
03_final.psd' 파일을 참고합니다.
··

SKETCHUP

004 디자인을 부각시키는 역동적인 애니메이션

스케치업 애니메이션은 3ds 맥스나 라이노 등의 애니메이션 기능과 비교하여 매우 쉽지만 애니메이션 패스나 카메라 위치 등을 정확하게 제어하기 어렵습니다. 그러나 다른 프로그램보다 시간 대비 효율적인 결과물을 완성하므로 건축 실무에서 자주 이용하며 효과도 좋은 편입니다. 이 장에서는 건물의 전체를 보여주는 Fly Through 애니메이션과 함께 단면 툴을 이용하여 건축의 내부 단면을 보여주는 애니메이션을 만들어 보겠습니다.

1 카메라 경로를 따라가는 애니메이션 만들기

Fly Through 애니메이션은 카메라가 공중에 미리 설정된 경로를 따라 이동하면서 프로젝트를 보여줍니다. 보통 건물의 먼 곳에서부터 점차 가까이 다가오면서 360° 회전하여 전체를 보여주는 경로를 따라 이동합니다. 여기서는 Fly Through 애니메이션의 카메라 경로를 설정하는 방법과 경로를 따라 Scene을 설정하여 애니메이션으로 활용하는 방법에 대해 알아보겠습니다.

건물의 오른쪽 먼 곳부터 시작하여 뒤편으로 돌아 점점 고도를 낮추면서 360° 회전하여 최종적으로 오른쪽 주 출입구를 클로즈업하는 시퀀스를 만들어 보겠습니다.

|예제 및 결과 파일| Part02\4.1_GM1_w view_animation1.skp, 4.1_GM1_w view_animation1[Completion].skp, 4.2_GM1_w view_animation2.skp, 4.2_GM1_w view_animation2[Completion].skp, animation01~02.mp4

01 Part02 폴더에서 '4.1_GM1_w view_animation1.skp' 파일을 엽니다. Fly Through 애니메이션을 설정하기 위해 가상의 대지에 건물을 배치했습니다.

먼저 카메라 경로(패스)를 지정해야 합니다. 여기서는 건물의 오른 쪽, 주 출입구 부분에서 시작하여 360° 회전하는 애니메이션을 만들어 보겠습니다.

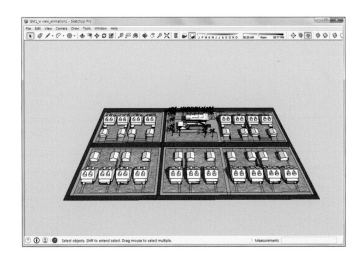

02 어림잡은 각각의 뷰 이미지를 이어도 애니메이션을 만들 수 있지만, 가상의 애니메이션 패스를 지정하여 정확하고 부드러운 애니메이션을 만드는 방법에 대해 살펴보겠습니다.

먼저 애니메이션 경로를 지정하기 위해 원형 툴(◉)을 이용하여 프로젝트를 중심으로 지름 200m의 원을 그립니다.

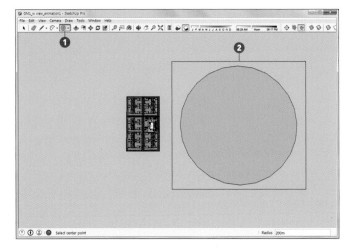

24개 직선

03 선택 툴(▨)로 원에서 선을 선택한 다음 Entity Info 창에서 Segments를 확인합니다. 기본적으로 원은 24개의 직선으로 이루어지므로 Segments를 '12'로 수정하여 다각형처럼 나타냅니다.

····TIP····
스케치업 플러그인 중 하나인 베지어 곡선 툴을 이용하면 간단하게 패스를 만들 수 있습니다. Extension 웨어하우스에서 다운로드하여 이용할 수 있습니다.

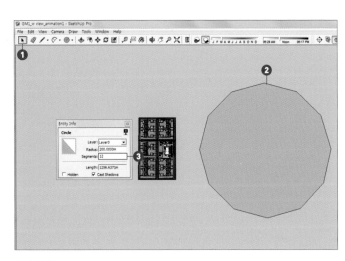

12개 직선

04 원에서 면을 선택한 다음 지우고 이동 툴(✛)을 이용해서 다음과 같이 이동하여 배치합니다.

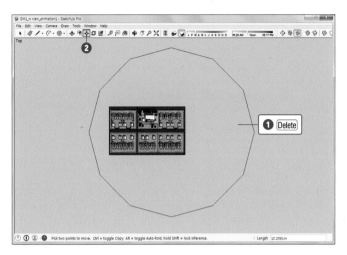 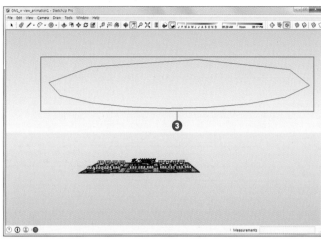

05 애니메이션의 시작점(Start Point)을 지정합니다.

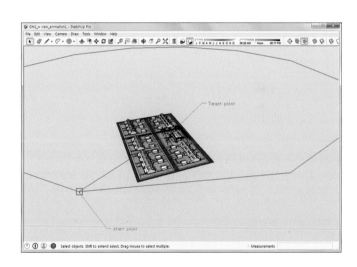

06 애니메이션 패스를 만들기 위해 회전 툴(🔄)을 이용하여 원을 6° 회전합니다. 원이 기울면서 패스의 고
도가 낮아지기 시작합니다.

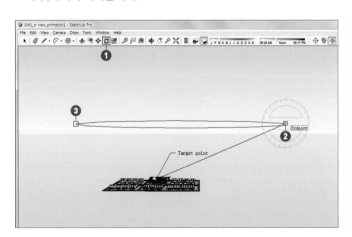 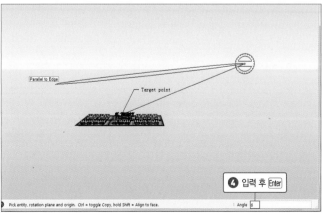

07 원을 그룹으로 설정하고 시작점(Start Point)의 반대편 기준점에서 Ctrl 키를 누른 채 10° 회전하여 원을 복제합니다.

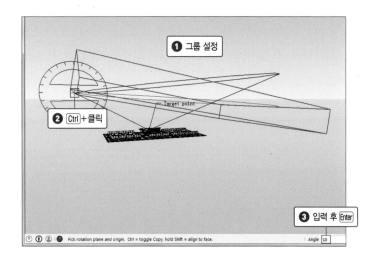

08 원 그룹을 선택하고 각각의 원에서 절반을 지워 다음과 같이 소용돌이치는 형태의 패스를 만듭니다.

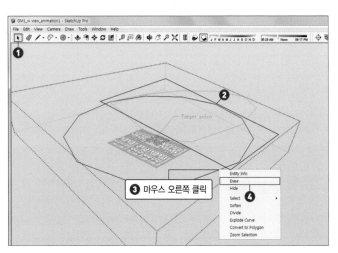

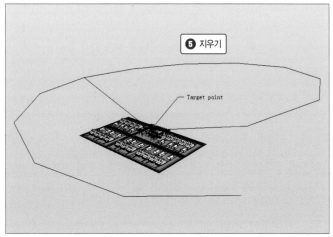

09 크기 조절 툴(▣)을 이용하여 원을 적당히 변형합니다.

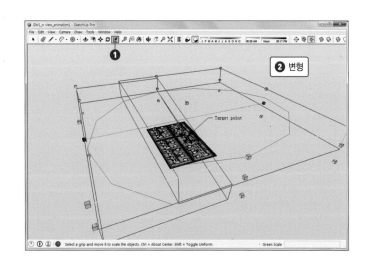

10 두 개의 원이 각각의 그룹으로 나눠져 있으므로 다음과 같이 자유로운 형태의 패스로 연결합니다.

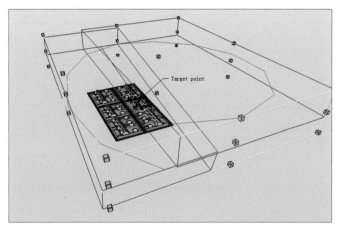
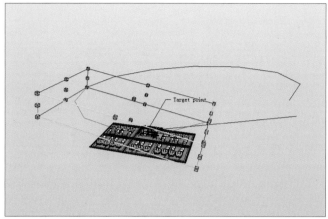

11 이동 툴()을 이용하여 끝점을 지면과 가깝게 위치시킵니다. 끝점이 GM1 House와 가깝게 애니메이션 패스를 조정합니다.

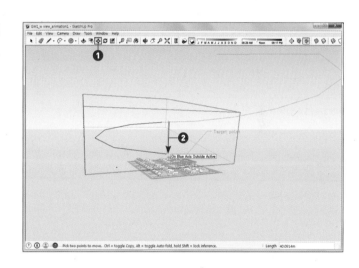

12 카메라 이동 경로에 알맞은 패스가 완성되었습니다.

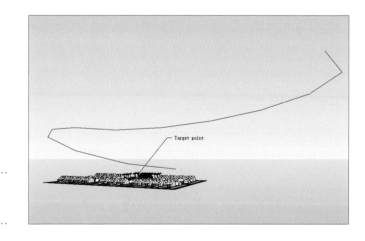

·····TIP···
다양한 플러그인을 이용하여 부드러운 패스를 더욱 쉽게 만들 수도 있습니다.
··

13 패스와 목표점(Target Point)을 이어서 애니메이션 가이드라인을 만들겠습니다.

선 툴(✏)로 다음과 같이 위쪽 패스부터 각각의 기준점과 목표점을 클릭하여 이어 그립니다. 이때 만들어진 면은

나중에 지우며 목표점이 달라지지 않도록 주의합니다.

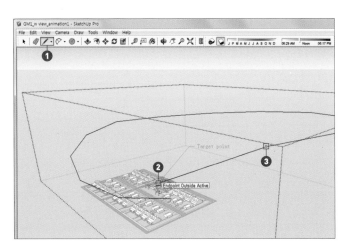 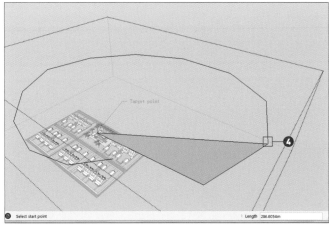

14 계속해서 패스의 모서리를 각각 클릭하여 애니메이션 가이드라인을 그립니다.

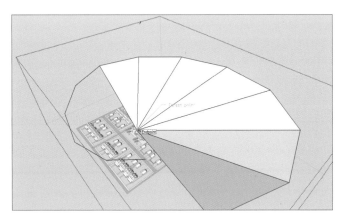 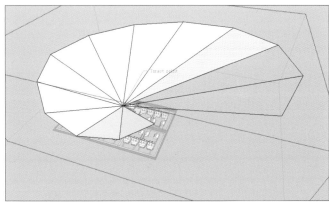

15 가이드라인이 완성되면 그룹으로 설정하고 Outliner 창에서 이름을 'guide line'으로 수정합니다.

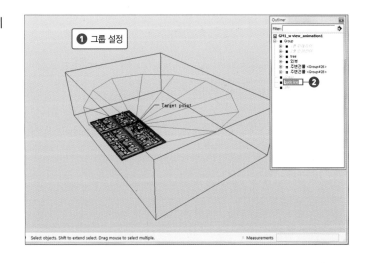

16 이번에는 가이드라인을 이용하여 애니메이션의 장면을 만듭니다. [Camera] → Position Camera를 실행하고 가이드라인의 시작점을 클릭한 채 목표점을 드래그하여 선택합니다.

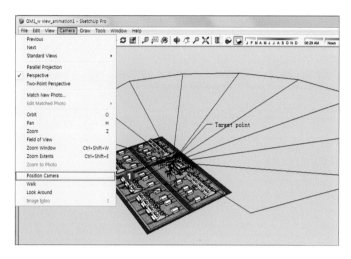
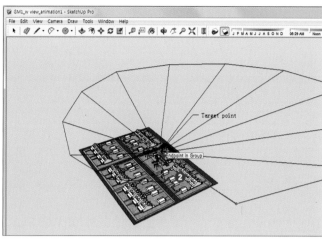

17 Scenes 창에서 'Add Scene' 아이콘(⊕)을 클릭하여 Scene 1을 추가합니다. 같은 방법으로 패스를 따라서 계속 Scene을 추가합니다.

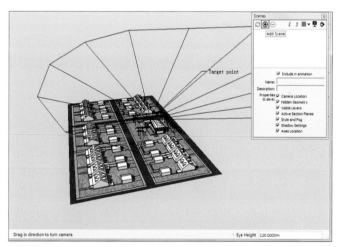
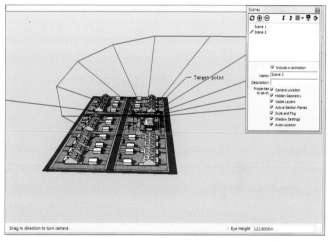

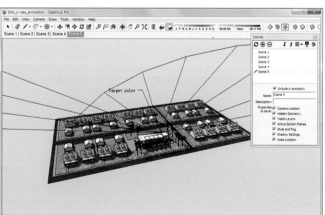
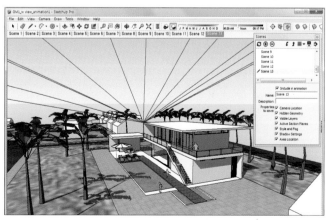

18 마우스 휠을 이용하여 뷰를 조정해서 끝점에 가깝게 이동하고 Scene을 추가합니다.

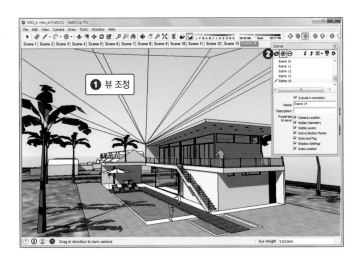

19 Scene 탭에서 마우스 오른쪽 버튼을 클릭한 다음 **Play Animation**을 실행합니다. Animation 대화상자에서 〈Play〉 버튼을 클릭하면 Scene이 이동하면서 자연스럽게 애니메이션이 재생됩니다.

·····TIP·····
애니메이션 패스를 만들지 않아도 되지만, 프로젝트 규모나 특성에 따라 효과적인 애니메이션을 제작하기 위해서는 미리 다양한 형태의 패스를 만들어 극적인 애니메이션을 연출할 수 있습니다.
·····························

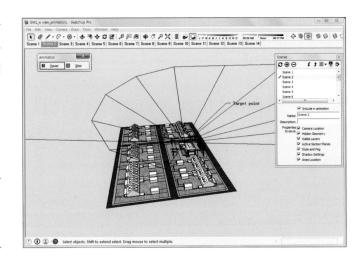

20 애니메이션에서도 가이드라인이 나타나기 때문에 Scene마다 Outliner 창에서 가이드라인 그룹을 숨기고 Scene을 업데이트하거나 가이드라인을 숨기거나 지워 완성합니다.

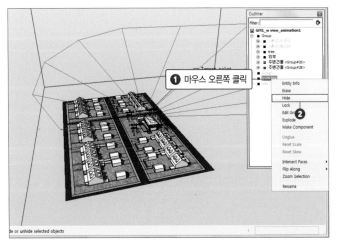

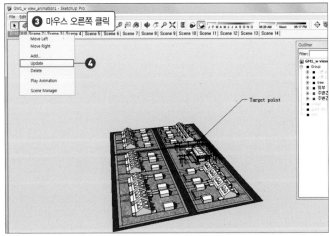

21 [File] → Export → Animation → Video를 실행하면
설정된 Scene을 이용한 avi, mp4 파일 형식의 동영상을 만들 수
있습니다.

22 Export Animation 대화상자에서 파일의 저장 위치와 이름, 형식을 지정한 다음 〈Options〉 버튼을 클릭
합니다. Animation Export Options 대화상자에서 Frame Rate를 '24'로 설정하고 〈OK〉 버튼을 클릭한 다음 다
시 〈Export〉 버튼을 클릭하여 작업을 마칩니다.

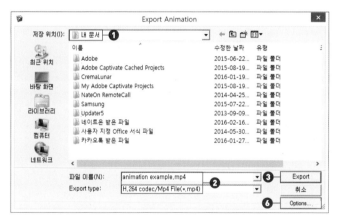

····TIP····
Animation Export Options 대화상자에서 애니메이션의 화면 비율과 크기, 품질을 설정하는 Frame Rate를 조절할 수
있습니다. 보통 영화의 Frame Rate는 '29.97'이지만 스케치업 애니메이션의 Frame Rate는 '24'면 충분합니다.

2 주요 뷰를 활용한 단면 애니메이션 만들기

건축 실무에서 애니메이션은 클라이언트에게 큰 감동을 줄 수 있으므로 자주 활용합니다. 특히 모델링이 완성된 상태에서 스케치업 애니메이션을 이용하면 주요 뷰 몇 개만 활용해도 훌륭한 프레젠테이션이 완성됩니다.

이번에는 단면 툴을 이용해서 건물이 바닥부터 지붕까지 차례로 나타나거나 건물 외부에서 내부까지 자연스럽게 보여주는 애니메이션을 만들어 봅니다. 스타일이나 그림자 움직임을 이용하면 짧은 시간 안에 훌륭한 애니메이션을 만들 수 있습니다. 다음의 예제 파일은 4개의 그룹, 즉 Site, 외부, 1층 인테리어, 2층 인테리어로 구분되어 있으며 Outliner 창에서 그룹을 관리할 수 있습니다.

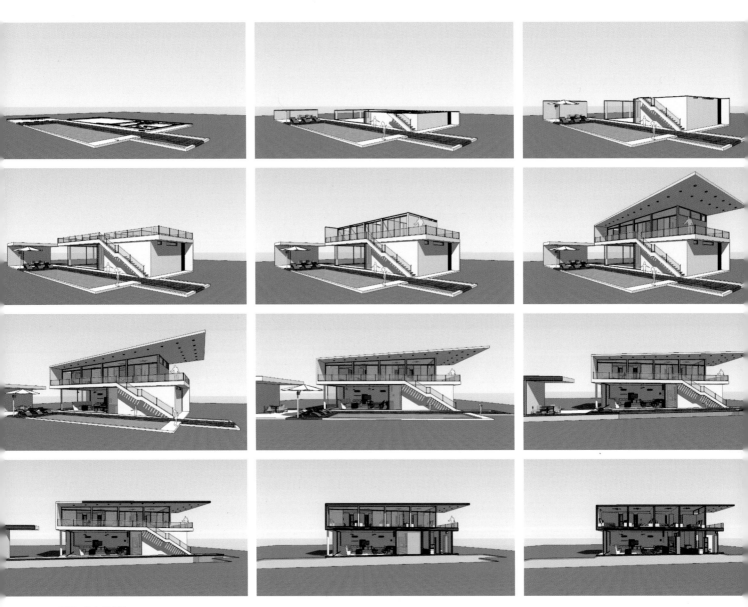

단면 애니메이션

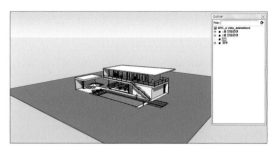

대지

외부 그룹 : 대지, 1, 2층 인테리어 가구를 제외한 모든 부분이 포함되어 있습니다.

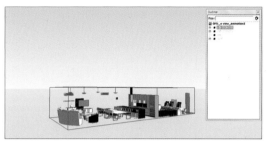

1층 인테리어

2층 인테리어

01　　Part02 폴더에서 '4.2_GM1_w view_animation2.skp' 파일을 엽니다. Outliner 창에서 외부 그룹을 더블클릭하여 선택합니다.

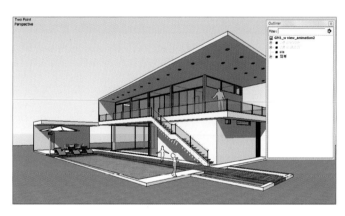

02　　대지는 그대로 둔 상태에서 1층, 2층 인테리어를 제외한 건물 자체만 아래에서 위로 솟아오르는 듯한 애니메이션을 만들기 위해 단면 툴(⊕)을 선택한 다음 대지의 바닥 면을 클릭합니다.

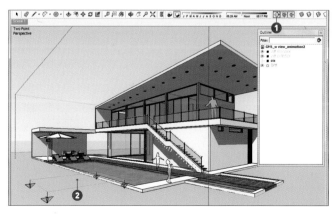

·····TIP··
화면에 건물이 나타나지 않으면 툴바에서 단면 보기 툴을 선택하여 비활성화합니다.

Scene과 Section Plane 살펴보기

스케치업의 Scene에는 다양한 특성이 저장됩니다. Style과 Fog, Layers, Shaded 정보는 물론, Active Section Planes의 위치가 저장됩니다. 그러므로 저장된 Scene의 단면(Section Plane) 위치가 각각 다르면(각 Scene에는 다른 Section Plane 추가) 단면이 이동하면서 애니메이션이 만들어집니다. 여기서는 Scene과 Section Plane의 관계에 대해 구체적으로 살펴보겠습니다.

① 긴 직육면체에 왼쪽부터 세 개의 단면이 있습니다. 각각의 단면은 차례대로 Scene 2, Scene 3, Scene 4의 Active Section Plane 으로 지정되었습니다.

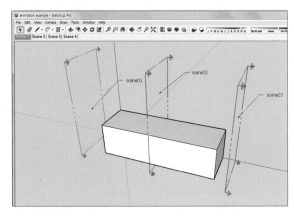

② [Scene 2] 탭을 선택하면 왼쪽 단면이 활성화됩니다.

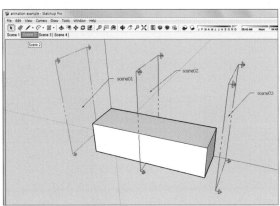

③ [Scene 3] 탭을 선택하면 중간 단면이 활성화되면서 직육면체 왼쪽 부분이 사라집니다.

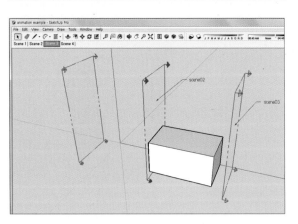

④ [Scene 4] 탭을 선택하면 오른쪽 단면이
비활성화되면서 직육면체가 모두 사라집니다.

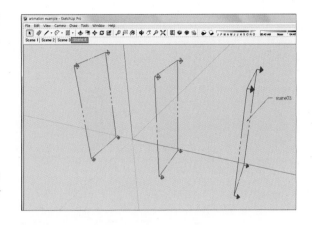

TIP 이처럼 세 개의 뷰를 이용하면 직육면체가 서서
히, 자연스럽게 사라지는 애니메이션을 만들 수 있습
니다.

⑤ 각각의 단면을 선택한 다음 마우스 오른쪽 버튼을 클릭하고 **Reverse**를 실행하면 단면의 화살표 방향이 반전됩
니다. 이 경우 직육면체 왼쪽부터 서서히 나타나는 애니메이션이 만들어집니다.

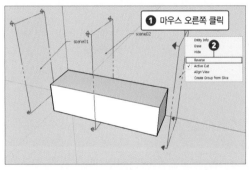
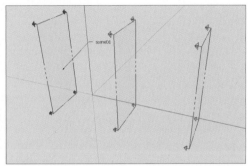

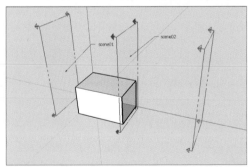
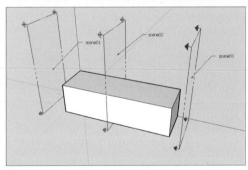

⑥ 단면을 특정 그룹에 적용할 수도 있습니
다. 이번에는 원통과 직육면체 그룹 중 직육
면체 그룹에만 단면을 적용해 보겠습니다.

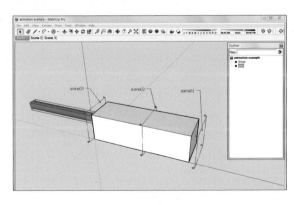

⑦ 직육면체 그룹을 더블클릭하여 선택하고 다음과 같이 오른쪽, 중간, 왼쪽에 단면을 위치시킨 다음 각각 차례대로 Scene에 저장합니다.

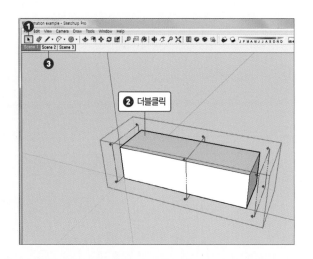

⑧ Scene을 차례대로 연결하면 빨간색 원통은 단면에 영향을 받지 않기 때문에 사라지지 않으며 직사각형만 오른쪽부터 사라지는 애니메이션이 만들어집니다.

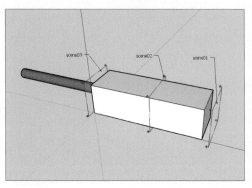
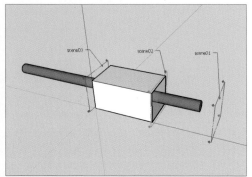

⑨ 애니메이션이 진행되면서 빨간색 원기둥만 남습니다. 단면(Section Plane)은 특정 그룹에만 지정할 수 있으므로 이러한 성질을 이용하여 다양한 애니메이션에 응용할 수 있습니다.

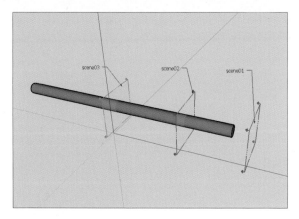

03　선택 툴(⬀)로 단면(Section Plane)을 선택한 다음 이동 툴(✛)을 이용하여 수영장 바닥 아래로 이동
시킵니다.

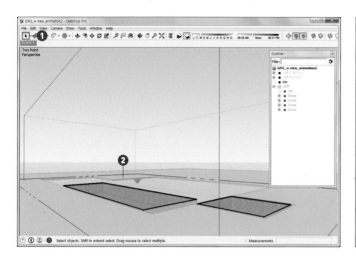 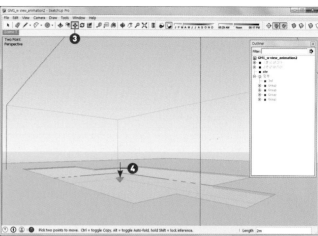

04　이때 Outliner 창에서 1층, 2층 인테리어는 숨겨져 있어
야 합니다.

05　단면 보기 툴(⬛)을 선택하여 비활성화해서 단면을 숨기고 Scene을 추가합니다. Warning 대화상자가
나타나면 'Save as a new style.'을 선택하고 〈Update Scene〉 버튼을 클릭하여 저장합니다.

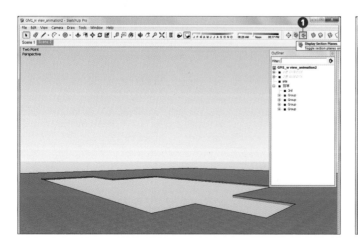 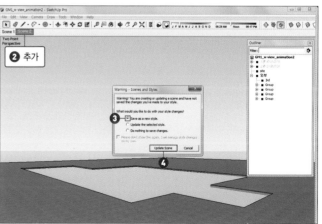

06 외부 그룹이 선택된 상태에서 새로운 단면을 만듭니다.

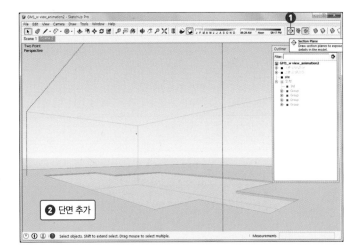

····TIP····
이전 단계에서 선택한 그룹 안에 새로운 단면이 만들어져야 하므로 유의합니다.

07 이동 툴(✛)로 단면을 선택하고 2층 슬래브까지 드래그하여 이동합니다.

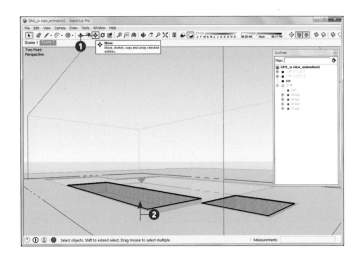

08 새로운 Scene을 추가하고 단면 보기 툴(▦)을 선택하여 비활성화해서 단면을 숨깁니다. Scene을 추가하여 업데이트하고 Warning 대화상자에서 'Save as a new style'을 선택한 다음 〈Create Scene〉 버튼을 클릭하여 저장합니다.

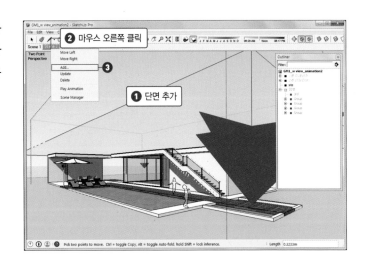

09 같은 방법으로 새로운 단면을 만들어 다음과 같이 지붕 위로 이동한 다음 새로운 Scene을 추가합니다.

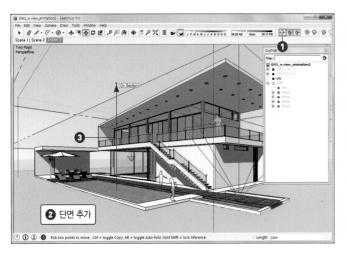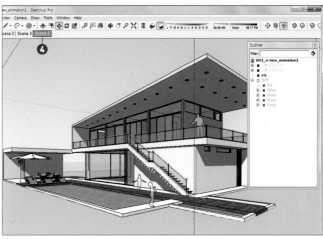

10 지금까지는 대지에서부터 건물이 솟아오르는 듯한 애니메이션을 나타냈으므로 차례대로 클릭해서 확인해 봅니다. 순서나 형태에 이상이 없으면 Outliner 창의 1층, 2층 인테리어 그룹에서 마우스 오른쪽 버튼을 클릭한 다음 **Unhide**를 실행하여 내부 가구들을 나타냅니다.

11 내부 인테리어가 보이는 상태에서 다음과 같이 뷰를 조정하고 Scene을 추가합니다. 애니메이션에서는 가구가 나타나면서 뷰가 서서히 바뀝니다.

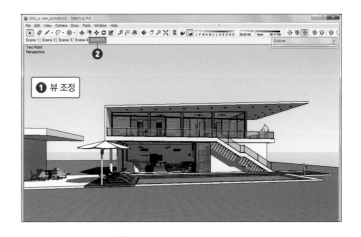

12 이번에는 건물 내부로 들어가는 애니메이션을 만들어 보겠습니다. Outliner 창의 모든 그룹이 활성화된 상태에서 '외부'를 더블클릭해 선택합니다.

····TIP····
그룹을 선택하기 위해서는 직접 모델을 더블클릭하거나 Outliner 창을 이용합니다.

13 단면 툴(⊕)을 선택한 다음 정면을 선택하고 단면을 화면 앞쪽으로 다음과 같이 조정합니다.

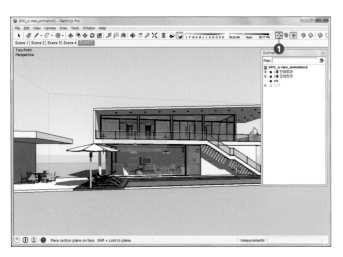

14 단면 보기 툴(◉)을 선택한 다음 새로운 Scene을 추가합니다.

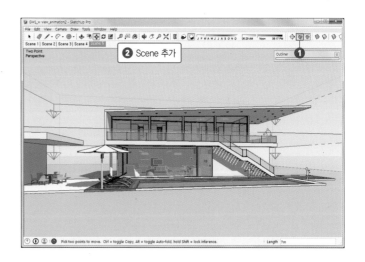

15 건물 내부가 보이도록 단면을 이동한 다음 Scene을 추가합니다.

16 마지막으로 단면을 하나 더 추가하고 다음과 같이 위치시킨 다음 Scene을 추가합니다.

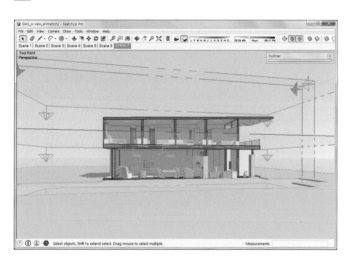

17 첫 번째 Scene부터 탭을 선택하여 원하는 뷰로 저장되었는지 확인합니다. 이때 첫 장면에서는 대지만 보입니다.

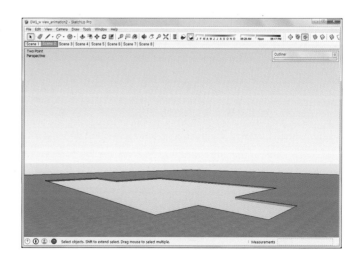

18   대지 아래에서부터 1층까지 건물이 나타나고 이어서 완전하게 나타납니다.

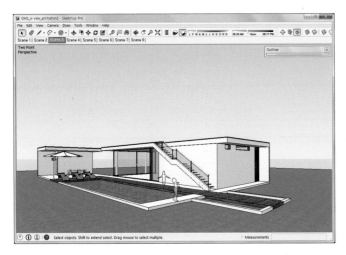 

19   내부 가구가 나타나면서 정면 뷰로 서서히 움직입니다.

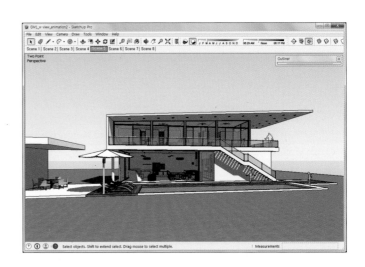

20   건물이 정면에서부터 사라지다가 점차 내부가 나타나기
시작합니다.

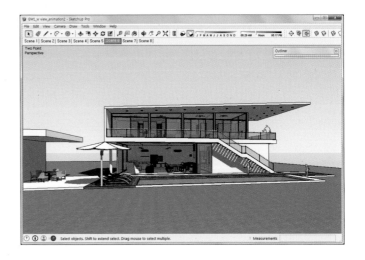

21 1층 거실이 보이고 차례대로 2층 방의 내부 구조가 보입니다.

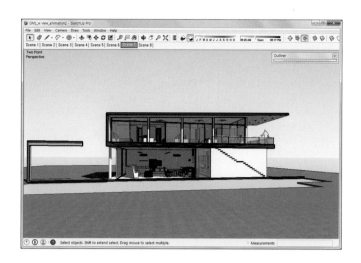

22 뷰 확인을 마치면 Scene 탭에서 마우스 오른쪽 버튼을 클릭하고 **Play Animation**을 실행합니다. 스케치업 모델링 애니메이션이 실행됩니다.

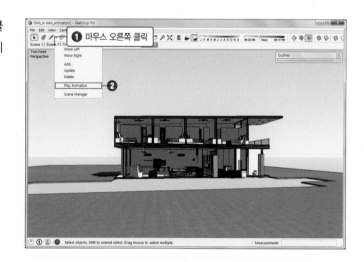

23 애니메이션에서 Scene 간의 재생시간을 설정하기 위해서는 먼저 [**Window**] → **Model Info**를 실행합니다. Model Info 창에서 'Animation'을 선택합니다. Scene Delay 항목은 Scene이 바뀔 때마다 잠시 멈추는 시간으로 부드럽게 이어지도록 '0'으로 설정하고 창을 닫습니다.

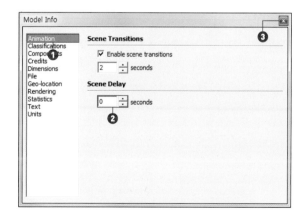

····TIP····
Scene Transitions 항목은 Scene별 재생시간이며 기본 2seconds (초)로 설정되어 있습니다.
···

24 Animation 창에서 〈Play〉 버튼을 클릭하여 각 Scene의 애니메이션을 실행합니다.

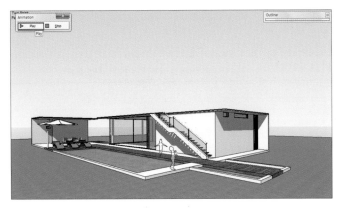

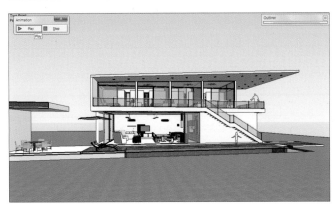
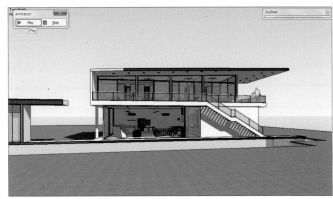

25 설정된 Scene들을 mp4, avi 등의 동영상 파일로 저장하기 위해 [File] → Export → Animation → Video를 실행합니다.

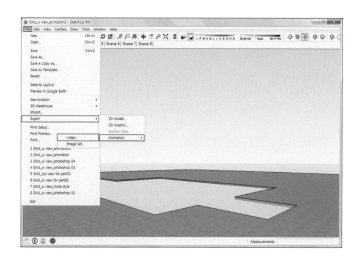

26 Animation Export Options 대화상자가 나타나면 원하는 화질로 설정한 다음 동영상을 저장합니다. Resolution을 '720p HD'로 지정한 다음 'Loop to starting scene'의 체크 표시를 해제하고 〈OK〉 버튼을 클릭합니다.

····TIP·····
Loop to starting scene은 마지막 Scene이 끝나고 처음 Scene으로 돌아가는 설정이며 일반 건축 애니메이션에서는 사용하지 않습니다.
·····

27 애니메이션 파일로 내보내는 과정이 진행되며 컴퓨터 사양과 애니메이션의 재생시간, 화질에 따라 작업 시간이 달라집니다.

 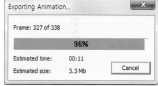

28 애니메이션이 완성되면 영상을 실행하여 확인해 봅니다.

LAYOUT

OO5 레이아웃을 이용한 디자인 패키지

레이아웃(LayOut)은 스케치업에서 모델링한 프로젝트를 이용하여 디자인 패키지(Design Package)를 만드는 프로그램이며, 건축 실무에서 흔히 이용하는 A3 크기의 도면은 물론이고 A1 도면까지 쉽게 관리할 수 있습니다. 특히 스케치업에서 뷰를 지정하고 Scene으로 저장해도 레이아웃에서 바로 불러올 수 있으며 각종 그림 파일(JPG, PNG 등) 불러오기를 비롯하여 자체적인 드로잉 기능이 있어 빠른 작업에 요긴한 툴입니다.

이 장에서는 레이아웃의 메뉴를 비롯한 기본 기능을 살펴보고 건축 모델링을 이용하여 간단한 디자인 패키지를 만들어 보겠습니다.

|예제 및 결과 파일| Part02\5.1_GM1_w view_layout.skp, 5.2_GM1_w view_layout perspective.skp, 5.3_GM1_w view_layout1. skp, 5.4_GM1_w view_layout2.skp, 레이아웃_GM1 house.pdf, 레이아웃_GM1_2015.layout, 레이아웃_GM1_2016.layout

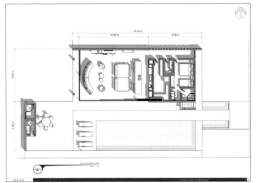
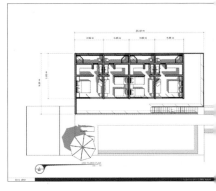
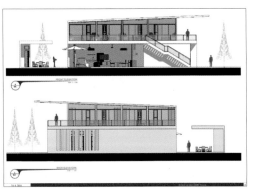
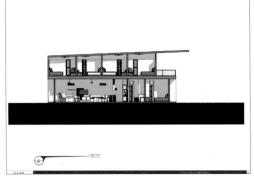
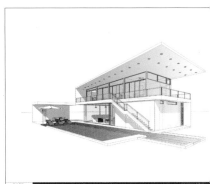

1 레이아웃 이해하기

레이아웃은 기본적으로 위쪽의 메뉴, 툴바, 왼쪽의 프레젠테이션 창, 오른쪽의 색상, 스타일, 패턴, 스케치업 모델/치수 스타일을 조정하는 창, 디자인 패키지의 페이지나 레이어를 제어하는 창, 건축 도면을 작성할 때 필요한 타이틀 블록, 각종 태그와 사람, 나무 등의 요소 크기 등을 제어하는 Scrapbook 창이 있습니다. 아래쪽에서는 직접 치수를 설정하여 좀 더 정확한 작업을 할 수 있습니다.

01 레이아웃의 메뉴와 툴바는 스케치업처럼 직관적입니다. 처음 레이아웃을 실행하면 다음과 같이 툴바와 함께 아래쪽의 Status Bar가 비활성화되어 있습니다.

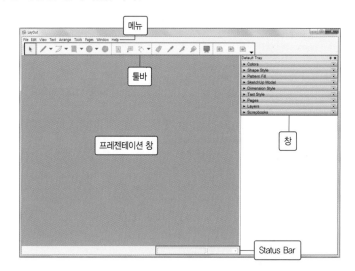

02 Part02 폴더에서 '레이아웃_GM1_2015/2016.layout' 파일을 엽니다. 툴들이 활성화되며 오른쪽에서 Pages 창을 선택하면 총 7페이지로 구성된 디자인 패키지를 확인할 수 있습니다. 왼쪽 프레젠테이션 창에는 마지막(7) 페이지인 perspective 페이지가 나타납니다.

·····TIP······
페이지 수는 디자인 패키지 구성에 따라 얼마든지 달라질 수 있습니다.

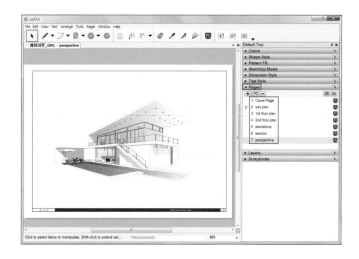

03 툴바는 선택, 선, 텍스트, 레벨, 치수, 지우개, 스타일, 분할, 결합, 프레젠테이션 시작 툴 등으로 구성된 것을 확인할 수 있습니다.

·····TIP······
지우개, 스타일, 분할, 결합 툴은 작업 창에서 선 툴을 이용하여 그린 도형들을 지우거나(Erase) 도형의 색, 패턴, 선의 특성(Style)을 다른 도형으로 복사할 때 이용하며 도형이나 선을 분리(Split)하거나 합칠(Join) 때 사용합니다.

04　Colors 창은 선 툴()을 이용하여 만든 선이나 도형의 색상, 투명도를 설정합니다.

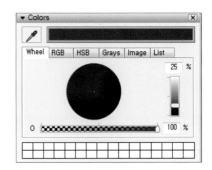

05　Shape Style 창에서는 선과 도형의 내부 색상, 패턴, 외곽선 두께와 종류를 설정할 수 있습니다. 패턴은 Pattern Fill 창에서 설정합니다.

06　SketchUp Model 창은 레이아웃에서 가장 중요한 역할을 합니다.

ⓐ [View] 탭에서는 불러들인 스케치업 모델의 Scene 을 골라서 사용할 수 있으며 건축 도면에서 가장 중 요한 스케일을 조정할 수도 있습니다. 또한 그림자 (Shadows)를 설정할 수 있으며 안개(Fog)도 설정할 수 있습니다.

ⓑ [Styles] 탭에서는 스케치업과 마찬가지로 뷰 스타 일을 직접 조정할 수 있습니다. 가장 좋은 방법은 스케 치업에서 스타일을 설정하고 Scene에 저장하여 레이 아웃에서 불러오는 것입니다.

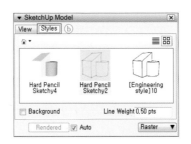

07　Dimension Style 창에서는 도면에 따라 건축 디자인의 치수 스타일을 바꿀 수 있습니다.

08 Text Style 창에서는 입력하는 모든 문자의 서체, 크기, 색상 등을 조정할 수 있으며 문단의 형태나 방향 등을 정렬할 수 있습니다.

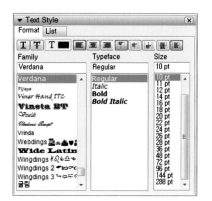

09 Pages 창에서는 디자인 패키지의 페이지를 만들고 관리합니다. 또한 복사 기능을 이용하여 비슷한 레이아웃의 페이지를 쉽게 만들 수 있습니다.

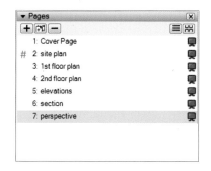

10 Layers 창에서는 각 페이지에서 공통된 타이틀 블록이나 도형, 로고 등을 관리합니다.

11 Scrapbooks 창에서는 화살표, 자동차 심볼, 사람, 사인, 나무 타이틀 블록 등 건축 도면에 필요한 요소가 있어 필요할 때 이용합니다.

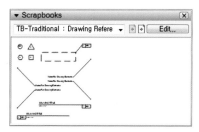

2 디자인 패키지 제작하기

디자인 패키지(Design Package)란 건축가가 클라이언트와의 미팅을 위해 준비해야 하는 일종의 프로젝트 설명서입니다. 간단하게는 투시도 한 장이나 배치도, 층별 평면도, 입면도, 단면도 등의 건축 도면, 각종 스케줄(Schedule)이 추가되기도 합니다. 여기서는 건축 모델링을 이용하여 간단한 디자인 패키지를 만들어 봅니다.

1 | 레이아웃 디자인하기

디자인 패키지 크기와 전체적인 분위기를 결정하는 단계입니다. 레이아웃에서 제공하는 템플릿을 사용하거나 취향에 맞게 디자인해도 좋습니다.

01 레이아웃(LayOut)을 실행하고 디자인 패키지 레이아웃을 선택하기 위해 [**File**] → **New**를 실행합니다.
Getting Started 대화상자의 Titleblock\Contemporary에서 'A3 Landscape'를 선택한 다음 〈Open〉 버튼을 클릭합니다.

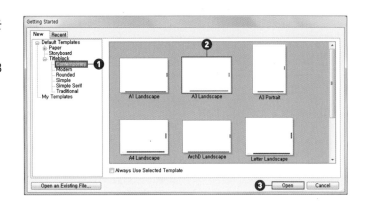

02 Pages 창을 확인하면 다음과 같이 Cover Page와 Inside Page로 나뉜 것을 확인할 수 있습니다.

ⓐ Cover Page : 디자인 패키지 커버로 이용하고 보통 프로젝트의 특성을 한눈에 볼 수 있는 투시도나 사진, 프로젝트 이름, 작성자 정보, 회사 로고 등을 입력합니다.

ⓑ Inside Page : 주로 배치도, 평면도 등의 건축 도면이 들어가기 때문에 아래쪽 타이틀 블록이 차지하는 비중은 커버 페이지보다 작은 편입니다.

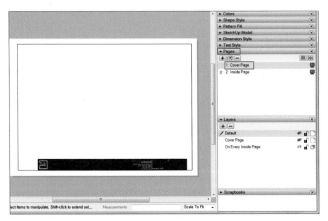

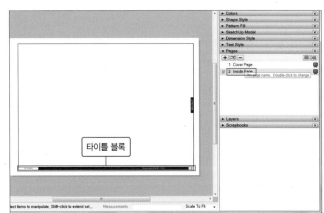

03   Layers 창에는 Default, Cover Page, on Every Inside Page 레이어가 있습니다.

ⓐ Cover Page 아래 로고를 클릭하면 로고가 포함된 레이어 이름 왼쪽에 파란색 점이 나타납니다. 레이어 이름 오른쪽 눈 아이콘(👁)을 이용하여 레이어 표시 여부를 지정할 수 있습니다.

ⓑ 자물쇠 아이콘(🔒)을 이용하여 레이어를 잠궈 편집할 수 없는 상태로 만들 수 있습니다. 잠금 설정이 해제된 상태에서는 다음과 같이 더블클릭하여 자물쇠를 비활성화한 다음 편집할 수 있습니다.

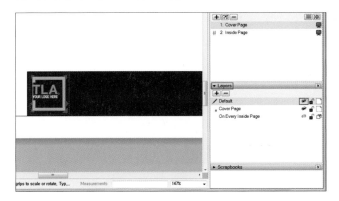

04   커버 페이지의 로고를 만들어 보겠습니다. 문자 툴(A)을 이용하여 로고 오른쪽에 타이포 로고를 만듭니다. 로고는 이미지를 불러와도 좋으며 텍스트만으로 꾸며도 상관없습니다. Colors, Text Style 창을 이용하여 텍스트 로고를 설정합니다.

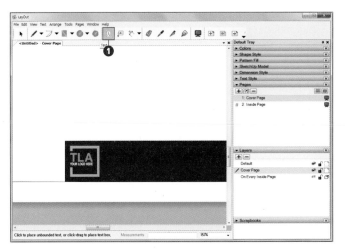

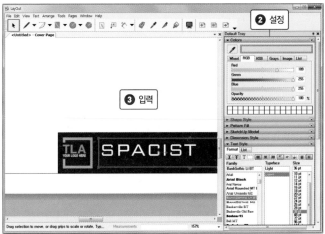

05 기존 로고를 지우고 새로운 로고의 위치를 다시 지정합니다.

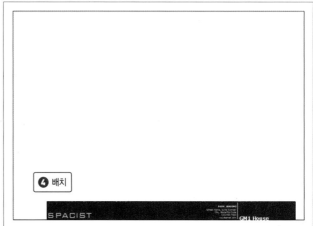

06 [File] → Insert를 실행하여 열기 대화상자에서 '5.2_
GM1_w view_layout perspective.skp' 파일을 불러옵니다.

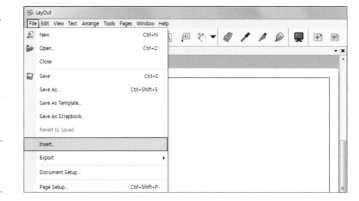

····TIP····
레이아웃에서 불러올 수 있는 파일 형식에는 스케치업 파일, 그림 파
일, 텍스트 파일이 있습니다.
·······

07 커버 페이지에 이미지가 불러들여집니다. 오른쪽 SketchUp Model 창의 Scene을 'Scene with hard
pencil sketchy'로 지정합니다.

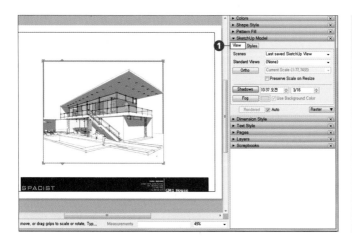
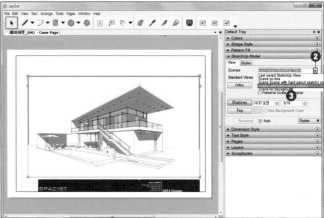

08 파란색 선 양쪽 조절점을 드래그하여 모델 전체가 나타나 도록 크기를 조정합니다.

····TIP··
표지(커버) 디자인이므로 크기와 배치는 자유롭게 디자인합니다.
··

09 모델에서 마우스 오른쪽 버튼을 클릭한 다음 **Center →**
Vertically on Page/Horizontally on Page를 각각 실행하여 가
운데에 배치합니다.

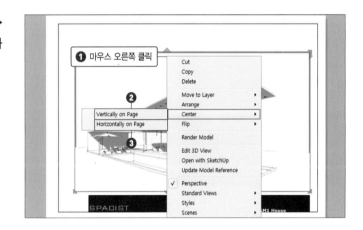

10 Pages 창에서 'Inside Page'를 선택합니다. 타이틀 블록
을 수정하기 위해 도면 오른쪽의 'Author Name'을 지웁니다.

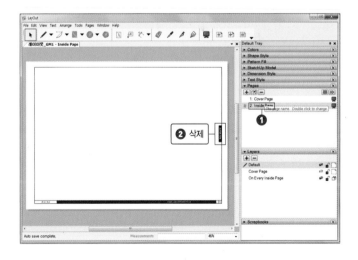

····TIP··
Inside Page는 배치도, 각층 평면도, 입면도, 단면도, 투시도 등에 이
용할 예정입니다.
··

11 프레젠테이션 창 오른쪽 아래의 Project Name을 'GM1 House'로 수정합니다.

····TIP····
타이틀 블록에는 프로젝트와 디자이너에 관한 정보를 입력합니다.

2 | 배치도 추가하기

배치도에는 건물과 주변 도로, 조경 등의 정보가 나타납니다. 스케치업에서 건물만 모델링하고 레이아웃의 드로잉 기능을 이용하여 배치도를 완성하겠습니다.

01 배치도를 만들기 위해서 [File] → Insert를 실행하여 '5.1_GM1_w view_layout.skp' 파일을 불러옵니다. 최근에 저장한 뷰가 불러들여지면 SketchUp Model 창의 Scenes에서 '배치도'를 선택합니다.

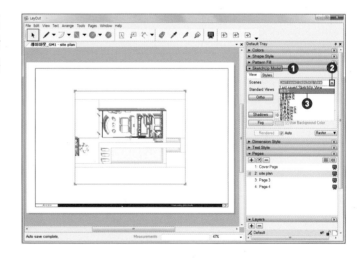

02   Ortho의 Scale을 '1mm:200mm (1:200)'로 지정하여 프레젠테이션 창에 모델링을 배치합니다. 모델링 이미지에서 마우스 오른쪽 버튼을 클릭하고 **Center → Vertically on Page/Horizontally on Page**를 각각 실행하여 가운데에 배치합니다.

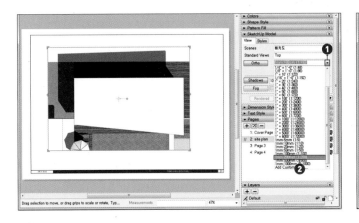 

03   건축 도면의 배치도에는 정북 방향 표시가 필요합니다. Scrapbooks 창에서 'Arrows : arrows | 2D | north'를 지정하고 정북 방향 표시 화살표를 드래그하여 도면에 배치합니다.

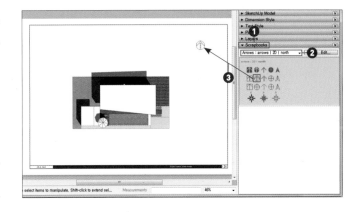

········TIP········

디자인 패키지 콘셉트에 따라 어울리는 방향 표시를 선택합니다.

··

04   배치도에는 주변 건물과 진입로, 조경 등의 정보를 추가합니다. 보통 스케치업에서 실제 대지 정보를 모델링하는 것이 더욱 편리하지만 여기서는 먼저 사각형 툴(▧)을 이용하여 다음과 같이 적당한 크기의 도로를 그립니다.

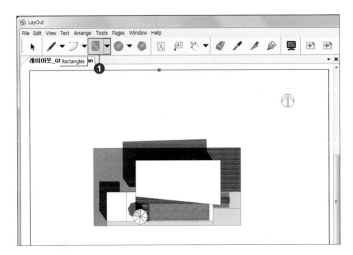 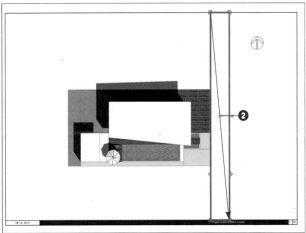

05 선택 툴(�)로 사각형 도로를 선택하고 Pattern Fill 창에서 'Material Symbols'를 지정합니다.

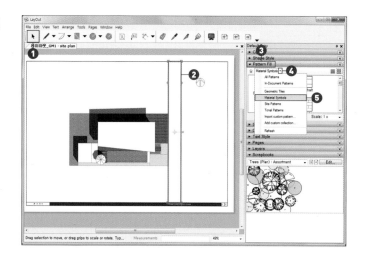

06 'Cast-in-place Concrete' 패턴을 선택하고 Scale을 '0.50x'로 지정합니다.

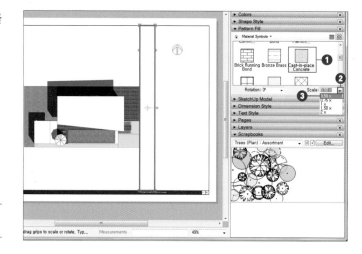

····TIP····
프로젝트 크기에 따라서 패턴 크기도 달라질 수 있습니다.

07 이어서 다음과 같이 가로 방향의 도로를 그리고 같은 패턴을 적용합니다.

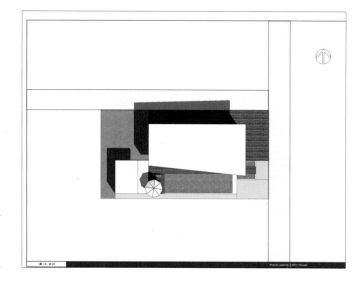

····TIP····
여기서는 레이아웃 사용 방법을 설명하기 위해 실제 대지와는 다른 예를 들었습니다.

08 두 개의 도로가 만나는 지점의 선을 지우기 위해 먼저 분할 툴(✏)을 선택합니다. 도로가 만나는 지점을 클릭하여 도형이 분리되면 선택 툴(▸)로 선택하고 삭제합니다.

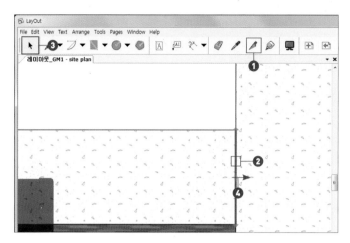 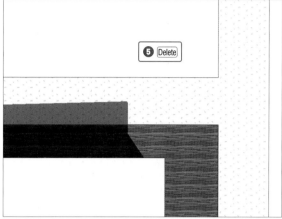

09 배치도에 나무를 추가하기 위해 Scrapbooks 창에서 'Trees (Plan)\Graphic'을 지정한 다음 도면으로 드래그하여 다음과 같이 나무를 배치합니다.

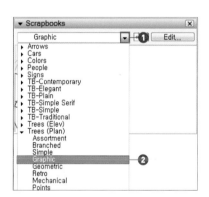 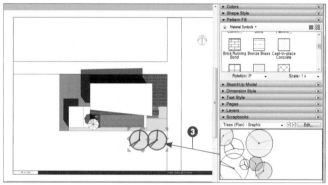

10 나무를 복사하여 배치합니다.

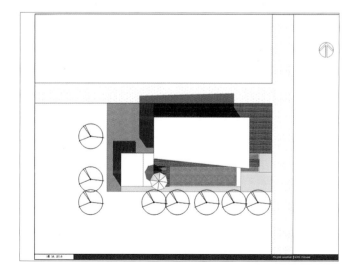

11 Scrapbooks 창에서 'TB-Contemporary : Drawing Re'를 지정하고 도면으로 드래그하여 타이틀을 추가한 다음 Scale 과 도면 이름을 수정합니다.

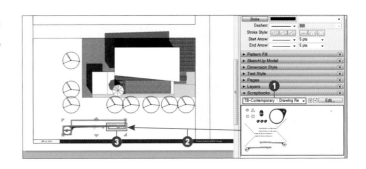

12 사각형 툴을 이용하여 주변 건물을 표시해서 완성합니다.

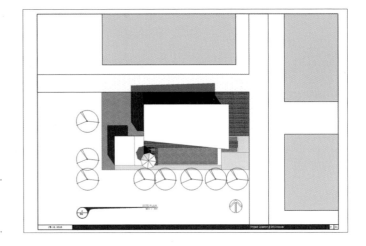

·····TIP·····
그리기 툴을 이용하여 주변 건물과 나무 그림자를 표현하면 디자인 패키지의 완성도가 더욱 높아집니다.
·········

3 | 각층 평면도 추가하기

스케치업에서 작성한 평면도를 불러와 디자인 패키지에 맞게 크기를 조정하고 주요 부분의 치수를 입력합니다.

01 Pages 창에서 'Add Scene' 아이콘(➕)을 클릭하여 페이지를 추가합니다. **[File]** → **Insert**를 실행하여 '5.3_GM1_w view_layout1.skp' 파일을 불러옵니다. SketchUp Model 창에서 Scenes를 Sketchup model\scenes의 '1층평면도'를 선택하고 Scale을 '1:100'으로 지정합니다.

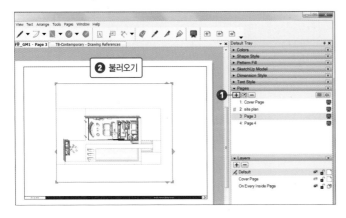

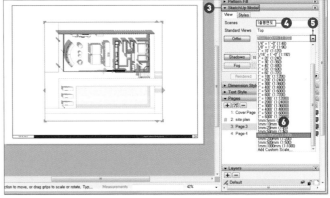

02 뷰의 파란색 외곽선을 선택하여 1층 평면이 모두 보이도록
조정합니다.

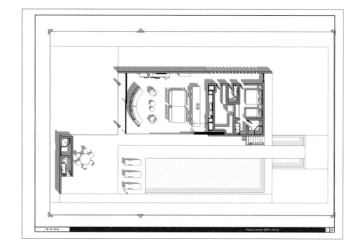

····TIP····
디자인 패키지 크기에 맞춰 평면도가 모두 보이도록 크기를 지정해야
합니다. 건축 스케일(평/입/단면도 경우)에서는 1:200, 1:100, 1:50을
주로 이용합니다.

03 평면도에는 주요 부분의 치수가 들어갑니다. 치수 툴(🖉)
을 선택하고 스케치업 모델의 가로 부분에서 주요 벽체를 클릭하여
치수를 입력합니다.

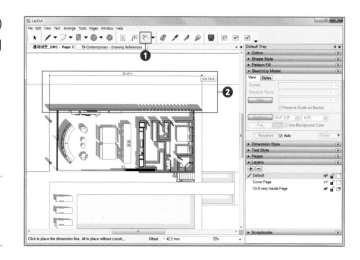

····TIP····
콘셉트 단계에서 치수는 건물의 전체 크기와 주요 부분만 나타내지만,
프로젝트가 진행되면서는 실제 시공을 위한 정확한 치수를 기입해야
합니다.

04 세로 부분에도 치수를 추가합니다.

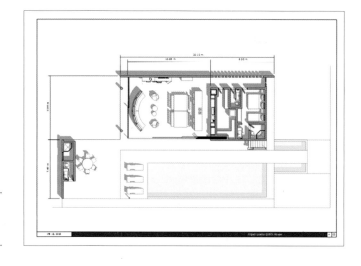

····TIP····
건축 실무에서는 주로 평면도에 그림자를 표현하지 않지만 콘셉트 단
계에서는 입체감을 위해 그림자를 추가하기도 합니다.

05 Scrapbooks 창에서 'TB–Contemporary : Drawing Re'를 지정하고 도면으로 드래그해서 타이틀 바를 추가합니다.

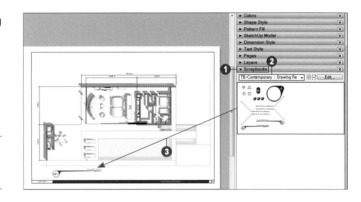

····TIP····
타이틀 바에는 도면 이름(예: 1층평면도)과 스케일을 나타내며 도면 개
수에 따라 번호로 표시합니다.

06 Pages 창에서 작업한 페이지 이름을 '1st floor plan'으로
수정합니다.

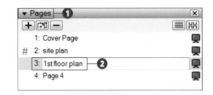

07 2층 평면도는 1층 평면도와 비슷하기 때문에 'Duplicate
selected page' 아이콘()을 클릭하여 복제합니다.

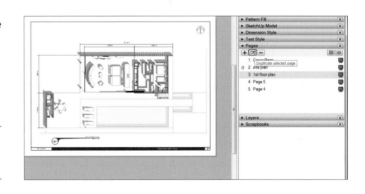

····TIP····
평면도, 입면도, 단면도 등 비슷한 성격의 도면은 하나씩 만들어 복제
한 다음 수정하면 편리합니다.

08 복제된 페이지로 이동하여 뷰를 선택하고 Scenes 창에서
'2층평면도'를 선택합니다.

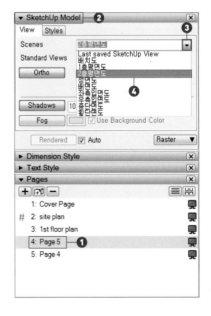

····TIP····
이 과정은 스케치업에서 Scene을 설정해야만 실행할 수 있습니다.

09 도면 타이틀을 수정합니다.

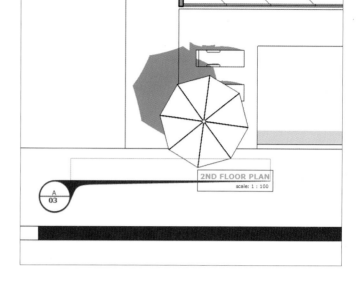

····TIP·····
일반적으로 A는 'Architecture'의 약어입니다. 건축 이외의 다른 분야, 예를 들어 토목, 구조, 전기, 기계 등은 각각 C, S, E, M으로 표시합니다. 또한 아래쪽 숫자는 건축 분야의 도면 번호를 나타냅니다.

10 도면이 바뀌었기 때문에 페이지 이름을 다시 입력하기 위해 Pages 창에서 도면 이름을 '2nd floor plan'으로 수정합니다.

····TIP·····
같은 종류의 도면은 복제하여 더욱 편리하게 작성할 수 있습니다.

4 | 입면도, 정면도, 단면도 추가하기

입면도, 단면도는 평면도와 조금 다른 성격을 가지며 표현하는 정보도 다릅니다. 레이아웃의 드로잉 툴을 이용하여 디자인 패키지를 완성합니다.

01 입면도를 작성하기 위해 도면을 복제하여 Scene을 '정면도'로 지정합니다.

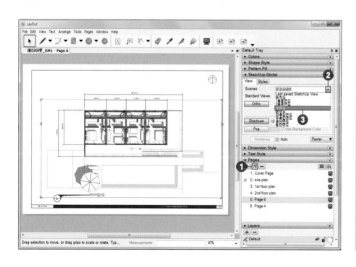

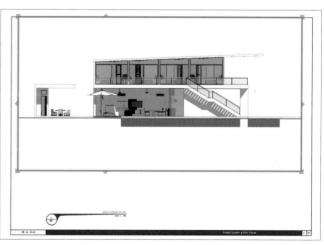

02　정면도는 도면 구성상 정면도와 배면도를 한 페이지에 넣을 수 있습니다. 정면도를 선택하고 아래로 복사합니다.

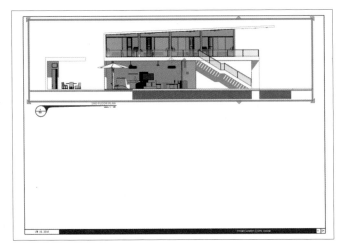
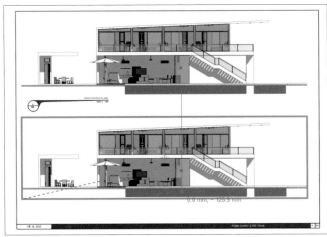

03　Scenes를 '배면도'로 수정합니다.

┄┄TIP┄┄┄┄┄┄┄┄┄┄┄┄┄┄┄┄┄┄┄┄┄┄┄┄┄┄┄┄
　배치도를 제외한 평면도, 입면도, 단면도 크기는 같아야 합니다.
┄┄┄┄┄┄┄┄┄┄┄┄┄┄┄┄┄┄┄┄┄┄┄┄┄┄┄┄┄┄┄

04　도면 타이틀을 복제하여 같은 위치로 이동한 다음 타이틀을 수정하고, 페이지 이름을 'elevations'로 수정합니다.

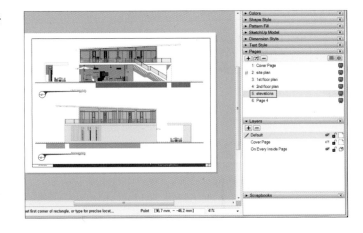

05 입면도에서 드로잉 툴을 이용하여 다음과 같이 검은색 직사각형을 그려서 대지를 표현합니다.

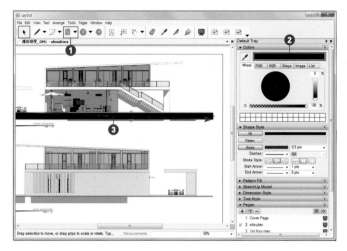 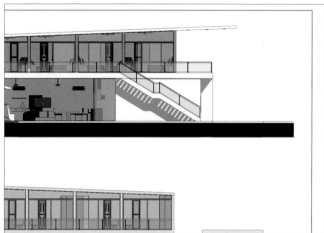

06 Scrapbooks 창에서 'Tree (Elev) : Assortment'를 지정하고 도면으로 드래그하여 나무를 표시합니다.

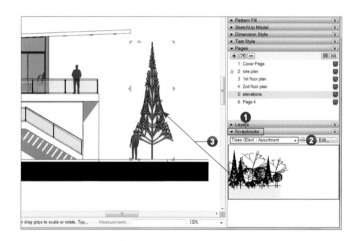

07 나무 색상이 너무 진하기 때문에 Colors와 Shape Style 창에서 톤을 낮춥니다.

나무를 사람 뒤쪽에 배치하기 위해 나무에서 마우스 오른쪽 버튼을 클릭한 다음 **Arrange → Send to Back**을 실행합니다.

08 수영장 창고 부분에도 나무를 배치하고 마우스 오른쪽 버튼을 클릭한 다음 Arrange → Send to Back을 실행하면 건물 뒤에 배치됩니다.

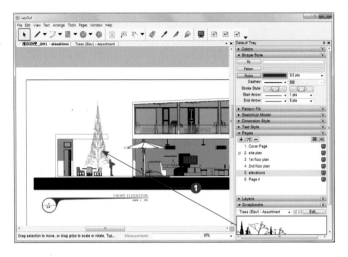 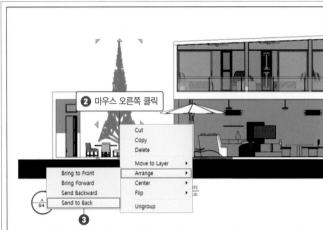

09 정면도와 배면도를 다음과 같이 구성합니다.

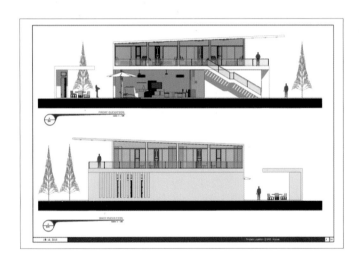

10 단면도도 알맞게 배치하여 구성합니다.

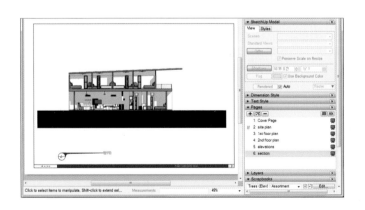

····TIP····
단면도는 건물 내부의 주요 공간 구성을 보여주며 입면도와 같은 방법
으로 구성하고 건물 내부에 Scale Figure를 추가하면 좋습니다.

11 레이아웃에서는 그림 파일도 불러와서 이용할 수 있습니다. 투시도 이미지를 불러옵니다.

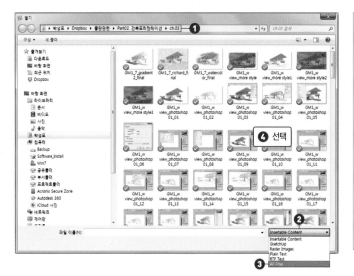

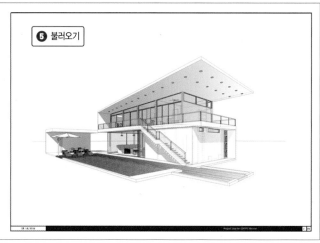

12 커버 페이지, 배치도, 1층/2층 평면도, 입면도, 단면도, 투시도로 디자인 패키지가 구성되면 PDF로 만들기 위해 **[File]** → **Export** → **PDF**를 실행합니다.

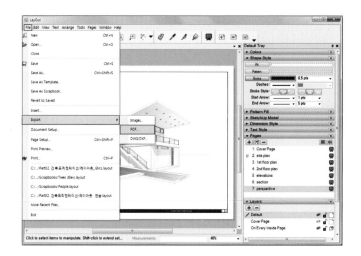

13 최고 품질로 표현하기 위해 PDF Export Options 대화상자에서 Output Resolution을 'High'로 지정하고 〈Export〉 버튼을 클릭하면 디자인 패키지가 완성됩니다.

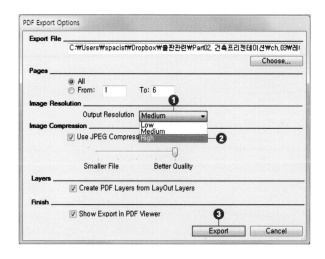

Part 03

브이레이를 활용한 사실적인 렌더링

브이레이(V-Ray) 렌더링 작업을 위해서는 스케치업에 브이레이가 설치되어 있어야 합니다. 최근 출시된 브이레이 3.0 버전은 렌더링 속도가 30% 이상 향상되었고, 렌더링 툴킷이나 [Quick Settings] 탭, Open Color 지원 등 여러 가지 기능이 추가되어 좀 더 다양한 기능과 향상된 속도의 렌더링을 실행할 수 있습니다. 이 책에서는 브이레이 2.0 버전을 사용했습니다.

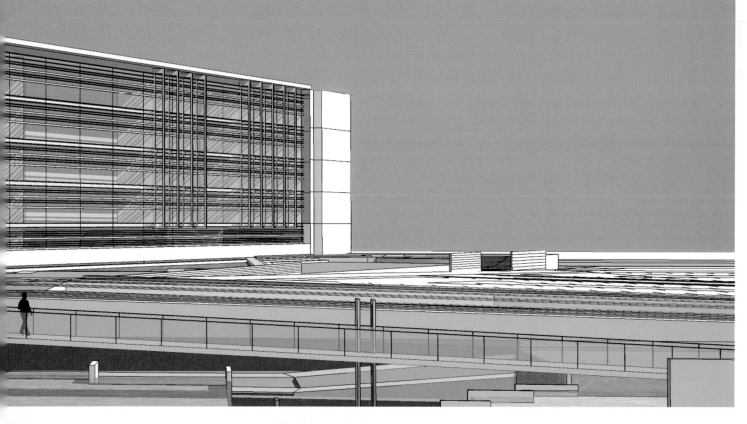

V-RAY

OOI 주경(Day Light Scene) 렌더링

렌더링 플러그인에는 IDX Rendition, Mental-Ray, V-Ray 등 여러 종류가 있으며 그중에서도 브이레이를 가장 많이, 널리 사용하고 있습니다. 렌더링의 기본인 주경(Day Light Scene)을 설정해 보겠습니다. 건물의 특성을 살려 뷰를 설정하고 이미지를 만들어 봅니다.

1 렌더링 작업 준비 과정 알아보기

작업을 시작하기 전에 먼저 표현하고 싶은 건축의 정보를 학습해야 합니다. 이때 구글이나 네이버 웹 사이트를 이용하여 자료와 정보를 찾고 많은 자료를 수집해서 건축을 어떻게 표현할지 상상하면 좀 더 좋은 결과물을 만들 수 있습니다.

|예제 및 결과 파일| Part03\GM1.skp, Daylight Scene.skp, Texture_download 폴더

1 | 연구(Research)

전 세계 건축 사진을 제공하는 웹 사이트에서 관련 자료를 수집할 수 있습니다. 그중 Architecture, Archdaily 사이트에는 매일 좋은 자료가 업데이트됩니다.

Archdaily_http://www.archdaily.com

2 | 자료 검색(Search)

디자인할 때 구글이나 네이버 웹 사이트가 없었다면 아마 전 세계 건축 정보를 손쉽게 얻기 힘들었을 것입니다. 자료 조사를 위해 간편하게 Google 웹 사이트의 이미지 검색 서비스를 이용할 수 있습니다.

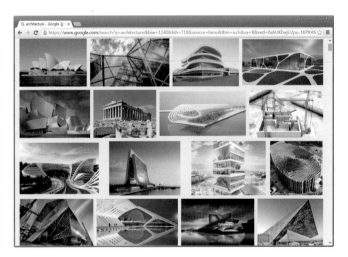

구글의 이미지 검색_https://www.google.co.kr

3 | 재질(Texture)

작업에 필요한 재질(Texture)을 찾는 작업도 건축적인 표현에서 매우 중요합니다. 무료로 재질을 다운로드할 수 있는 사이트를 알아봅니다.

texturemate_http://texturemate.com

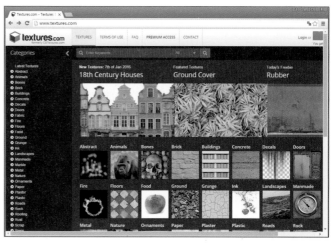

textures_http://www.textures.com

4 | 포럼(Forum)

Chaosgroup 웹 사이트에서 브이레이에 관한 다양한 정보를 확인합니다. 새로운 렌더링 방식이나 업데이트에 대해 살펴봅니다. 다양한 포럼 사이트를 알아두고 트렌드를 익힙니다.

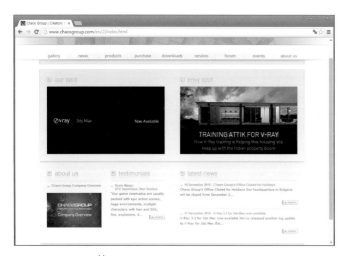

chaosgroup_http://www.chaosgroup.com

5 | 참고 사이트(Site)

참고 사이트를 확인합니다.

cgworkshop_http://cgworkshop.org

2 브이레이 렌더링 실행하기

건축 프레젠테이션에서는 더 나은 렌더링과 재질을 적용하는 것이 좋으므로 먼저 건축 투시도 주경
(Day Light) 렌더링을 표현해 보겠습니다.

1 | 브이레이 설정하기

브이레이 기본 설정을 위해서는 옵션 패널에 대해 알아야 합니다. 브이레이 기능에 대해 잘 이해하
고 예제를 따라해 봅니다.

01 Part03 폴더에서 'GM1.skp' 파일을 엽니다. 스케치업의
브이레이 툴바에서 Option Editor 툴(🔘)을 선택합니다.

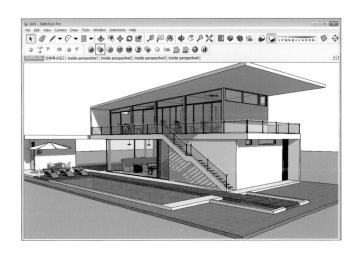

02 V-Ray option editor 창의 Global swiches 패널에서 'Max depth'에 체크 표시합니다. 반사는 횟수가 늘어날수록 렌더링 시간이 길어지기 때문에 '2'로 설정합니다. Lights와 Shadows도 체크 표시하여 활성화합니다.

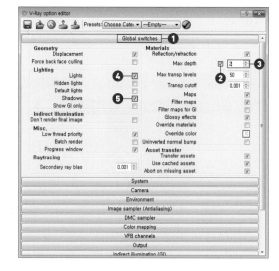

····TIP····

V-Ray option editor 창에 대해서는 Part 5에서 자세하게 설명하므로 참고합니다.

03 Camera 패널에서 Shutter speed를 '300.0', F-number를 '8.0', Film speed(ISO)를 '100.0'으로 설정합니다.

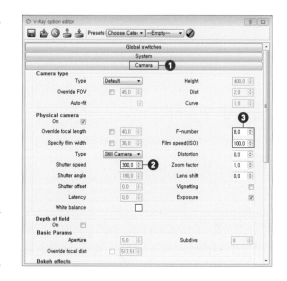

····TIP····

Depth of field의 'On'에 체크 표시하면 활성화하여 기능을 사용할 수 있지만 렌더링 시간이 많이 늘어납니다.

04 Indirect illumination (GI) 패널에서 'On'과 'Refractive'에 체크 표시된 것을 확인합니다.

····TIP····

이 과정은 기본으로 설정된 부분입니다.

05 Image sampler(Antialiasing) 패널에서 Type을 'Adaptive DMC'로 지정합니다. Antialiasing filter 항목에 체크 표시한 다음 좀 더 선명한 렌더링을 위해 'Catmull Rom'으로 지정합니다.

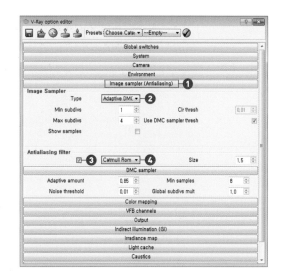

06 Color mapping 패널에서 Type을 'Reinhard'로 지정합니다. Burn value 수치를 '0.8'로 설정하여 하이라이트를 좀 더 밝게 나타냅니다.
Output 패널에서 'Override viewport'에 체크 표시하여 GI를 활성화합니다.

····TIP····················
Reinhard는 기본적으로 외부 컷에 자주 이용합니다.
··

07 VFB channels 패널에서 〈Add channel〉 버튼을 클릭하여 렌더링 요소를 추가합니다.

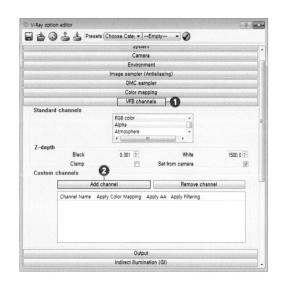

08   Irradiance map 패널에서 기본 옵션을 설정합니다.

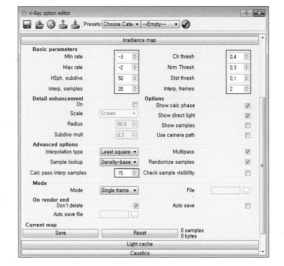

····TIP··
Detail enhancement 항목의 'On'에 체크 표시하면 GI가 좀 더 세밀
하게 설정되지만 렌더링 시간은 많이 늘어납니다. 렌더링 시간을 확인
한 다음 체크 표시하여 활성화 여부를 판단합니다.
··

09   Light cache 패널에서 Subdivs를 기본 '800'으로 설
정하고 최종 렌더링에서는 '2000' 정도로 설정합니다. Number of
passes에서 CPU 개수만큼 설정하여 기본 설정을 마칩니다.

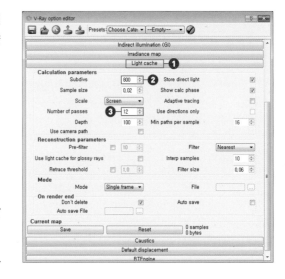

····TIP··
스케치업 브이레이는 사용자 편의를 위하여 따로 설정하지 않아도 기
본 렌더링 설정이 잘 맞춰져 있습니다.
··

2 | 뷰 지정하기

세밀한 건축 표현과 선을 강조하기 위해 렌즈 수치를 올려 좀 더 강한 뷰를 설정해 봅니다.

01 스케치업에서는 새로운 뷰를 지정할 수 없기 때문에 브이레이에서 새로운 뷰를 설정합니다. 브이레이 툴바에서 Option Editor 툴(🔲)을 선택합니다.

V-Ray option editor 창에서 Output 패널의 Height를 '2000' 정도로 설정합니다. 브이레이 Buffer에서 새로운 뷰로 렌더링됩니다.

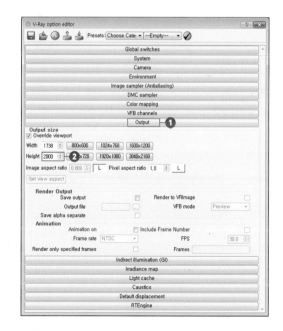

·····TIP
〈L〉 버튼은 잠금 설정으로 렌더링 이미지 크기 비율을 지정할 수 있습니다.

02 뷰를 전환하면서 어느 부분을 강조할지 확인합니다.

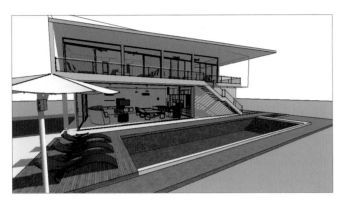 

03 브이레이에서 새로운 뷰로 설정한 Output에 따른 렌더링
비율을 확인합니다.

04 빛이 건물의 정면이 아닌 측면에 있기 때문에 Shadow Settings 창에서 빛을 이동하여 정면으로 조정
합니다. Light와 Dark를 조정해서 그림자 길이를 조절합니다.

05 Shadow Settings 창에서 Time과 Date를 '3/27 10:30 오전'으로 설정하고 Scenes 창에서 장면을 업데이트합니다.

3 | 매스 렌더링하기

매스(Mass) 렌더링은 건물의 입체감과 빛의 흐름을 확인하는 작업입니다. 브이레이 툴바를 이용하여 렌더링을 실행해 봅니다.

01 V-Ray option editor 창의 Global switches 패널에서 'Override materials'에 체크 표시합니다.

····TIP····

Override materials는 테스트 렌더링을 진행할 때 빛의 흐름을 확인하기 위해 사용합니다.

02 Override color의 색상 상자를 클릭한 다음 Select Color 대화상자에서 색상을 '흰색'으로 지정하고 〈OK〉 버튼을 클릭합니다.

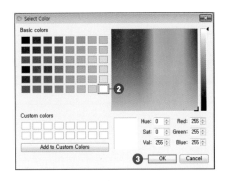

····TIP····

색상을 흰색에 가까운 색으로 설정해야 빛의 흐름을 파악하기 좋습니다.

03 렌더링을 실행하여 매스가 제대로 표현되었는지 확인합니다.

04 매스 렌더링에서 건물의 입체감과 빛의 흐름을 살펴보고 다시 렌더링을 실행합니다. V-Ray frame buffer 창에서 'Color corrections' 아이콘(⬛)을 클릭합니다.

05 Color corrections 창에서 커브 선을 조정하여 렌더링을 좀 더 선명하게 보정한 다음 렌더링을 실행합니다.

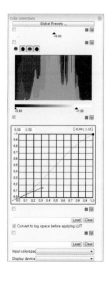

····TIP····
Color corrections 창을 이용하면 좀 더 간편하게 이미지를 보정할 수 있습니다.

4 | 돔 라이트 활용하기

브이레이의 돔 라이트(Dome Light)는 작업을 간소화하고 그림자의 품질을 높입니다. 효과적으로 돔 라이트 환경을 설정하기 위해 조명에 HDRI 이미지를 사용해서 빛을 나타낼 수 있습니다.

01 브이레이 Dome Light 툴바를 불러온 다음 돔 라이트 툴 (🔘)을 선택합니다.

····TIP····
돔 라이트는 전체 환경에 조명 효과를 적용합니다.

02 수영장 창고 부분에 드래그하여 돔 라이트를 적용한 다음 마우스 오른쪽 버튼을 클릭하고 **V-Ray for Sketchup → Edit light**를 실행합니다.

03 V-Ray light editor 대화상자에서 Intensity를 '15.0' 로 설정하고 'Use Dome Texture'에 체크 표시한 다음 Dome Texture의 〈Map〉 버튼을 클릭합니다.

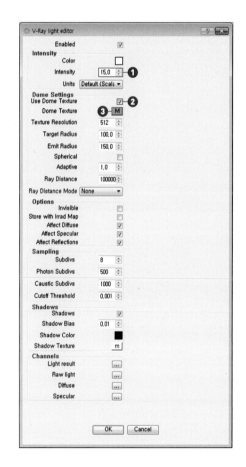

·····TIP··········
조명의 세기는 하늘을 렌더링한 다음 설정하는 것이 좋습니다.
·····················

04 돔 라이트에 HDRI를 적용하기 위해 먼저 무료 다운로드 웹 사이트(https://www.hdri-hub.com/)에 접속합니다.

····TIP····
상용 HDRI도 좋지만 무료 HDRI도 제대로 활용하면 좋습니다.

05 HDR 8192×4096 고해상도 HDRI를 검색하여 무료로 다운로드합니다.

06 V-Ray texture editor 대화상자에서 파일 환경에 알맞은 HDRI를 적용합니다. UVW 항목의 UVW Type을 'UVWGen Environment'로 지정한 다음 〈OK〉 버튼을 클릭합니다.

····TIP····
UVW Type은 하늘의 방향(위치)을 지정합니다.

07 파일 탐색기를 실행하여 다운로드해서 저장한 HDRI 파일을 불러옵니다.

08 돔 라이트가 제대로 적용되었는지 확인합니다. 현재 HDRI 하늘과 빛 방향이 달라 렌더링이 어색합니다.

09 HDRI 하늘의 빛 방향을 맞추기 위해 V-Ray texture editor 대화상자의 UVW 항목에서 Mapping Type을 'Spherical (V-Ray)'로 지정하고 Direction Transformation의 Horizontal/Rotation을 '60.0'으로 설정한 다음 〈OK〉 버튼을 클릭합니다.

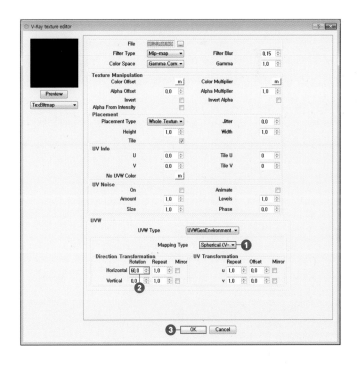

······TIP······
Rotation의 수치를 설정하면서 하늘의 방향을 확인합니다.
···

10   배경 렌더링이 원하는 빛 방향에 알맞게 나왔는지 확인
합니다.

11   빛 방향과 HDRI 조절이 알맞게 설정된 것을 확인할 수 있
습니다.

5 | 브이레이 매트리얼 추가하기

조정한 뷰에 웹 사이트에서 알맞은 재질을 다운로드하여 사실적으로 렌더링합니다.

01　갑판(Deck) 재질을 검색하기 위해 다양한 재질을 제공하는 arroway-textures 웹 사이트(https://www.arroway-textures.ch/en)에 접속한 다음 원하는 재질(boards 001)을 선택합니다.

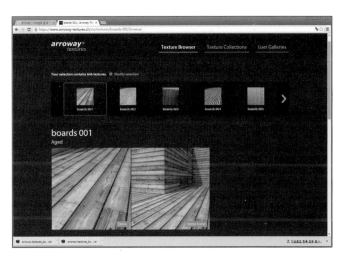

02 아래쪽 Free Downloads에서 무료로 재질을 다운로드 합니다.

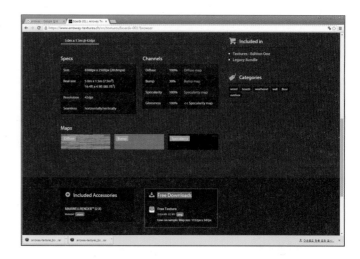

03 다운로드한 갑판 재질을 패턴처럼 적용했을 때 타일 형태 의 경계선이 생기지 않도록 수정하기 위해 포토샵에서 재질 이미지 (boards-001_d100.jpg)를 엽니다.

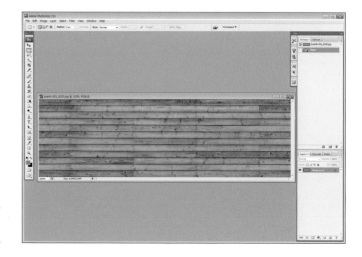

····TIP··
Tiling Map을 만들기 위해 부분 복사를 이용할 수도 있습니다.
···

04 [Image] → **Canvas Size**를 실행하여 Canvas Size 대화상자에서 패턴에 타일링 현상이 생기지 않도록 Width를 '2304', Height를 '1129'로 설정한 다음 〈OK〉 버튼을 클릭합니다.

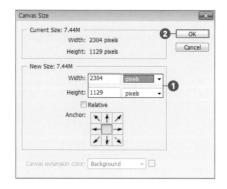

05 [Image] → Adjustments → Color Balance를 실행하고 Color Balance 대화상자에서 Red와 Yellow 수치를 크게 설정하여 따뜻한 색감을 만듭니다.

따뜻한 색감의 패턴을 등록하기 위해 [Edit] → Define Pattern을 실행합니다.

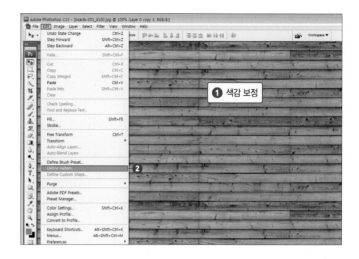

06 패턴이 자연스럽게 이어지는지 확인하고 Pattern Name 대화상자에서 패턴 이름을 입력한 다음 〈OK〉 버튼을 클릭하여 재질을 채웁니다.

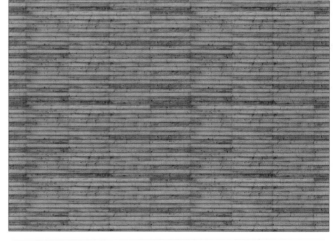

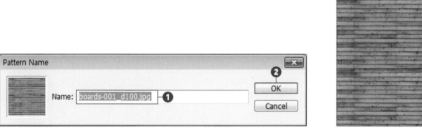

07 Material Editor 툴을 선택하고 V-Ray material editor 창에서 재질을 불러옵니다.

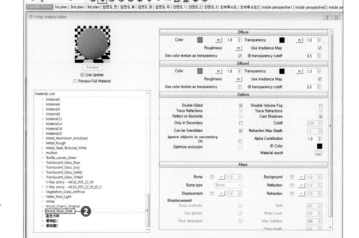

·····TIP·····
재질을 추가할 때 UV 방향을 잘 확인하도록 합니다.

08 왼쪽 미리 보기 아래에서 'TextBitmap'으로 지정한 다음
File 항목의 〈...〉 버튼을 클릭하여 갑판 재질인 'boards-001_d100.
jpg' 파일을 불러오고 〈OK〉 버튼을 클릭합니다.

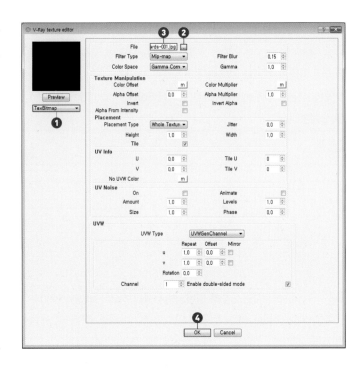

09 V-Ray material editor 창에서 Materials List의
'Wood_Floor_Dark'에서 마우스 오른쪽 버튼을 클릭한 다음
Create Layer → Reflection을 실행합니다.
Glossiness 항목의 Reflect를 '0.75'로 설정하고 재질에 노이즈가
생기지 않도록 부드럽게 만들기 위해 Subdivs를 '16'으로 설정한 다
음 Reflection의 색상 상자를 클릭합니다.

···TIP··
Glossiness Reflect 수치를 너무 적게 설정하면 노이즈가 늘어납니다.
··

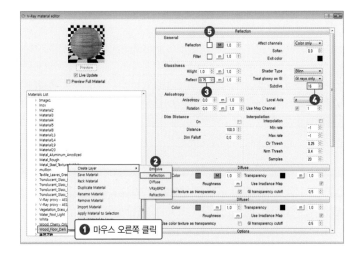

10 Select Color 대화상자에서 Red/Green/Blue를 각각
'24'로 설정한 다음 〈OK〉 버튼을 클릭합니다.
Materials 창에서 가로 세로 크기를 각각 '10m'로 수정합니다.

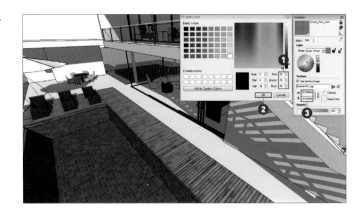

11 V-Ray material editor 창에서 'Water_Pool_Light' 재질을 선택합니다.

Reflection을 '100', Refraction을 '250'으로 설정합니다. IOR은 굴절률므로 '1.33'으로 설정합니다.

좀 더 편리하게 재질을 선택하기 위해 Diffuse 항목의 Color 색상 상자를 선택하고 스포이트가 나타나면 재질을 선택합니다.

···TIP···

Map 항목의 Bump에 Noise 수치를 적용하면 물결을 표현할 수 있습니다. 여기서는 잔잔한 수공간을 표현하기 위해 설정하지 않습니다.

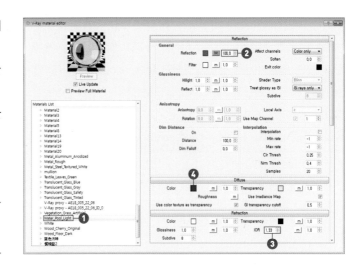

12 스포이트로 추출한 재질이 Create Material, Materials 창에 나타납니다.

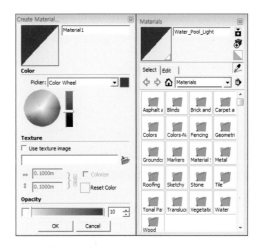

13 V-Ray material editor 창의 Materials List에서 흰색의 외벽 재질인 'White'를 선택합니다. Reflection의 색상 상자를 클릭하여 Select Color 대화상자에서 Red/Green/Blue를 각각 '17'로 설정하고 〈OK〉 버튼을 클릭합니다. Glossiness 항목의 Reflect를 '0.94', Subdivs를 '16'으로 설정합니다.

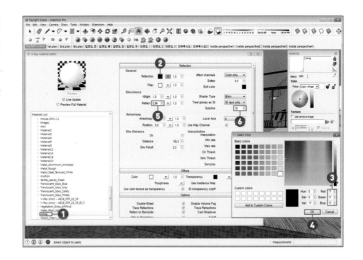

14 이번에는 Materials List에서 유리 재질인 'Traslucent_Glass_Blue'를 선택합니다. 투명하며 반사도가 20%인 재질이기 때문에 Reflection의 색상 상자를 클릭한 다음 Select Color 대화상자에서 Red/Green/Blue를 각각 '40'으로 설정하고 〈OK〉 버튼을 클릭합니다.

유리 색상을 설정하기 위해 Diffuse 항목의 Color에서 색상 상자를 클릭합니다.

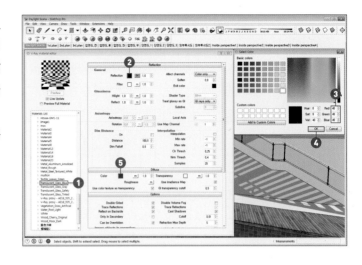

15 투명도가 90% 이상인 유리 재질이므로 Select Color 대화상자에서 Red/Green/Blue를 각각 '248'로 설정한 다음 〈OK〉 버튼을 클릭합니다.

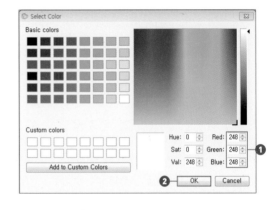

····TIP·········
투명도와 반사 값을 잘 조절해야 유리 재질을 표현할 수 있습니다.
·······································

16 이번에는 멀리언(Mullion) 재질을 지정하기 위해 V-Ray material editor 창의 Material List에서 'Mullion'을 선택합니다.
Diffuse 항목에서 Color의 Red/Green/Blue를 각각 '40'으로 설정합니다. Glossiness의 Reflect를 '0.75', Subdivs를 '16'으로 설정합니다.

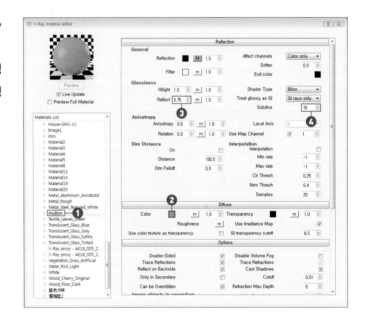

17 이번에는 수영장에 타일 재질을 적용하기 위해 구글 웹 사이트에서 'Swimming Tile'을 검색한 다음 원하는 형태의 타일을 다운로드합니다. 여기서는 진한 파란색 타일 이미지를 다운로드했습니다.

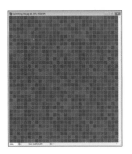

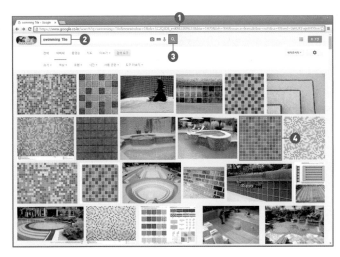

18 V-Ray material editor 창의 Material List에서 'Swimming Tile'을 선택하여 파란 타일을 적용합니다.

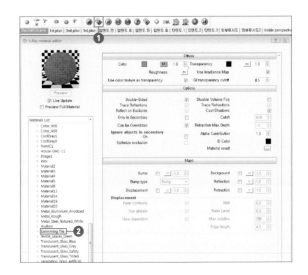

19 V-Ray texture editor 대화상자의 미리 보기 아래에서 'TextBitmap'을 지정합니다. File에서 〈...〉 버튼을 클릭하여 수영장 타일 이미지를 불러옵니다. Tile 크기는 가로/세로 각각 '5.0'으로 설정하고 〈OK〉 버튼을 클릭합니다.

····TIP········
원하는 이미지 타일 크기를 지정합니다.

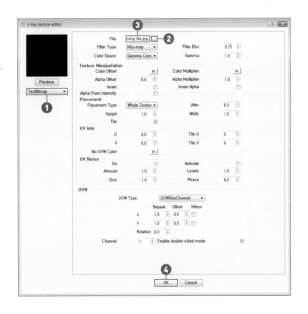

20 이번에는 직물(Fabric) 재질을 적용하기 위해 구글 웹 사이트에서 원하는 재질을 다운로드합니다. 여기서는 어두운 색의 패브릭 재질(Fabric_dark.jpg)을 이용했습니다.

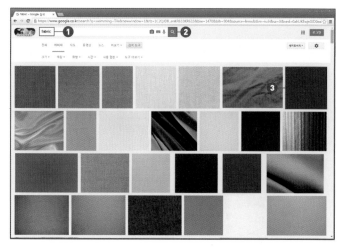

21 V-Ray material editor 창에서 Chair map인 'Carpet_Loop_Pattern'을 선택합니다.

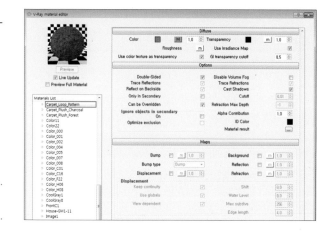

·TIP·······
패브릭 재질은 Bump 값을 함께 사용하면 좀 더 사실적입니다.
·····················

22 V-Ray texture editor 대화상자에서 File의 〈...〉 버튼을 클릭하고 'Fabric_dark.jpg'를 불러온 다음 〈OK〉 버튼을 클릭합니다.

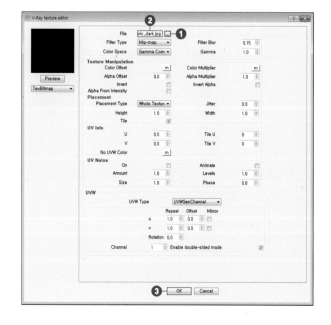

23 V-Ray material editor 창에서 소파 map을 설정하기 위해 먼저 '0096_skyblue'를 선택하고 〈M〉 버튼을 클릭하여 재질을 설정하겠습니다.

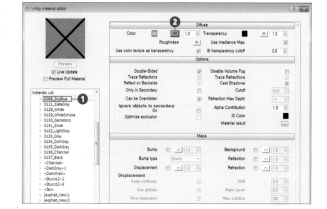

····TIP·········
재질을 표현할 때 색보다 재질 이미지를 이용하면 좋습니다.

24 V-Ray texture editor 대화상자에서 File의 〈...〉 버튼을 클릭합니다. 'Fabric_blue.jpg'를 지정한 다음 〈OK〉 버튼을 클릭합니다.

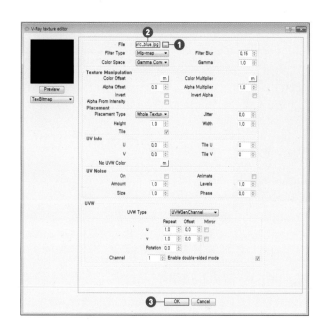

25 재질이 적용되면 렌더링을 실행합니다. V-Ray frame buffer 창의 'Color corrections' 아이콘(🙂)을 클릭합니다. Color corrections 창에서 커브 선을 조정하여 좀 더 선명한 이미지를 만듭니다.

····TIP·········
렌더링 후 Frame Buffer 기능을 이용하여 이미지를 보정하고 기본 렌더링을 완성합니다.

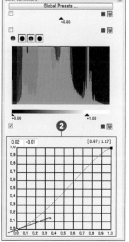

6 | 포토샵에서 리터칭하기

포토샵 작업을 위해 각 재질의 채널을 렌더링합니다. 채널 렌더링은 렌더링 요소에 채널을 적용하거나 재질을 6원색, 흰색, 검은색으로 한 번에 8가지 채널을 렌더링할 수 있습니다. 여기서는 렌더링의 알파 채널을 적용해 봅니다.

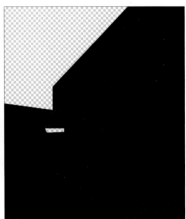

01 포토샵에서 렌더링 파일을 불러옵니다. 렌더링 이미지에서 레벨(Level)과 명도/대비(Brightness/Contrast)를 조정하여 톤을 보정합니다. 보정한 이미지를 원본과 비교하며 확인합니다.

02 가구, 갑판, 유리 재질의 색상을 자연스럽게 보정합니다.

····TIP····
재질을 보정할 때 너무 과하지 않아야 자연스럽습니다.
·····················

03 구글 웹 사이트에서 수영장 이미지(Swimming Pool)를 검색한 다음 다운로드(132321321.jpg)하고 포토샵에서 엽니다.

04 　수영장 이미지를 보정하기 위해 먼저 물결 이미지를 반전 복제합니다. 물결 이미지에 클리핑 마스크를 적용하고 Layers 패널에서 블렌딩 모드를 'Soft Light'로 지정한 다음 Opacity를 '70%' 정도로 설정하여 사실적으로 나타냅니다.

05 　렌더링 요소의 이미지 파일을 불러옵니다. 물결 이미지를 조정하여 내부 다운 라이트 반사를 줄입니다.

06 　[Image] → Adjustments → Brightness/Contrast 를 실행하여 Brightness/Contrast 대화상자에서 Brightness를 '+15' 정도로 설정하여 배경의 밝기를 조절하고 〈OK〉 버튼을 클릭합니다.

07 색감을 보정하기 위해 [Image] → Adjustments → Color Balance를 실행합니다. Color Balance 대화상자의 Color Levels를 '+8, 0, −5'로 설정하여 Red와 Yellow 색감을 추가해서 약간 따뜻한 색감을 적용한 다음 〈OK〉 버튼을 클릭합니다.

08 [Image] → Adjustments → Hue/Saturation을 실행하여 Hue/Saturation 대화상자에서 Saturation을 '−22'로 설정하여 이미지를 보정한 다음 〈OK〉 버튼을 클릭합니다.

09 마스크를 적용하기 위해 툴바에서 'Quick Mask Mode' 아이콘(▣)을 클릭하여 퀵 마스크 모드로 전환합니다.

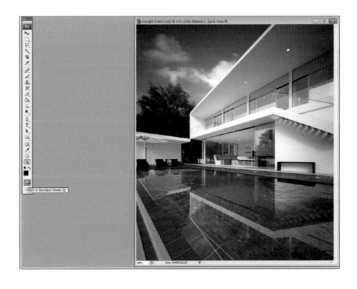

····TIP···
Quick Mask Mode는 선택을 위한 도구로 자주 사용합니다.
···

10 툴바에서 그러데이션 툴(■)을 선택한 다음 이미지 아래에서 위로 드래그하여 그러데이션을 적용합니다.

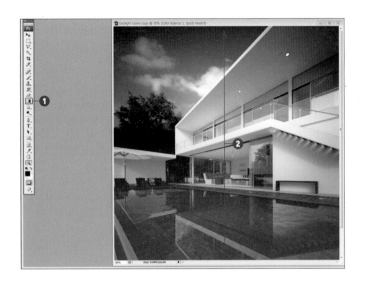

11 [Image] → Adjustments → Hue/Saturation을 실행하여 Hue/Saturation 대화상자에서 Hue를 '71', Saturation을 '16'으로 설정하고 〈OK〉 버튼을 클릭합니다.

···TIP···
Auto Tone, Auto Color 기능을 사용하여 보정할 수 있습니다.

12 Layers 패널에서 이미지 레이어를 복제한 다음 블렌딩 모드를 'Soft Light'로 지정하고 Opacity를 '38%'로 설정합니다. 최종 결과물이 원하는 느낌대로 나타나는지 확인합니다.

V-RAY

002 실제 모형 느낌의 렌더링

|예제 및 결과 파일| Part03\GM1.skp, model render.skp, Daylight Scene.skp

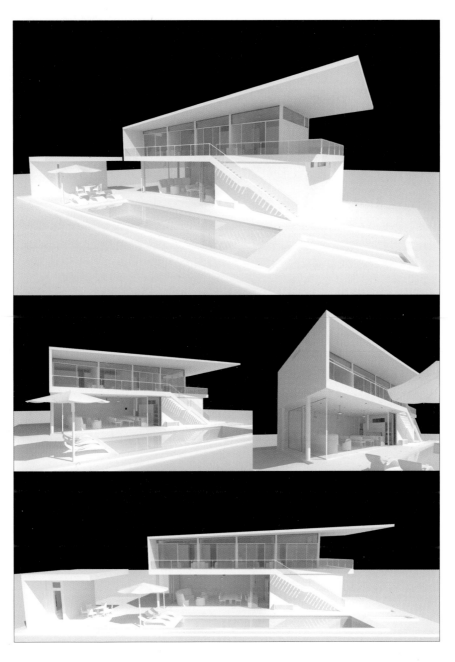

1 기본 재질 설정하기

모형 느낌의 렌더링을 만들기 위해 먼저 재질을 설정합니다.

01 스케치업에서 Part03 폴더의 'Daylight Scene.skp' 파일을 열고 **[File]** → **Save As**를 실행한 다음 'Model Rendering. skp' 파일로 저장합니다.

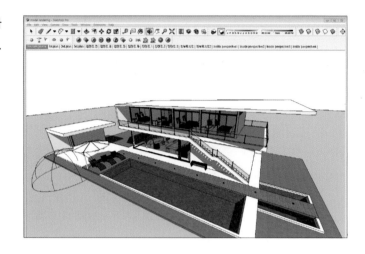

02 모형 렌더링은 HDRI를 사용할 필요가 없으므로 먼저 툴바에서 Dome Light 툴(◉)을 선택합니다. V-Ray light editor 대화상자에서 'Enabled'의 체크 표시를 해제하고 〈OK〉 버튼을 클릭합니다.

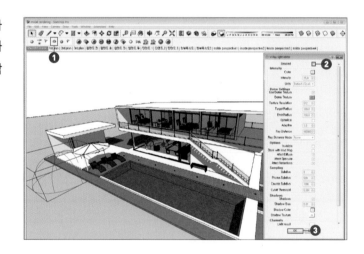

03 기본 재질을 설정하기 위해 먼저 유리를 제외한 모델링 전체를 선택합니다.

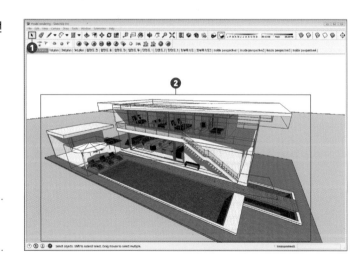

····TIP····
모델을 만들 때 유리는 아크릴로 사용해서 유리 재질을 그대로 이용합니다.
·························

04 V-Ray material editor 창에서 Materials List의 'Scene Materials'에서 마우스 오른쪽 버튼을 클릭한 다음 **Create Material → V-Ray Material**을 실행합니다.

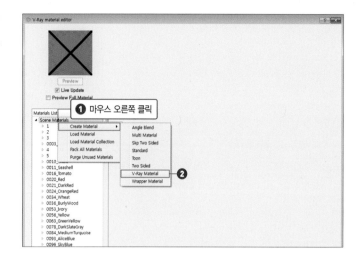

05 Diffuse의 색상 상자를 클릭하고 Select Color 대화상자에서 Red/Green/Blue를 각각 '226'으로 설정하여 흰색에 가까운 회색으로 변경한 다음 〈OK〉 버튼을 클릭합니다.

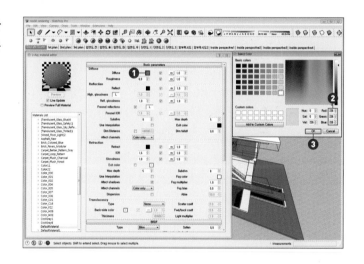

06 Materials List의 'DefaultMaterial'에서 마우스 오른쪽 버튼을 클릭하고 **Apply Material to Selection**을 실행합니다.

····TIP
전체적인 톤을 렌더링할 때는 Vray material editor 창을 이용하도록 합니다.

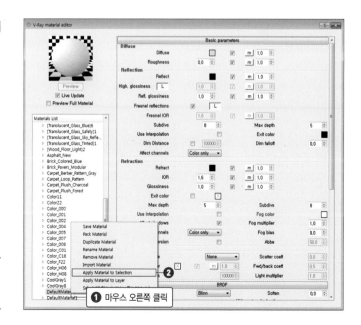

07   변경된 재질을 확인할 수 있습니다.

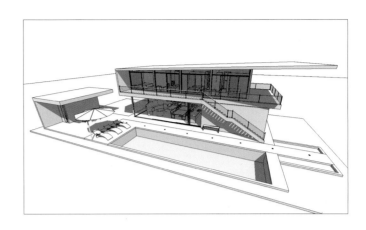

08   가로 비율에 맞춰 렌더링하기 위해 먼저 툴바에서 Option Editor 툴(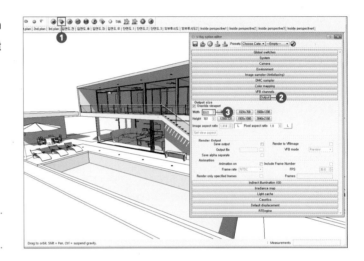)을 선택합니다. V-Ray option editor 창의 Output 패널에서 Output size 항목의 비율을 '1.414'로 설정합니다.

TIP
비율은 규격대로 지정해야 이미지가 잘리지 않은 채 출력됩니다.

09   모형 렌더링을 위한 기본 설정이 완료되었습니다.

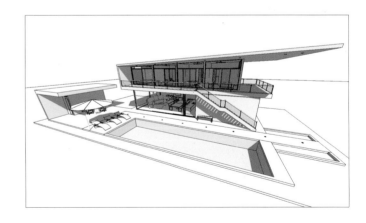

2 모델 렌더링 설정하기

흰색 모델링을 렌더링하기 위해서는 하나의 톤으로 렌더링해야 합니다. 모형 느낌을 살릴 수 있도록
재질을 설정해 보겠습니다.

01 렌더링을 실행하면 너무 밝게 나타나는 것을 확인할 수 있
습니다.

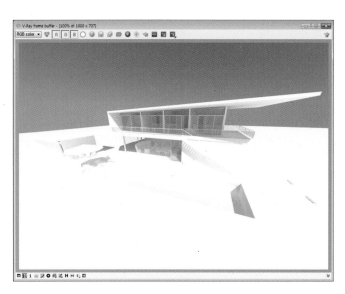

02 렌더링 밝기를 조정하기 위해 V–Ray option editor 창의
Environment 패널에서 GI의 설정을 확인합니다.

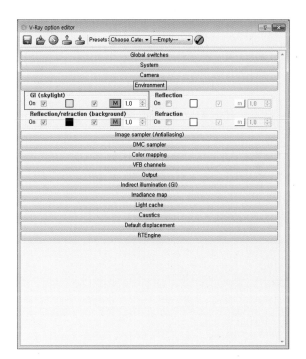

·····TIP·····
이 과정에서는 기본 설정대로 사용합니다.

03   V-Ray texture editor 대화상자에서 Intensity를 '0.5'로 설정한 다음 〈OK〉 버튼을 클릭하고 렌더링하면 밝기가 조절됩니다.

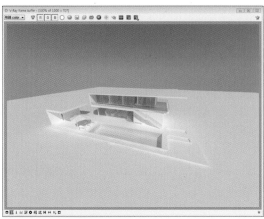

04   Camera 패널에서 White balance를 조절하기 위해 먼저 색상 상자를 클릭합니다. Select Color 대화상자에서 원하는 색의 보색을 설정한 다음 〈OK〉 버튼을 클릭합니다.

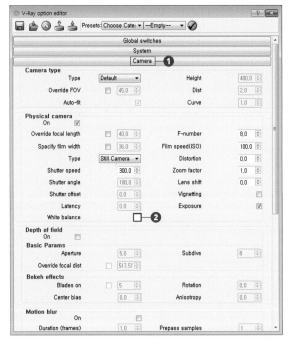
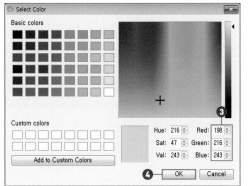

05 렌더링에 기본 색상이 설정되었습니다.

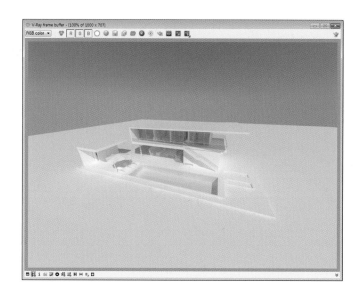

06 Color corrections 창에서 커브 선을 조정하여 렌더링을 보정합니다.

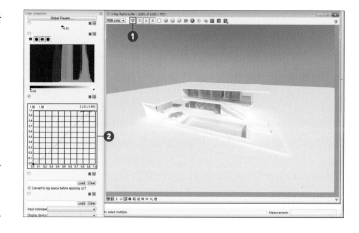

····TIP···
　Color corrections 창을 사용하여 이미지를 보정하면 좀 더 좋은 품질
　의 이미지를 얻을 수 있습니다.
··

07 V-Ray material editor 창에서 주변 바닥 객체를 새로운 재질로 만듭니다.

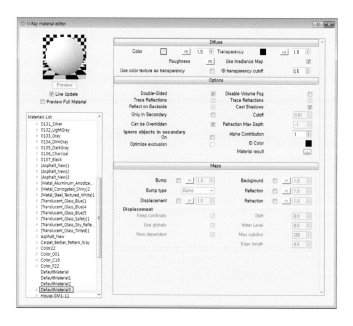

08 렌더링을 실행하여 확인합니다.

·····TIP·····
건물이 좀 더 부각되는 렌더링이 완성됩니다.

09 V-Ray material editor 창에서 주변 바닥 재질의 Alpha Contribution을 '0'으로 설정합니다.

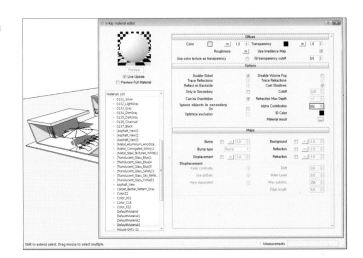

10 V-Ray frame buffer 창에서 'Alpha'로 지정하면 건물에만 알파 채널이 적용된 것을 확인할 수 있습니다.

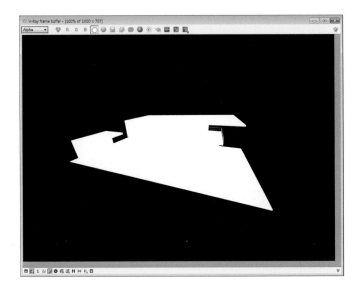

3 뷰 지정하기

뷰를 설정하기 전에 매스감을 표현하기 위해 카메라 뷰를 지정하겠습니다.

01 모형처럼 나타내기 위해 [Camera] → Field of view를 실행하여 렌즈 값을 제거하면 왜곡 없는 렌즈
가 나타납니다.

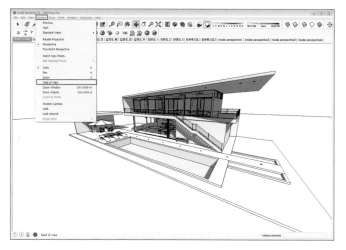 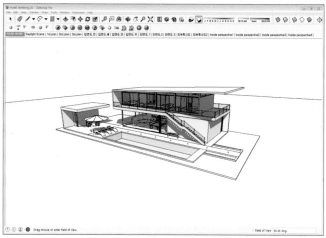

02 Scene 탭에서 마우스 오른쪽 버튼을 클릭하고 **Update**
를 실행하여 Scene을 업데이트합니다.

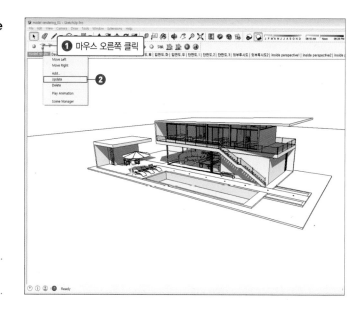

····TIP····
Scene을 업데이트하지 않으면 뷰가 저장되지 않으므로 유의합니다.

03 렌더링을 실행하여 확인합니다.

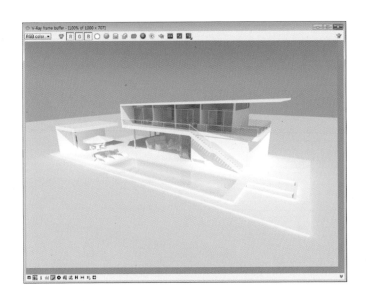

04 Alpha 값을 사용하기 위해 TGA 파일로 저장합니다.
Choose file 대화상자에서 파일 이름을 입력하고 형식을 지정한 다
음 〈저장〉 버튼을 클릭합니다.

05 다양한 뷰를 지정합니다.

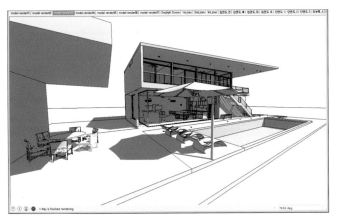

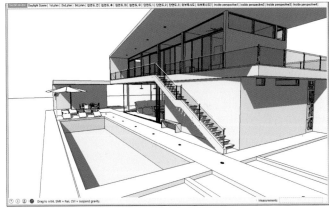

4 포토샵 이미지 리터칭하기

포토샵에서 전체적인 이미지 톤을 보정하겠습니다.

01   포토샵에서 저장한 이미지 파일들을 엽니다.

02   알파 채널을 이용해 배경을 검은색으로 변경합니다.

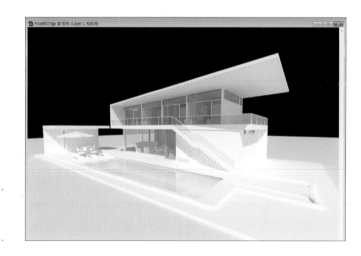

····TIP···

배경을 '검은색'으로 설정하면 모델을 촬영할 때 모델 뒤쪽에 검은 배
경이 막아주는 효과를 나타낼 수 있습니다.

···

03   [Image] → Adjustments → Levels를 실행하고
Levels 대화상자에서 슬라이더를 조정하여 렌더링을 보정한 다음
〈OK〉 버튼을 클릭합니다.

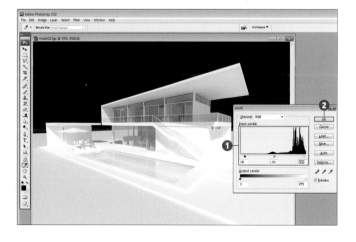

04　[Image] → Adjustments → Color Balance를 실행하고 Color Balance 대화상자에서 Color Levels를 '−4, 0, +7'로 설정한 다음 〈OK〉 버튼을 클릭하여 색감을 보정합니다.

05　다른 이미지들도 같은 방법으로 보정합니다.

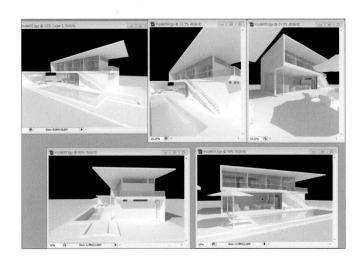

06　새 캔버스를 만들고 다음과 같이 각각의 렌더링 이미지를 자유롭게 배치하여 구성합니다. 모형 같은 렌더링 이미지가 완성됩니다.

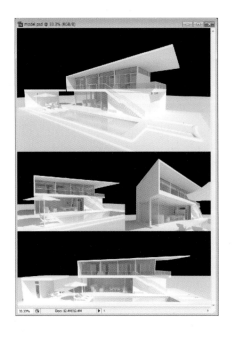

·····TIP·····
다양한 뷰로 이미지를 만듭니다.

V-RAY

003 야경(Night Scene) 렌더링

|예제 및 결과 파일| Part03\Daylight Scene.skp, Night Scene.skp, HDRI_download 폴더

1 야경 렌더링 준비하기

야경(Night Scene) 연출을 위해서는 좀 더 전문적인 조명을 설치해야 합니다. 결국 조명을 잘 설정해야 자연스러운 야경 장면을 연출할 수 있습니다.

1 | 야경 이미지 불러오기

야경 렌더링 작업 전에 참고할 만한 분위기의 이미지를 찾아봅니다.

01 건축 사진 웹 사이트나 플리커(https://www.flickr.com/) 웹 사이트에서 특정 분위기의 야경 이미지를 검색하고 다운로드해서 수집합니다.

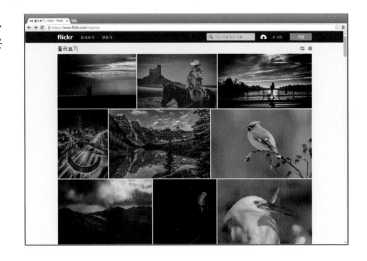

02 참고 이미지를 하나의 폴더에 모아두고 어떤 분위기가 좋은지 살펴봅니다. 여기서는 해질 무렵 시간대의 사진을 바탕으로 야경 렌더링을 만들어 보겠습니다.

····TIP····
야경 연출을 위해서는 야경 이미지를 많이 찾아보는 것이 좋습니다.

2 | 나이트 뷰 카메라 설정하기

뷰는 이미지에서 중요한 부분을 차지하므로 심혈을 기울여 나이트 뷰 카메라(Night View Camera)
를 이용합니다.

01 Part03 폴더에서 먼저 스케치업에서 주경을 렌더링했던
'Daylight Scene.skp' 파일을 엽니다. 해질 무렵의 분위기를 잘 표
현하기 위해 하늘과 건물이 잘 어우러지는 뷰를 설정하겠습니다.

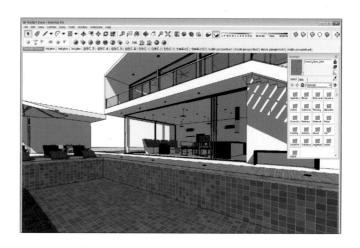

02 재질은 어느 정도 적용되어 있으므로 부족한 부분에 재질
을 추가합니다.

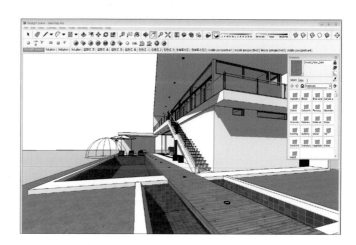

03 [Tools] → **Advanced Camera Tools** → **Create
Camera**를 실행합니다. Camera Name 대화상자에서 Name에
'Night Scene'을 입력한 다음 〈OK〉 버튼을 클릭합니다.

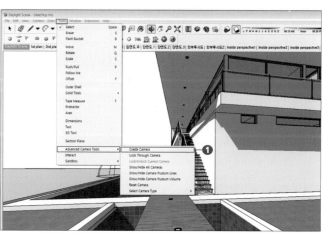

····TIP····
스케치업 프로 사용자는 Advanced Camera Tools 기능을 이용할
수 있습니다.
····

04 렌더링 이미지에서 마우스 오른쪽 버튼을 클릭한 다음
Edit Camera를 실행합니다.

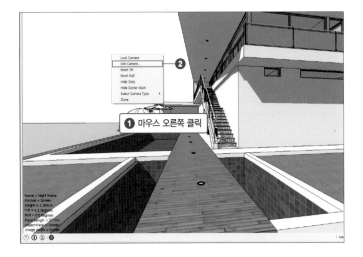

····TIP··
　Camera 기능을 사용하면 렌즈 값을 쉽게 설정할 수 있습니다.
··

05 　Camera Properties 대화상자에서 Height를 '1.8',
Focal Length를 '30', Aspect Ratio를 '0.667'로 설정한 다음
〈OK〉 버튼을 클릭합니다.

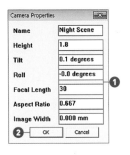

06 　화면 양쪽에 렌더링의 어두운 프레임이 나타납니다. V-Ray option editor 창의 Output 패널에서
Width를 '667'로 설정합니다. 렌더링을 실행하면 파일이 주경(Day Light)으로 설정되어 나타납니다.

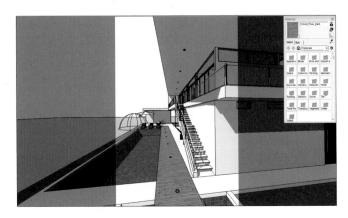
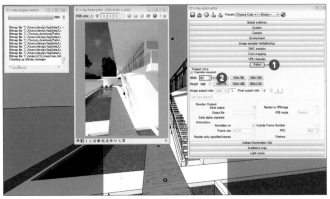

07 렌더링을 진행하여 확인합니다.

2 야경 HDRI 활용하기

웹 사이트에서 HDRI 이미지를 검색한 다음 불러와 주경 이미지를 야경으로 변경합니다.

01 주경으로 설정된 이미지를 야경으로 변경하겠습니다. 먼저
시간을 바꿔 여름의 저녁 즈음으로 설정하기 위해 Time을 '06:30
오후', Date를 '6/30'으로 설정합니다.

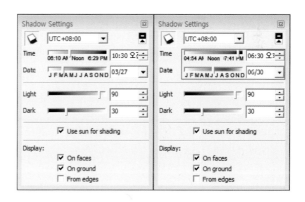

·····TIP··
 야경에서는 설정 시간을 저녁으로 지정해야 그림자를 조절할 수 있습
 니다.
··

02 주경에서 설치한 돔 라이트를 야경 이미지로 바꾸기 위해 Dome Light 툴(■)을 선택합니다. V-Ray light editor 대화상자의 Dome Texture의 〈Map〉 버튼을 클릭합니다.

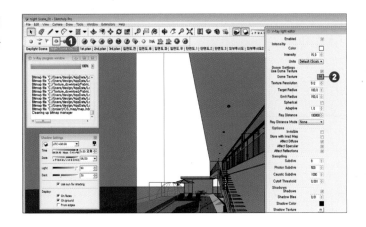

03 구글 웹 사이트에서 야경 HDRI 이미지를 검색하여 다운로드합니다.

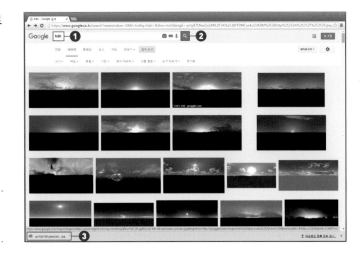

····TIP····
HDRI, JPEG 이미지는 전체적인 분위기를 쉽게 야경으로 연출할 수 있으므로 활용해 보겠습니다.

04 V-Ray texture editor 대화상자에서 File의 〈...〉 버튼을 클릭하여 다운로드한 어두운 하늘 이미지(sky.jpg)를 불러온 다음 〈OK〉 버튼을 클릭합니다.

····TIP····
예제에서 야경은 상용 HDRI를 사용했습니다.

05 카메라 부분을 업데이트하고 렌더링을 실행합니다. 그러나 해질녘 하늘이 너무 밝습니다.

06 하늘을 좀 더 어둡게 나타내기 위해 V-Ray light editor 대화상자에서 Intensity를 '2'로 설정한 다음 〈OK〉 버튼을 클릭합니다.

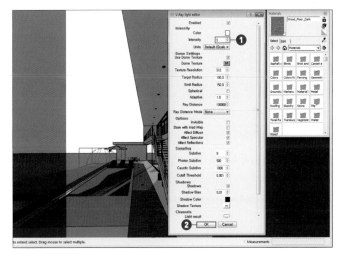

······TIP······
하늘 색은 원본 이미지의 톤을 확인한 다음 설정합니다.
··

07 하늘에서 빛 방향을 조정하기 위해 V-Ray texture editor 대화상자에서 Direction Transformation 항목의 Horizontal/Rotation을 '80'으로 설정한 다음 〈OK〉 버튼을 클릭합니다.

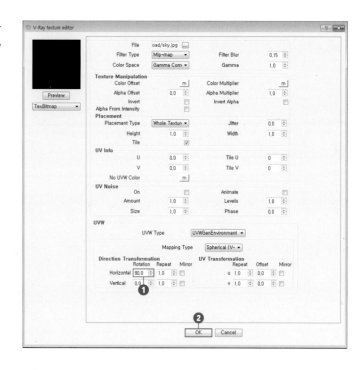

08 렌더링을 실행하면 야경 이미지를 확인할 수 있습니다.

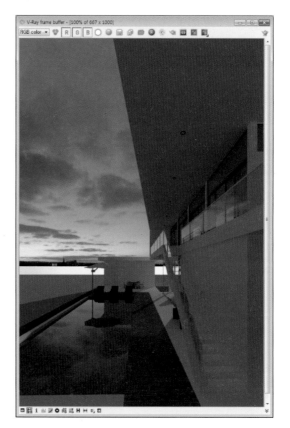

····TIP····
지평선 아래의 대지는 V-ray plane 기능을 이용하면 지평선 끝까지 대지를 만들 수 있습니다.

09 부족한 재질을 추가하기 위해 먼저 배경 부분에 흰색으로 매트하게 들어간 부분의 재질을 잔디로 교체하 겠습니다. 구글 웹 사이트에서 잔디 이미지(Grass1.jpg)를 검색한 다음 다운로드합니다.

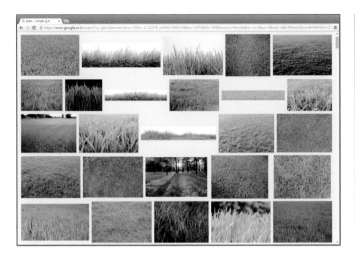 

10 V-Ray material editor 창에서 Material List의 'Vegetation_Grass_Articial'을 선택합니다. Color의 〈Map〉 버튼을 클릭하여 재질(Grass1.jpg)을 선택한 다음 〈열기〉 버튼을 클릭하여 적용합니다.

 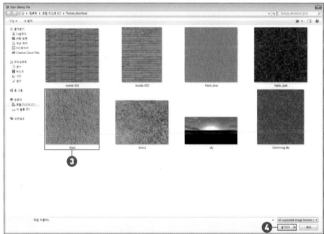

11 미리 보기 이미지 아래에서 'TextBitmap'로 지정한 다음 〈OK〉 버튼을 클릭합니다.

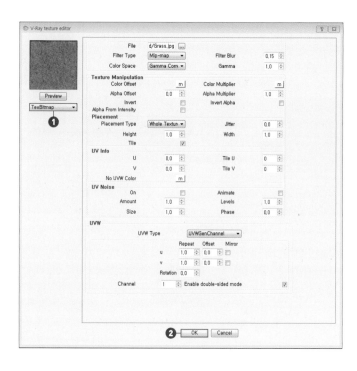

12 이번에는 바닥에서 석재(Stone) 부분을 선택합니다. V-Ray material editor 창의 'Scene'에서 마우스 오른쪽 버튼을 클릭한 다음 **Create Material → Standard**를 실행하여 재질을 추가합니다.

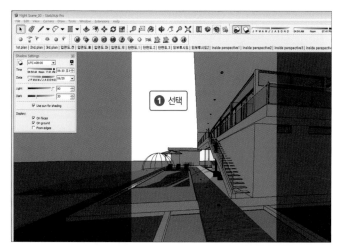

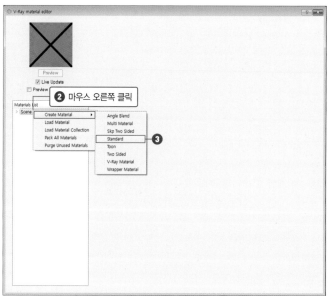

13 Material List의 'DefaultMaterial'에서 마우스 오른쪽 버튼을 클릭한 다음 **Apply Material to Selection**을 실행하여 재질을 적용하면 선택된 객체에 재질이 적용됩니다.

14 V-Ray texture editor 대화상자의 미리 보기 이미지 아래에서 'TextBitmap'을 지정합니다. File에서 〈...〉 버튼을 클릭하여 'Stone.jpg' 이미지를 불러온 다음 〈OK〉 버튼을 클릭합니다.

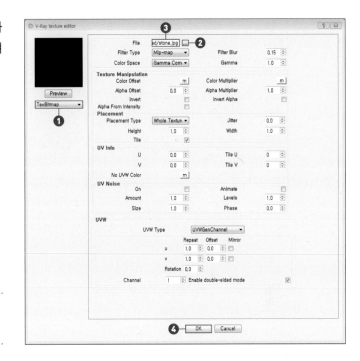

········TIP········
사실적인 석재 재질을 만들기 위해 Bump와 Reflection을 적절하게 설정합니다.
··································

15 선택한 부분에 재질이 적용되었습니다. Materials 창에서 [Edit] 탭을 선택하고 Texture 항목에서 가로/세로를 각각 '5m'로 설정합니다.

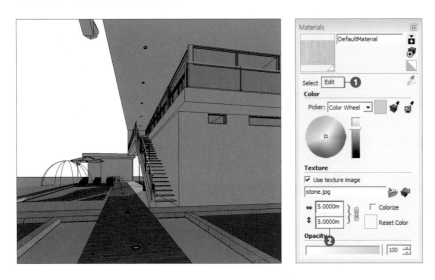

16 이번에는 계단을 선택한 다음 Materials 창에서 'Wood_Floor_Dark' 재질을 지정하여 목재 갑판 재질로 바꿉니다. 계단의 재질이 변경됩니다.

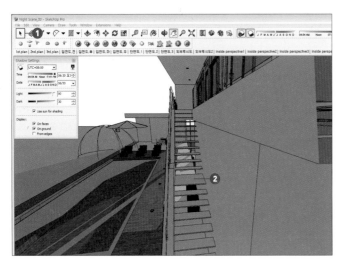
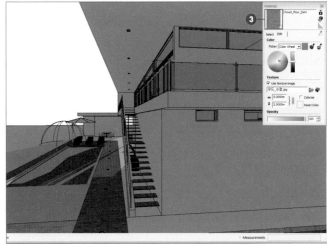

17 렌더링을 실행하여 해질 무렵(야경)의 렌더링 이미지를 확인합니다.

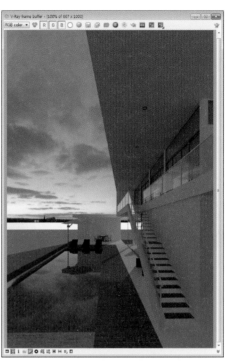

18 배경에 여백이 생겼으므로 이 부분을 나무로 메꿉니다. 이 때 스케치업에서 제공하는 나무 모델링을 추가하거나 브이레이의 Proxy 나무를 추가해도 좋습니다. V–Ray material editor 창에서 이미지를 추가하고 Opacity 맵을 적용해도 좋습니다.

····TIP··

V–ray proxy는 맥스, 마야 등 다른 프로그램에서 사용한 proxy도 사용할 수 있습니다.

··

3 브이레이 조명 설치하기

브이레이 조명은 야경 연출에서 가장 중요한 부분입니다. 조명이 너무 과하게 표현되거나 너무 약하게 표현되어 어둡지 않도록 테스트해 보고 설정합니다.

01　조명을 총 4개 부분(1층, 2층 실내와 2층 계단 부분, 1층 외부)에 설치합니다. V-Ray light editor 대화상자에서 Intensity를 '30'으로 설정하고 〈OK〉 버튼을 클릭합니다.

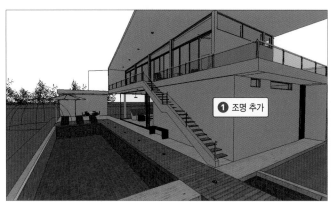

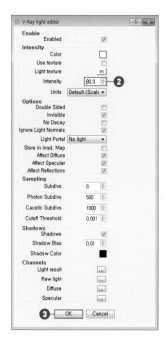

02　1층 내부에도 사각형 조명을 추가합니다. 내부 조명은 외부보다 밝게 Intensity를 '50'으로 설정하고 〈OK〉 버튼을 클릭합니다.

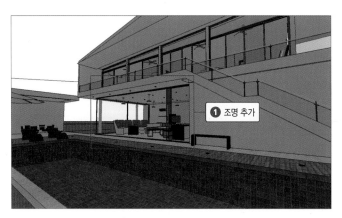

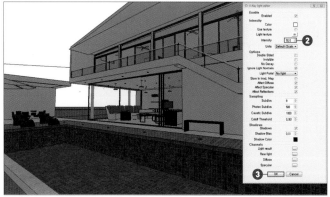

···· TIP ··
　내부에서 빛이 퍼져 나가야 하므로 좀 더 큰 수치를 설정합니다.
··

03 1층 외부에도 사각형 조명을 추가합니다. V-Ray light editor 대화상자에서 Intensity를 '30'으로 설정하고 〈OK〉 버튼을 클릭합니다.

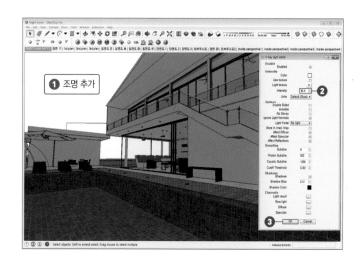

04 마지막으로 2층 내부에 사각형 조명을 추가하고 V-Ray light editor 대화상자에서 Intensity를 '30'으로 설정하고 〈OK〉 버튼을 클릭합니다. 각층의 조명이 모두 설치되었습니다.

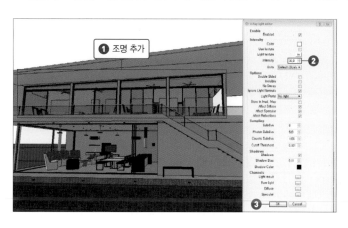

05 IES 조명을 추가하기 위해 구글 웹 사이트에서 IES file을 검색합니다.

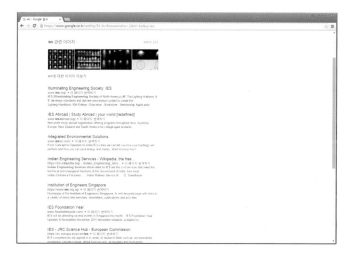

·····TIP·····
IES 파일은 실제 조명의 확산을 파일로 만든 것입니다. 대부분의 조명 회사에서 조명기구 제품을 IES 파일로 제공하고 있습니다.

06   조명회사 홈페이지에서 IES 파일을 다운로드합니다.

07   IES 조명을 설치하기 위해 먼저 1층 외부에 IES 조명을 설치합니다.

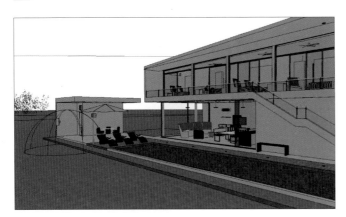 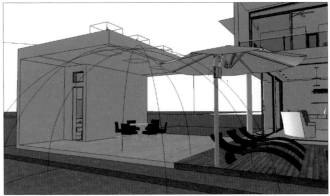

08   V-Ray light editor 대화상자에서 Power를 '100'으로 설정하고 File에서 〈...〉 버튼을 클릭합니다.
Open IES Light File 대화상자에서 다운로드한 LED ies 파일을 선택한 다음 〈열기〉 버튼을 클릭하고 〈OK〉 버튼
을 클릭합니다.

 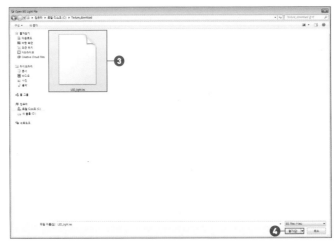

09   렌더링을 실행합니다.

4 브이레이 리얼 타임 렌더링하기

재질이나 조명을 확인하기 위해 자주 렌더링을 실행할 때 리얼 타임(RT: Real Time) 렌더링을 활용하면 완벽하지 않지만 실시간으로 렌더링을 살펴볼 수 있어 매우 편리합니다.

01   V-Ray option editor 창에서 RTEngine 패널의 'Enable'에 체크 표시합니다.

····TIP··
V-ray RT는 그래픽카드의 GPU로 렌더링하기 때문에 CPU 부담을
줄일 수 있습니다.
··

02 VFS Main 툴바에서 Start RT Render 툴(⊚)을 선택합니다. 노이즈가 있지만 실시간으로 렌더링되며
뷰를 바꿔도 바로 렌더링이 나타납니다.

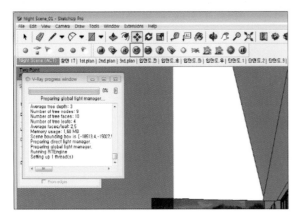

····TIP····
시간이 지나면서 노이즈는 점점 줄어들며 테스트 렌더링에
서는 전혀 문제가 없습니다.
··

03 V-Ray option editor 창에서 VFB channels 패널의
Standard channels에서 다음과 같이 렌더링 요소를 선택한 다음
렌더링을 실행합니다.

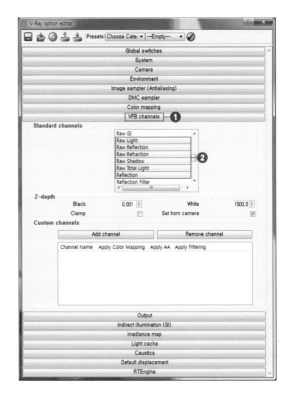

04   요소들이 모두 렌더링되었습니다.

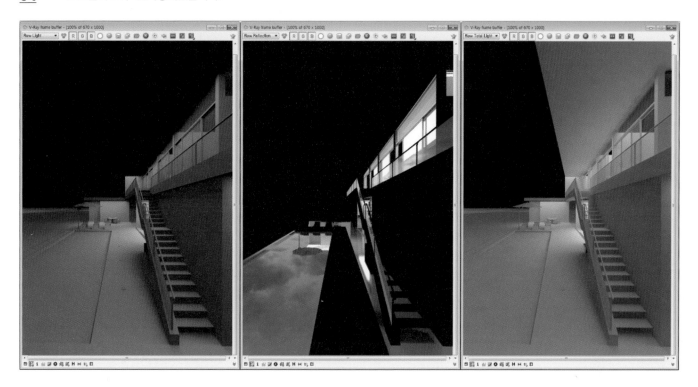

05   브이레이 RT 렌더링이 완성되면 스케치업 파일을 다른 이름으로 저장합니다.

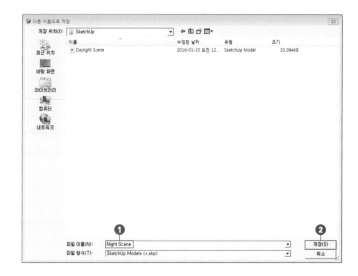

06 최종 렌더링이 완성되었습니다.

07 V-Ray material editor 창의 Material List에서 'Wood_Floor_Dark'를 선택하고 Options 항목에서 Alpha Contribution 을 '0'으로 설정합니다.

TIP

Alpha Contribution 기능을 이용하여 Scene의 재질별 알파 채널을 저장할 수 있습니다. 0~1 수치를 설정하여 알파 채널을 추출할 수도 있습니다.

08　　V-Ray option editor 창에서 알파 채널의 렌더링 시간이 오래 걸리지 않도록 Indirect illumination (GI) 패널에서 'On'의 체크 표시를 해제합니다.

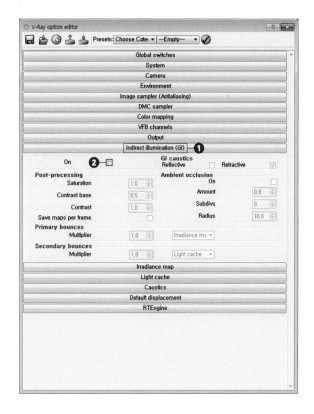

····TIP····
테스트나 채널을 렌더링할 때는 렌더링 시간을 줄여야 합니다.

09　　Wood_Floor_Dark 채널을 추출한 다음과 같은 방법으로 원하는 채널을 추출합니다. 현재 채널 값이 모두 '1'이므로 '0'으로 설정한 다음 채널을 추출합니다.

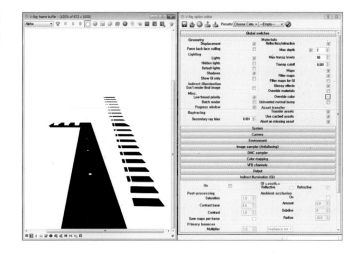

····TIP····
알파 채널은 포토샵에서 반전시켜 원래대로 되돌릴 수 있습니다.

5 포토샵 이미지 리터칭하기

포토샵에서 기본 렌더링으로 리터칭 작업을 하겠습니다.

01   주경과 마찬가지로 포토샵 작업을 위해 각 재질의 채널을
렌더링합니다.

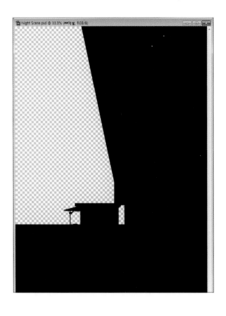

02   렌더링 요소도 포토샵에 불러온 다음 하늘과 건물을 구분합니다.

03   하늘을 분리한 다음 좀 더 어둡게 보정합니다.

04   조명 이미지(light_효과.psd) 파일을 합성하여 다운 라이트 효과를 나타냅니다.

05   나무 이미지 소스를 활용하여 외부 관목을 꾸밉니다. 이미지 소스가 없다면 스케치업에서 렌더링해도 좋습니다.

06 그림의 전체적인 톤을 정리하고 레벨과 색상 균형을 맞추기 위해 Ctrl+L 키를 눌러 Levels 대화상자에서 슬라이더를 조정한 다음 〈OK〉 버튼을 클릭합니다.

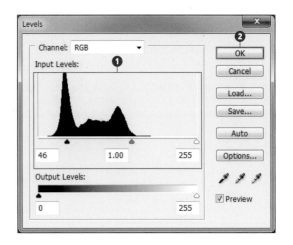

07 Ctrl+B 키를 눌러 Color Balance 대화상자에서 Color Levels를 '+9, 0, −3'으로 설정한 다음 〈OK〉 버튼을 클릭합니다.

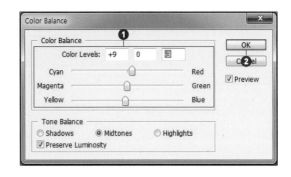

08 Ctrl+M 키를 눌러 Curves 대화상자에서 커브 선을 조정한 다음 〈OK〉 버튼을 클릭하여 최종적으로 이미지를 보정합니다.

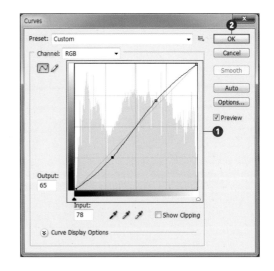

····TIP·····
이미지 보정은 포토샵(Photoshop) 포럼이나 Part 5의 튜토리얼을 참고하여 다양한 방법을 찾습니다.
·······················

09 최종 렌더링 이미지가 완성되었습니다. 완성 파일을 가지고 다른 뷰로 응용할 수도 있습니다.

모델링을 현실화하는
건축 3D 프린팅

Part 3까지는 스케치업을 이용하여 체계적으로 모델링하는 방법과 모델링을 상황에 알맞은 뷰로 조정하고 다양한 형태의 프레젠테이션으로 활용하는 방법에 대해 알아보았습니다.

Part 4에서는 세계적으로 큰 관심을 받고 있는 3D 프린터의 기술 배경에 대해 살펴보고 스케치업을 이용해 3D 프린터로 출력하는 방법과 출력물을 후가공하여 더 좋은 결과물을 얻는 방법을 익힙니다. 스케치업 화면에서만 구현하던 모델링을 3D 프린터로 출력해서 직접 만져보고, 느끼고, 사용할 수 있도록 실무 노하우를 알아봅니다.

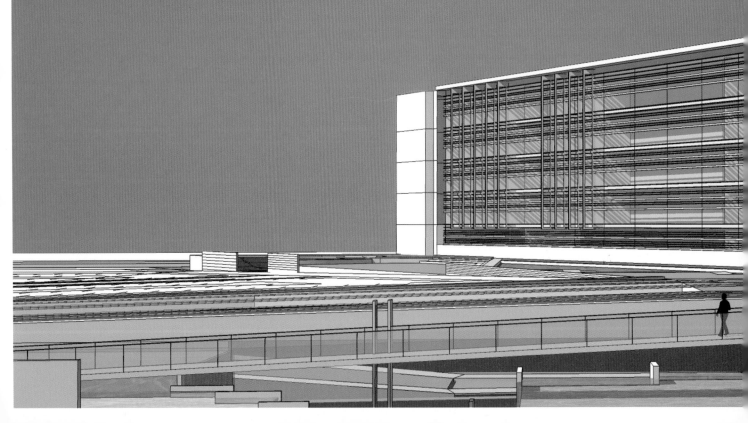

Part 04

 3D PRINTING

OO1 모형 제작을 위한 3D 프린팅

3D 프린터의 역사적 배경과 발전 과정, 작동 원리에 대해서 살펴보고 개인용 FDM 프린터의 기술적인 한계를 이해하여 최상의 결과물을 얻도록 합니다.

1 3D 프린팅의 역사 살펴보기

새로운 하드웨어는 다양한 콘텐츠 개발을 바탕으로 비약적으로 발전했습니다. 3D 프린팅도 스케치업처럼 점점 사용하기 쉬운 소프트웨어를 통해 개인 사용자 참여를 발판으로 성장할 것입니다.

1 | 3D 프린터의 발전

3D 프린팅 분야의 대표 회사 중 하나인 3D 시스템즈(Systems)의 CEO 찰스 헐(Charles Hull)은 1984년 세계 최초로 광경화수지 조형 방식(SLA: Stereo Lithography Apparatus)을 개발하여 1986년 최초의 상업용 3D 프린터(모델명 SLA 250)로 특허를 받았습니다. 이 방식은 빛을 쏘이면 경화되는 성질을 가진 액체 상태의 광경화성 수지에 레이저를 이용하여 한 층씩 쌓는 방식으로, 출력물의 정밀도가 높으며 성형 속도가 빠른 특징이 있습니다. 그러나 재료의 특성으로 인해 충격에 약하다는 단점을 가졌습니다.

SLA 250

그 후 3D 프린팅은 1989년 텍사스 대학의 칼 데커드(Carl Deckard)와 조 비먼(Joe Beaman)이 선택적 레이저 소결 조형(SLS: Selective Laser Sintering) 방식을 개발한 후에야 비로소 금속 재료에 사용할 수 있었습니다. 이 방식은 금속 등 분말 형태의 소재에 레이저를 쬐고 한 층이 완성되면 그 위에 새로운 분말을 덮어 다음 층을 소결하여 쌓습니다.

제너럴 일렉트릭(General Electric)에서는 1997년부터 항공기에 사용하는 LEAP 항공엔진노즐 생산에 SLS 방식을 이용하여 3D 프린터 출력물에 관한 안전성과 경제성에 대한 검증이 이루어지고 있습니다. 특히 고가의 장비와 재료 때문에 주로 산업용으로 사용했던 SLS 방식의 프린터는 2014년 특허가 만료되어 개인이 구입할 수 있는 저렴한 가격대의 프린터로 개발되어서 대중화되고 있습니다. 최근 3D 프린터에 관한 금속 재료뿐만 아니라 유리, 세라믹, 나일론 등 다양한 재료가 개발되어 생활에 한층 더 가까워졌습니다.

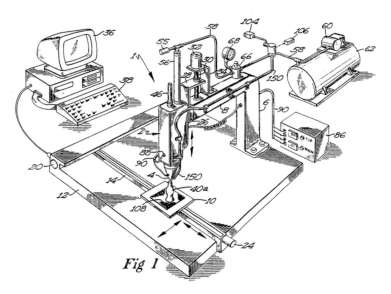

FDM 3D 프린터 특허(미특허청U.S. Patent 5,121,329)

3D 프린터는 산업용과 개인용으로 구분되어 발전했습니다. 산업용은 SLA, SLS 방식으로 발전되었으며 개인용은 1990년에 스트라타시스(Stratasys)의 CEO인 스캇 크럼프(Scott Crump)가 그의 아내 리사 크럼프(Lisa Crump)와 함께 FDM(Fused Deposition Modeling: 스트라타시스가 등록한 상표명 U.S. Patent 5,121,329)이라는 융합수지 압출 적층 조형을 개발하면서부터 크게 발전되었습니다. 이 방식은 열을 가하면 녹는 성질을 가진 플라스틱 재료를 프린터 노즐에 넣고 가열하여 재료를 녹여서 원하는 모양으로 적층하는 것으로, 흔히 사용하는 접착제 분사기(글루건) 원리와 비슷합니다. 레이저를 사용하지 않기 때문에 상대적으로 부담 없는 가격의 장비로 제작할 수 있어 유지 보수비용이 저렴하지만, 성형 속도가 느리고 ABS 등 재료 자체 성질로 인해 출력 중 휘어짐이나 수축에 관한 문제가 발생합니다.

결국 3D 프린터는 2005년 영국의 아드리안 보이어(Adrian Bowyer)가 시작한 렙랩 운동 (Replication Rapid Prototyping)을 통해 대중화되었습니다. 2009년에는 메이커봇(MakerBot) 에서 최초로 3D 프린터 DIY 키트(Kit)를 출시하면서 메이커봇 리플리케이터나 얼티메이커와 같은 카르테시안 방식과 독일의 조한 로콜(Johann C. Rocholl)이 개발한 로스톡으로 대표되는 델타봇 방식으로 발전하였습니다.

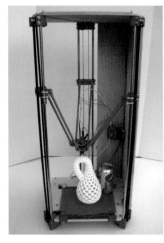

왼쪽_로스톡 델타봇
오른쪽_메이커봇 ThingOMatic Cupcake

2 | 3D 프린팅의 대중화 운동 - 렙랩 프로젝트와 Fab@home

3D 프린팅 기술은 오랜 역사를 가지지만 최근까지 관련 기술이 특허로 보호받았기 때문에 개인 사용자들은 아직 가격이나 사용 방법에서 접근하기가 쉽지 않습니다.

2005년, '누구나 3D 프린터를 만들어 이용할 수 있도록 공유하는 것'을 목표로, 영국 바스 대학의 아드리안 보이어 교수가 시작한 렙랩 프로젝트(RepRap Project)로 인해 3D 프린터의 급격한 대 중화가 이루어졌습니다. 당시 아드리안 교수는 스트라타시스의 FDM 방식이 상표권으로 보호받았 기 때문에 오픈소스 방식의 FFF(Fused Filament Fabrication) 방식을 만들어 하드웨어 회로도, 소스 코드, 소프트웨어 코드까지 공개했습니다.

렙랩 프로젝트에서는 2007년 다윈, 2009년 멘델, 2010년 헉슬리와 프루사 멘델을 공개했습니다. 특히 3D 프린터 부품을 60% 이상 자체적으로 복제해서 사용할 수 있도록 설계도를 공개하여 개인 사용자의 제작비용을 대폭 줄여서 3D 프린터 보급에 크게 공헌했습니다.

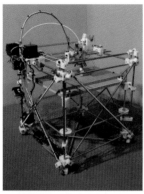
다윈(Darwin)

멘델(Mendel)

헉슬리(Huxley)

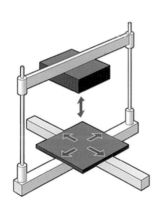
프루사 멘델(Prusa–Mendel)

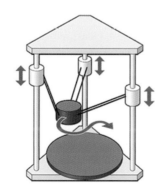
3D 프린터 부품 복제

또한 소스를 공개하여 많은 개선이 이루어졌습니다. 가장 큰 변화는 조한 로콜(Johann C. Rocholl)이 개발한 로스톡(Rostock)으로 대표되는 델타봇 방식입니다. 노즐과 베드가 X, Y, Z축 방향으로 나눠져 움직이는 기존의 카르테시안 방식과 다르게 원형 틀 안에서 세 가지 축이 동시에 움직여 곡면 제작이 편리해진 동시에 제작 속도를 높였습니다.

왼쪽_카르테시안형
각 부품은 한 방향으로만 움직입니다.

오른쪽_델타형
프린터 노즐이 어떤 방향으로든 빠르게 움직입니다.

렙랩 프로젝트는 얼티메이커(Unltimaker)나 리플리케이터(Replicator) 등 개인용 3D 프린터 발전에 막대한 영향을 끼쳤습니다.

미국에서도 영국의 렙랩 프로젝트와 비슷한 움직임이 있었습니다. 2006년 코넬 대학의 호드 립슨(Hod Lipson) 교수와 에반 말론(Evan Malone) 교수가 Fab@home이라는 오픈소스 운동을 통해 다양한 재료를 사용할 수 있는 3D 프린터 설계도를 공개하여 개인 사용자의 참여를 유도함으로써 많은 발전을 이루었습니다. 특히 다중 주사기 기반의 압출 방식을 사용하여 최초의 다중 소재를 출력할 수 있게 되었습니다. 사용할 수 있는 재료로는 에폭시, 실리콘을 비롯하여 초콜릿, 쿠키 반죽, 치즈까지 확장하여 3D 프린터를 이용한 요리에도 도전할 수 있었습니다.

Fab@Home 설계도

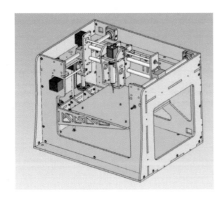

Fab@Home_Model2

요리에 활용하는 3D 프린터

3 | 3D 프린터의 한계와 극복을 위한 노력

새로운 기술과 발전 단계의 진행을 예측한 가트너(Gartner)의 하이프 사이클(Hype Cycle)에 따르면 3D 프린팅 기술은 현재 '기술 출현 → 거품기 → 거품 제거기 → 계몽기 → 성장기'의 다섯 단계 중 거품 제거기를 지나 계몽기로 향하고 있다고 합니다. 현재까지는 기대에 못 미치는 3D 프린팅 속도나 흔히 개인용으로 구분되는 FDM 방식 3D 프린터의 저품질, 풀 컬러 디스플레이에 익숙한 사용자들에게는 단조로운 색상의 출력물을 비롯해서 출력 과정의 어려움과 후가공 필요성 등 기술적인 한계가 있습니다. 그러나 이를 극복하고자 하는 노력이 지속되면서 한층 발전하고 있으며 인터넷 기술의 발전, 지역적인 확대와 결합하여 지금까지와는 다른 방향으로 나아가고 있습니다.

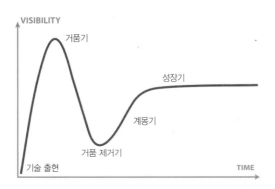

기존에 단색으로만 출력할 수 있었던 산업용 3D 프린터는 2D 프린터 기술인 잉크젯을 이용한 Z Corporation의 첫 고선명 컬러 3D 프린터인 Z510을 시작으로, 2013년에는 3D 시스템에서 세계 최초로 풀 컬러 3D 프린터인 Projet 4500을 선보였습니다.

Z510과 결과물

Projet 4500과 결과물

개인용 3D 프린터에서는 단조로운 색을 극복하기 위해 듀얼 노즐을 이용하여 다른 색의 필라멘트를 출력할 수 있는 3D 프린터가 개발되었습니다. 최근에는 봇오프젝트(Botobject)에서 큐브 프로 C라는 풀 컬러 데스크톱 프린터를 개발했습니다.

큐브 프로 C 결과물

봇오프젝트의 큐브 프로 C

2015년 3월 TED 2015에서 Carbon 3D의 층별로 쌓던 기존 방식에서 벗어나 영화 터미네이터 2에서 선보인 T1000 모델에서 영감을 얻은 새로운 방식의 CLIP(Continuous Liquid Interface Production)이라는 3D 프린터를 선보였습니다. 이 제품은 기존의 문제점이었던 3D 프린팅 속도를 최대 100배까지 단축했으며 최대 1,000배까지 단축하는 기술을 개발 중이라고 주장했습니다. 또한 지금까지의 층별로 쌓는 방식이 아닌 진정한 3D 방식으로 출력하여 출력물 강도에서도 뛰어난 장점을 선보였습니다.

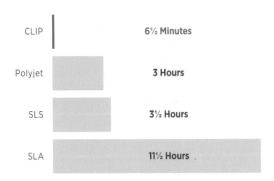

CLIP 방식의 3D 프린터와 다른 방식 프린터의 출력 시간 비교

CLIP(Continuous Liquid Interface Production)

과거 3D 프린팅 제품들은 주로 산업용으로 구분된 분야 즉, 항공부품, 금형, 시제품 개발로서 미국, 독일, 영국, 일본 중심의 국가적인 연구 개발 지원을 아끼지 않았습니다. 현재 바이오/의료 분야에서 개인별 특성에 맞는 치열 교정기나 인공 턱 임플란트, 인공 연골, 줄기세포 기반의 인체 조직에 대한 3D 프린팅 개발이 이루어지고 있습니다.

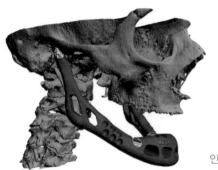

인공 턱 임플란트

치열 교정기

최근에는 3D 프린팅의 열기가 패션 분야로 옮겨져 신소재 개발과 함께 기존에 실현하지 못했던 다양한 패션 디자인을 선보이고 있습니다. 여성의 곡선을 잘 살린 비키니와 구두, 기하학적인 액세서리 등이 패션쇼를 통해 소개되고 있습니다.

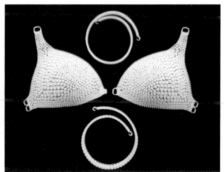

3D 프린팅을 활용한 패션 아이템

건축 분야에서는 마케팅에 사용하는 모형이나 시뮬레이션에 3D 프린터를 이용하는 것에서 벗어나 네덜란드, 중국을 중심으로 거대한 3D 프린터를 이용하여 실제 건축물을 출력하는 실험을 진행하고 있습니다. 소방법을 비롯한 각종 건축법규 등이 정해지지 않은 만큼 선행되어야 할 과제가 많지만 시간과 비용절감이라는 장점으로 인해 3D 프린터 사용은 필수적입니다.

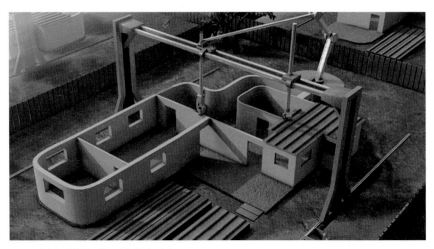

3D 프린터를 이용한 건축 시공 현장 가상도

2 3D 프린팅 원리와 종류 알아보기

3D 프린팅의 원리는 한 가지이지만 사용하는 재료에 따라 여러 가지 형태로 나뉩니다. 서로 다른 재료를 적층하는 방법에 따른 3D 프린팅 종류에 대해 알아보겠습니다.

1 | 절삭식 제조방식 vs 적층식 제조방식

3D 프린팅으로 널리 알려진 적층식 제조방식(Additive Manufacturing) 이전에는 육면체나 원기둥 등 재료를 원하는 형태로 깎는 절삭식 제조방식(Subtractive Manufacturing)을 이용했으며 선반, 밀링머신, CNC(Computer Numerical Control) 등이 대표적인 도구였습니다. 이 방식은 제작 형태에 한계가 있고 깎는 공정으로 인해 재료 낭비를 피할 수 없었습니다.

FDM 방식의 3D 프린터를 이용하여 출력한 컵으로 적층 표면이 매끄럽지 않습니다.

2 | 소재와 가공 방식에 따른 기술 및 시제품

1984년 찰스 헐에 의해 SLA 방식이 개발된 이후 3D 프린팅 기술은 단점을 극복하고자 끊임없는 연구를 통해 새로운 기술이 개발되고 있습니다. 지금까지 수많은 종류의 3D 프린터가 소개되었지만 결국 원리는 아래층부터 한 층씩 차례로 재료를 쌓아 올리는 방식이며 금속, 액체, 플라스틱 등 재료의 물성과 특징에 따라 프린터 구조가 바뀔 뿐입니다.

3D 프린팅 산업은 한창 국제 표준화 작업이 진행 중이며 ASTM(미국재료시험협회)에서는 사용하는 소재와 가공 방식에 따라 3D 프린팅 기술을 다음과 같이 크게 7가지로 분류했습니다.

① 광중합 방식(Photo Polymerization)

가장 먼저 개발된 방식으로 포토폴리머(Photopolymer)라는 액체 상태의 광경화 분자를 사용합니다. 재료에 고밀도 UV 레이저를 쬐어 액체를 고체 상태로 만드는 SLA, DLP 방식과 함께 3D 시스템즈(Systems)의 Pro X 800이 대표적입니다. 최근에는 폼랩스(Formlabs)에서 form1이라는 데스크톱용 SLA 3D 프린터를 선보였습니다.

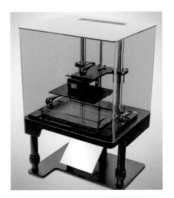

SLA_form1　　　3D 시스템즈(Systems) Pro X 800　　　DLP 방식의 The Solus(by Reify-3D)

② 재료 분사 방식(Material Jetting)

멀티 노즐을 이용하여 아크릴 등 액체 형태의 재료를 분사한 다음 UV 자외선으로 단단하게 굳혀 쌓는 방식입니다. 정밀도는 0.025~005mm의 후처리가 필요 없는 방식으로 Polyjet 방식의 3D 프린터가 있습니다.

MJM 방식의 Objet 500　　　Objet 1000　　　Projet 3500　　　Projet-5500x

③ 재료 압출 방식(Material Extrusion)

대부분의 개인용 3D 프린터에서 사용하는 방식이며 고온으로 가열한 재료를 노즐을 통해 연속적인 압력으로 밀어내며 위치를 이동시켜 한 층씩 쌓아 상온에서 굳힙니다. FDM, FFF 방식의 메이커봇 (Makerbot), 델타봇(Deltabot)이 있습니다.

비트 프롬 바이트

메이커봇 사의 리플리케이터

델타봇K

큐브

얼티메이커

④ 분말 적층 용융 방식(Powder Bed Fusion)

산업용으로 가장 많이 쓰이는 방식이며 2014년에 특허 기간이 만료되었습니다. 분말 형태(플라스틱, 금속 소재, 고무 또는 유리) 재료에 고밀도 레이저를 조사(照射)하여 입자를 녹여서 쌓는 방식으로 0.05~0.2mm 정밀도로 출력할 수 있습니다. 가장 빠른 속도로 안전성이 입증되었으나 고가의 장비이므로 대중화가 힘듭니다. 대표적인 방식으로는 SLS, LAM 등이 있습니다.

SLS 방식의 EOSINT M 280

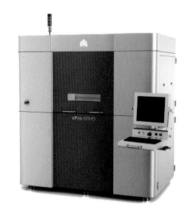

Spro60hd

⑤ 접착제 분사 방식(Binder Jetting)

분말 재료에 액상 접착제를 분사하여 한 층씩 쌓는 방식입니다. 접착제와 동시에 CMYK 색상 바인더를 도포하여 자연스러운 풀 컬러 모형을 구현할 수 있습니다. 3DP, PBP, Projet X60 시리즈(3D Systems)가 대표적입니다.

ProJet 360

⑥ 고에너지 직접 조사 방식(Direct Energy Deposition)

고출력 레이저나 전자빔을 금속 표면에 조사해서 소재를 녹여 부착하는 방식입니다. 재료 압출 방식과 비슷하고 기존 형태 수정에 효과적이며 DMT 등이 대표적입니다.

DMT 방식의 MPC Printer

⑦ 박편 적층 방식(Sheet Lamination)

얇은 필름 형태의 재료(종이, 금속호일, 플라스틱 등)를 레이저나 칼을 이용해 한 층씩 잘라서 열, 접착제 등으로 붙여 쌓습니다. 내구성이 약하며 대표적인 방식으로는 LOM, PLT가 있습니다.

Solido3D 사의 New SD300 Pro

3 | 개인용 3D 프린터의 발전

개인용 3D 프린터는 영국의 렙랩 프로젝트와 미국의 Fab@Home 운동을 통해 대중에게 널리 알려졌습니다. 2007년 아드리안 보이어 교수가 카르테시안 방식의 다윈을 공개한 이후 더 좋은 성능의 개인용 3D 프린터가 다양하게 개발되고 제품화되어 더욱 발전된 기능과 저렴한 가격으로 접근하기 쉬워졌습니다.

2009년 렙랩 프로젝트 회원이었던 자크 스미스(Zach Smith)가 주축이 되어 아담 마이어(Adam Mayer), 브리 페티스(Bre Pettis)와 함께 메이커봇(Makerbot)을 설립하고 DIY 3D 프린터 키트를 개발하여 생산하면서 개인용 3D 프린터 분야에서 가장 큰 회사로 성장했으며 25% 이상의 시장 점유율을 보이고 있습니다. 현재 스트라타시스 사에 합병되었으며 리플리케이터(Replicator)라는 개인용 3D 프린터로 시장을 확보하고 있습니다.

개인용 3D 프린터로 유명한 메이커봇 사의 다양한 리플리케이터 프린터 모델

2011년 네덜란드의 마르테인 엘서먼(Martijn Elserman)은 얼티메이커(Ultimaker) 사를 설립하여 개인용 3D 프린터의 대중화가 아닌 세계 최고 품질을 목표로 한 개인용 3D 프린터를 생산하고 뛰어난 정밀도와 출력 속도를 구현합니다.

초기 모델인 얼티메이커 오리지널(Ultimaker Original)은 빠른 생산을 위해 몸체를 레이저 컷 방식의 플라이우드(Plywood)로 만들었습니다. 이 제품은 아직도 DIY 키트로 구입할 수 있으며 신제품인 얼티메이커 2는 최상의 품질이 필요한 개인 사용자를 대상으로 생산되고 있습니다.

얼티메이커의 다양한
3D 프린터 모델

입문자나 교육용을 목표로 한 프린터봇은 2011년 브룩 드럼(Brook Drumm)에 의해 개발되었으며 대중에게는 클라우드 펀딩 사이트인 킥스타터(Kick Starter)를 통해 빠르게 알려졌습니다. 작은 크기와 저렴한 제작비용, 쉬운 조립을 모토로 초기의 MDF 방식 모델에서 현재는 메탈 소재를 이용하여 더욱 작고 안정감 있는 모델로 발전되었습니다.

프린터봇 사의 3D 프린터
Play, Simple, Plus

국내에서는 2010년 오픈크리에이터(Opencreators)에서 렙랩의 멘델 모델을 기초로 한 최초의 가정용 3D 프린터를 개발했습니다. 2013년 완제품이자 가구처럼 디자인된 아몬드와 2105년 조립식 키트인 마네킹을 출시하여 좋은 반응을 얻고 있습니다.

오픈크리에이터의 아몬드

002 3D 프린팅 과정

3D 프린팅은 크게 세 가지 과정으로 이루어집니다. 첫 번째는 '모델링' 과정으로 출력하고자 하는 형태를 다양한 3D 모델링 소프트웨어를 이용하여 3D 데이터화하는 것입니다. 두 번째는 3D 프린터가 3D 데이터를 인식할 수 있도록 슬라이싱 과정을 거쳐 '실제 출력'하는 것입니다. 세 번째는 3D 프린터로 출력된 결과물을 '후처리, 후가공'하여 최종 완성하는 것입니다.

건축 실무에서는 스케치업이나 라이노 소프트웨어를 이용하여 디자인, 3D 모델링을 완성한 다음 3D 프린터가 인식할 수 있는 표준 파일, 즉 STL 파일로 변환하고 3D 프린터에게 출력 명령을 전달하는 슬라이싱 프로그램을 통해 실제 모델이 출력됩니다. 이후 지지대 제거나 표면 처리 등의 후가공을 거쳐서 최종 모델이 완성됩니다. 3D 프린팅 과정에 대해서 자세하게 살펴보겠습니다.

모델링

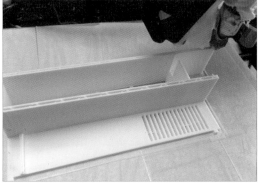
프린팅

후가공 및 조립

1 모델링

3D 프린팅을 위해서는 우선 디지털 파일 형태의 모델링이 필요합니다. 다양한 3D 소프트웨어를 이용하여 직접 모델링하는 방법과 thingiverse.com 웹 사이트에서 원하는 파일을 다운로드하여 출력하는 방법이 있습니다.

1 | 모델링 툴

3D 모델링은 여러 가지 소프트웨어를 통해서 진행할 수 있습니다. 스케치업이나 라이노, 레빗(Revit), 오토캐드(AutoCAD)는 건축에서 가장 많이 이용하는 3D 모델링 소프트웨어이며 각각의 파일 형태인 *.skp, *.3dm, *.rvt, *.dwg를 *.stl로 변환하여 출력할 수 있습니다. 또한 형태가 복잡한 피겨(Figure)에 사용하는 각종 캐릭터들을 모델링하기 위해서는 주로 Z 브러시나 스컬프트리스(Sculptris)를 이용합니다.

아이머티리얼라이즈(iMaterialise: www.imaterialise.com)에서는 3D 프린팅을 위한 소프트웨어를 대중성, 3D 프린팅 커뮤니티 활성화, 데이터베이스와 온라인 튜토리얼 등의 카테고리로 순위를 나눴습니다. 이중에서 1위는 블렌더(Blender), 2위는 스케치업(Sketchup), 3위는 솔리드웍스(Solidworks)였습니다.

Top 25
3D 모델링에 가장 많이 이용하는 소프트웨어 순위

		General		3D Printing Community				Total Score
		Social	Website	Forums	YouTube	Databases	Google	
1	Blender	61	91	100	100	27	100	80
2	SketchUP	87	82	79	49	80	74	75
3	SolidWorks	95	81	42	52	25	75	62
4	AutoCAD	100	78	46	43	4	85	59
5	Maya	91	80	35	50	3	93	59
6	3DS Max	90	83	24	53	2	78	55
7	Inventor	98	80	29	31	15	75	55
8	Tinkercad	78	57	38	5	100	31	51
9	ZBrush	83	69	45	42	4	50	49
10	Cinema 4D	84	76	6	28	1	62	43
11	123D Design	85	67	21	14	18	50	42
12	OpenSCAD	1	65	33	2	100	29	38
13	Rhinoceros	17	75	50	21	6	49	36
14	Modo	82	63	10	9	1	45	35
15	Fusion 360	93	81	10	3	2	4	32
16	Meshmixer	1	62	18	7	9	28	21
17	LightWave	23	52	1	8	0	32	19
18	Sculptris	0	67	7	6	4	26	19
19	Grasshopper	9	60	4	5	1	32	18
20	FreeCAD	4	59	15	8	11	5	17
21	MoI3D	0	53	3	1	0	28	14
22	3Dtin	4	57	0	0	11	1	12
23	Wings3D	0	66	1	1	0	.2	12
24	K-3D	0	62	1	1	0	2	11
25	BRL-CAD	0	60	1	0	0	1	11

① 초보자용 소프트웨어

ⓐ 123D Design

2009년 오토데스크에서 개발된 123D Design은 기능이 간단하고 UI(User Interface)가 직관적으로 구성되어 초보자들도 쉽게 배워 사용할 수 있습니다. 다양한 기본 객체를 이용하여 쉽고 빠르게 모델링을 발전시킬 수 있습니다. 또한, 웹 클라우드 기반의 응용 프로그램이므로 전 세계 사용자들과 3D 모델링 파일을 공유할 수 있으며 쉽게 3D 모델링 라이브러리를 구할 수 있습니다. Catch, Sculpt+, Make, Creature, Circuites 등의 확장 애플리케이션을 이용하면 간편하게 사진을 이용한 3D 모델링이나 캐릭터 모델링을 완성할 수 있습니다.

ⓑ Tinkercad

2011년 카이 백맨(Kai Backman)과 미코 모노넨(Mikko Mononen)에 의해 개발된 웹 애플리케이션으로 인터넷에 연결하여 사용하는 초보자용 3D 모델링 프로그램입니다. 현재 오토데스크에 편입되어 오토데스크 123D 중 하나의 소프트웨어로 개발되고 있습니다. 3D 프린팅에 최적화된 웹 기반의 3D 모델링 소프트웨어로써 개인용 3D 프린터와 상업용 3D 프린팅 서비스와의 직접적인 연계로 모델링 즉시 고품질 출력 서비스를 통해 모델을 받아 볼 수 있습니다.

② 건축용 소프트웨어

ⓐ 스케치업

스케치업은 2000년 라스트 소프트웨어(@Last Software)에서 개발된 건축용 소프트웨어이며 구글과 트럼블에 인수되고 거듭 발전하여 현재 스케치업 2016 버전을 사용하고 있습니다. 사용자 인터페이스(UI)가 간단하고 선과 선을 이어서 모델링하는 기법이므로 초보자도 쉽게 따라할 수 있다는 장점이 있습니다. 하지만 곡선이 많이 들어간 세밀한 객체 구현이 힘들다는 단점도 있습니다. Part 1에서 설명하는 컴포넌트 및 3D 웨어하우스 기능을 이용해 다양한 모델을 공유할 수 있으며 Extension 웨어하우스를 통해서 3D 프린팅을 비롯한 다양한 기능으로 확장할 수 있습니다.

![SketchUp]

ⓑ 라이노 3D

라이노는 1980년 로버트 맥닐(Robert McNeel)에 의해 개발된 3D 소프트웨어입니다. 오토캐드(AutoCAD)의 정확도와 3D 맥스(Max)의 3D 모델링, 마야(Maya)의 NURBS 모델링 방식의 장점을 섞어 정교한 3D 모델링을 할 수 있는 프로그램으로, 산업 디자인부터 건축 및 인테리어 분야 등에도 사용합니다. 그러나 프로그램을 사용하기 어렵다는 단점으로 인해 3D 프린팅을 위한 모델링 프로그램에서는 자주 사용하지는 않습니다.

ⓒ 오토캐드(AutoCAD)

오토캐드(AutoCAD)는 1982년 오토데스크에서 출시한 2D/3D 모델링과 건축 도면 작성을 위한 CAD 응용 소프트웨어로, 개인용 PC에서 실행할 수 있는 최초의 CAD 프로그램 가운데 하나였습니다. 초기 버전에서는 선, 폴리라인, 원, 호와 같은 기본 객체를 사용했으며 1990년대 중반 이후 3D 모델링을 지원할 수 있도록 개발되었습니다. 3D 모델링 기능이 있어 3D 프린팅에 이용하지만 이때 반드시 3차원 솔리드 객체를 이용하여 모델링 작업 이후에 STL 파일로 변환해야 합니다.

③ 캐릭터용 소프트웨어

ⓐ Sculptris

Z 브러시(Brush)로 유명한 픽솔로지(Pixologic)에서 개발한 소프트웨어로 화면에서 가상의 점토를 가지고 실제 조소(彫塑)하는 것처럼 늘이고, 붙이고, 깎아내면서 모델링할 수 있습니다. 기능이 간단하고 UI가 직관적이라 초보자도 쉽게 배울 수 있지만 한글을 지원하지 않으므로 작업에 어려움이 있습니다.

ⓑ 솔리드웍스

솔리드웍스(Solidworks)에서 개발한 3D 모델링 소프트웨어로, 기계 부품과 같은 정교한 객체를 모델링하기 위해 개발되었습니다. 부품 설계에 특화된 소프트웨어답게 가상의 모델링을 조립할 수 있는 장점이 있습니다.

ⓒ 3D Max

오토데스크에서 만든 3D 모델링과 렌더링 프로그램입니다. 모델링, 애니메이션, 렌더링 등 다양한 기능을 가지고 있어 주로 게임과 같은 엔터테인먼트 분야에서 이용합니다. 모델링 방법으로는 기본 도형을 나눠서 점차 세분화하여 작업하므로 정밀한 모델링을 완성할 수 있습니다. 3D 맥스(Max)는 폴리곤(다각형) 방식을 사용하여 곡선이 많은 곡면 모델링이나 세밀한 작업에 편리하며 주로 건축이나 게임 제작에 사용합니다.

2 | 3D 프린팅에 관한 이해 및 모델링

개인용 3D 프린터는 FDM 방식의 특성상 출력 크기에 한계가 있습니다. 일반 개인용 3D 프린터의 최대 출력 크기는 30×30×30cm로, 적층 방식의 한계로 인해 돌출 부분과 연결 부분은 지지대(Supporter)가 필요한 경우가 많습니다. 출력하기 전에 이러한 부분들을 이해하면서 모델링하면 출력 시간 및 재료를 효과적으로 줄일 수 있습니다.

① 출력 모형 크기 결정

수많은 개인용 3D 프린터는 출력 크기가 모두 다릅니다. 예를 들어, 뛰어난 성능을 자랑하는 얼티메이커(Ultimaker)의 Ultimaker 2 프린터는 223×223×205mm 크기가 출력의 한계입니다. 또한 메이커봇(Makerbot)의 레플리케이터(Replicator) 프린터도 252×199×150mm 크기가 출력의 한계입니다. 따라서 건축 모형을 출력할 프린터의 출력 크기 한계에 따라 미리 결정하고 스케치업 모델링 디테일을 알맞게 수정해야 합니다.

얼티메이커   리플리케이터

개인용 FDM 3D 프린터에서는 이론상 폭이 0.8mm 크기인 객체까지 출력할 수 있지만 너무 작은 크기의 출력물은 생략될 수 있으므로 크기를 확대하여 모델링합니다. 예를 들어, 창틀이나 발코니 난간 등 구조물의 뼈대를 이루는 중요한 재료인 부재는 출력 크기보다 작은 경우가 많으므로 미리 출력 크기를 지정한 다음 출력될 크기를 확인해야 합니다.

이 책에서 출력한 GM1 House 모델은 대지를 포함하여 실제 크기가 37×20m 정도이기 때문에 개인용 3D 프린터에서는 1:150 정도로 설정하는 것이 적당합니다. 이것은 실제 크기가 150mm라면 출력물에서는 1mm로 출력된다는 의미로, 다시 말해 실제 크기 150mm 미만의 객체는 출력할 수 없다는 의미입니다. 특히 유리 난간의 하드웨어나 문손잡이, 창살, 창틀은 실제보다 크게 확대해야 합니다.

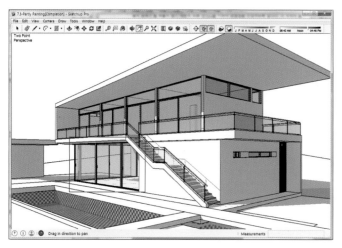

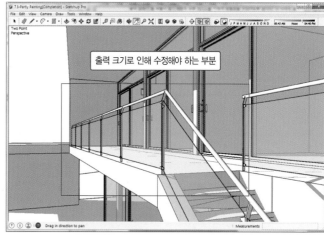

출력 크기로 인해 수정해야 하는 부분

② 출력 형태와 품질의 관계

개인용 FDM 3D 프린터는 재료를 녹여 원하는 모양으로 만들어서 다시 굳히는 원리이기 때문에 출력 형태와 3D 프린터의 출력 속도에 따라 출력 품질에 차이가 생깁니다.

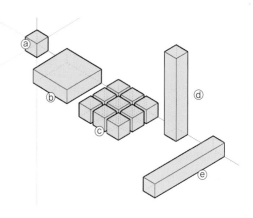

ⓐ 모형의 바닥 면적이 좁으면 출력 속도를 늦춰 재료가 굳는 시간을 벌어야 하며 이를 위해 상급 기종의 3D 프린터에는 강한 냉각팬이 설치되어 있습니다.

ⓑ 반대로 모형의 바닥 면적이 넓으면 자연적으로 냉각되어 빠른 속도로 출력할 수 있습니다.

ⓒ 좁은 면적의 출력물은 여러 개를 배열해서 한꺼번에 만들면 빠르게 출력할 수 있습니다.

ⓓ 모형이 높을수록 재료 수축에 영향을 받기 때문에 출력 속도를 느리게 하거나 강한 냉각팬이 필요합니다.

ⓔ 면적이 좁고 높은 형태는 출력 방향을 바꿔 바닥에 눕히는 것이 좋습니다.

③ 오버행(돌출부) 확인

모든 3D 프린터는 아래층부터 차례대로 위로 쌓는 방식이므로 다음과 같이 모형의 오버행(돌출부)이 일정 각도 이상이라면 지지대(서포터)를 만들어 쌓습니다. 오버행 각도가 60° 정도라면 지지대 없이 출력할 수 있으며 그 이상이라면 지지대 없이 출력할 수 없습니다.

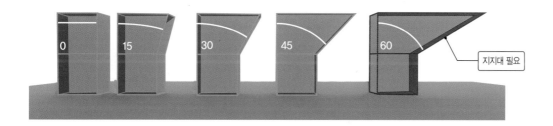

지지대 필요

이 책에서 출력한 GM1 House 모형은 지붕 부분의 오버행이 90°이므로 지지대 없이 출력할 수 없지만 출력 방향을 바꾸면 지지대 없이 출력할 수 있습니다. 이 부분은 다음 장에서 자세하게 살펴보겠습니다.

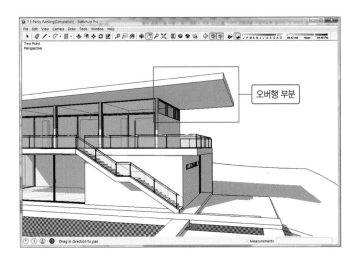

④ 출력물 방향

같은 모양이라도 출력물 방향에 따라 지지대 생성 여부가 달라집니다. 지지대 없이 출력하면 출력 시간이 많이 줄어들고 재료도 절약되며 후가공 시간도 아낄 수 있습니다. 다음과 같이 동일한 출력물이라도 출력 방향에 따라 지지대가 결정될 수 있으므로 출력 전, 출력 방향에 관한 고려는 매우 중요합니다.

2 3D 프린터 언어 설정 – G-Code

3D 프린터에 맞게 모델링을 수정했다면 3D 프린터가 이해할 수 있는 언어인 G-Code를 만들어 3D 프린터가 한 층씩 쌓아올릴 수 있도록 설정해야 합니다. G-Code에는 실제 3D 프린터가 재료를 쌓기 위한 노즐 위치나 움직임, 그리고 재료 압출량 등의 정보가 포함됩니다.

G-Code를 만들기 위해서는 각각의 모델링 파일(*.skp 등)을 STL 파일로 변환한 다음 Cura, Make Ware, Skeinforge, Slic3r, KISSlicer와 같은 슬라이싱 프로그램을 이용합니다. 슬라이싱 프로그램은 프린터 종류에 따라 적층 두께(가정용 FDM 3D 프린터는 보통 0.016~0.5mm)를 지정하며 고성능 프린터일수록 레이어(층)가 얇게 출력됩니다. 레이어가 얇을수록 고품질의 출력물을 얻을 수 있지만 그만큼 출력 시간이 늘어나는 상호보완적(Trade-off) 관계이므로 출력 시간과 품질은 적당하게 설정해야 합니다.

| 모델링의 STL 파일 변환 | ➡ | G-Code 생성(Cura, Slic3r 등) | ➡ | 프린터 설정 | ➡ | 프린팅 관리 |

이후 모델 형태와 재료에 알맞은 온도, 출력 속도, 크기, 지지대 등을 세부적으로 설정해야 최상의 결과물을 얻을 수 있습니다. 이 과정은 다양한 외부 요소, 예를 들어 출력 장소의 기온, 습도, 바람의 영향을 받기 때문에 3D 프린팅에 관한 많은 경험을 쌓아 최적의 설정 값을 익혀야 합니다.

3 후처리/후가공

모든 3D 프린터의 원리는 한 층씩 쌓아서 올리는 방식이므로 각 레이어(층)들이 계단식으로 나타나기 때문에 출력물을 자세히 살펴보면 다음과 같이 표면이 매끄럽지 않습니다.

모델링과 실제 출력물의 적층 표면

또한 모델 형태에 따라 돌출부에 지지대가 만들어지므로 출력 후에 지지대를 제거하는 작업과 그에 따른 표면 처리가 필요합니다. 물론 모델링 또는 출력 과정에서 이러한 작업을 최소화하는 것이 중요하지만 개인용 3D 프린터에서는 피할 수 없는 과정이기도 합니다.

| 출력물 | ➡ | 지지대 제거 | ➡ | 표면 처리 | ➡ | 도색 및 마감 |

 3D PRINTING

OO3   최적화된 모델링 수정과 STL 변환

3D 프린팅 출력물은 화면에서 만들어지는 3D 모델링과는 다르게 실제로 중력의 영향을 받으면서 한 층씩 쌓여 완성됩니다. 스케치업 모델링에서는 쉽게 구현할 수 있었던 거대한 오버행 부분이나 필로티(지주) 부분을 출력하기 위해서는 지지대가 필요하기 때문에 깔끔한 출력 면을 얻기 어렵습니다.

또한 출력 모형 크기에 따라 세부적인 부분은 개인용 3D 프린터의 크기 제한으로 인해 출력되지 않기도 합니다. 이 장에서는 Part 01에서 작업한 건축(GM1 House) 모델링을 바탕으로 가장 효율적인 3D 프린팅 방법에 대해 살펴봅니다.

1 스케치업 모델링 살펴보기

스케치업을 비롯한 다양한 3D 소프트웨어는 서로 다른 방식으로 3D 모델링을 다룹니다. 라이노와 스케치업은 면으로 입체를 정의하며, 123D나 솔리드웍스는 솔리드로, 3D 맥스(Max)는 다각형(폴리곤)으로 정의합니다. 이처럼 3D 프린터에 다양한 모델링 방식을 인식시키기 위해 STL(STereo Lithography) 파일을 표준으로 지정하여 사용합니다. STL 파일은 삼각형을 이루는 세 개의 꼭짓점과 벡터 그래픽을 기본으로, 꼭짓점 순서와 방향이 벡터의 오른손 법칙으로 인식됩니다.

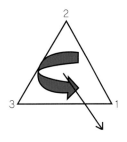   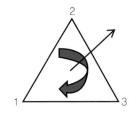   왼쪽은 1-2-3 순서대로 오른손으로 쥐면 엄지 방향이 얼굴 쪽으로 향하고 오른쪽은 반대 방향이 됩니다.

스케치업 파일에서 면을 확인하는 이유 중 하나는 3D 모델링에서 면이 뒤집어지면 꼭짓점 순서가 반대로 되어 3D 프린터가 제대로 인식하지 못하기 때문입니다. 스케치업에서는 Styles 창에서 Back color나 Front color와 다르게 설정되며 모델에서도 다른 색으로 나타납니다.

다음은 GM1 House 모델링의 지붕 윗면이 반대로 되어 다른 색으로 표시된 이미지이며 뒤집어진 면을 조정하려면 먼저 면을 더블클릭하여 선택한 다음 마우스 오른쪽 버튼을 클릭하고 **Reverse Faces**를 실행합니다. 면이 뒤집어지면 렌더링에서도 오류가 발생하므로 모델링을 시작부터 주의합니다.

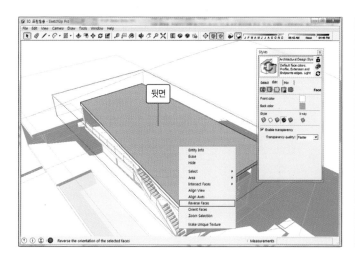
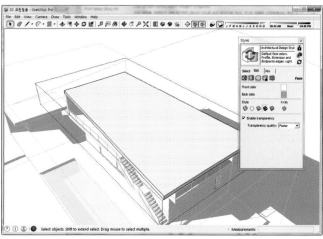

2 모델링 수정하기

개인용 3D 프린터 사양에 맞게 Part 1에서 진행한 GM1 House 모델을 수정합니다.

|예제 및 결과 파일| Part04\3.1_GM1_3D printing.skp, 3.2_GM1_3D printing_analysis.skp, 3.3_GM1_3D printing_parts.skp

1 | 전체 모델링 나누기

전통 주택이나 박스 형태의 건물처럼 건축의 형태가 간단하면 한꺼번에 출력할 수 있어 편리합니다. 그러나 이 책에서 설명하는 GM1 House는 2층 지붕에 커다란 오버행이 있고 유리창도 많아서 내부가 많이 노출되는 형태이기 때문에 부분적으로 나눠 출력합니다. 다음은 GM1 House의 주요 부분을 해체한 모델입니다. 부분별로 자세히 살펴보면서 어떻게 나눠야 효과적으로 3D 프린팅할 수 있는지 살펴보겠습니다. Part04 폴더의 '3.1_GM1_3D printing.skp' 파일을 참고합니다.

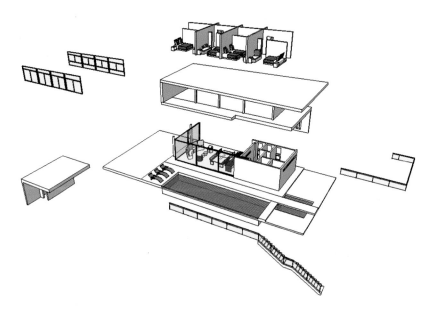

① 오버행 부분

GM1 House는 모던한 디자인으로, 경사진 지붕은 오버행이며 2층 발코니와 2층으로 연결된 외부 계단을 포함합니다. 따라서 이 부분을 그대로 출력하면 수많은 지지대가 생기므로 출력 시간이 늘어나고 더불어 지지대 제거에 필요한 후처리 시간이 오래 걸립니다. Part04 폴더에서 '3.2_GM1_3D printing_analysis.skp' 파일을 참고하여 각 부분을 살펴봅니다.

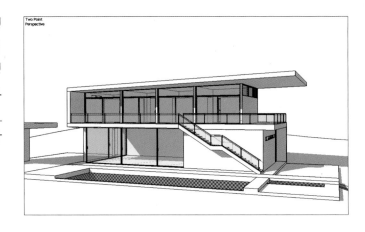

ⓐ 1층 외벽과 2층 슬래브, 지붕을 합치고 출력 방향을 바꾼 다음 출력하면 지지대 없이 출력할 수 있습니다.

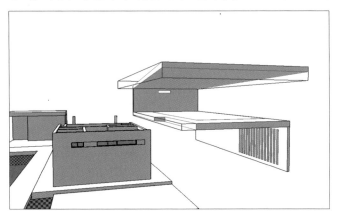

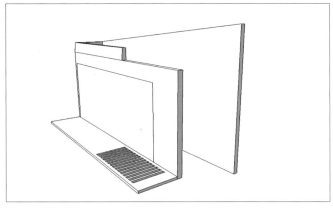

ⓑ 왼쪽 수영장의 화장실, 창고 부분도 오버행이 있으므로 따로 분리하여 출력합니다.

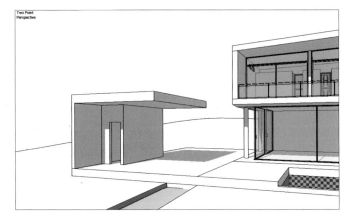

·····TIP·····
오버행 부분 등 출력에 필요한 부분만 최소한으로 분리합니다.

② 실내 모형 분해

1층 거실과 2층 방 부분에는 소파와 침대 등 가구가 배치되어 있으므로 2층 벽체와 가구 부분은 따로 출력하여 2층 지붕 부분에 끼워 넣어서 사실적으로 출력합니다.

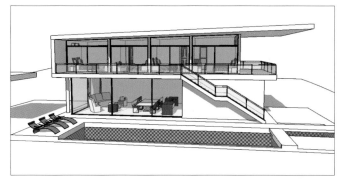 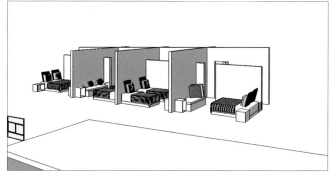

1층의 마스터 침실(안방) 부분은 수영장이 포함된 대지와 함께 출력하여 2층 지붕 부분을 받치도록 합니다.

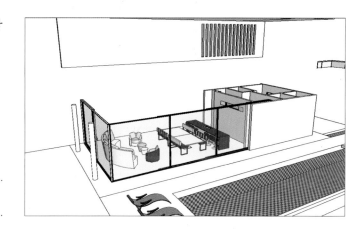

····TIP····
  벽체와 거실의 창틀이 2층을 받치는 지지대 역할을 합니다.

③ 계단 및 난간 부분

외부 계단의 유리 난간과 2층 발코니의 유리 난간은 따로 출력합니다. 창틀은 유리창 없이 프레임 부분만 출력합니다. 개인용 3D 프린터는 아직 투명한 재료로 출력할 수 없기 때문에 유리를 표현하기 어렵습니다.

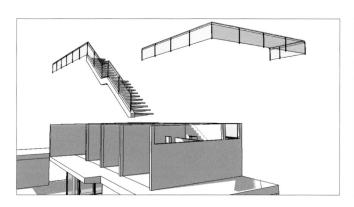 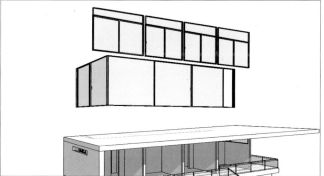

2 | 모형 수정하기

스케치업 모델링대로 출력하려면 3D 프린터의 출력 한계로 인해 상당 부분 출력되지 않기 때문에 3D 프린터에 알맞은 크기로 스케치업 모델링 크기를 조절해야 합니다. 다음은 3D 프린터로 출력할 부분들을 다시 수정한 모델링으로, 총 8개의 부분으로 이루어집니다. Part04 폴더에서 '3.3_GM1_3D printing_parts.skp' 파일을 참고하여 각 부분을 살펴봅니다.

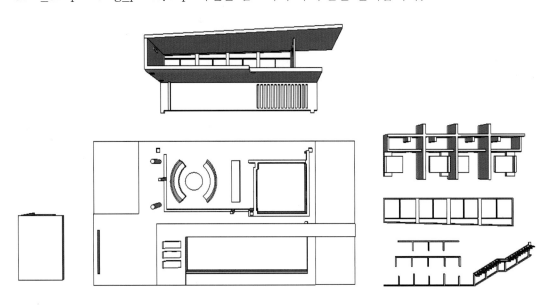

① 계단 난간 및 테라스 난간

계단 난간과 2층 테라스 난간 손잡이의 실제 지름은 3cm이며 출력 크기인 1:150으로 환산하면 겨우 0.2mm밖에 되지 않아 출력되지 않으므로 모델링 크기를 조정할 필요가 있습니다.

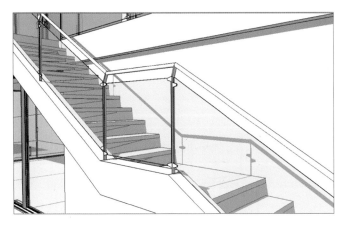
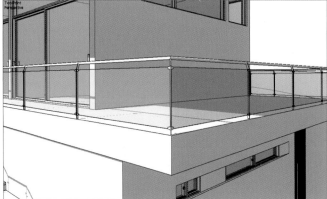

ⓐ 계단의 발판과 난간을 하나로 합쳐서 다음과 같이 수정하면 계단과 난간 부분을 한 번에 출력할 수 있습니다.

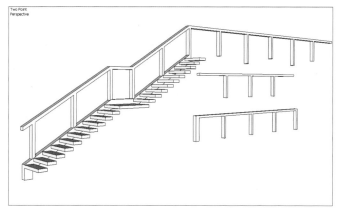
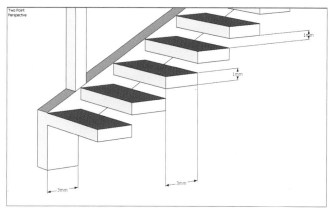

ⓑ 2층 테라스 난간도 다음과 같이 연결하여 수정합니다. 유리 부분은 출력되지 않으므로 난간 기둥과 손잡이 부분만 따로 만듭니다.

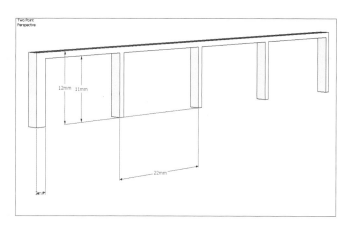

② 창틀 크기 조정

창틀 크기도 실제로는 5cm 정도이므로 출력하기에는 너무 가늘기 때문에 크기를 조정해야 합니다. 1층 창틀과 가구를 최대한 단순하게 바꿔서 다음과 같이 모델링합니다.

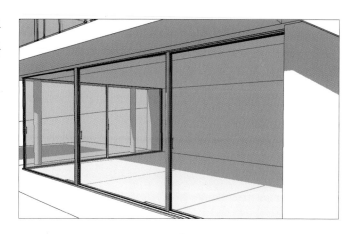

ⓐ 가구의 장식을 최소화하여 단순하게 수정하고 거실의 진열장 부분은 실제보다 크게 확대합니다.

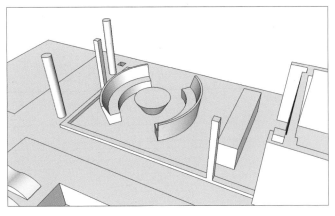

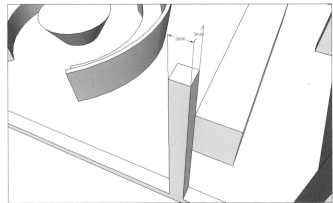

ⓑ 2층 테라스 난간도 다음과 같이 수정합니다. 유리 부분은 출력되지
않으므로 난간의 기둥과 손잡이 부분만 따로 만듭니다.

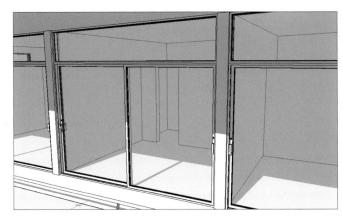

ⓒ 창틀이 한 번에 출력되도록 다음과 같이 모델링합니다.

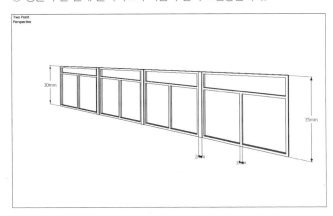

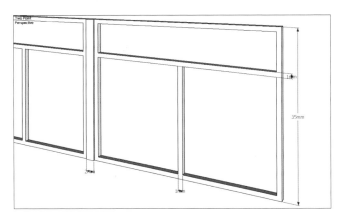

····TIP···
　프린터 사양에 따라 촉 크기를 구멍 크기보다 약간 작게 출력해야 간
편하게 조립할 수 있습니다.
·································

····TIP···
　외부에서 보이지 않는 내부 벽체들은 일부 생략합니다.
·································

③ 수영장 및 1층 벽체

1층 벽체는 외부에서 보이지 않으므로 모형처럼 벽체를 제거하고 가구도 다시 조정합니다. 작은 수영장은 생략하여 지지대 없이 출력할 수 있도록 수정합니다. 오른쪽 모형은 3D 프린팅할 수 있도록 새롭게 수정한 모델이며 왼쪽 아래에 수영장 창고를 끼울 수 있는 홈을 만들었습니다.

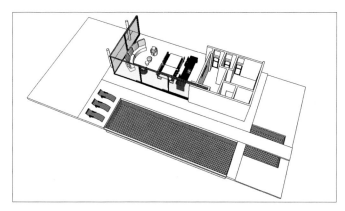
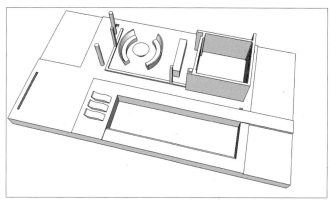

④ 접합 부분

3D 프린터의 장점을 살려 출력하려면 간편하게 조립할 수 있어야 합니다. 따라서 모델링을 부분적으로 나누더라도 접착제를 사용하지 않고 쉽게 조립할 수 있도록 수정해서 출력한 다음 조립합니다.

ⓐ 2층 지붕과 수영장 부분에 3×3mm 크기의 촉이 들어갈 수 있는 구멍을 만들어 조립 가능하도록 모델링합니다.

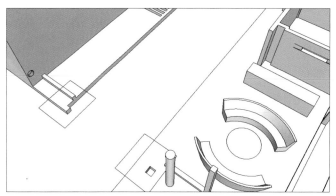
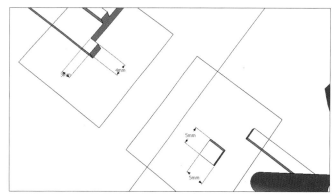

ⓑ 1층 벽체 위쪽과 2층 슬래브 바닥 부분에도 촉과 구멍을 만들어 고정시킬 수 있도록 완성합니다.

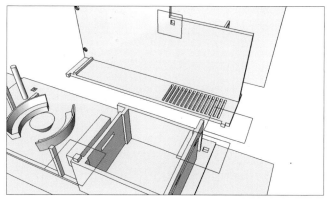

3 STL 파일 변환하기

각각의 모델링을 STL 파일로 변환하여 3D 프린터에서 설정하는 방법에 대해 알아보겠습니다.

|예제 및 결과 파일| Part04\3.3_GM1_3D printing_parts.skp, GMHouse STL file\GM1House_2nd floor wall.stl, GM1House_rail.stl, GM1House_Roof.stl, GM1House_stair.stl, GM1House_storage.stl, GM1House_storefront.stl, GM1House_swimming pool.stl

1 | SketchUp STL Extension 다운로드하기

3D 프린터에서 출력하기 위해서는 STL 형식 파일이 필요하며 'sketchup STL'이라는 플러그인을 통해 간단하게 변환할 수 있습니다. 여기서는 스케치업 파일을 STL 파일로 변환하는 방법에 대해 알아보겠습니다.

01　Part04 폴더의 '3.3_GM1_3D printing_parts.skp' 파일을 엽니다. 스케치업 파일을 STL 파일로 변환하기 위해서는 먼저 Sketchup STL이라는 Extension을 다운로드하여 설치해야 합니다. Sketchup STL을 찾기 위해 [**Window**] → **Extension Warehouse**를 실행합니다.

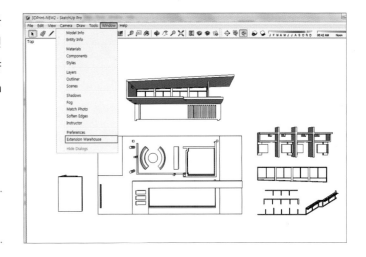

····TIP····
스케치업 이전 버전에서는 Extension을 루비 또는 플러그인이라고 합니다.

02　Extension Warehouse 창이 나타나면 검색 창에 'STL'을 입력한 다음 〈Search〉 버튼을 클릭합니다. 검색 결과가 나타납니다.

····TIP····
스케치업 이전 버전을 사용자는 루비(Ruby)를 검색해야 합니다.

03 ‘SketchUp STL’ Extension을 선택한 다음 정보를 확인
하고 〈Download〉 버튼을 클릭하여 다운로드합니다.

·····TIP·····
SketchUp STL은 스케치업 모델을 STL 파일로 내보낼 수 있고, STL
파일을 스케치업 파일로 불러들일 수도 있습니다.
·····················

04 다운로드를 마치고 설치 화면이 나타나면 〈Install〉 버튼을
클릭합니다.

05 설치를 마치면 경고 메시지 창에 성공적으로 설치되었으며 SketchUp STL을 사용할 수 있다는 메시지
가 나타납니다. 〈예〉 버튼을 클릭한 다음 〈확인〉 버튼을 클릭합니다.

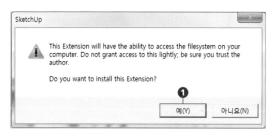

2 | 스케치업 파일을 STL 파일로 변환하기

준비된 스케치업 파일을 3D 프린터에서 출력할 STL 파일로 변환하는 방법에 대해 알아봅니다.

01 스케치업에서 [File]을 실행하면 Export STL 메뉴가 추가된 것을 확인할 수 있습니다.

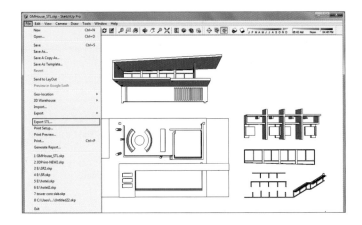

02 출력할 스케치업 모델의 각 부분은 개별 그룹으로 설정해야 합니다. 다음과 같이 지붕과 1층, 2층 벽체 부분을 각각 클릭하면 그룹으로 지정된 것을 확인할 수 있습니다.
그룹이 아닌 객체는 세 번 클릭하고 마우스 오른쪽 버튼을 클릭한 다음 **Make Group**을 실행하여 그룹으로 설정합니다.

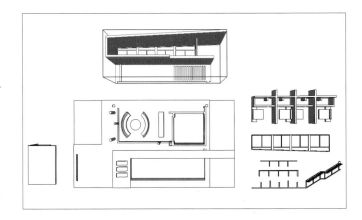

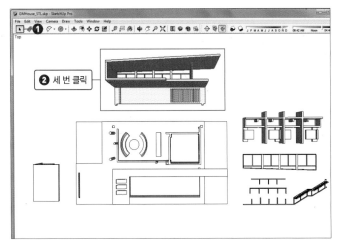

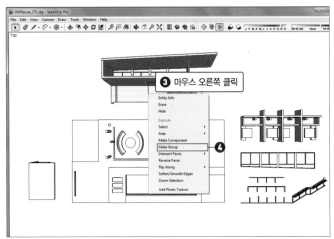

03 각각의 출력 부분 그룹이 선택된 상태에서 [File] → Export STL을 실행합니다. STL Export Options 대화상자에서 'Export selected geometry only.'에 체크 표시한 다음 Export unit은 'Millimeters', File format 은 'ASCII'로 지정하고 〈Export〉 버튼을 클릭합니다.

파일 저장 대화상자가 나타나면 Save in에서 저장 위치를 지정하고 File name에 파일 이름을 입력한 다음 〈Save〉 버튼을 클릭합니다.

04 수영장 부분을 선택한 다음 **02**~**03**번과 같은 방법으로 'GMHouse_swimming pool.stl' 파일로 내보냅니다.

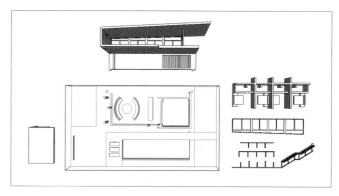

····TIP·····
내보내기(Export) 기능이 제대로 실행되지 않을 때는 '파일명.stl'까지 입력하여 파일을 저장해야 합니다.
·········

05 다른 부분들도 각각 선택하고 STL 파일을 만듭니다.

OO4 적층, 슬라이싱 및 Cura의 이해

스케치업 파일을 STL 파일로 변환하여 3D 프린팅하기 전에 모델링을 층별로 잘라야 합니다. 이처럼 모델링을 한 층씩 잘라 프린터에 해당 정보를 전달하는 것은 슬라이싱 프로그램에서 담당하며 대표적인 무료 소프트웨어로는 Cura, Make Ware, Skeinforge, Slic3r, KISSlicer 등이 있습니다. 여기서는 슬라이싱 프로그램 중 가장 많이 사용하는 Cura를 이용합니다.

1 슬라이싱 프로그램과 Cura 설치하기

Cura는 얼티메이커에서 만든 무료 슬라이싱 프로그램으로 이 책에서는 Cura-15.04.03 버전을 사용합니다.

01 얼티메이커 웹 사이트(https://ultimaker.com/en/products/Cura-software)에서 Cura 최신 버전을 확인하고 〈Download〉 버튼을 클릭하여 다운로드합니다.

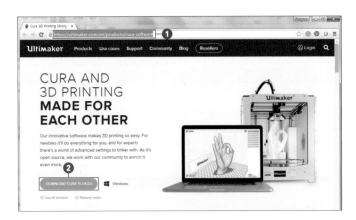

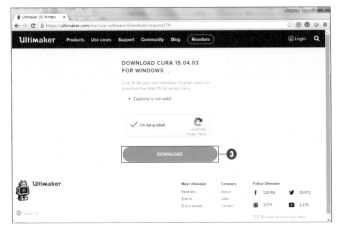

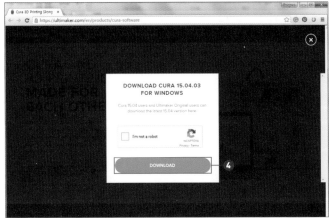

02 〈Browse〉 버튼을 클릭하여 저장할 폴더를 지정한 다음 〈Next〉 버튼을 클릭합니다.

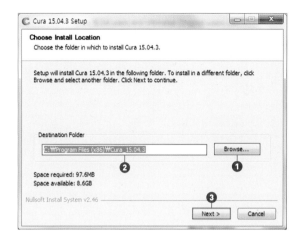

03 다양한 컴포넌트를 모두 체크 표시한 다음 〈Install〉 버튼을 클릭하여 설치합니다.

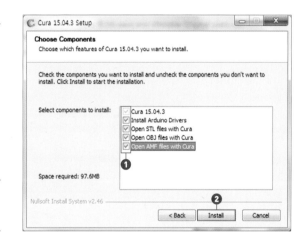

····TIP···
*.STL 형식이 가장 일반적이며 *.OBJ과 *.AMF 형식은 색상과 재질 정보를 포함합니다.
··

04 설치 과정을 확인하며 〈다음〉, 〈마침〉, 〈Finish〉 버튼을 클릭하여 Cura 설치를 마칩니다.

05 설치를 마치고 Cura를 실행하여 다음과 같이 프린터 설정에 관한 Configuration Wizard 대화상자가 나타나면 〈Next〉 버튼을 클릭합니다. Select your machine 화면에서는 사용하려는 프린터를 선택하고 〈Next〉 버튼을 클릭합니다. 이 책에서는 Printrbot의 Simple Metal 프린터를 사용하기 위해 'Simple Matal'을 선택한 다음 〈Next〉 버튼을 클릭했습니다.

  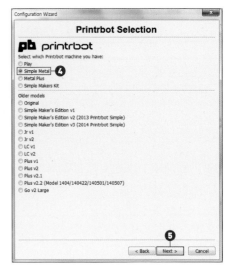

06 Cura 프로그램이 실행됩니다. 작업 창 오른쪽 위의 'View Mode' 아이콘을 클릭하면 Normal, Overhang, Transparent, X-Ray, Layers의 5가지 보기 형태가 나타납니다.

····TIP
Cura 프로그램에서 왼쪽 영역은 각종 설정 수치를 조절하는 부분이고, 오른쪽 영역은 모델링을 확인하는 작업 창입니다. 메뉴는 File, Tools, Machine, Expert, Help로, 왼쪽 영역은 [Basic], [Advanced], [Plugins], [Start], [End-GCode] 탭으로 구성됩니다.

····TIP
Pronterface는 출력 시작 전에 노즐의 온도와 위치, 재료의 사출 테스트를 좀 더 정밀하게 조정할 수 있는 장점이 있습니다. 또한 3D 프린터 온도를 올리는 기능과 출력 전 X, Y, Z축 포지션을 정의하는 기능이 있으며 Extrude를 이용해 출력 전에 재료 사출을 10/1/0.1mm 단위로 테스트할 수도 있습니다.

① **X축 홈** : 노즐을 X축 원점으로 이동합니다.
② **y축 홈** : 노즐을 Y축 원점으로 이동합니다.
③ **홈 버튼** : 출력 노즐을 홈 위치로 이동합니다.
④ **Z축 홈** : 노즐을 Z축 원점으로 이동합니다.
⑤ 노즐을 Z축 방향으로 10, 1, 0.1mm만큼 상하 방향으로 이동합니다.
⑥ 원하는 만큼 재료를 사출할 수 있도록 테스트합니다.
⑦ 프린터 노즐의 온도 변화를 나타냅니다.
⑧ 현재 노즐 온도입니다.
⑨ Heating Bed가 있을 때 Bed의 온도를 나타냅니다.

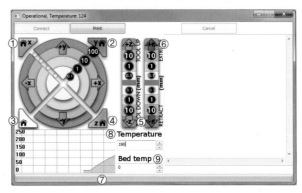

Pronterface UI

07　[Expert] → **Open expert settings**를 실행하면 Expert config 창이 나타납니다.

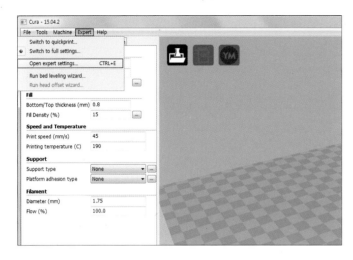

····TIP·····································

Expert config 창에서는 리트랙션, 스커트, 팬, 채움, 서포트, 바닥판 기
능인 Brim과 Raft를 설정할 수 있습니다.

···

08　[File] → **Load model file**을 실행하면 출력 모델을 불
러올 수 있고, **Save model**을 실행하여 저장할 수도 있습니다. 또
한 **Open Profile**을 실행하면 다양한 3D 프린터 모델에 최적화된
설정을 불러들여 별다른 설정 없이 출력할 수 있고, 각각의 3D 프린
터 웹 사이트에서 최적의 Profile을 얻을 수도 있습니다. 반대로 사용
자가 최적화된 설정을 만들고 **Save Profile**을 실행해서 저장할 수
도 있습니다.

09　출력을 시작할 때 나타나는 Preferences 창에서는
Printing window type을 'Basic', 'Pronterface UI' 중에서 선택할
수 있습니다. 이 책에서는 'Pronterface UI'를 선택하여 출력했습니다.

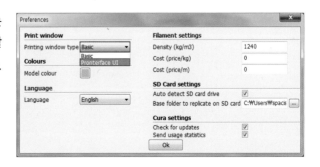

2 Cura 이해하기

대표적인 슬라이싱 프로그램인 Cura 설치를 마쳤다면 3D 프린팅의 출력 품질을 좌우하는 Cura 설정에 대해 좀 더 자세히 살펴보겠습니다.

01 Machine settings 대화상자에서는 프린터가 출력할 수 있는 최대 가로, 세로, 높이를 설정합니다. 'Heated bed'는 PLA 재료를 이용하므로 체크 표시할 필요는 없습니다.

Build area shape는 델타 기종이 아니라면 'Square'로 지정하고 'Machine Center 0,0'에서는 체크 표시를 해제합니다. Communication settings 항목에서는 Serial port, Baudrate 모두 'AUTO'로 지정하여 자동으로 3D 프린터를 인식하도록 합니다.

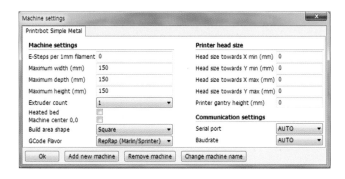

···TIP···
이 책에서 사용하려는 Printrbot의 Simple Metal 프린터는 150×150×150mm가 최대 출력 크기지만 부품 업그레이드를 통해 250×150×150mm 크기도 출력할 수 있습니다.

02 [Basic] 탭에서는 기본 출력 품질인 적층 높이, 출력 두께, 바닥 면과 맨 위쪽 두께, 지지대 옵션 등을 지정할 수 있습니다.

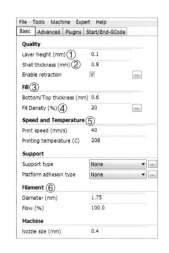

① **Layer height (mm)** : 출력 품질에 가장 많은 영향을 끼치며 보통 개인용 FDM 3D 프린터는 최소 0.06mm부터 출력할 수 있지만 고품질 출력 설정은 출력 속도가 많이 느려지므로 주의해야 합니다.

② **Shell thickness (mm)** : 모델 두께는 프린터 헤드 노즐 크기와 관련이 있습니다. 보통 가정용 프린터는 0.4mm 헤드를 이용하며 노즐 크기 배수로 지정합니다. 즉, 두께를 0.8mm로 설정하면 내벽과 외벽이 두 겹으로 출력되며 1.2mm로 지정하면 세 겹으로 출력합니다.

③ **Fill** : 바닥이나 상판 두께를 설정할 수 있습니다. 예를 들어, Layer height가 '0.2mm'일 때 thickness를 '0.8mm'로 설정하면 총 4겹의 레이어로 바닥판/상판을 만들기 때문에 충분합니다.

④ **Fill Density (%)** : 내부를 채우는 정도를 조절하여 속을 비우거나 채울 수 있습니다. 보통 '20~30%' 정도로 설정하면 충분합니다.

⑤ **Speed and Temperature** : 출력 속도를 조절하며 평균 '40mm/s'로 설정하고 모델 형태에 따라 적절하게 조절할 수 있습니다.

⑥ **Filament** : 사용하는 재료의 자격 조건에서 재료 굵기를 반드시 확인하여 지정해야 하며 수치대로 정상적으로 출력되지 않습니다. 시중에서 쉽게 구할 수 있는 대부분의 필라멘트 재료는 1.75mm이며 브랜드에 따라 달라집니다.

03 [Advanced] 탭에서는 리트랙션 설정 값과 출력에서 가장 중요한 첫 번째 레이어의 출력 설정, 그리고 프린터 헤드가 움직일 때의 속도, 브릿지나 돌출부 출력 품질에 영향을 미치는 팬을 설정할 수 있습니다.

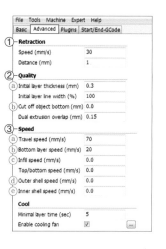

① **Retraction** : 프린터 노즐이 출력물 사이로 이동할 때 중력의 영향으로 재료가 자연스럽게 녹아내리면서 모델 사이에 거미줄 같은 실이 만들어집니다. 이를 방지하기 위해 노즐이 이동할 때 재료를 빨아올리는 기능이며 Distance를 '1~4.5'로 설정합니다.

② **Quality**

ⓐ Initial layer thickness (mm) : 바닥판 두께를 설정하는 것으로, 보통 레이어보다 조금 두껍게 출력되어야 바닥에 잘 달라붙으며 출력 중에 떨어지지 않습니다. 출력에서 가장 중요한 것은 출력물이 바닥에 잘 붙어있는 것입니다. 이를 위해 프린터 바닥판에 마스킹 테이프를 붙이거나 끈적임을 더하기 위해 헤어스프레이, 스프레이 접착제를 뿌리기도 합니다.

ⓑ Cut off object bottom (mm) : 모델의 바닥에서부터 설정한 높이까지 레이어를 지우는 기능입니다. 예를 들어, 5mm로 설정하면 실제 모델의 바닥에서 5mm 이상부터 출력됩니다.

③ **Speed**

ⓐ Travel speed (mm/s) : 노즐이 이동할 때의 속도를 설정합니다. 너무 빠르면 노즐이 멈췄을 때 프린터의 진동으로 인해 정밀하게 출력되지 않을 수 있습니다.

ⓑ Bottom layer speed (mm/s) : Initial layer thickness처럼 첫 번째 레이어를 천천히 출력하여 바닥에 좀 더 잘 달라붙도록 보통 Speed의 '50%'로 설정합니다.

ⓒ Infill speed (mm/s) : 외벽을 제외한 내부를 채울 때의 속도입니다. '0'으로 설정하면 [Basic] 탭에서 설정한 속도로 출력됩니다.

ⓓ Outer shell speed (mm/s) : 가장 바깥쪽 부분의 외벽 출력 속도입니다. 출력 속도의 '50~80%'로 설정해야 보기 좋지만 출력 형태와 관계 있으므로 출력 경험을 쌓는 것이 중요합니다.

ⓔ Inner shell speed (mm/s) : 안쪽 내벽의 출력 속도를 설정하며 마찬가지로 '0'으로 설정되면 [Basic] 탭에서 설정된 속도로 출력됩니다.

 3D PRINTING

OO5 부분별 3D 프린팅 및 관리

3D 프린터의 기본 원리와 종류, 앞서 작업한 모델링을 3D 프린터에 맞게 수정하여 STL 파일로 변환했습니다. 이번 장에서는 Cura에서 분리된 모델링의 STL 파일을 불러온 다음 3D 프린터를 설정하여 알맞게 출력하는 방법에 대해 알아보겠습니다.

1 출력 설정 최적화하기

분리한 모델링의 출력 부분은 각각의 특성으로 인해 설정과 출력 방향을 다르게 설정해야 합니다.

|예제 및 결과 파일| Part04\Simple.Plus.GettingStarted.ini, GMHouse STL file 폴더

1 | 2층/지붕 부분 출력하기

경사진 지붕 부분으로 지지대 없이 출력할 수 있는 방법에 대해 알아보겠습니다.

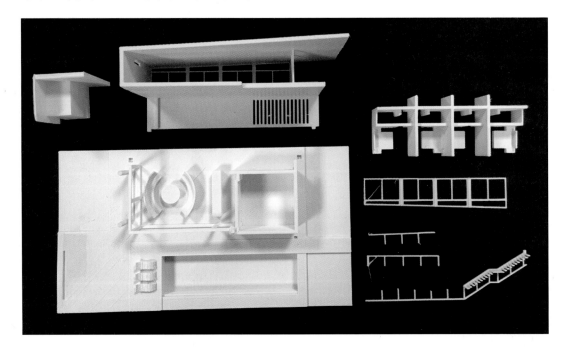

01 Cura를 열고 [**File**] → **Open Profile**을 실행합니다. Select profile to load 대화상자에서 Part04 폴더의 'Simple.Plus.GettingStarted.ini' 파일을 선택한 다음 〈열기〉 버튼을 클릭합니다.

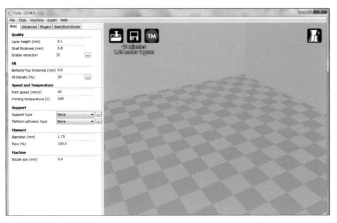 

····TIP··········
Select profile to load 대화상자에서 사용할 3D 프린터의 최적 값을 불러올 수 있습니다. 이 책에서는 Printrbot의 Metal Simple 프린터를 사용하므로 Printrbot 홈페이지(http://printrbot.com/project/simple-metal/)에서 제공하는 최적화된 Profile을 사용했습니다.
··············

02 오른쪽 작업 창에서 'Load' 아이콘을 클릭하여 출력하고자 하는 STL 파일을 불러옵니다.

····TIP··········
[File] → **Load model file**을 실행해도 됩니다.
··············

03 Open 3D model 대화상자에서 Part04\GMHouse STL file 폴더의 'GM1House_Roof.stl' 파일을 선택한 다음 〈열기〉 버튼을 클릭합니다.

04 2층/지붕 부분이 불러들여집니다.

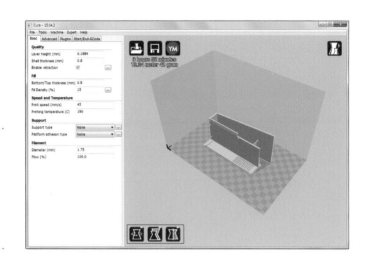

····TIP·······

기본적으로 마우스 휠을 이용하여 모델을 확대 또는 축소할 수 있으며 마우스 오른쪽 버튼을 클릭하여 나타나는 메뉴 중에서 원하는 시점을 실행하여 전환할 수 있습니다. 또한 Shift 키를 누른 채 마우스 오른쪽 버튼을 클릭하면 Pan 기능으로 전환되어 뷰를 마음대로 조정할 수 있습니다. 모델을 클릭하면 작업 창 왼쪽 아랫부분에 Rotate, Scale, Mirror 아이콘이 나타납니다.

·······························

05 Rotate 아이콘을 클릭하면 모델 주위에 X, Y, Z축으로 회전할 수 있는 세 개의 회전 축이 나타나며 회전하려는 축의 원을 클릭하면 선이 진해지면서 원하는 각도로 회전할 수 있습니다.

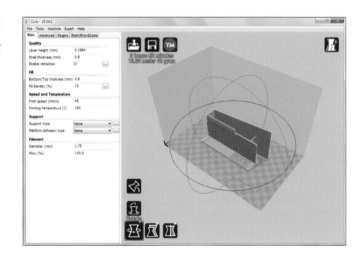

ⓐ 빨간색 회전 축을 조정하면 Z축 방향으로 회전할 수 있습니다.

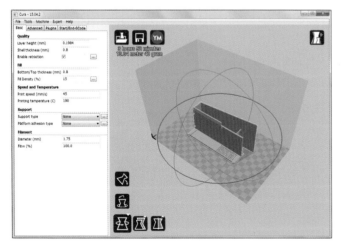

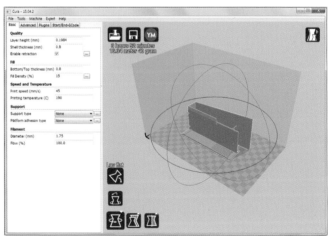

ⓑ 녹색 회전 축을 조정하면 X축으로 회전할 수 있으며 30° 회전하면 다음과 같이 회전됩니다.

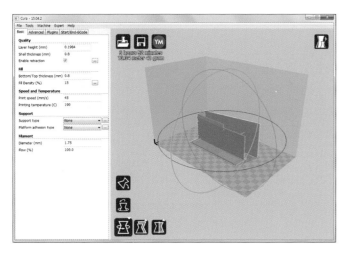
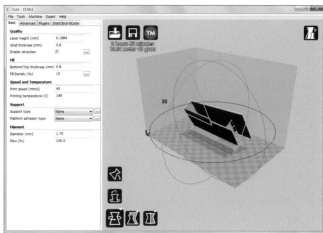

ⓒ 이대로는 출력할 수 없기 때문에 'Lay flat'이나 'Reset' 아이콘을 클릭하여 원래대로 되돌립니다.

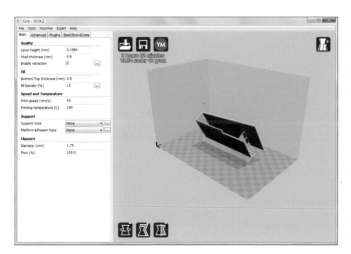
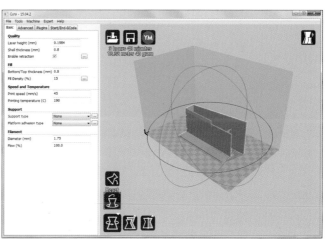

ⓓ 가운데 아이콘을 클릭하면 모델 크기를 조정할 수 있으며 실제 출력되는 모델의 크기 정보를 확인할 수 있습니다.

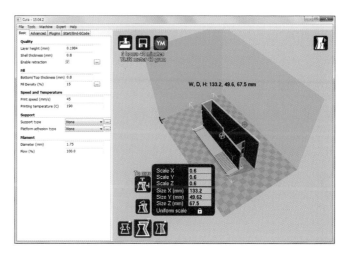

┄┄TIP┄┄┄┄┄┄┄┄┄┄┄┄┄┄┄┄┄┄┄┄┄┄┄┄┄┄┄┄┄┄┄┄┄┄┄┄┄┄┄

원하는 크기를 직접 입력하여 조정할 수도 있습니다.

┄┄┄

ⓔ 'To max' 아이콘을 클릭하면 프린터의 최대 크기까지 자동으로 조정됩니다. 'Reset' 아이콘을 클릭하면 원래 설정대로 돌아갑니다. 또한 Uniform scale의 자물쇠 모양 아이콘을 클릭하면 잠금 설정이 해제되어 X, Y, Z축으로 각각 다른 크기를 설정할 수 있습니다.

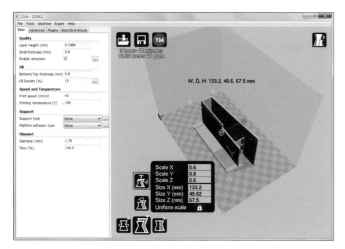 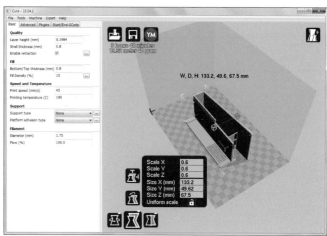

ⓕ Scale X를 '0.8'로 설정하면 X축 방향으로 모델이 늘어납니다.

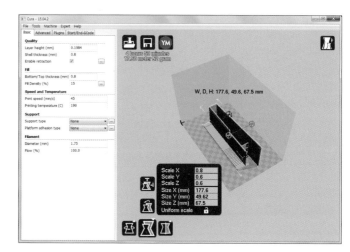

···· TIP ····
　잠금 설정이 해제된 상태에서 실행해야 원하는 축 방향으로 크기가 바뀝니다.
·······································

ⓖ 'Reset' 아이콘을 클릭하여 원래대로 되돌립니다.

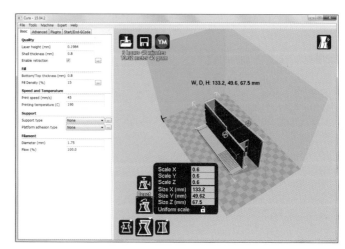

ⓗ 'Mirror' 아이콘을 클릭하면 축의 방향대로 모델을 뒤집을 수 있습니다.

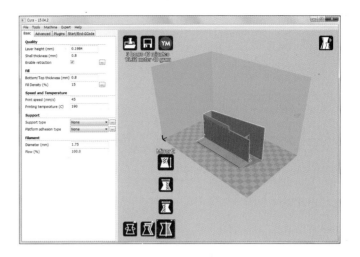

06 작업 창 오른쪽 위의 'View Mode' 아이콘을 클릭하여 Normal, Overhang, Transparent, X-Ray, Layers를 지정해서 각각의 뷰를 확인할 수 있습니다.
다음은 보기 형태를 Transparent 모드로 지정하여 모델의 이상 여부를 확인한 뷰로, 특별한 이상이 없는 것으로 파악됩니다.

····TIP··
출력하기 전에 마우스 오른쪽 버튼을 클릭하여 모델을 살펴볼 수 있습니다.
···

07 Overhang 모드에서는 출력 모형을 분석하여 지지대가 필요한 부분을 미리 빨간색으로 나타냅니다. 2층 지붕 모델을 원래대로 출력하려면 다음과 같이 천장 아래쪽에 모두 지지대를 만들어야 합니다.

08 [Basic] 탭의 Support 부분을 None에서 'Everywhere'로 지정하면 다음과 같이 모델의 Overhang
부분이 지지대로 꽉 차며 출력 시간도 2시간 44분에서 7시간 23분으로 늘어납니다. 따라서 출력 모델 형태에 맞는
출력 방향을 지정하는 것이 매우 중요합니다.

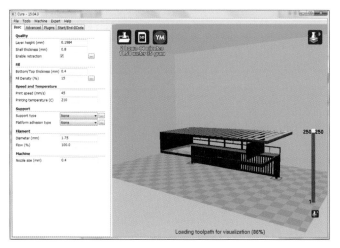 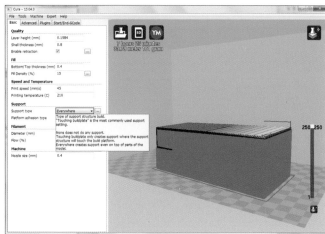

09 'View Mode' 아이콘을 클릭하여 'Layers'로 지정해서 출력 모델의 총 적층 개수를 파악할 수 있습니다.
이 모델은 위의 0.1984mm 적층 두께로 총 340개의 레이어로 이루어져 있습니다.

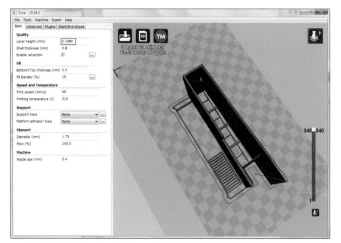 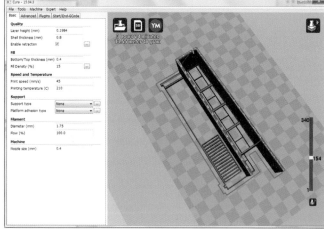

10　3D 프린팅에서 가장 중요한 첫 번째 레이어를 확인해 보겠습니다. 빨간색으로 나타나는 부분이 모델의 외곽선이며 노란색 부분은 내부에 채워지는 선들입니다.

외곽의 하늘색 선은 Support 항목에서 Platform adhesion type이 'None'으로 지정되었을 때 모델 주위에 시험용으로 그리는 Skirt이며 위치는 Expert config 대화상자에서 설정할 수 있습니다. 현재 Line count는 '2'이며 Start distance (mm)는 '3.0'입니다. 모델을 출력하기 전에 노즐의 출력 상태를 최상으로 만들기 위해 미리 출력 모델 주위 3.0mm에 외곽선을 두 번 그리는 것입니다.

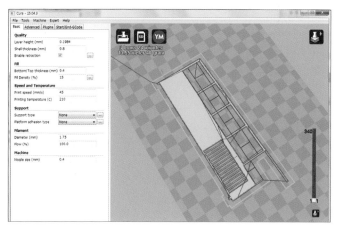
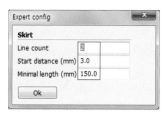

····TIP····

Start Distance 기능은 출력 크기에 영향을 주므로 너무 많이 띄우면 대형 출력물의 경우 출력할 수 없기도 합니다.

11　Support 항목에서 Platform adhesion type이 'Brim' 일 때는 다음과 같이 모델이 바닥에 더 잘 붙을 수 있도록 출력물 주위에 20개의 선을 그려서 바닥을 강화하며 출력 모델 형태에 따라 Brim을 적절하게 조절해야 합니다.

····TIP····

'GM1House_Roof.stl' 모델링은 바닥이 넓기 때문에 Brim이 필요 없으며 만약 Brim을 선택하면 나중에 바닥 면과 Brim을 분리한 부분이 지저분해지므로 후처리 시간이 소요됩니다. 따라서 여기서는 Platform adhesion type을 'None'으로 지정합니다.

····TIP····

Brim 옵션은 바닥 면적이 작은 출력물일 경우에만 사용하는 것이 좋습니다.

12 　　출력물의 첫 번째 레이어를 보강하는 Brim과는 다르게 Raft는 바닥에 모델을 강화하는 판을 만들고 그 위에 출력물의 첫 번째 레이어를 출력합니다.

Platform adhesion type을 'Raft'로 지정하면 다섯 번째 레이어부터 모델이 출력됩니다. 모델 바닥이 넓을 때는 굳이 Brim이나 Raft를 지정하지 않아도 상관없지만 바닥이 좁고 높은 타워 형태의 모델은 출력 중에 잘 떨어지므로 Brim/Raft 중에서 지정해야 합니다.

13 　　Fill 항목의 Fill Density (%)는 출력할 때 모델 내부를 채우는 기능으로, '100%'는 내부가 꽉 찬 모델이며 '0%'는 껍데기만 출력됩니다. 다음과 같이 '25%'와 '10%'는 시각적으로 크게 차이나며 출력 속도에도 차이가 있기 때문에 필요에 따라 Fill Density를 '20%' 정도로 설정하면 충분합니다.

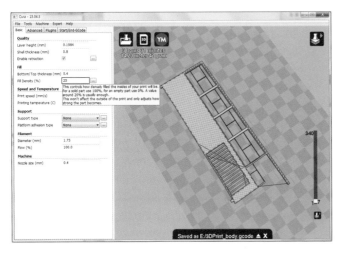

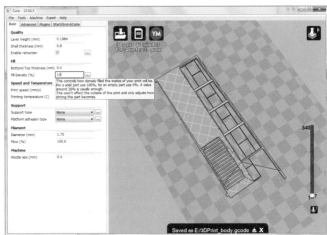

14 　　Speed and Temperature 항목에서는 출력 속도를 설정할 수 있습니다. 최초 설정 값은 '45mm/s'이며 느릴수록 출력 품질이 높아집니다.

모델 형태가 복잡할 때는 느리게 출력해야 성공 확률이 높습니다. ABS 재료를 이용할 때 Temperature는 '210°'로 설정하지만 여기서는 PLA 재료를 이용하기 때문에 '190°'로 설정해서 출력합니다.

····TIP·········

　　Abs(Acrylonitile poly Butadiene Styrene)는 좋은 색상 명도를 가지며 PLA보다 저렴하지만 출력할 때 수축이 생기거나 냄새가 납니다. PLA(PolyLactic Acid)는 친환경 물질로 만들어져 ABS보다 무해하며 낮은 온도에서도 출력할 수 있지만 후가공이 어렵습니다.

·······························

15　설정을 마치면 프린터와 USB를 연결합니다. 프린터와 Cura가 연결되어 작업 창에서 가운데 아이콘이 'Print with USB' 아이콘으로 바뀌면 해당 아이콘을 클릭합니다.

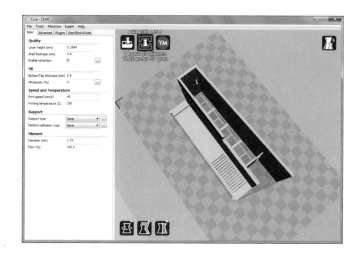

16　3D 프린터를 제어할 수 있는 Pronterface UI 창이 나타납니다. Pronterface의 Temperature를 '190'으로 설정하면 프린터 온도가 올라가기 시작합니다.

온도가 160°를 넘으면 Extrude의 '10'을 클릭하여 재료가 제대로 녹아 사출되는지 살펴봅니다. 이후 왼쪽부터 순서대로 X, Y, Z Home 아이콘을 클릭하여 프린터 시점을 지정합니다.

〈Print〉 버튼을 클릭하면 출력이 시작됩니다.

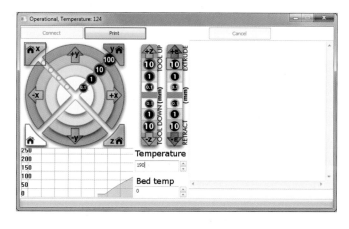

ⓐ 첫 번째 레이어가 출력됩니다. 1층 벽체와 지붕이 한꺼번에 출력됩니다.

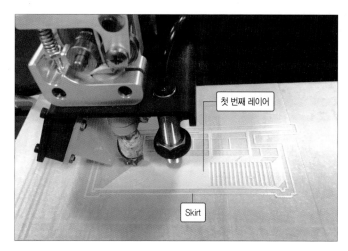

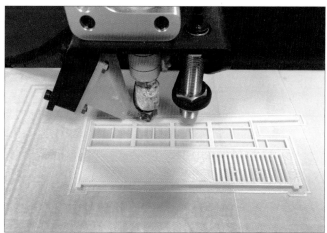

ⓑ 1층 벽체가 완성되고 지붕과 2층 벽체가 출력됩니다.

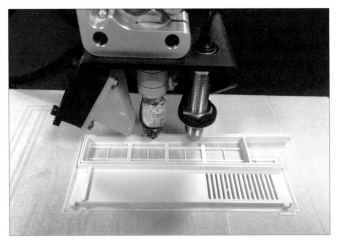 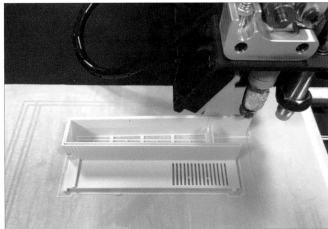

ⓒ 2층 지붕과 슬래브 부분이 반 정도 출력됩니다.

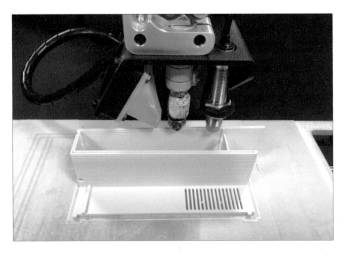 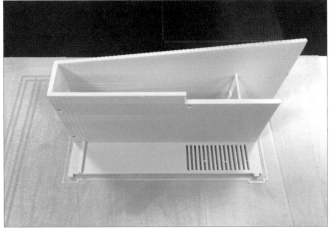

ⓓ 퍼티 나이프로 출력물을 프린터 베드로부터 조심스럽게 떼어냅니다.

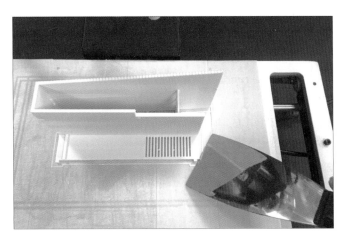 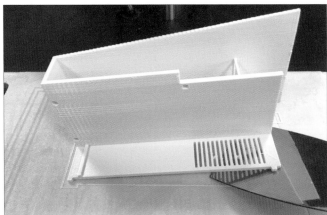

17 2층/지붕 부분이 출력되었습니다.

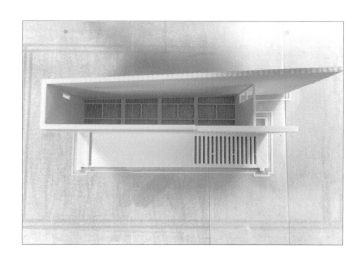

2 | 수영장 및 1층 부분 출력하기

바닥에 놓이는 부분이므로 바닥 면을 출력하지 않고 재료와 출력 시간을 줄여보겠습니다.

01 [File] → **Load model file**을 실행합니다. Open 3D model 대화상자에서 'GM1House_swimming pool.stl'을 선택한 다음 〈열기〉 버튼을 클릭합니다.

02 수영장 및 1층 모델링이 작업 창에 불러들여집니다.

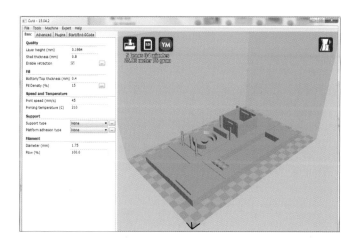

····TIP············
방향이 그림과 다르면 회전 툴을 이용하여 회전합니다.
·······························

03 'View Mode' 아이콘을 클릭한 다음 'Layers'로 지정하고 1층으로 이동하면 노란색으로 표시되는 부분이 바닥판이 됩니다.

····TIP····
바닥판은 출력하지 않아도 되는 부분이므로 생략하면 시간과 재료를 절약할 수 있습니다.

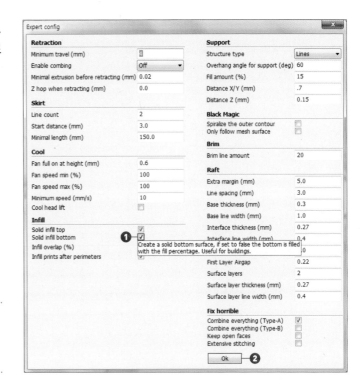

04 [Expert] → **Open expert setting**을 실행합니다. Expert config 창의 Infill 항목에서 'Solid infill bottom'의 체크 표시를 해제하고 〈OK〉 버튼을 클릭합니다.

····TIP····
Solid Infill Top은 윗면을 출력하는 옵션입니다. 예를 들어, 원통 모델에 'Solid Infill Top'의 체크 표시를 해제하고 출력하면 연필꽂이처럼 출력됩니다.

05 바닥판은 출력되지 않으며 Fill density (%)가 '15'로 설정되었으므로 격자무늬로 바뀝니다. 또한 출력 시간이 5시간 34분에서 4시간 41분으로 바뀌었고 사용 재료도 75g에서 61g으로 줄었습니다.

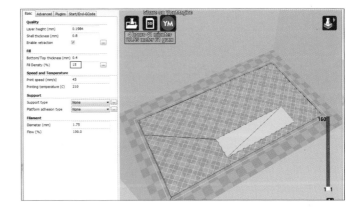

06 [Basic] 탭에서 다음과 같이 설정하고 출력합니다.

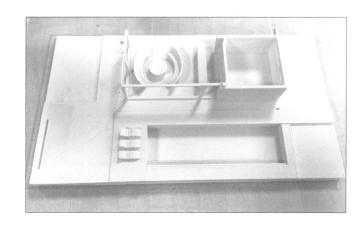

····TIP····
바닥이 없는 출력 설정이며 Top thickness를 '0.8mm', 즉 4층 레이
어로 출력되도록 설정했습니다. 바닥이 넓기 때문에 Brim이나 Raft 없
이 출력합니다.
··········

07 출력된 모형은 다음과 같습니다.

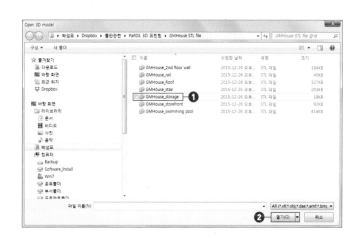

3 | 수영장 창고 출력하기

수영장 창고 또한 오버행 부분이 있으므로 출력 방향을 돌려서 출력합니다.

01 [File] → Load model file을 실행합니다. Open 3D
model 대화상자에서 Part04 폴더의 'GM1House_storage.stl'을
선택한 다음 〈열기〉 버튼을 클릭합니다.

02 수영장 창고 모델이 불러들여집니다. 오버행이 생기므로 회전하여 출력 방향을 바꿔야 합니다.

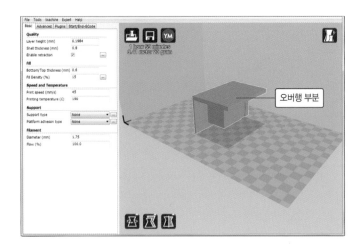

03 작업 창 왼쪽 아래의 'Rotate' 아이콘을 클릭하고 노란색 회전 축(Y축)을 조정해서 90° 회전합니다.

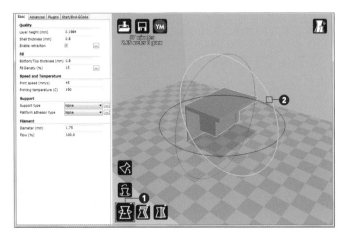

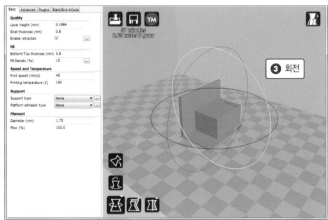

04 창고 지붕 부분이 지지대 없이 출력할 수 있는 형태로 조정됩니다.

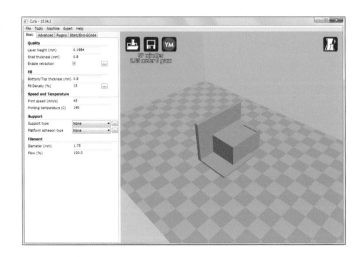

05　수영장 창고를 출력할 때 주의해야 할 점은 Fill 항목입니다. Fill density를 '0%'로 설정하면 다음과 같이 창고 전면 벽 부분에 지지대가 없어 출력하기 어렵습니다. 따라서 Fill density를 '15%'로 설정하여 내부를 채워 지지대 역할을 해서 출력했을 때 전면 벽 부분이 처지는 것을 방지합니다.

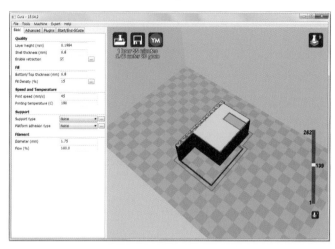

····TIP····

Fill은 바닥을 채우는 기능이지만 출력물 내부의 지지대 역할도 하므로 적절하게 사용합니다.

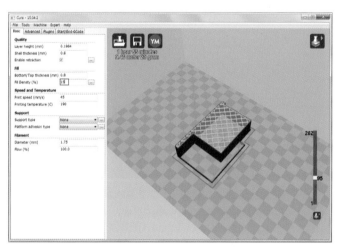

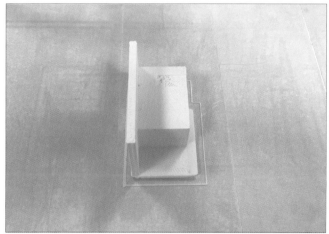

4 | 2층 내부 벽체 출력하기

내부 벽체는 이전에 출력한 1층/지붕 모형 안에 들어가는 부분으로, 가구와 함께 출력합니다.

01　[File] → Load model file을 실행합니다. Open 3D model 대화상자에서 'GM1House_2nd floor wall.stl'을 선택한 다음 〈열기〉 버튼을 클릭합니다.

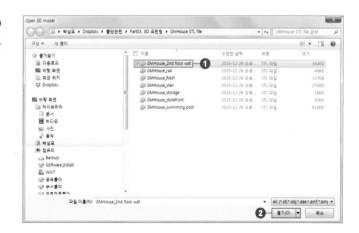

02 [Basic] 탭을 다음과 같이 설정합니다.

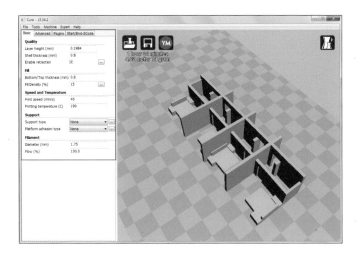

····TIP····
바닥이 프린터 베드에 잘 붙는 형태이기 때문에 Platform adhesion
type을 'None'으로 지정합니다.

03 Pronterface를 이용하여 출력하면 다음과 같이 첫 번째 레이어가 출력됩니다.

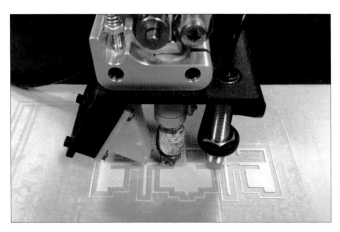
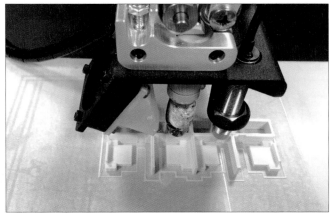

04 2층 내부 벽체 출력이 완성되었습니다.

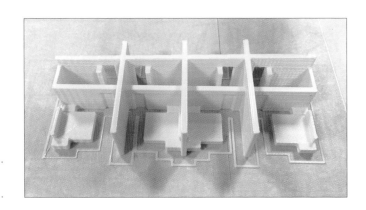

····TIP····
정밀하고 얇은 부분은 커터 칼을 이용하여 떼어내는 것이 좋습니다.

5 | 나머지 부분 출력하기

난간, 창문, 계단은 정밀한 모델이므로 노즐 크기의 배수로 크기를 설정해야 깨끗한 출력물을 얻을
수 있습니다.

01   이번에는 Rail, stair, storefront 부분을 한꺼번에 출력하기 위해 Cura에서 'GM1House_rail.stl',
'GM1House_stair.stl', 'GM1House_storefront.stl' 파일을 각각 불러오고 다음과 같이 배치합니다.

 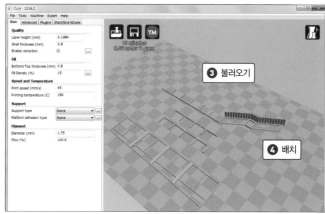

02   다른 부분처럼 출력하면 출력이 시작됩니다.

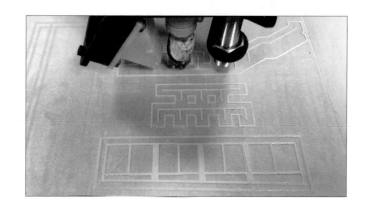

03   출력물의 크기가 작기 때문에 조심스럽게 출력 베드에서 떼어냅니다. 출력을 마친 각 부분을 배열합니다.

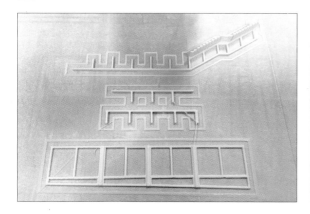 

006 출력물 후가공과 조립 과정

일반적으로 가장 많이 사용하는 가정용 3D 프린터의 출력 품질은 상업용 프린터와 크게 다르므로 후가공/후처리가 필요한 경우가 많습니다. 후가공이 필요한 부분은 크게 지지대 제거와 표면 처리이며 이를 위해 각종 도구(니퍼, 줄, 사포 등)를 이용하여 출력물의 품질을 높일 수 있습니다. 이번 장에서는 출력된 모델을 후처리하여 정리하고 조립하는 과정에 대해서 알아보겠습니다.

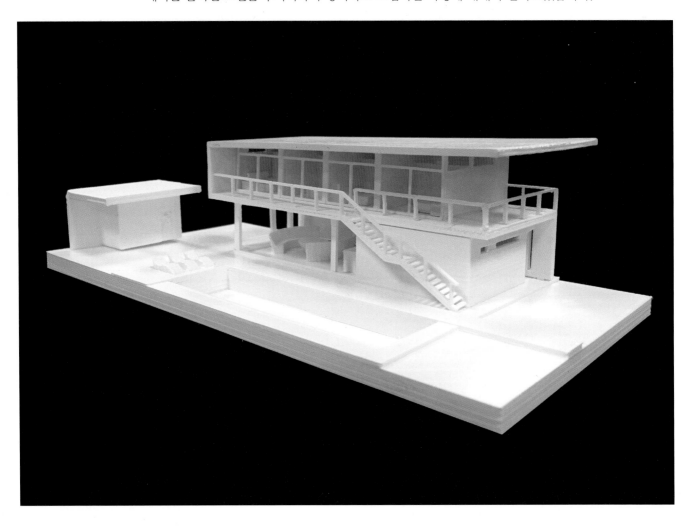

1 후처리/후가공 도구 이해하기

기술 한계로 인해 아직까지 3D 프린팅에서 후처리/후가공은 피할 수 없는 단계입니다. 하지만 필요에 따라 적절한 도구를 사용하면 작업 시간을 줄일 수 있습니다.

① 플라스틱용 니퍼

니퍼는 주로 지지대 제거에 이용하지만 작은 출력물에서 흔히 발생하는 거미줄 같은 부분이나 재료가 길게 늘어진 부분을 쉽게 제거할 수 있습니다.

② 30° 커터칼

좁은 틈새처럼 니퍼나 줄이 들어가지 않는 부분을 잘라내고 다듬을 때 사용합니다.

③ 모형용 줄

작은 크기로 미세한 가공에 적합하며 여러 가지 단면으로 이루어져 표면을 다듬기에 적합합니다.

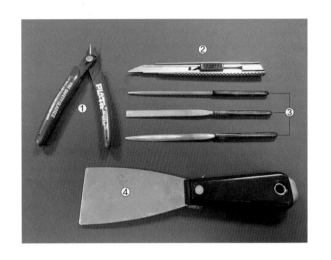

④ 퍼티 나이프

출력물을 프린터 베드에서 떼어낼 때 이용합니다. 거친 표면을 퍼티를 이용하여 메울 때도 사용하는 다용도 도구입니다.

⑤ 사포

사포는 거친 표면을 곱게 정리하기 위해 사용합니다. 주로 220번, 400번, 600번, 1000번을 사용하며 번호의 숫자가 클수록 표면이 부드럽습니다. 따라서 후처리할 때는 거친 사포부터 시작하여 입자가 고운 사포를 이용하여 작업합니다.

사포

⑥ 샌딩 스폰지

샌딩 스폰지는 일반 사포보다 비싸지만 부드러운 곡면이나 넓은 면을 쉽게 처리할 수 있습니다. 사포처럼 번호에 따라 입자 크기가 다릅니다.

샌딩 스폰지

2 출력 모델 후처리하기

출력된 모델은 조금씩 지저분한 부분들이 있으므로 도구를 이용하여 조립하기 전에 깔끔하게 정리해야 완성도가 높아집니다. 이 책에서 사용하는 개인용 3D 프린터의 경우 후가공이 필요하지만 Cura 설정이나 출력 옵션 등으로 최소화할 수 있으며 다양한 3D 프린팅 경험을 통해 자신만의 노하우를 쌓을 수 있습니다.

01   1층 벽체 사이의 리트랙션 수치가 적어 재료가 흘렀습니다. 이 부분은 커터 칼을 이용하여 제거합니다.

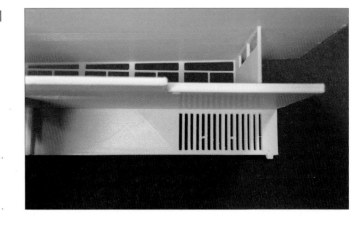

> ····TIP····
> 모형용 줄을 이용할 수도 있지만 너무 좁아서 안 들어가면 커터 칼을 이용하는 것이 좋습니다.

02   지붕의 사선이 계단식으로 출력되었습니다. 샌딩 스폰지를 사용하여 후처리합니다.

03   2층 내부 벽체의 중간 벽도 계단식으로 출력되었습니다. 샌딩 스폰지와 사포를 이용하고 필요에 따라 줄을 이용하여 평평하게 갈아냅니다.

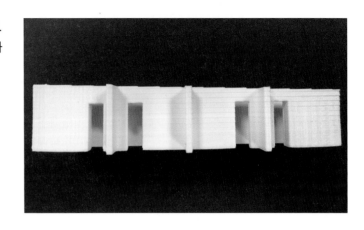

04   난간 손잡이 부분과 장식장 부분도 깔끔하지 않으므로 각 부분을 다듬습니다. 플라스틱용 니퍼를 이용하여 불필요한 부분을 잘라내고 커터 칼을 이용하여 정리합니다.

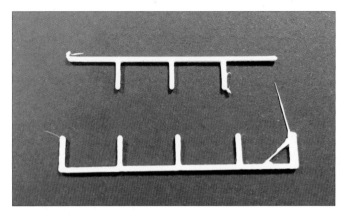
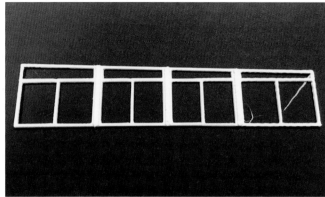

3 조립하여 완성하기

출력된 각 부품에 후처리 과정을 거치면 비로소 조립 단계에 이릅니다. 이 책에서 설명하는 조립 과정에서는 8개의 출력물로 나눠진 모델링을 하나의 건축물로 조립해 봅니다.

01   먼저 GM1House_swimming pool 모델의 홈에 GM1House_storage의 촉을 끼우면 다음과 같이 조립됩니다.

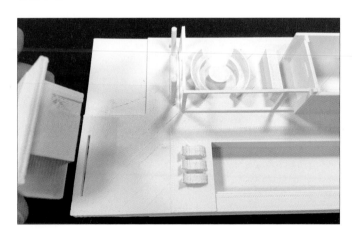
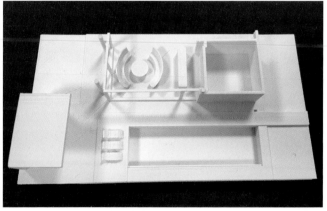

····TIP····
프린터 출력 결과에 따라 홈이 잘 맞지 않을 수도 있습니다. 줄이나 커터 칼을 이용하여 크기를 맞춥니다.

02　　GM1House_Roof에 GM1House_2nd floor wall을 끼울 차례입니다. GM1House_2nd floor wall의 중간 벽체는 지붕 경사에 따라 계단식으로 출력되었으므로 사포나 샌딩 스폰지로 다듬습니다. 벽체를 부드럽게 다듬은 후 다음과 같이 조심스럽게 끝까지 조립합니다.

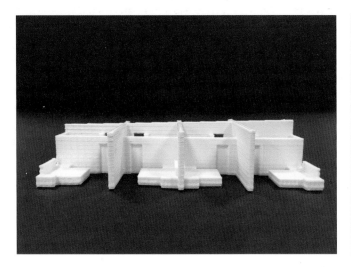 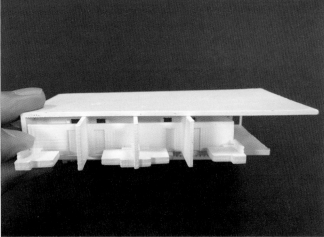

03　　GM1House_Roof에 GM1House_storefront를 끼워 넣습니다.

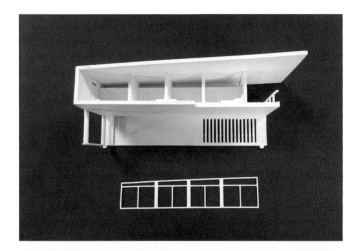

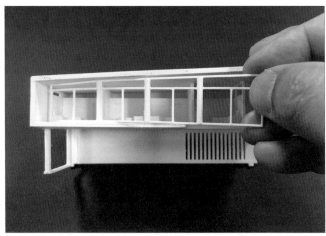 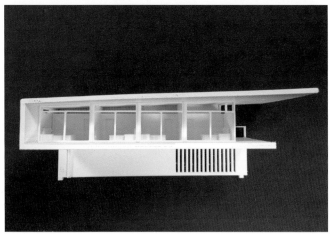

04 완성된 벽체 촉에 GM1House_swimming pool의 홈을
잘 끼워서 조립합니다.

····TIP·····
촉과 구멍의 크기가 안 맞을 수 있으므로 줄을 이용하여 다듬은 다음
조립합니다.

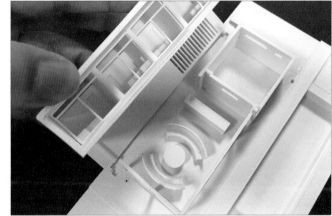

05 사다리와 레일을 각각의 홈에 끼워 넣으면 완성됩니다.

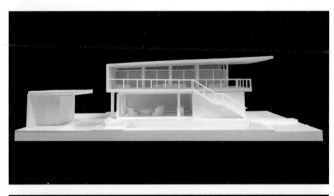

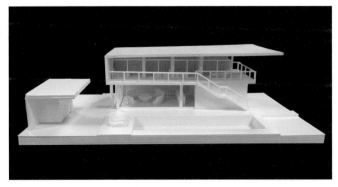

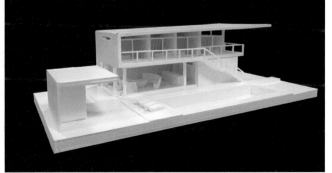

Part 05

실무 작업 과정을 위한
필수 매뉴얼 38가지

실무 건축 설계에 활용할 수 있는 스케치업, 포토샵, 브이레이 스킬과 함께 창의적인 영감과 아이디어를 떠올릴 수 있도록 도와주는 북마크 목록, 빠른 작업을 위한 메뉴 및 단축키 목록을 제공합니다.

TUTORIAL

OOI 모델링 업그레이드를 위한 스케치업

건축 실무에서 널리 이용하는 스케치업을 바탕으로 클라이언트 또는 일반인도 복잡한 건축 구조를 쉽게 이해할 수 있습니다. 스케치업은 모델링 작업이 매우 간편하여 스타일, 애니메이션 등의 다양한 기능 및 효과를 이용하여 모델링 완성도를 높일 수 있습니다.

1 기본 화면 구성

스케치업을 실행하고 작업에 알맞은 템플릿을 선택한 다음 작업 파일을 열면 다음과 같은 화면이 나타납니다.

① **제목 표시줄** : 파일 제목이 표시되며 제목을 설정하지 않은 상태에서는 'Untitled'로 표시됩니다.

② **메뉴** : File, Edit, View, Camera 등의 여러 가지 명령어로 구성됩니다. V-Ray와 같은 플러그인을 설치하면 Plugins가 추가됩니다.

③ **툴바** : 자주 사용하는 기능을 아이콘 형태로 표시하며 객체를 그리거나 조정하는 다양한 기능의 툴들이 있습니다.

④ **작업 창** : 모델링을 작업하는 영역입니다.

⑤ **수치 입력 창** : 작업에 알맞은 수치를 입력하면 숫자가 나타납니다. 줄자 툴을 이용해 개체의 크기를 확인할 때도 편리하게 사용할 수 있습니다.

2 빠른 작업을 위한 기본 툴

스케치업에는 기본적으로 편집, 건축, 단면 기능에 관한 툴들이 구성되어 있습니다. 더 많은 툴을 나타내기 위해서는 [Edit] → Toolbars를 실행하여 Toolbars 대화상자에서 작업에 필요한 툴을 체크 표시하여 활성화합니다.

① 선택(Select) 툴(Space) : 객체를 선택합니다.

② 지우개(Eraser) 툴(E) : 선이나 면을 삭제합니다.

③ 선(Lines) 툴(L) : 선을 그립니다.

④ 호(Arcs) 툴 : 1소점, 2소점, 3소점, 파이 형태의 호를 그립니다.

⑤ 사각형(Rectangle) 툴(R) : 사각형, 둥근 사각형, 원형, 다각형을 그립니다.

⑥ 밀기/끌기(Push/Pull) 툴(P) : 면을 밀거나 당겨 입체적으로 나타냅니다.

⑦ 오프셋(Offset) 툴(F) : 선이나 면의 간격을 띄우면서 복사합니다.

⑧ 이동(Move) 툴(M) : 객체를 이동하고, 복사하거나 다중 복사합니다.

⑨ 회전(Rotate) 툴(Q) : 객체를 회전하고 복사하거나 원형 복사합니다.

⑩ 크기 조절(Scale) 툴 : 객체의 크기를 조절합니다.

⑪ 줄자(Tape Measure) 툴(T) : 객체 간의 거리를 측정하고 가이드라인을 만듭니다.

⑫ 문자(Text) 툴 : 지시선, 화면 문자를 만듭니다.

⑬ 페인트 통(Paint Bucket) 툴(B) : 객체에 재질을 적용하며 Materials 창이 나타납니다.

⑭ 궤도(Orbit) 툴(O) : 뷰를 조정합니다.

⑮ 팬(Pan) 툴(H) : 작업 창의 화면을 이동합니다.

⑯ 확대(Zoom) 툴(Z) : 작업 화면을 확대/축소합니다.

⑰ 크기 확대(Zoom Extents) 툴(Ctrl+Shift+Esc) : 화면 크기에 맞춥니다.

3 작업 시간을 단축시키는 툴과 메뉴

File 메뉴

New (Ctrl+N)	새로운 파일 만들기	3D Warehouse	구글에서 3D 모델 불러오기
Open (Ctrl+O)	파일 열기	Import	불러오기
Save (Ctrl+S)	파일 저장하기	Export	3D Model, 2D Graphic, Section Slice, Animation 등으로 내보내기
Geo – location	구글 어스에서 위치 저장하기	Print (Ctrl+P)	출력하기

Edit 메뉴

Undo (Alt+Backspace/Ctrl+Z)	이전 작업 취소하기	Select None (Ctrl+T)	전체 선택 해제하기
Redo (Ctrl+Y)	이전 작업 다시 실행하기	Hide	숨기기
Cut (Shift+Delete)	오려내기	Unhide	나타내기
Copy (Ctrl+C)	복사하기	Lock	잠그기
Paste (Ctrl+V)	붙여 넣기	Unlock	잠금 설정 해제하기
Paste In Place	원점과 좌표에 맞게 붙여 넣기	Make Component	컴포넌트 만들기
Delete (Delete)	삭제하기	Make Group	그룹 만들기
Delete Guides	가이드라인 삭제하기	Close Group/Component	그룹/컴포넌트 닫기
Select All (Ctrl+A)	전체 선택하기	Intersect Faces	불린 실행하기

View 메뉴

Toolbars	툴바 추가하기	Section Planes	단면 숨기거나 나타내기
Scene Tabs	애니메이션에 사용하는 Scene 탭 숨기거나 나타내기	Section Cuts	단면의 잘린 부분 숨기거나 나타내기
Hidden Geometry	Soften/Smooth, 숨긴 선들을 숨기거나 나타내기	Axes	축 숨기거나 나타내기

Camera 메뉴

Previous	이전 작업 확인하기	Edit Matched Photo	포토 매치 편집하기
Next	다음 작업 확인하기	Field of View	화각 설정하기

Standard Views	Top, Bottom, Front, Back, Left, Right, Iso 뷰 중에서 지정하기	Zoom Window (Ctrl + Shift + W)	영역을 선택하여 축소하기
Parallel Projection	평행 투영법 실행하기	Zoom Extents (Ctrl + Shift + E)	화면에 맞춰 축소하기
Perspective	원근 투영법 실행하기	Position Camera	카메라 설정하기
Two − Point Perspective	2점 투영법 실행하기	Walk	카메라 화면을 통해 걷기
Match New Photo	포토 매치 만들기	Look Around	카메라 화면을 통해 둘러보기

Draw 메뉴

Freehand	자유 곡선 그리기	Sandbox	샌드박스를 이용하여 지형 만들기
Polygon	다각형 그리기		

Tools 메뉴

Follow Me	단면 입체화하기	3D Text	3D 문자 입력하기
Protractor	각도기	Section Plane	단면 만들기
Axes	축 설정하기	Advanced Camera Tools	고급 카메라 설정하기
Dimensions	치수선 추가하기	Sandbox	샌드박스를 이용하여 지형 수정하기
Text	문자 입력하기		

Window 메뉴

Model Info	모델링 파일 정보 나타내기	Shadows	그림자 설정하기
Entity Info	선택한 개체 정보 나타내기	Fog	안개 설정하기
Materials	마감재 매핑하기	Match Photo	매치 포토 설정하기
Components	컴포넌트 설정하기	Soften Edges	선 부드럽게 만들기
Styles	스타일 설정하기	Preferences	기본 옵션 설정하기
Layers	레이어 설정하기	Ruby Console	루비 스크립트 설정하기
Outliner	그룹/컴포넌트 등급 설정하기	Photo Textures	포토 재질 설정하기
Scenes	애니메이션 장면 설정하기		

TUTORIAL

002 디자인 업그레이드를 위한 포토샵

포토샵은 다양한 디자인 분야에서 사용하며 건축에서는 모델링, 렌더링 이미지를 상상하는 대로 편집할 수 있는 다양한 기능을 제공합니다.

1 기본 화면 구성

포토샵에서 이미지를 불러온 다음 작업 화면을 이루는 구성 요소를 살펴보겠습니다.

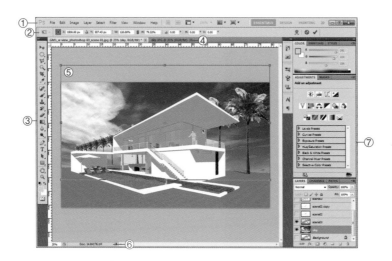

① **메뉴 표시줄** : 포토샵 기능들이 다양한 명령어로 구성됩니다.

② **Control 패널** : 툴 선택에 따라 좀 더 세밀한 옵션들이 나타납니다.

③ **툴바** : 주요 기능들을 모아 아이콘 형태로 간편하게 구성했습니다.

④ **파일 이름** : 이미지 파일 이름과 화면 확대 비율, 색상 모드가 표시됩니다.

⑤ **캔버스** : 이미지 작업 공간입니다.

⑥ **상태 표시줄** : 화면 비율을 설정하거나 작업 중인 이미지 파일의 정보를 확인할 수 있습니다.

⑦ **패널** : 작업에 필요한 기능들이 세부 옵션과 함께 팔레트 형태로 나타납니다. [Window] 메뉴에서 원하는 패널을 선택하여 나타낼 수 있습니다.

2 빠른 작업을 위한 기본 툴

포토샵 툴바에서 다양한 툴과 함께 빠르고 편리한 작업을 위해 단축키를 제공합니다. 자주 사용하는 단축키를 외워 작업 속도를 높일 수 있습니다.

① **이동(V) 툴** : 이미지나 객체를 드래그하여 이동합니다.

② **사각형/원형/가로 선/세로 선 선택(M) 툴** : 사각형, 원형, 선 등의 형태로 선택 영역을 지정합니다.

③ **올가미/다각형 올가미/자석 올가미(L) 툴** : 간편하게 불규칙한 형태의 선택 영역을 지정합니다.

④ **빠른 선택/마술봉(W) 툴** : 자동으로 원하는 영역을 선택합니다.

⑤ **자르기/원근 자르기/분할/분할 선택(C) 툴** : 원하는 부분을 자르거나 나눠서 선택할 때 사용합니다.

⑥ **스포이트/3D 질감 스포이트/컬러 샘플러/자/주석/계산(I) 툴** : 색을 추출하거나 이미지 각도, 길이를 측정합니다.

⑦ **스팟 힐링 브러시/힐링 브러시/패치/콘텐츠 인식 이동/레드 아이(J) 툴** : 이미지의 노이즈 등을 수정하거나 적목 현상을 없앱니다.

⑧ **브러시/연필/컬러 리플레이스먼트/혼합 브러시(B) 툴** : 원하는 색과 형태의 붓 터치나 펜 터치를 적용합니다.

⑨ **스탬프/패턴 스탬프(S) 툴** : 도장처럼 이미지를 복사하여 다른 부분에 적용할 때 사용합니다.

⑩ **히스토리 브러시/아트 히스토리 브러시(Y) 툴** : 독특한 붓 터치를 적용하거나 원본 이미지로 되돌립니다.

⑪ **지우개/배경 지우개/마술 지우개(E) 툴** : 이미지를 지우거나 색을 기준으로 지웁니다.

⑫ **그러데이션/페인트 통/3D 재료 드롭(G) 툴** : 특정 색이나 색을 섞어 채웁니다.

⑬ **블러/샤픈/손가락 툴** : 이미지를 흐릿하거나 선명하게, 픽셀을 뭉개어 표현합니다.

⑭ **닷지/번/스펀지(O) 툴** : 이미지 색상 및 채도 등을 조절합니다.

⑮ **펜/프리폼 펜/기준점 추가/기준점 삭제/기준점 변환(P) 툴** : 벡터 형식의 패스를 그리거나 조정합니다.

⑯ **가로쓰기 문자/세로쓰기 문자/가로쓰기 선택 영역 문자/세로쓰기 선택 영역 문자(T) 툴** : 문자를 가로나 세로 방향으로 입력합니다.

⑰ **패스 선택 및 직접 선택(A) 툴** : 작성한 패스나 형태를 선택하여 수정하거나 이동합니다.

⑱ **사각형/둥근 사각형/원형/다각형/선/사용자 셰이프(U) 툴** : 다양한 형태의 이미지를 만듭니다.

⑲ **손바닥(H)/회전(R) 툴** : 확대된 이미지나 큰 이미지를 이동합니다.

⑳ **돋보기(Z) 툴** : 이미지를 확대하며, Alt 키를 누른 채 클릭하거나 드래그하면 축소됩니다.

㉑ **색상 초기화**(D) : 전경색을 검은색, 배경색을 흰색으로 지정합니다.

㉒ **전경색과 배경색 교체**(X) : 전경색과 배경색을 교체합니다.

㉓ **전경색과 배경색** : 색을 클릭하여 Color Picker 대화상자에서 색을 설정할 수 있습니다.

㉔ **퀵 마스크 모드**(Q) : 표준 모드와 퀵 마스크 모드를 전환할 수 있습니다.

3 이미지 보정 기능

메뉴에서 이미지 보정 관련 명령어를 실행하면 해당 대화상자가 나타나므로 여기에서 수치를 입력하거나 슬라이더를 조정하여 옵션을 조절할 수 있습니다. 또한 Adjustments 패널에서 관련 기능의 아이콘을 클릭하여 해당 옵션 조절 창을 나타낼 수도 있습니다.

1 | Brightness/Contrast - 명도, 대비

간편하게 명도와 대비를 보정할 수 있는 기능으로, 이미지를 밝고 선명하게 나타냅니다.

① **Brightness** : 이미지 밝기를 조절하며 −100~100으로 설정할 수 있습니다.

② **Contrast** : 이미지 대비를 조절하며 −100~100으로 설정할 수 있습니다.

2 | Levels - 특정 톤 명도, 대비

색상을 풍부하게 보정할 때 이미지의 명도와 대비를 조절합니다.

① **Channel** : 채널을 지정합니다.

② **Input Levels** : Shadow, Midtone, Highlight 수치를 설정하여 대비를 나타냅니다.

③ **Output Levels** : 전체적인 명도를 설정합니다.

④ **스포이트** : 톤을 선택하여 이미지를 보정합니다.

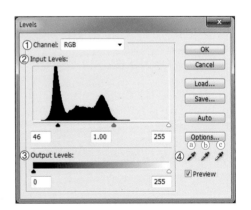

ⓐ Set Black Point : 클릭한 지점보다 어두운 픽셀은 모두 어두워집니다.
ⓑ Set Gray Point : 클릭한 지점의 명도를 이미지 전체의 중간 명도로 조절합니다.
ⓒ Set White Point : 클릭한 지점보다 밝은 픽셀은 모두 밝아집니다.

3 | Curves - 커브 선으로 조정하는 명도, 대비

Curves 대화상자의 커브 선을 드래그하여 명도와 대비를 조절할 수
있습니다. 커브 선 위치에 따라 이미지의 Highlights, Shadows,
Midtones 영역이 구분되어 보정됩니다.

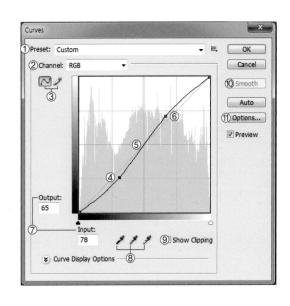

① **Preset** : 지정된 수치를 바탕으로 이미지를 보정합니다.

② **Channel** : 채널을 지정하며 기본적으로 'RGB'로 지정되어 있습니다.

③ **곡선/직선 아이콘** : 곡선 또는 직선을 이용해서 보정합니다.

④ **Highlights** : 밝은 영역을 대상으로 조절합니다.

⑤ **Midtones** : 중간 명도 영역을 대상으로 조절합니다.

⑥ **Shadows** : 어두운 영역을 대상으로 조절합니다.

⑦ **Output, Input** : 수치가 표시되며 기준점을 지정한 다음에는 직접 수
치를 설정할 수 있습니다.

⑧ **스포이트** : 톤을 선택하여 이미지를 보정합니다.

⑨ **Show Clipping** : 대화상자에 나타내려는 요소를 선택할 수 있습니다.

⑩ **Smooth** : 직선으로 보정할 때 활성화되며, 직선 보정 작업을 부드럽게 처리합니다.

⑪ **Options** : Auto Colors 메뉴의 클립 영역을 조절합니다.

4 | Color Balance - 색상 균형

주로 이미지에 색감을 추가하거나 변경할 때 사용하며 색감을 더하거나 강
조할 수 있습니다.

① **Color Balance** : 슬라이더를 조정하여 색을 더하거나 뺍니다.

② **Tone Balance** : 색상 톤의 균형을 맞춥니다.

ⓐ Shadows : 어두운 영역에 색을 추가합니다.
ⓑ Midtones : 중간 명도 영역에 색을 추가합니다.
ⓒ Highlights : 밝은 부분에 색을 추가합니다.

③ **Preserve Luminosity** : 원본 이미지의 명도를 유지한 채 색감을 더하거나 뺄 수 있습니다.

4 작업 시간을 단축시키는 툴과 메뉴

File 메뉴

New(Ctrl+N)	새로 만들기	Save As(Shift+Ctrl+S)	다른 이름으로 저장하기
Open(Ctrl+O)	열기	Revert(F12)	되돌리기
Close(Ctrl+W)	닫기	Print(Ctrl+P)	출력하기
Close All(Alt+Ctrl+W)	모두 닫기	Exit(Ctrl+Q)	종료하기
Save(Ctrl+S)	저장하기		

Edit 메뉴

Undo(Ctrl+Z)	실행 취소하기	Free Transform	자유롭게 변형하기
Step Forward(Shift+Ctrl+Z)	다음 단계 실행하기	Transform	변형하기
Step Backward (Alt+Ctrl+Z)	이전 단계 실행하기	Auto-Align Layers	레이어 자동 정렬하기
Fade(Shift+Ctrl+F)	희미하게 나타내기	Auto-Blend Layers	레이어 자동 혼합하기
Cut(Ctrl+X)	잘라내기	Define Brush Layers	브러시 사전 설정 정의하기
Copy(Ctrl+C)	복사하기	Define Pattern	패턴 정의하기
Copy Merged(Shift+Ctrl+C)	병합하여 복사하기	Define Custom Shape	사용자 정의 모양 정의하기
Paste(Ctrl+V)	붙여 넣기	Purge	제거하기
Paste Special	특수 붙여 넣기	Adobe PDF Presets	Adobe PDF 사전 설정하기
Clear	지우기	Presets	사전 설정하기
Check Spelling	맞춤법 검사하기	Remote Connections	원격 연결하기
Find and Replace Text	텍스트 찾기/바꾸기	Color Settings	색상 설정하기
Fill(Shift+F5)	칠하기	Assign Profile	프로필 할당하기
Stroke	선 추가하기	Convert to Profile	프로필로 변환하기
Content-Aware Scale	내용 인식 비율 조정하기	Keyboard Shortcuts	단축키 만들기
Puppet Warp	퍼펫 뒤틀기	Menus	메뉴 단축키 만들기
Perspective Warp	원근 뒤틀기	Preferences	환경 설정하기

Image 메뉴

Mode	모드 설정하기	Trim	재단하기
Adjustments	조정하기	Reveal All	모두 나타내기
Auto Tone	자동 톤 설정하기	Duplicate	복제하기
Auto Contrast	자동 대비 설정하기	Apply Image	이미지 적용하기
Auto Color	자동 색상 설정하기	Calculations	연산하기
Image Size (Alt+Ctrl+I)	이미지 크기 조정하기	Variables	변수 설정하기
Canvas Size (Alt+Ctrl+C)	캔버스 크기 조정하기	Apply Data Set	데이터 세트 적용하기
Image Rotation	이미지 회전하기	Trap	트랩 설정하기
Crop	자르기	Analysis	분석하기

Layer 메뉴

New (Shift+Ctrl+N)	새로 만들기	New Layer Based Slice	레이어 기반 새 분할 영역 만들기
Copy CSS	CSS 복사하기	Group Layers (Ctrl+G)	레이어 그룹화하기
Duplicate Layer (Ctrl+J)	레이어 복제하기	Ungroup Layers (Shift+Ctrl+G)	레이어 그룹화 해제하기
Delete	삭제하기	Hide Layers	레이어 숨기기
Rename Layer	레이어 이름 바꾸기	Arrange	정돈하기
Layer Style	레이어 스타일 설정하기	Combine Shapes	모양 결합하기
Smart Filter	고급 필터 적용하기	Align Layers to Selection	선택 영역에 맞춰 레이어 정렬하기
New Fill Layer	새 칠 레이어 만들기	Distribute	분포하기
New Adjustment Layer	새 조정 레이어 만들기	Lock All Layers in Group	그룹의 모든 레이어 잠그기
Layer Content Options	레이어 내용 옵션 설정하기	Link Layers	레이어 연결하기
Layer Mask	레이어 마스크 만들기	Select Linked Layers	연결된 레이어 선택하기
Vector Mask	벡터 마스크 만들기	Merge Layers (Ctrl+E)	아래 레이어와 병합하기
Create Clipping Mask (Alt+Ctrl+G)	클리핑 마스크 만들기	Merge Visible (Shift+Ctrl+E)	보이는 레이어 병합하기
Smart Objects	고급 개체 만들기	Flatten Image	배경으로 이미지 병합하기
Video Layers	비디오 레이어 만들기	Matting	매트 만들기
Rasterize	래스터화하기		

Select 메뉴

All(Ctrl+A)	모두 선택하기	Refine Edge	가장자리 다듬기
Deselect(Ctrl+D)	선택 해제하기	Modify	수정하기
Reselect(Shift+Ctrl+D)	다시 선택하기	Grow	선택 영역 확장하기
Inverse(Shift+Ctrl+I)	반전시키기	Similar	유사 영역 선택하기
All Layers(Alt+Ctrl+A)	모든 레이어 나타내기	Transform Selection	선택 영역 변형하기
Deselect Layers	레이어 선택 해제하기	Edit in Quick Mask Mode	빠른 마스크 모드로 편집하기
Find Layers	레이어 찾기	Load Selection	선택 영역 불러오기
Isolate Layers	레이어 격리시키기	Save Selection	선택 영역 저장하기
Color Range	색상 범위 나타내기	New 3D Extrusion	새 3D 돌출하기
Focus Area	초점 영역 나타내기		

Filter 메뉴

Convert for Smart Filters	고급 필터용으로 변환하기	Distort	왜곡 효과 적용하기
Filter Gallery	필터 갤러리 나타내기	Noise	노이즈 적용하기
Adaptive Wide Angle	응용 광각 적용하기	Pixelate	픽셀화 적용하기
Camera Raw Filter	Camera Raw 필터 적용하기	Render	랜더 적용하기
Lens Correction	렌즈 교정하기	Sharpen	선명 효과 적용하기
Liquify	픽셀 유동화하기	Stylize	스타일화 적용하기
Vanishing Point	소실점 적용하기	Video	비디오 만들기
Blur	흐림 효과 적용하기	Other	기타
Blur Gallery	흐림 효과 갤러리 나타내기	Browse Filters Online	온라인으로 필터 찾아보기

View 메뉴

Zoom In(Ctrl++)	이미지 확대해서 보기	Extras(Ctrl+H)	표시자 표시하기
Zoom Out(Ctrl+-)	이미지 축소해서 보기	Rulers(Ctrl+R)	눈금자 표시하기
Fit on Screen(Ctrl+0)	화면 크기에 맞게 조정하기	Snap(Shift+Ctrl+;)	스냅 켜기
100%(Ctrl+1)	실제 픽셀로 보기	Lock Guides(Alt+Ctrl+;)	안내선 잠그기

Window 메뉴

Arrange	정돈하기	Info(F8)	정보 설정하기
Workspace	작업 영역 만들기	Layer Comps	레이어 구성 요소 설정하기
Extensions	확장하기	Layers(F7)	레이어 설정하기
3D	3D 적용하기	Measurement Log	측정 로그 설정하기
Actions(Alt+F9)	액션 적용하기	Navigator	내비게이터 확인하기
Adjustments	조정 레이어 만들기	Notes	메모 입력하기
Animation	애니메이션 만들기	Paragraph	단락 설정하기
Brush(F5)	브러시 설정하기	Paragraph Styles	단락 스타일 설정하기
Brush Presets	브러시 사전 설정하기	Paths	패스 설정하기
Channels	채널 조정하기	Properties	속성 설정하기
Character	문자 설정하기	Styles	스타일 설정하기
Character Styles	문자 스타일 설정하기	Swatches	색상 견본 설정하기
Clone Source	복제 원본 설정하기	Timeline	타임라인 나타내기
Color(F6)	색상 설정하기	Tool Presets	도구 사전 설정하기
Histogram	막대 그래프 설정하기	Options	옵션 설정하기
History	작업 내용 설정하기	Tools	도구 설정하기

Help 메뉴

What's New	새로운 기능 확인하기	Browse Add-Ons	추가 기능 찾기
Photoshop Online Help	Photoshop 온라인 도움말 보기	System Info	시스템 정보 보기
Photoshop Support Center	Photoshop 지원 센터 보기	Manage My Account	내 계정 관리하기
About Photoshop	Photoshop 정보 보기	Sign Out	로그아웃하기
About Plug-In	플러그인 정보 보기	Updates	업데이트하기
Legal Notices	법적 고지 사항 보기	Photoshop Online	Photoshop 온라인 접속하기
Manage Extensions	확장 프로그램 관리하기	Photoshop Resources Online	Photoshop 온라인 리소스 보기

 TUTORIAL

OO3

렌더링 업그레이드를 위한 브이레이

3D 프로그램을 이용하여 렌더링할 때 기본 렌더링 프로그램을 이용할 수도 있지만, 렌더링 기능이 좀 더 강화된 플러그인을 설치하면 원하는 결과물에 한 걸음 가까워질 수 있습니다. 브이레이를 설치하면 스케치업에 나타나는 V-Ray option editor 창 및 다양한 옵션을 확인하여 렌더링을 이해합니다.

1 V-Ray option editor 창의 다양한 패널

브이레이 렌더링 플러그인을 이용하기 위해서는 각 패널의 옵션을 이해해야 합니다. 여기서는 패널별 옵션을 살펴보겠습니다.

1 | 렌더링 제어 - Global switches 패널

V-Ray option editor 창의 Global switches 패널에서는 전체적인 렌더링을 제어합니다. Geometry 항목의 'Displacement'에 체크 표시하여 이용할 수 있으며 기본적으로 Lighting 항목을 사용합니다. 기본 렌더링에서는 반사 횟수를 지정하기 위해 Materials 항목에서 Max depth를 '2'로 설정합니다. 거울끼리 마주보면 무한 반사를 일으키는데 이 경우 렌더링 시간이 길어져 효율적이지 않으므로 '2'로 설정합니다.

2 | 렌더링 옵션 설정 - System 패널

다양한 렌더링 옵션을 설정하며 브이레이에서 기본적으로 수행하는 레이케스트(Raycaste)입니다. 레이케스트는 Scene에서 광원이 객체와 교차하는지 계산하는 것으로, Scene을 삼각형(Triangle) 단위로 나눠 영역의 중요도로 순서를 매겨서 렌더링 가속을 돕습니다.

① **Max tree depth** : 수치가 클수록 더 많은 메모리를 할당하며 계산이 빠르고, 수치가 적을수록 메모리 사용이 줄어들어 계산 속도가 느립니다.

② **Min leaf size** : 일반적으로 '0'으로 설정하며 Scene 크기와 상관없이 Scene을 나눕니다.

③ **Face/level coef** : 임의의 기준점에서 샘플(견본)의 최대 양을 결정합니다.

④ **Render region division** : 많은 양의 렌더링을 제어합니다.

3 | 뷰 설정 - Camera 패널

Default, Spherical, Cylindrical, Box, Fish Eye 외에도 직사 투영 뷰를 지원합니다.

① **Override FOV** : 체크 표시하여 활성화하면 스케치업 Camera FOV 수치를 무시하고 설정된 수치로 적용합니다.

② **Height** : Cylindrical에서만 사용할 수 있으며 카메라 높이를 설정합니다.

③ **Auto-fit** : Fish Eye에서만 사용할 수 있으며 렌더링 이미지 너비를 수평 해상도에 맞춰 자동으로 Dist 수치를 계산합니다.

④ **Dist** : Fish Eye에서만 사용할 수 있으며 Camera와 Fish Eye(어안렌즈) 중심까지의 거리를 정의합니다.

⑤ **Curve** : Fish Eye에서만 사용할 수 있으며 어안렌즈의 휘어짐 정도를 설정할 수 있습니다. '2'에 가까울수록 휘어짐이 줄어들고, '1'일 때는 어안렌즈와 일치하며 '0'에 가까울수록 강하게 휘어집니다.

⑥ **Physical camera** : 체크 표시하여 활성화해서 이용할 수 있고 DSLR 기능과 같은 수치입니다.

⑦ **Depth of field** : DOF(아웃포커싱)를 활성화합니다.

4 | Scene 환경 설정 - Environment 패널

Scene의 환경 설정으로, 일반 GI 환경과 Reflection/Refraction 환경을 설정할 수 있습니다. 대기 환경에 색상이나 이미지, HDRI를 사용할 수 있으며 대기에 반사되는 빛을 나타냅니다.

① **GI (skylight)** : 대기의 환경 색상을 설정할 수 있으며, 빛의 세기를 수치로 설정합니다. Map에는 보통 이미지나 HDRI를 적용합니다. 렌더링 설정에서 대기 환경에만 영향을 주며 렌더링에서는 나타나지 않습니다.

② **Reflection/refraction (background)** : 대기 환경에는 영향을 주지 않으며 Map 설정에서 Reflection/Refraction이 지정된 객체에 적용됩니다.

5 | 렌더링 이미지 설정 - Image sampler (Antialiasing) 패널

렌더링 이미지에서 객체의 경계선과 Map으로 적용된 이미지 패턴을 깨끗하게 나타냅니다. Type에는 V-Ray Fixed Rate Sampler, Adaptive DMC, Adaptive Subdivision Sampler가 있습니다.

① Type

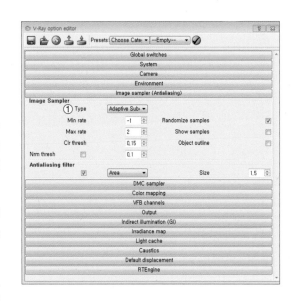

ⓐ Fixed Rate : 가장 간단한 이미지를 만드는 샘플러로써 픽셀당 고정된 수의 샘플을 얻습니다. DOF나 복잡한 블러 효과가 적용되었을 때 빠른 수행 능력을 나타냅니다. Subdivs는 픽셀의 샘플 수를 조절하며 수치가 적으면 픽셀 사이에 계단 현상이 심하게 나타나고, 수치가 클수록 부드럽게 처리되지만 렌더링 시간은 늘어납니다.

ⓑ Adaptive DMC : 해당 픽셀과 주변 픽셀 사이 집중도에 따라 픽셀당 다양한 샘플을 만들며 자체 Threshold Control을 갖지 않습니다. Min Subdivs/Max Subdivs는 각각의 픽셀 주위에 뿌려질 샘플의 최소, 최대 수치를 설정합니다.

ⓒ Adaptive Subdivision : 가장 진보한 샘플러로써 블러 효과(Direct GI, Antialiasing, Glossy, Reflection/Refraction)가 적용되지 않았을 때 브이레이에서 가장 좋은 샘플러입니다. 평균적으로 다른 샘플러보다 같은 이미지 품질을 얻기 위해 더 적은 샘플을 이용하므로 렌더링 시간이 적지만, 세부적인 재질이나 블러 효과가 필요한 장면에서는 다른 두 샘플러가 더 늦고, 좋지 않은 품질을 얻습니다.

···· TIP ····

비트맵 이미지에서는 픽셀 단위의 점들이 모여 이미지를 만드는데 사각형 픽셀들이 모여 확대했을 때 계단 현상이 나타납니다. 안티에일리어싱(Antialiasing)은 계단 현상으로 거칠어진 그래픽의 중간 색상을 단계적으로 만들어 부드러운 경계선을 만듭니다. 안티에일리어싱을 사용한 이미지는 사용하지 않은 이미지보다 부드럽게 처리됩니다.

6 | DMC 샘플러 설정 - DMC sampler 패널

DMC 샘플러는 안티 앨리어싱, 피사계 심도, 간접 조명, 영역 조명, 반사, 굴절, 투명도, 모션 블러 등을 계산합니다.

① **Adaptive amount** : DMC 샘플러의 수치를 설정합니다.

② **Min samples** : 최소 샘플 수를 설정합니다.

③ **Noise threshold** : 수치가 적을수록 렌더링 품질이 좋아지지만 렌더링 시간은 늘어납니다.

④ **Global subdivs mult** : 수치가 클수록 렌더링 품질이 좋아지지만 상대적으로 렌더링 시간은 늘어납니다.

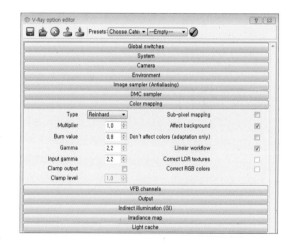

7 | 채색 - Color mapping 패널

Type에는 Linear Multiply, Exponential, HSV Exponential, Intensity Exponential, Gamma Correction, Intensity Gamma, Reinhard가 있으며 각각의 렌더링은 다릅니다. Multiplier, Gamma, Burn에는 수치를 설정할 수 있습니다.

8 | 브이레이 렌더링과 요소 추출 - VFB channels 패널

브이레이 렌더링과 요소(Element)를 추출할 수 있습니다. Alpha, Atmosphere, Background, Normal, Caustics, Diffuse, DR bucket, GI, Lighting 등 렌더링 요소를 따로 추출할 수 있습니다.

9 | 렌더링 설정과 저장 - Output 패널

렌더링 크기를 설정하고, 자동으로 렌더링이나 애니메이션을 저장할 수 있습니다.

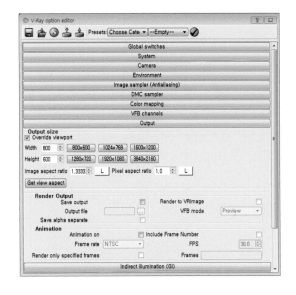

10 | 렌더링 시뮬레이션 - Indirect illumination (GI) 패널

좀 더 사실적인 렌더링과 품질을 위해 광원으로부터 카메라까지 모든 빛의 경로를 추적하여 일어날 수 있는 다양한 경우를 시뮬레이션합니다. 빛의 경로 추적, 반사, 난반사, 굴절, 투과 등을 테스트하여 더욱 현실적인 이미지를 만듭니다.

① **Post-processing** : 렌더링 이후 작업으로 Saturation, Contrast base, Contrast를 설정할 수 있습니다.

② **Primary bounces** : 빛이 최초의 객체와 만났을 때 그 물체가 빛을 반사하는 것을 나타냅니다.

③ **Secondary bounces** : 첫 번째 반사된 빛이 또 다른 객체와 만나 그 빛을 반사하는 것으로, 빛은 무한 반사하지만 브이레이에서는 두 번째 반사까지만 계산합니다.

11 | 카메라 뷰 설정 - Irradiance map 패널

브이레이에서 카메라 뷰와 관련 있는 GI 방식입니다. 주요(Primary) 엔진으로 가장 많이 이용하며 내부 Scene과 외부 Scene 모두에 적합한 렌더링 방식입니다.

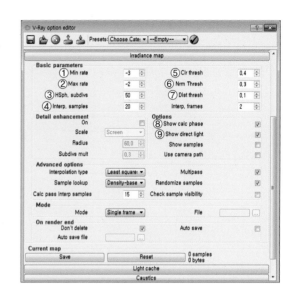

① **Min rate :** 첫 번째 GI 효과의 품질을 결정합니다. 수치가 '0' 이하인 경우 언더 샘플링합니다. 실제 픽셀보다 큰 영역을 묶어 계산한 다음 처리하므로 속도가 빠르지만 정확도는 떨어집니다.

② **Max rate :** Min, Max 수치가 같으면 한 번만 샘플링합니다.

③ **HSph. subdivs :** 각각의 GI Sample 품질을 설정합니다. 수치가 크면 더 좋은 품질의 결과물을 얻을 수 있고, 수치가 적으면 렌더링 시간은 감소하지만 노이즈가 발생합니다.

④ **Interp. samples :** 수치가 클수록 렌더링 품질이 좋아지고 노이즈가 감소하지만, 세부적으로 문제가 생길 수 있기 때문에 적절하게 설정해야 합니다.

⑤ **Clr thresh :** 설정한 수치만큼 색상이 바뀌면 그 부분을 다시 샘플링합니다. 수치가 적으면 색상 변화에 더욱 민감하게 반응하여 렌더링 품질은 좋아지지만 렌더링 시간이 늘어납니다.

⑥ **Nrm Thresh :** 변화에 반응하고 면의 굴곡에 따라 샘플링합니다. 수치가 적으면 면이 민감하게 반응합니다.

⑦ **Dist thresh :** 물체 표면과 표면 사이 거리에 얼마나 민감하게 반응하는지 설정하는 옵션입니다. 수치가 크면 민감하게 반응합니다.

⑧ **Show calc phase :** 체크 표시하면 Irradiance map의 계산 과정을 화면에 나타내어 렌더링 과정을 확인할 수 있습니다.

⑨ **Show direct light :** 체크 표시하면 Irradiance map이 만들어지는 과정에서 직접 조명 부분을 적용하여 실시간으로 나타냅니다.

12 | 반사광 설정 - Light cache 패널

First Diffuse Bounce가 실행되고 반사된 빛이 다시 다른 객체 표면에 닿아 반사되는 빛을 Secondary Bounce라고 합니다. 보통 Light Cache로 이용하며 수치가 클수록 이미지는 전체적으로 밝아지지만 렌더링 시간은 늘어납니다.

13 | 빛 설정 - Caustics 패널

광원이 투명한 객체를 투과하면서 그림자 부분에 생기는 빛의 산란 효과입니다. Reflection, Refraction에 체크 표시하면 효과를 조정할 수 있습니다.

① **Max photons** : 일정 영역에 모이는 최대 입자 수를 설정합니다.

② **Multiplier** : Caustics의 강도를 조절합니다.

③ **Search dist** : 빛 입자가 모이는 원 크기를 조절합니다.

④ **Mode** : Advanced irradiance map과 Global Photon map의 Mode와 같은 기능입니다.

14 | 맵의 시각화 - Default displacement 패널

Displacement를 지정하며 보통 카페트 등에 맵을 이용하여 시각화합니다.

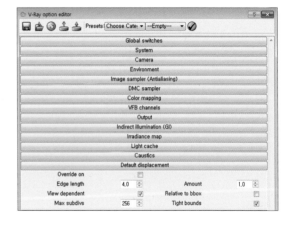

15 | 실시간 렌더링 확인 - RTEngine 패널

RTEngine 패널을 이용하여 실시간으로 렌더링을 확인할 수 있습니다.

2 렌더링을 위한 기타 패널 및 창

V-Ray option editor 창 외에 툴바나 패널 등 렌더링 설정을 위한 다양한 옵션들을 살펴보겠습니다.

1 | V-Ray material editor 창

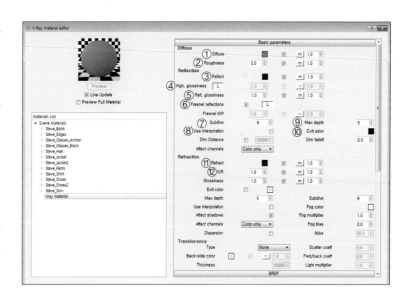

브이레이 매트리얼(Material)은 Standard보다 좀 더 간단한 옵션으로 정확한 재질을 표현하고 렌더링 속도도 향상되었습니다.

① **Diffuse** : 객체의 기본 색상이나 재질을 설정합니다. Image를 사용하여 Map을 저장할 수 있으며, 객체 표면의 색상 또는 이미지 Reflection/Refraction에 따라 색상이 달라질 수 있습니다.

② **Roughness** : 표면의 거친 정도를 나타냅니다.

③ **Reflect** : 색상으로 반사율을 설정합니다. 색상의 Value 수치가 크면 반사도가 높아지고 수치가 적으면 반사도가 낮아집니다.

④ **High. glossiness** : Reflection glossiness가 100% 반사될 때 광택이 필요한 경우 체크 표시하면 High glossiness가 나타납니다.

⑤ **Refl. glossiness** : 반사 광택으로 기본 수치가 1이고 완전한 반사를 나타냅니다. 수치가 적을수록 광택이 점점 거칠고 불규칙해집니다.

⑥ **Fresnel reflections** : 서로 다른 굴절률을 갖는 두 개의 반사가 이루어집니다. 프랑스 물리학자 프레넬(Fresnel)이 빛의 에테르(Ether) 속을 전파하는 파라를 이용해서 반사광, 굴절광에 관한 공식으로 효과를 통해 이론적으로 성립되었습니다. 더욱 자연스럽고 현실적인 반사를 얻을 수 있으며 굴절에도 영향을 줍니다.

⑦ **Subdivs** : Glossiness를 표현하기 위한 수치입니다. 수치가 적을수록 좀 더 거칠고 투박한 느낌이며 수치가 클수록 세밀하고 깔끔한 결과를 얻을 수 있지만 렌더링 시간이 늘어납니다.

⑧ **Use interpolation** : 브이레이 Glossiness의 렌더링 속도를 위해 방사지도와 비슷한 캐싱 옵션을 이용할 수 있으며 체크 표시하여 활성화합니다. 애니메이션에서 깜박이는 현상이 나타날 수 있습니다.

⑨ **Max depth** : 반사될 이미지의 최대 반사도를 나타냅니다.

⑩ **Exit color** : Max depth에서 설정한 최대 심도를 넘으면 Exit color의 색이 나타납니다.

⑪ **Refract** : 색으로 굴절률을 조정합니다. 흰색(255)에 가까울수록 투명도가 높아지고, 검은색(0)에 가까울수록 투명도가 낮아집니다.

⑫ **IOR** : 굴절률을 지정하거나 기존에 공식화거나 IOR 수치가 있으며 각각의 재질마다 고유한 수치가 있지만 작업 환경에 따라 적당히 조정해야 합니다. '0'일 때는 변화가 없습니다.

2 | 렌더링 미리 보기 - V-Ray frame Buffer 창

브이레이에는 렌더링을 보여주는 V-Ray frame Buffer 창에서 렌더링을 보정하거나 비교할 수 있으며 요소들은 따로 저장할 수 있습니다.

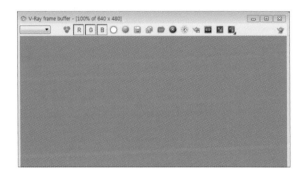

3 | 색상 설정 - Color Corrections 창

색을 보정하고 변경하는 기능이 있으며, 렌더링 이미지의 커브 값과 레벨 값을 조정할 수 있습니다.

4 | VfS Lights 툴바

① **Omni light** : 실외의 전체적인 조도를 표현합니다.

② **Rectangle light** : 실내의 전체적인 조도를 표현합니다.

③ **Spot light** : 강조하여 조명을 설치합니다.

④ **Dome Light** : 돔에 이미지나 HDRI를 넣어 조명을 표현합니다.

⑤ **Sphere light** : 구에 조명을 표현합니다.

⑥ **IES light** : IES 파일을 적용시켜 조명을 표현합니다.

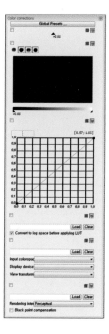

5 | VfS Main 툴바

① **Material Editor** : 다양한 매트리얼 재질을 설정하는 Material Editor 창을 나타냅니다. 스케치업의 모든 매트리얼은 브이레이에서도 이용할 수 있습니다.

② **Option Editor** : 브이레이 설정을 위한 Render Options 창을 나타냅니다.

③ **Start Render** : 렌더링을 시작합니다. 렌더링 과정이 나타나는 Render Progress 창과 V-Ray frame buffer 창이 나타나며 사각형 버킷(Bucket)이 돌아다니면서 렌더링됩니다.

④ **Start RT Render** : 실시간 렌더링을 시작합니다. 테스트 렌더링을 실행할 때 사용합니다.

⑤ **Batch Render** : 여러 개의 장면을 자동으로 렌더링합니다.

⑥ **Open Help** : 도움말을 나타냅니다.

⑦ **Open FrameBuffer** : 이전에 렌더링한 이미지를 나타내는 V-Ray frame buffer 창을 나타냅니다.

⑧ **V-Ray Sphere** : 구 형태의 공간을 설정합니다. 주변 환경을 만들 때 사용합니다.

⑨ **V-Ray Plane** : 무한한 바닥, 즉 대지를 만들 때 사용합니다.

⑩ **Export V-Ray Proxy** : V-Ray proxy에서 만들어진 파일을 내보냅니다.

⑪ **Import V-Ray Proxy** : V-Ray proxy 파일을 가져옵니다.

⑫ **Set Camera Focus** : Depth of Field를 쉽게 조절할 수 있습니다.

⑬ **Freeze RT view** : 실시간 렌더링을 잠시 멈춥니다.

 TUTORIAL

004 3D 다이어그램 제작하기

스케치업, 포디움 렌더러, 포토샵을 이용하여 3D 다이어그램의 작성 방법에 대해 살펴봅니다. 직접 따라 하는 과정이 아니므로 훑어보면서 실무에 대한 감을 익히도록 합니다.

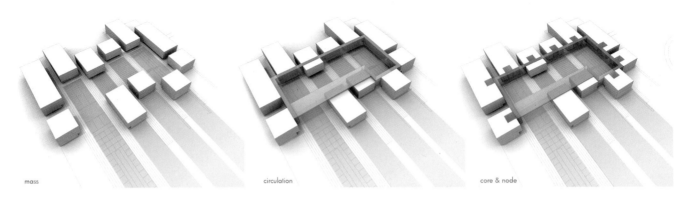

mass   circulation   core & node

포디엄 렌더링 이미지

같은 뷰의 스케치업 숨은 선 스타일

포토샵 그러데이션 이미지

01 포토샵에서 세 장의 매스 이미지를 불러오고 순서대로 배열합니다.
Layers 패널에서 위쪽의 두 개 레이어는 블렌딩 모드를 'Mutiply'로 지정하여 합성합니다.

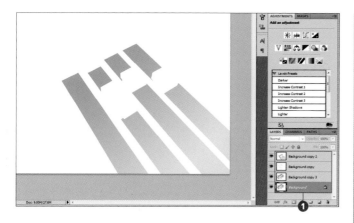
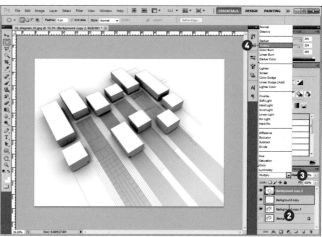

02 맨 아래쪽 레이어를 선택하고 Adjustments 패널에서
'Level' 아이콘을 클릭합니다.

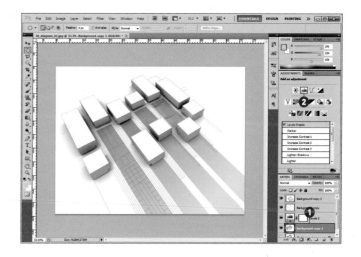

03 레벨을 조정하여 전체적으로 밝은 3D 다이어그램을 완성
합니다.

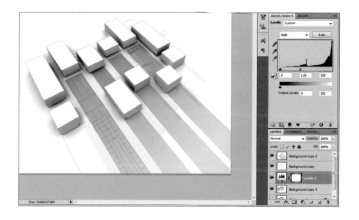

 TUTORIAL

005 완성도를 높이는 투시도 리터칭하기

스케치업 모델링 후에 포토샵 그러데이션 효과를 이용하여 투시도에 입체감을 나타내는 간단한 포토샵 리터칭 과정을 살펴봅니다.

최종 합성 이미지

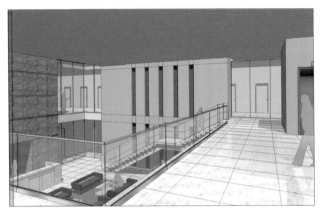

스케치업 모델링 이미지
천장, 바닥, 그리고 벽면과 유리 난간 부분에 그러데이션을 적용했습니다. 병원 로고 및 사인은 포토샵으로
합성했으며 벽과 천장에 조명이 추가되었습니다. 마지막으로 실내 식물로 프레임을 설정했습니다.

01 포토샵에서 바닥에 진한 그러데이션을 적용하고 천장은 밝게 만듭니다. 유리 난간 부분도 레이어를 만들어 그러데이션을 추가합니다.

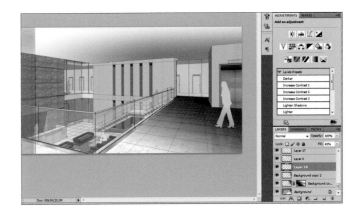

02 벽 부분에 그러데이션을 적용하여 입체감을 살립니다.

03 병원 사인을 합성하고 Layers 패널에서 'Layer Style' 아이콘(fx.)을 클릭하여 Drop Shadow와 Inner Glow 스타일을 적용합니다.

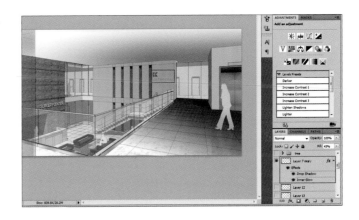

04 벽과 천장의 다운라이트를 흰색으로 그립니다. [Filter] → Blur → Gaussian Blur를 실행하여 번짐
효과를 나타냅니다.

05 나무를 적절하게 배치하여 투시도 리터칭을 마칩니다.

TUTORIAL

OO6 부족한 렌더링 보완하기

렌더링 후에 포토샵 리터칭 과정을 거쳐서 최종 완성본을 만드는 과정을 소개합니다.

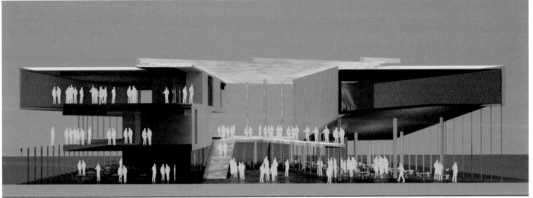

브이레이 원본 렌더링
최종 완성본과 비교하면 품질의 차이가 큽니다. 완벽한 모델링 이후에 렌더링 과정을 거쳐도
똑같은 품질이 나오지만 시간 대비 포토샵 리터칭 과정을 진행하는 것이 훨씬 효과적입니다.

01 바닥과 건물 단면을 검은색으로 그립니다.

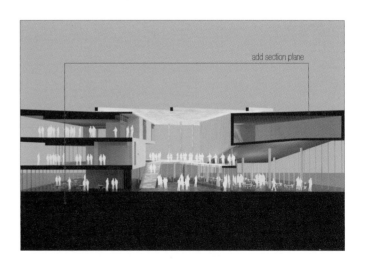

02 자연적인 환경을 더하기 위해 나무를 추가합니다.

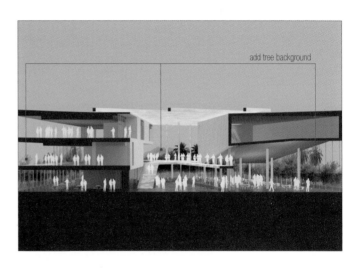

03 외부 스크린 월을 추가합니다.

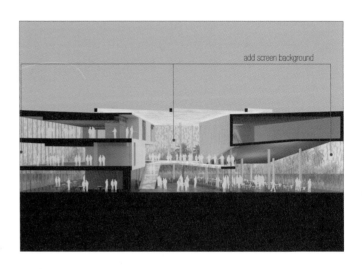

04　내부 컬러 톤을 추가합니다.

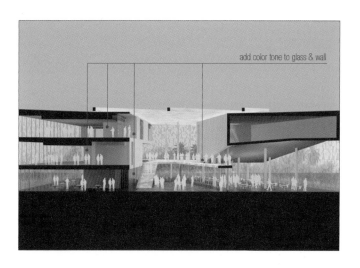

05　바닥에 반사 효과를 적용합니다. 이미지를 복제하고 다음과 같이 반전시켜 물에 비친듯 조정합니다.

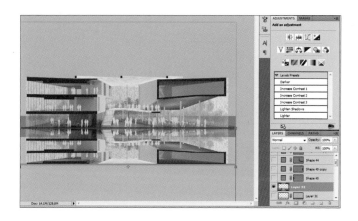

06　반사된 레이어에 [Filter] → Blur → Motion Blur를 실행합니다. Motion Blur 대화상자에서 세로 방향의 블러 효과를 적용합니다.

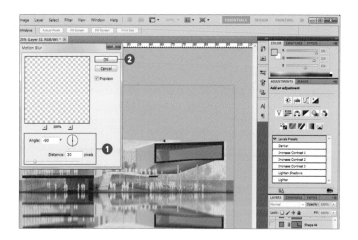

07 같은 레이어에 마스크를 적용하고 그러데이션 툴(■)로 다음과 같이 무채색 그러데이션을 적용합니다.

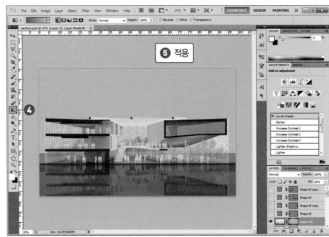

08 레이어의 투명도를 조절합니다.

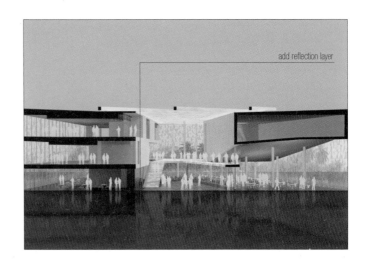

09 포토샵에서 펜 툴(✎)을 이용하여 환기 시스템의 방향을 나타내는 화살표를 그려 완성합니다.

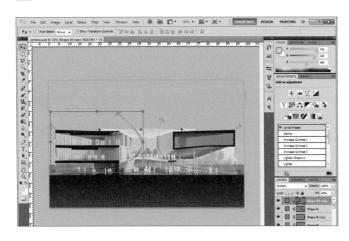

 TUTORIAL

007 콘셉트 이미지에 수채화 효과 적용하기

스케치업 모델링을 마친 다음 포토샵에서 적용하는 수채화 효과를 적용합니다. 수채화 효과는 Part 2에서 더욱 자세하게 살펴볼 수 있습니다.

스케치업 이미지 Shaded with textures/No line

Hidden line/profile 1/extension 2/jitter on/no shadow

Hidden line/profile 1/extension 2/jitter on/shadow on

01   포토샵에서 이미지 순서대로 레이어를 정리합니다. Layers 패널에서 두세 번째 레이어의 블렌딩 모드를 'Multiply'로 지정하고 레이어의 투명도를 적절하게 설정합니다.

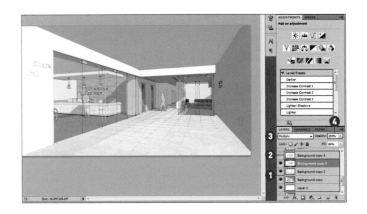

02   세 번째 레이어를 복제합니다. 지우개 툴(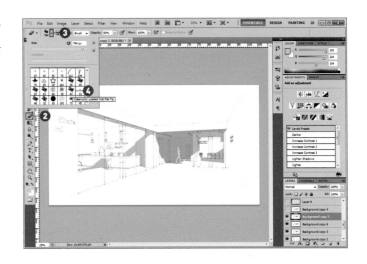)을 선택한 다음 'Watercolor loaded wet flat tip' 브러시를 선택하고 Size를 '750px'로 설정합니다.

03   브러시 Opacity를 '50%'로 설정하고 중간 부분을 지웁니다. 브러시 투명도와 크기를 변화시켜 지우면서 좀 더 자연스럽게 표현합니다.

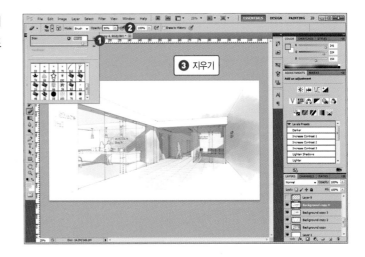

04 천장, 벽, 유리, 바닥 부분에 그러데이션을 적용하여 입체
감을 살립니다.

05 프레임 외곽에 나무를 추가하여 전체적으로 정리합니다.

06 흰색 레이어를 추가하고 가운데에 둥근 선택 영역을 지정합니다. [Select] → Modify → Feather를
실행하고 선택 영역대로 지워서 비네트(Vignette) 효과를 나타내어 완성합니다.

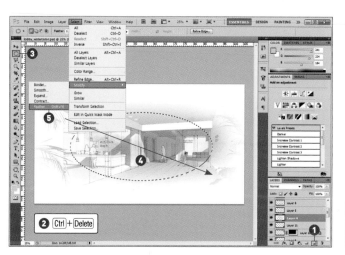 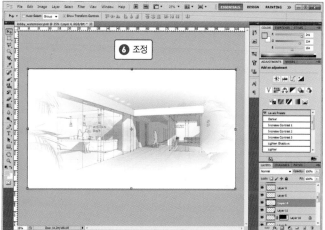

 TUTORIAL

OO8 부드러운 렌더링을 위해 리터칭하기

렌더링을 부드럽게 표현하기 위해 포토샵에서 리터칭을 실행합니다. 이 과정은 다양한 부분에 응용할 수 있으므로 잘 알아두기 바랍니다.

원본 이미지

01 포토샵에서 렌더링 이미지에 **[Filter]** → Stylize → **Find Edges**를 실행합니다.

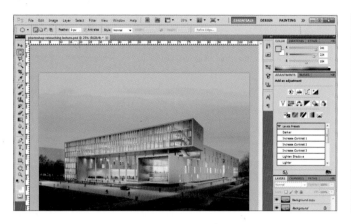 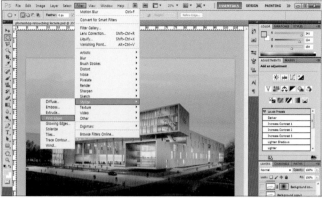

02 **[Image]** → Adjustments → **Desaturate**를 실행하여 흑백 라인 드로잉 이미지를 만듭니다.

 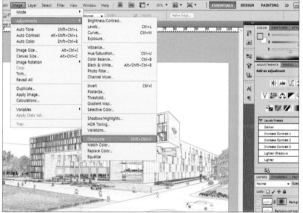

03 **[Image]** → Adjustments → **Level**을 실행하여 Levels 대화상자에서 레벨을 조정하여 좀 더 깨끗한 이미지를 만들고 레이어를 여러 번 복제합니다.

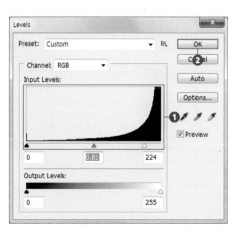 

04   원본 이미지를 선택한 다음 전체 선택합니다. Ctrl+C 키를 눌러 복사하고 [Edit] → Define Pattern
을 실행합니다.

05   Pattern Name 대화상자에서 패턴 이름을 입력한 다음
〈OK〉 버튼을 클릭합니다.

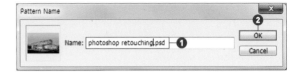

06   Layers 패널에서 흑백 라인 이미지 레이어의 블렌딩 모드를 'Hard Light'로 지정하여 다음과 같이 이
미지 톤을 변경합니다.

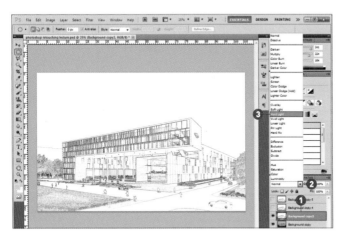 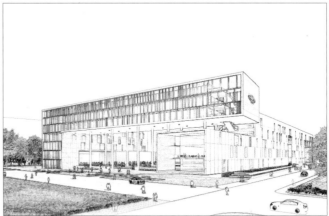

07 도장 툴(📌)을 선택하고 직접 만든 패턴을 선택합니다. Opacity를 '60%'로 설정하고 'Aligned'에 체크
표시합니다.

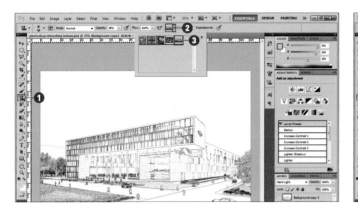 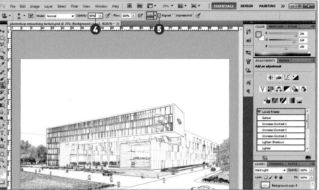

08 'Soft round' 브러시를 선택한 다음 Size를 '250px'로 설정하고 주요 부분에 드래그합니다.

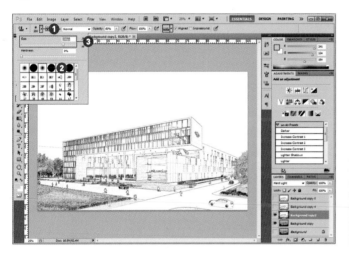 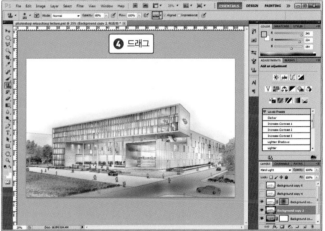

09 이전에 만들어 복사한 흑백 라인 이미지 레이어의 블렌딩
모드를 'Multiply'로 지정하고 투명도를 조절하여 완성합니다.

·····TIP·····

설정 값은 프로젝트마다 다르기 때문에 경험을 통해 최적의 값을 설정
하는 것이 중요합니다.

 TUTORIAL

009 건축 디자인 업그레이드를 위한 북마크

실무에서 이용할 수 있도록 다양한 소스를 제공하는 사이트와 스타일 및 플러그인, 3D 프린팅에 관한 사이트를 소개합니다. 해당 사이트는 정책에 따라 지원 기능이 달라지거나 없어질 수도 있으므로 창의적인 영감을 얻도록 합니다.

1 매트리얼(재질)

사실적인 모델링을 완성하기 위한 다양한 매트리얼(재질)을 무료로 제공하는 웹 사이트입니다.

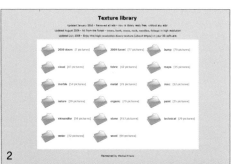

1 http://www.textures.com/

2 http://textures.forrest.cz/

3 http://www.sketchuptexture.com/

4 http://texturemate.com/

5 http://onecommunityglobal.org/sketchup-plants/

2 스케치업 튜토리얼(영문)

스케치업의 더 많은 기능을 익힐 수 있도록 튜토리얼을 제공하는 영문 웹 사이트입니다.

1 https://www.sketchupschool.com/
sketchup-tutorials/

2 http://www.aidanchopra.com/

3 http://www.sketchuptutorials.net/

4 http://sketchucation.com/

3 플러그인 사이트

브이레이처럼 스케치업과 연동하여 사실적인 렌더링을 완성하기 위한 플러그인을 다운로드할 수 있
는 웹 사이트입니다.

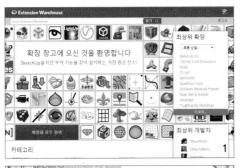

1 https://extensions.sketchup.com/

2 http://www.crai.archi.fr/rld/newest_plugins.php

3 http://sketchucation.com/resources/plugin-
store-download

4 3D 프린팅

모델링 및 다양한 객체를 원하는 형태대로 3D 프린팅할 수 있도록 도와주는 웹 사이트입니다.

1 http://www.thingiverse.com

2 https://i.materialise.com/

3 http://www.shapeways.com/

5 스케치업 스타일

스케치업을 이용하여 만든 유명 아티스트의 다양한 스타일을 확인하는 웹 사이트입니다.

https://extensions.sketchup.com/

Index